AF193018

EVANGELIO
POPULAR
2026

Comentarios de

PEDRO FRAILE YÉCORA

Diseño: Amparo Hernández Pereda-Velasco

Cubierta: Carmen Corrales Álvarez

Ilustración de cubierta: Arturo Asensio Moruno

© 2025, Pedro Fraile Yécora (de los comentarios)

© 2025, PPC, Editorial y Distribuidora, SA
        Impresores 2
        Parque Empresarial Prado del Espino
        28660 Boadilla del Monte (Madrid)
        ppcedit@ppc-editorial.com
        www.ppc-editorial.com

ISBN 978-84-288-4305-8

Depósito legal: M 16435-2005

Impreso en la UE / *Printed in EU*

Para Andrés
y para todos los que quieren conocer a Jesús.

ENERO

1

Jueves
SANTA MARÍA, MADRE DE DIOS

Primera lectura: Números 6,22-27

Salmo 66: El Señor tenga piedad y nos bendiga

Segunda lectura: Gálatas 4,4-7

Evangelio: Lucas 2,16-21

En aquel tiempo, los pastores fueron corriendo a Belén y encontraron a María y a José, y al niño acostado en el pesebre. Al verlo, contaron lo que les habían dicho de aquel niño. Todos los que lo oían se admiraban de lo que les decían los pastores. Y María conservaba todas estas cosas, meditándolas en su corazón. Los pastores se volvieron dando gloria y alabanza a Dios por lo que habían visto y oído; todo como les habían dicho. Al cumplirse los ocho días tocaba circuncidar al niño, y le pusieron por nombre Jesús, como lo había llamado el ángel antes de su concepción.

Comenzamos el año centrándonos en Jesús y en María. El nombre de Jesús significa «salvador». Jesús, como todos los niños judíos, observa la Ley de Moisés y es circuncidado a los ocho días de nacer; en este rito se le impone el nombre, que es al mismo tiempo su cumplimiento: «yeshúa-salvación», porque esa es la misión que le ha encomendado el Padre. Lucas nos recuerda que este es el nombre que había anunciado el ángel a su madre (Lc 1,31). La salvación de Dios, que se humana en

Jesús, no sucede de improviso, sino que «cumple» el plan de Dios. María, por su parte, tiene un papel destacado en el evangelio de san Lucas desde el momento de la anunciación. Nosotros, posteriormente, le hemos dado el título de «perfecta discípula», pero ya aquí leemos cómo guarda como madre la memoria viva y cálida del misterio de Jesús: «María conservaba todas estas cosas meditándolas en su corazón». Ella tiene que ir haciendo su aprendizaje, tiene que ir descubriendo el misterio de su hijo. El primer día del año, la Iglesia celebra a María como «Madre de Dios». Siendo madre del Salvador es madre de toda una humanidad sufriente que necesita ser acogida, escuchada y salvada. La humanidad no está desprotegida, ni va camino de la nada, ni gira sin rumbo. La maternidad real de María, en el pesebre y pobreza de Belén, es maternidad real para todos los que se dejan sorprender por un Dios que se hace niño y que confía el anuncio de esta noticia a unos pobres pastores de ganado. El año comienza con una invitación a dejarnos sorprender por Dios.

ENERO

2

Viernes
San Basilio y San Gregorio Nacianceno

Primera lectura: 1 Juan 2,22-28

Salmo 97: Los confines de la tierra han contemplado la victoria de nuestro Dios

Evangelio: Juan 1,19-28

Este fue el testimonio de Juan cuando los judíos enviaron desde Jerusalén sacerdotes y levitas a Juan a que le preguntaran: «Tú, ¿quién eres?». Él confesó sin reservas: «Yo no soy el Mesías». Le preguntaron: «Entonces, ¿qué? ¿Eres tú Elías?». Él dijo: «No lo soy». «¿Eres tú el Profeta?». Respondió: «No». Y le dijeron: «¿Quién eres? Para que podamos dar una respuesta a los que nos han enviado, ¿qué dices de ti mismo?». Él contestó: «Yo soy la voz que grita en el desierto: "Allanad el camino del Señor", como dijo el profeta Isaías».

Entre los enviados había fariseos y le preguntaron: «Entonces, ¿por qué bautizas si tú no eres el Mesías, ni Elías, ni el Profeta?». Juan les respondió: «Yo bautizo con agua; en medio de vosotros hay uno que no conocéis, el que viene detrás de mí, y al que no soy digno de desatar la correa de la sandalia».

Esto pasaba en Betania, en la otra orilla del Jordán, donde estaba Juan bautizando.

Un grupo de enviados por las autoridades quiere controlar a un personaje carismático. Los que vienen de Jerusalén representan la legalidad vigente, las tradiciones religiosas del pueblo judío y las normas vigentes en el Templo. Ante ellos, un personaje que también es judío, que conoce esas mismas tradiciones y que se inserta en el gran árbol de las esperanzas judías. Juan Bautista no es un personaje antirreligioso; tampoco un agitador político que busca una sublevación contra los romanos. Pero, sin ser ni una cosa ni otra, a las autoridades del Templo de Jerusalén les desconcierta y preocupa. Juan reconoce su papel de «vocero», de «agitador», de «avisador», pero no trabaja en su beneficio, sino que es mediador de otro. Juan conoce bien la situación económica, social, religiosa de su pueblo... y sale de su «zona de confort» para poner sobre aviso. Ahora bien, el primer anuncio es su propia vida: se va de la ciudad al desierto. No habla de «ideas ajenas», no es un «ideólogo», sino que es «testigo», es comunicador de una «vivencia», de una «experiencia» vital. La figura de Juan siempre ha llamado la atención y ha sido considerada de gran valor moral y espiritual. Él no es el Mesías, pero su vida coherente y austera, su radicalidad en lo fundamental, su lejanía de lo que no importa en la vida, su posicionamiento con las gentes sencillas, le confieren un alto prestigio y autoridad moral ante el pueblo. No alcanza a Jesús, el Mesías, el Señor, pero se mueve en su misma senda de integridad, de coherencia, de humildad, de verdad. Personas así no sobran nunca; más aún, personas así son siempre necesarias en la vida social y en las comunidades humanas.

ENERO

3

Sábado
Feria o *Santísimo Nombre de Jesús*

Primera lectura: 1 Juan 2,29-3,6

Salmo 97: Los confines de la tierra han contemplado
la victoria de nuestro Dios

Evangelio: Juan 1,29-34

Al día siguiente, al ver Juan a Jesús, que venía hacia él, exclamó: «Este es el Cordero de Dios que quita el pecado del mundo. Este es aquel de quien yo dije: "Tras de mí viene un hombre que está por delante de mí, porque existía antes que yo". Yo no lo conocía, pero he salido a bautizar con agua, para que sea manifestado a Israel». Y Juan dio testimonio diciendo: «He contemplado al Espíritu que bajaba del cielo como una paloma y se posó sobre él. Yo no lo conocía, pero el que me envió a bautizar con agua me dijo: "Aquel sobre quien veas bajar el Espíritu y posarse sobre él, ese es el que ha de bautizar con Espíritu Santo". Y yo lo he visto, y he dado testimonio de que este es el Hijo de Dios».

El encuentro de Juan y Jesús al comienzo de su vida pública está recogido en los textos evangélicos, si bien difieren los evangelios sinópticos del texto que leemos en san Juan. Este evangelio presenta a Jesús, desde el momento del bautismo, con el título de «Cordero de Dios que quita el pecado del mundo». ¿Qué significa? Juan presenta a Jesús con rasgos pascuales, vinculándolo a la historia de Israel («Cordero de Dios») y salvíficos («quita el pecado del mundo»). Por otra parte, Juan Bautista es enviado por Dios a «bautizar con agua»; su misión se limita, por tanto, a preparar un camino. Jesús, sin embargo, es «el enviado» –así lo repetirá el evangelio de Juan– que bautizará con Espíritu Santo. El encuentro de cada persona con Jesús no es puramente informativo, sino transformador. Si Jesús es el que perdona los pecados, el que cumple de verdad la Pascua de liberación, tenemos que decidirnos. Si Jesús tiene sobre él la plenitud del Espíritu, tenemos que escucharle.

ENERO

 4

Domingo
II después de Navidad

Primera lectura: Eclesiástico 24,1-4.8-12
Salmo 147: La Palabra se hizo carne y acampó entre nosotros
Segunda lectura: Efesios 1,3-6.15-18

Evangelio: Juan 1,1-18 (o 1,1-5.9-14)

En el principio ya existía la Palabra, y la Palabra estaba junto a Dios, y la Palabra era Dios. La Palabra en el principio estaba junto a Dios. Por medio de la Palabra se hizo todo, y sin ella no se hizo nada de lo que se ha hecho. En la Palabra había vida, y la vida era la luz de los hombres. La luz brilla en la tiniebla, y la tiniebla no la recibió. Surgió un hombre enviado por Dios que se llamaba Juan: este venía como testigo, para dar testimonio de la luz, para que por él todos vinieran a la fe. No era él la luz, sino testigo de la luz. La Palabra era la luz verdadera que alumbra a todo hombre. Al mundo vino y en el mundo estaba; el mundo se hizo por medio de ella, y el mundo no la conoció. Vino a su casa, y los suyos no la recibieron. Pero a cuantos la recibieron les da poder para ser hijos de Dios, si creen en su nombre. Estos no han nacido de sangre, ni de amor carnal, ni de amor humano, sino de Dios. Y la Palabra se hizo carne y acampó entre nosotros, y hemos contemplado su gloria: gloria propia del Hijo único del Padre, lleno de gracia y de verdad.

Juan da testimonio de él y grita diciendo: «Este es de quien te dije: "El que viene detrás de mí pasa delante de mí, porque existía antes que yo"». Pues de su plenitud todos hemos recibido, gracia tras gracia. Porque la Ley se dio por medio de Moisés, la gracia y la verdad vinieron por medio de Jesucristo. A Dios nadie lo ha visto jamás: Dios Hijo único, que está en el seno del Padre, es quien lo ha dado a conocer.

El misterio de la Navidad se puede contemplar de formas distintas. Quizá las imágenes que vienen a nuestra cabeza son las de los evangelios de Mateo y Lucas: plásticas, cálidas y entrañables. San Juan se acerca con un himno sobre la encarnación del Hijo de Dios. En un mundo rodeado de palabras, no solo entre los judíos, religión profética, sino entre las distintas religiones mitológicas, mistéricas y gnósticas que se extendían por el Imperio, san Juan comienza su evangelio reflexionando sobre la «Palabra»; el Verbo (Verbum), el Logos. Juan no medita sobre un dicho agudo o una sentencia juiciosa, sino sobre la «Palabra de Dios». En ella está la vida; es la luz que alumbra a todo hombre. El culmen del himno afirma que la «Palabra» se hace hombre. El misterio de la Navidad es el misterio de la encarnación del Hijo de Dios. No lo pueden admitir quienes lo consideran una simpleza propia de épocas pasadas o de culturas ingenuas. Es escandaloso para quienes piensan que la separación entre la divinidad y la humanidad no tiene posibilidades de solución. La encarnación no es solo la aceptación de un misterio, sin duda difícil para nuestra inteligencia: la encarnación es una forma de situarse en el mundo y en la vida. Encarnarse es sinónimo de embarrarse, de entrar hasta el fondo de la historia; de comprometerse; de asumir la condición humana en su pobreza; de tocar tierra y estar con el hombre que está en la tierra. Lo contrario es hacer una religión de ideas, de conceptos, de sensaciones, de sentimientos, de ilusiones. La encarnación nos libera del riesgo de una fe en Dios que reniegue de la condición humana. La Palabra se hizo carne. Jesús es el rostro humano de Dios. El cristiano se hace carne y se embarra con la humanidad, que es carne y se mete en el barro. El misterio de la Navidad es el misterio del amor encarnado.

ENERO

5 | **Lunes**
Feria

Primera lectura: 1 Juan 3,11-21

Salmo 101: Aclama al Señor, tierra entera

Evangelio: Juan 1,43-51

En aquel tiempo determinó Jesús salir para Galilea; encuentra a Felipe y le dice: «Sígueme». Felipe era de Betsaida, ciudad de Andrés y de Pedro. Felipe encuentra a Natanael y le dice: «Aquel de quien escribieron Moisés en la Ley y los profetas, lo hemos encontrado: Jesús, hijo de José, de Nazaret». Natanael le replicó: «¿De Nazaret puede salir algo bueno?». Felipe le contestó: «Ven y verás». Vio Jesús que se acercaba Natanael y dijo de él: «Ahí tenéis a un israelita de verdad, en quien no hay engaño». Natanael le contesta: «¿De qué me conoces?». Jesús le responde:

«Antes de que Felipe te llamara, cuando estabas debajo de la higuera, te vi». Natanael respondió: «Rabí, tú eres el Hijo de Dios, tú eres el Rey de Israel». Jesús le contestó: «¿Por haberte dicho que te vi debajo de la higuera crees? Has de ver cosas mayores». Y le añadió: «Yo os aseguro: veréis el cielo abierto y a los ángeles de Dios subir y bajar sobre el Hijo del hombre».

Jesús va al sur, al Jordán, y allí se encuentra con Juan Bautista. Juan dice de Jesús que es «el Cordero de Dios que quita el pecado del mundo». Al día siguiente, Jesús se encuentra con Andrés y con Simón. A continuación –es el texto que leemos hoy–, Jesús se pone en camino desde el Jordán hacia el norte y llega a Galilea. El evangelista no hace cálculos precisos de tiempo. La acción se desarrolla en un espacio no definido y aparecen dos nuevos personajes. Primero Felipe, a quien le llama: «Sígueme»; de él da un dato: que es de Betsaida, el pueblo de los dos hermanos a quienes acaba de presentar un poco antes. Felipe llama a Natanael. Aquí la escena se detiene. Felipe dice que «han encontrado» a aquel anunciado por la Ley y los Profetas; es una forma de decir que Jesús es el Mesías esperado y anunciado. Lo curioso viene ahora: cuando Felipe dice que es de Nazaret, Natanael se extraña: ¿de esa aldea, pequeña e insignificante, puede salir algo bueno? Una primera interpretación puede ser que Nazaret y Caná están muy cerca; Caná es una ciudad, mientras que Nazaret era entonces una aldea sin importancia. La segunda interpretación es que Nazaret no puede ser la patria del Mesías, pues carece de tradición bíblica. Notemos que Felipe lleva a Natanael a Jesús, sirviéndose de una fórmula extraña: «Ven y verás». Jesús pronuncia sobre él una fórmula curiosa: «Este es un verdadero israelita en el que no hay engaño». La tradición cristiana ha visto en Natanael a san Bartolomé. El evangelio insiste en el verbo «encontrar». Para seguir a Jesús hay que «encontrarse» con él previamente;

de lo contrario no seremos discípulos, sino «partidarios» o, peor aún, sectarios. Jesús invita a que le conozcamos: «Ven y verás»; y solo entonces podemos tomar una decisión. No hablamos por referencias ajenas, sino por nosotros mismos.

ENERO

6

| **Martes**
Epifanía del Señor

Primera lectura: Isaías 60,1-6

Salmo 71: Que se postren ante él todos los reyes,
y que todos los pueblos le sirvan

Segunda lectura: Efesios 3,2-3.5-6

Evangelio: Mateo 2,1-12

Jesús nació en Belén de Judea en tiempos del rey Herodes. Entonces, unos magos de Oriente se presentaron en Jerusalén preguntando: «¿Dónde está el Rey de los judíos que ha nacido? Porque hemos visto salir su estrella y venimos a adorarlo». Al enterarse el rey Herodes se sobresaltó, y todo Jerusalén con él; convocó a los sumos sacerdotes y a los escribas del país, y les preguntó dónde tenía que nacer el Mesías. Ellos le contestaron: «En Belén de Judea, porque así lo ha escrito el profeta: "Y tú, Belén, tierra de Judea, no eres ni mucho menos la última de las ciudades de Judea, pues de ti saldrá un jefe que será el pastor de mi pueblo Israel".

Entonces Herodes llamó en secreto a los magos para que le precisaran el tiempo en que había aparecido la estrella, y los mandó a Belén, diciéndoles: «Id y averiguad cuidadosamente qué hay del niño y, cuando lo encontréis, avisadme, para ir yo también a adorarlo». Ellos, después de oír al rey, se pusieron en camino, y de pronto la estrella que habían visto salir comenzó a guiarlos hasta que vino a pararse encima de donde estaba el niño. Al ver la estrella se llenaron de inmensa alegría. Entraron en la casa, vieron al niño con María, su madre, y, cayendo de rodillas, lo adoraron; después, abriendo sus cofres, le ofrecieron regalos: oro, incienso y mirra. Y habiendo recibido en sueños un oráculo para que no volvieran a Herodes, se marcharon a su tierra por otro camino.

El texto de la adoración de los magos de Oriente es exclusivo de Mateo. Jerusalén es la ciudad santa, escogida por Dios, para habitar en ella; pero Belén es la ciudad del Mesías. El rey David era natural de la tribu de Judá; el profeta anuncia que Belén de Judá no debe tener recelos por ser pequeña, pues de ella nacerá el futuro rey. Según los criterios humanos, un rey debe nacer en un palacio, ser esperado por todo el pueblo y ofrecerle el debido homenaje. Jesús, que es el verdadero rey, nace a las afueras, sin que le esperen, y el homenaje viene desde el exterior del pueblo: los pastores son personas marginadas; los reyes de Oriente no pertenecen al pueblo elegido. De nuevo nos movemos en los parámetros de lo extraño y paradójico. ¿Podemos tomarnos en serio una fe que no sigue las normas habituales? ¿Podemos confiar en una confesión religiosa que se salta los conductos reglamentarios? Así es el nacimiento de Jesús: en los arrabales de la ciudad, adorado por unos reyes paganos. María, José y los «pobres de Yahvé» supieron leer estos signos proféticos que poderosos y sabios según lo humano despreciaron e ignoraron. Herodes es la encarnación de la violencia y del sufrimiento que nace del deseo del poder omnímodo a cualquier precio; Jesús es el rey de la paz desde la pobreza del pesebre. Herodes sigue siendo el que sacrifica a personas sin compasión; Jesús es el que convoca a todos los que no tienen en quién confiar. Los magos de Oriente representan una sabiduría poco común, la de los que saben leer los signos de los tiempos y entienden que la salvación de la humanidad no está en la violencia de los sanguinarios, sino en la ternura y bondad que se hacen palpables en Belén. Los magos no adoran el poder de la fuerza, sino la fuerza del amor. Las naciones que en el Antiguo Testamento se concentran en Jerusalén porque es el lugar de Dios, en el Nuevo Testamento se concentran en Belén porque es el nuevo lugar donde Dios se revela. Los cristianos acudimos a Belén y allí adoramos la humildad de Dios.

ENERO

7 | Miércoles
Feria o *San Raimundo de Peñafort*

Primera lectura: 1 Juan 3,22-4,6

Salmo 2: Tú eres mi Hijo: yo te he engendrado hoy

Evangelio: **Mateo 4,12-17.23-25**

El aquel tiempo, al enterarse Jesús de que habían arrestado a Juan, se retiró a Galilea. Dejando Nazaret se estableció en Cafarnaún, junto al lago, en el territorio de Zabulón y Neftalí. Así se cumplió lo que había dicho el profeta Isaías: «País de Zabulón y país de Neftalí, camino del mar, al otro lado del Jordán, Galilea de los gentiles. El pueblo que habitaba en las tinieblas vio una luz grande; a los que habitaban en tierra y sombras de muerte, una luz les brilló».

Entonces comenzó Jesús a predicar diciendo: «Convertíos, porque está cerca el reino de los cielos». Recorría toda Galilea enseñando en las sinagogas y proclamando el Evangelio del reino, curando las enfermedades y dolencias del pueblo. Su fama se extendió por toda Siria y le traían todos los enfermos aquejados de toda clase de enfermedades y dolores, endemo-niados, lunáticos y paralíticos. Y él los curaba. Y le seguían multitudes venidas de Galilea, Decápolis, Jerusalén, Judea y Transjordania.

Jesús deja Nazaret y se instala en Cafarnaún. Nazaret es una aldea de la Baja Galilea, mientras que Cafarnaún está en la orilla del lago, también en Galilea. Estamos en el territorio de Zabulón y Neftalí, que, formando parte del pueblo elegido, es, sin embargo, una zona bajo sospecha desde el punto de vista de los sacerdotes de Jerusalén. La salvación, nos dice Mateo, viene de esta Galilea despreciada y puesta en entredicho por los intérpretes oficiales de la Ley. No es solo una condición histórica, sino una revelación teológica: Dios se sirve de lo que oficialmente no cuenta o es mirado con recelo para llevar adelante su plan. Jesús es «nazareno», nos dicen todas las fuentes. Este detalle, que a nosotros nos pasa inadvertido, fue, sin embargo, motivo de duda acerca de su condición de Mesías. ¿Qué dice Jesús? Un mensaje que no era nuevo: «Convertíos». La razón sí que lo es: «Está cerca el reino de los cielos», circun-loquio para evitar la palabra «Dios», que los judíos piadosos evitan. Jesús es el que cumple las profecías mesiánicas. En la llamada a la conversión está implícito el anuncio del Dios vivo que llama a la vida en plenitud. La conversión significa acep-tar, con decisión personal, la soberanía de Cristo y hacerse discípulos suyos. Jesús es el mensajero de Dios, Señor uni-versal y único de toda criatura tanto en el cielo como en la tierra. El mensaje de Jesús se centra en la inminencia de este señorío o presencia poderosa de Dios, que no nos deja indi-ferentes.

8

Jueves
Feria

Primera lectura: 1 Juan 4,7-10

Salmo 71: Que todos los pueblos de la tierra se postren ante ti, Señor

Evangelio: Marcos 6,34-44

En aquel tiempo, Jesús vio una multitud y le dio lástima de ellos, porque andaban como ovejas sin pastor; y se puso a enseñarles con calma. Cuando se hizo tarde se acercaron sus discípulos a decirle: «Estamos en despoblado y ya es muy tarde. Despídelos, que vayan a los cortijos y aldeas de alrededor y se compren de comer». Él les replicó: «Dadles vosotros de comer». Ellos le preguntaron: «¿Vamos a ir a comprar doscientos denarios de pan para darles de comer?». Él les dijo: «¿Cuántos panes tenéis? Id a ver». Cuando lo averiguaron le dijeron: «Cinco, y dos peces». Él les mandó que hicieran recostarse a la gente sobre la hierba en grupos. Ellos se acomodaron por grupos de ciento y de cincuenta. Y, tomando los cinco panes y los dos peces, alzó la mirada al cielo, pronunció la bendición, partió los panes y se los dio a los discípulos para que se los sirvieran. Y repartió entre todos los dos peces. Comieron todos y se saciaron, y recogieron las sobras: doce cestos de pan y de peces. Los que comieron eran cinco mil hombres.

Jesús «manifiesta» –epifanía es manifestación– quién es en gestos sencillos. Normalmente, nos fijamos en el «milagro» sorprendente de los panes, y fieles a nuestra mentalidad occidental nos decimos: «No puede ser». Con los ojos de la carne, parece que estamos ante un mito imposible, ante una leyenda antigua o un cuento infantil. Vamos al relato: Jesús ve que la gente le sigue y se compadece, porque eran como ovejas sin pastor. La acción de Jesús que sigue está motivada porque le duele la gente, no porque quiera deslumbrarlos. Los discípulos funcionan como malos ayudantes que no entienden nada: «Diles que se vayan». Jesús no despide a los que le buscan, sino que les pregunta qué tiene cada uno, los reúne y los acomoda. Es un camino distinto a que uno solo lo dé todo, a que lo coman separados o de pie. Solo entonces se produce el gesto revelador. Jesús da de comer con lo que buenamente tienen, no con lo que sobra. Jesús sacia y todos se quedan satisfechos. Los verbos que usa Marcos son significativos: Jesús toma los panes, pronuncia la bendición, los parte y los reparte. No es ningún exceso literario ver aquí un anuncio de la eucaristía, que contemplaremos un poco más adelante en este evangelio. Jesús se manifiesta como alimento.

ENERO

9 | **Viernes**
Feria o *San Eulogio de Córdoba*

Primera lectura: 1 Juan 4,11-18

Salmo 71: Se postrarán ante ti, Señor, todos los pueblos de la tierra

Evangelio: Marcos 6,45-52

Después de que se saciaron los cinco mil hombres, Jesús enseguida apremió a los discípulos a que subieran a la barca y se le adelantaran hacia la orilla de Betsaida mientras él despedía a la gente. Y después de despedirse de ellos se retiró al monte a orar. Llegada la noche, la barca estaba en mitad del lago, y Jesús, solo, en tierra. Viendo el trabajo con que remaban, porque tenían viento contrario, a eso de la madrugada va hacia ellos andando sobre el lago, e hizo ademán de pasar de largo. Ellos, viéndolo andar sobre el lago, pensaron que era un fantasma y dieron un grito, porque al verlo se habían sobresaltado. Pero él les dirige enseguida la palabra y les dice: «Ánimo, soy yo, no tengáis miedo». Entró en la barca con ellos y amainó el viento. Ellos estaban en el colmo del estupor, pues no habían comprendido lo de los panes, porque eran torpes para entender.

Una escena en el lago de Galilea. Jesús les dice a los discípulos que se adelanten a Betsaida, una de las aldeas de pescadores que rodean el lago; de allí son originarios Pedro y su hermano Andrés. Jesús se retira al monte a orar; una constante en la vida de Jesús, que busca la soledad para estar con su Padre. No hace nada por su cuenta si antes no ha orado. El foco pasa de nuevo al lago, donde hay una tormenta de viento (en aquella zona se encajona el cauce del Jordán y el viento mueve las aguas). Jesús se les acerca de noche; ellos no lo reconocen y piensan que es un «fantasma», llenos de miedo. Jesús se les «muestra» (epifanía) y, estando él en la barca, el viento amaina y cesa el miedo. La barca es símbolo de la comunidad; si está Jesús, aun en medio de la oscuridad y las tempestades, no hay nada que temer. Los discípulos siguen sin comprender quién es Jesús.

ENERO

10

Sábado
Feria

Primera lectura: 1 Juan 4,19-5,4

Salmo 71: Se postrarán ante ti, Señor, todos los pueblos de la tierra

Evangelio: Lucas 4,14-22a

Jesús volvió a Galilea con la fuerza del Espíritu; y su fama se extendió por toda la comarca. Enseñaba en las sinagogas, y todos lo alababan.

Fue a Nazaret, donde se había criado, entró en la sinagoga, como era su costumbre los sábados, y se puso en pie para hacer la lectura. Le entregaron el rollo del profeta Isaías y, desenrollándolo, encontró el pasaje donde estaba escrito: «El Espíritu del Señor está sobre mí, porque él me ha ungido. Me ha enviado a evangelizar a los pobres, a proclamar a los cautivos la libertad, y a los ciegos, la vista; a poner en libertad a los oprimidos; a proclamar el año de gracia del Señor». Y, enrollando el rollo y devolviéndolo al que lo ayudaba, se sentó. Toda la sinagoga tenía los ojos clavados en él. Y él comenzó a decirles: «Hoy se ha cumplido esta Escritura que acabáis de oír». Y todos le expresaban su aprobación y se admiraban de las palabras de gracia que salían de su boca.

Jesús va manifestando poco a poco y en distintos lugares quién es él y cuál es su misión. En este caso, lo hace, en los momentos iniciales, en la sinagoga de Nazaret. Esta escena, propia de Lucas, es de gran importancia para comprender el misterio de Jesús. Va a la sinagoga, lugar de culto de los judíos, donde la comunidad creyente lee e interpreta las Escrituras; Jesús, como judío, acude allí también el sábado y ante la comunidad reunida proclama un texto mesiánico de Isaías. Luego lo comenta y, ahí está la clave, dice que él «cumple» esa Escritura. Si la Escritura tiene un carácter de anuncio mesiánico, entonces ¡Jesús es el Mesías! Sobre él ha descendido el Espíritu del Señor, y su misión mesiánica es anunciar libertad a cautivos, buena noticia a los pobres... pero hay una novedad. El texto profético de Isaías habla de llevar a término un «año de venganza» de Dios. Este último texto no aparece en el evangelio. Jesús no ha venido a desquitarse ni a vengarse de nadie. La misión de Jesús hace realidad la misericordia entrañable del Padre Dios.

Domingo
Bautismo del Señor

Primera lectura: Isaías 42,1-4.6-7
....
Salmo 28: El Señor bendice a su pueblo con la paz
....
Segunda lectura: Hechos de los Apóstoles 10,34-38
....

Evangelio: Mateo 3,13-17

En aquel tiempo fue Jesús de Galilea al Jordán y se presentó a Juan para que lo bautizara. Pero Juan intentaba disuadirlo, diciéndole: «Soy yo el que necesito que tú me bautices, ¿y tú acudes a mí?». Jesús le contestó: «Déjalo ahora. Está bien que cumplamos así todo lo que Dios quiere». Entonces Juan se lo permitió. Apenas se bautizó Jesús salió del agua; se abrió el cielo y vio que el Espíritu de Dios bajaba como una paloma y se posaba sobre él. Y vino una voz del cielo que decía: «Este es mi Hijo, el amado, mi predilecto».

¿Quién es Jesús para que Mateo le dedique un extenso relato? Nos situamos en el sur de la región: Jesús viene «desde Galilea al Jordán». El Jordán es el río que atraviesa el pueblo de Israel cuando viene de la opresión de Egipto, de la travesía del desierto, y entra en la tierra prometida. El paso del Jordán significa un comienzo nuevo, un paso de la esclavitud a la libertad. Allí, junto al río, Juan lleva años bautizando. ¿Va Jesús por primera vez? ¿Era Jesús era uno de los «discípulo» de Juan, pues sabemos que Juan tenía discípulos? Juan intenta disuadir a Jesús para que no se bautice; ¿por qué? Juan se presenta como precursor humilde de «otro», de alguien anunciado por Dios, a quien el pueblo espera. Los cielos –morada de Dios– y la voz que se escucha presentan a Jesús como el enviado: «Este es», Jesús es Hijo de Dios. Nos sorprende que Jesús quiera que Juan le bautice, pues no tiene pecado; Jesús se pone en la fila con los pecadores, que vienen de todas partes, en señal de solidaridad, como gesto revelador de que su misión es rescatar a la gran humanidad que quiere pasar también su Jordán y comenzar una nueva vida. Mateo presenta el bautismo de Jesús como pórtico al escenario de su vida y como inicio de su misión histórica: a partir de este momento, Jesús comienza su predicación y sus signos por las aldeas de Galilea. Ahora bien, no regresa a Nazaret, su pueblo, sino que marcha a Cafarnaún, junto al lago. Una observación importante. El bautismo de Jesús es distinto del nuestro; en el de Jesús, el Padre confirma la misión del Hijo. En el nuestro, somos incorporados a Jesús, el Cristo de Dios, y a su Iglesia.

Termina el Tiempo de Navidad
y empieza el Tiempo Ordinario (año par)

ENERO

12 | **Lunes**
Feria

Primera lectura: **1 Samuel 1,1-8**

Salmo 115: Te ofreceré, Señor, un sacrificio de alabanza

Evangelio: Marcos 1,14-20

Cuando arrestaron a Juan, Jesús se marchó a Galilea a proclamar el evangelio de Dios. Decía: «Se ha cumplido el plazo, está cerca el reino de Dios: convertíos y creed en el evangelio». Pasando junto al lago de Galilea vio a Simón y a su hermano Andrés, que eran pescadores y estaban echando el copo en el lago. Jesús les dijo: «Venid conmigo y os haré pescadores de hombres». Inmediatamente dejaron las redes y lo siguieron. Un poco más adelante vio a Santiago, hijo de Zebedeo, y a su hermano Juan, que estaban en la barca repasando las redes. Los llamó, dejaron a su padre Zebedeo en la barca con los jornaleros y se marcharon con él.

El comienzo del evangelio de Marcos es muy conocido: presenta a un Jesús adulto que ha sido bautizado por Juan. El texto presupone que el bautismo ha tenido lugar fuera de Galilea, pues el evangelista habla de que «regresó» allí. Juan dice que Andrés y Pedro conocieron a Jesús en el sur; Marcos los presenta en el norte, en el lago. ¿Ya se conocían y es por tanto un reencuentro? Marcos presenta a Jesús anunciando la inmediatez de la llegada del Reino y la urgencia de la conversión. La llamada urgente («convertíos») va acompañada de una invitación: «Creed». Jesús ha marcado con el bautismo el comienzo de una nueva actividad y ahora la explicita. Nadie duda de que el centro del mensaje de Jesús fuera la inmediatez y presencia del reino/reinado de Dios. Esa es la Buena Noticia. A lo largo del evangelio descubriremos que no es un «país», ni tampoco una «situación personal», ni un «estado de ánimo». Jesús encarna el reino/reinado de Dios con su mensaje, su actuación y su vida. Pero él no lo hace en soledad solitaria, sino que «llama» a unos pescadores para que le sigan. La escucha de esta llamada es de ayer (historia pasada) y de hoy (historia presente), porque el Reino ha comenzado, pero no ha culminado. Jesús une conversión y seguimiento. La llamada a la conversión es universal, para todos, porque el Reino se abre a todos. Jesús necesita colaboradores en esta tarea, y no duda en llamar a personas concretas. La conversión y la llamada sigue siendo actuales.

13

Martes
Feria o *San Hilario*

Primera lectura: 1 Samuel 1,9-20
Salmo: 1 Samuel 2,1.4-8: Mi corazón se regocija por el Señor, mi salvador

Evangelio: Marcos 1,21-28

En aquel tiempo, Jesús y sus discípulos entraron en Cafarnaún, y, cuando el sábado siguiente fue a la sinagoga a enseñar, se quedaron asombrados de su doctrina, porque no enseñaba como los escribas, sino con autoridad. Estaba precisamente en la sinagoga un hombre que tenía un espíritu inmundo, y se puso a gritar: «¿Qué quieres de nosotros, Jesús Nazareno? ¿Has venido a acabar con nosotros? Sé quién eres: el Santo de Dios». Jesús lo increpó: «Cállate y sal de él». El espíritu inmundo lo retorció y, dando un grito muy fuerte, salió. Todos se preguntaron estupefactos: «¿Qué es esto? Este enseñar con autoridad es nuevo. Hasta a los espíritus inmundos les manda y le obedecen». Su fama se extendió enseguida por todas partes, alcanzando la comarca entera de Galilea.

Jesús comienza el anuncio del Reino en torno al lago. Cafarnaún es un pueblo importante de los pescadores de la zona y lo frecuenta. Marcos une dos escenas de forma magistral: la enseñanza y la curación. En la sinagoga se puede enseñar, pues es el lugar de la Torá; pero no es el lugar para las curaciones, máxime cuando es sábado, día de reposo absoluto, donde no se puede alterar nada que afecte a la vida social y al ser de las cosas. Jesús va el sábado a la sinagoga, lo cual no es extraño por su condición de varón judío; pero allí tiene lugar la curación de una persona con un «espíritu inmundo». Los presentes no se escandalizan, quizá porque no hay ningún representante de la «rigidez» del

Templo de Jerusalén. Los presentes se quedan «asombrados» porque «enseña con autoridad». De una forma discreta, pero clara, Marcos inicia su evangelio mostrando cuál va a ser la actividad de Jesús: enseñar y curar, siempre a favor de la persona, especialmente cuanto más necesitada esté. En Jesús se manifiesta la decisión de Dios de estar con su pueblo para favorecerle; por otra parte, Marcos marca una diferencia neta entre la autoridad de Jesús y la falta de autoridad de los escribas de la Ley. El discípulo se pone en camino tras los pasos de Jesús: escucha su palabra y se compromete en su tarea de hacer presente el Reino, ya, en el mundo.

ENERO

14

Miércoles
Feria

Primera lectura: 1 Samuel 3,1-10.19-20

Salmo 39: Aquí estoy, Señor, para hacer tu voluntad

Evangelio: Marcos 1,29-39

En aquel tiempo, al salir Jesús de la sinagoga, fue con Santiago y Juan a casa de Simón y Andrés. La suegra de Simón estaba en cama con fiebre, y se lo dijeron. Jesús se acercó, la cogió de la mano y la levantó. Se le pasó la fiebre y se puso a servirles. Al anochecer, cuando se puso el sol, le llevaron todos los enfermos y endemoniados. La población entera se agolpaba a la puerta. Curó a muchos enfermos de diversos males y expulsó muchos demonios; y como los demonios lo conocían, no les permitía hablar.

Se levantó de madrugada, se marchó al descampado y allí se puso a orar. Simón y sus compañeros fueron y, al encontrarlo, le dijeron: «Todo el mundo te busca». Él les respondió: «Vámonos a otra parte, a las aldeas cercanas, para predicar también allí; que para eso he salido». Así recorrió toda Galilea, predicando en las sinagogas y expulsando los demonios.

El evangelista une la curación del endemoniado de la sinagoga de Cafarnaún con la curación de la suegra de Pedro, que está enferma en casa. La curación de Jesús ya no tiene lugar en un espacio público y religioso (la sinagoga), sino en un ámbito familiar (una casa). Marcos se sirve de tres verbos: «se acercó», la «tomó» de la mano y la «levantó». En contextos judíos severos, donde el contacto físico con los enfermos se evita, más cuando es una mujer, Jesús se revela no solo como compasivo, sino como portador de salud. La gente reacciona llevando a todos sus enfermos. Es verdad que Jesús no curó a todos; tampoco era esa su misión, ser el sanador universal de las dolencias. Jesús cura como signo de la llegada del Reino y de que la voluntad de Dios es curar y sanar, no herir ni culpabilizar. La escena continúa con un detalle muy importante: Jesús se retira a la soledad para orar. Su vida se funda en la intimidad con el Padre y no hace nada al margen de esta relación. La actuación de Jesús no responde a la de los curanderos populares ni a la de los charlatanes de feria. Jesús lleva adelante una misión, la que el Padre le ha encomendado, que se hace presente en la enseñanza (predicar) y en la curación (expulsión de los demonios). La gente le busca, pero ¿cuál es su interés? Poco a poco lo iremos viendo. La escena concluye diciendo que Jesús recorría Galilea, predicaba en las sinagogas y expulsaba los demonios; esta breve noticia de su actividad es a la vez la síntesis de su misión.

15 | **Jueves**
Feria

Primera lectura: 1 Samuel 4,1-11

Salmo 43: Redímenos, Señor, por tu misericordia

Evangelio: Marcos 1,40-45

En aquel tiempo se acercó a Jesús un leproso, suplicándole de rodillas: «Si quieres, puedes limpiarme». Sintiendo lástima, extendió la mano y lo tocó, diciendo: «Quiero: queda limpio». La lepra se le quitó inmediatamente, y quedó limpio. Él lo despidió, encargándole severamente: «No se lo digas a nadie; pero, para que conste, ve a presentarte al sacerdote y ofrece por tu purificación lo que mandó Moisés». Pero, cuando se fue, empezó a divulgar el hecho con grandes ponderaciones, de modo que Jesús ya no podía entrar abiertamente en ningún pueblo; se quedaba fuera, en descampado; y aun así acudían a él de todas partes.

Marcos se hace eco de una escena real, casi cotidiana. En un tiempo donde la falta de higiene y la pobreza eran frecuentes entre la población, no era extraño ver a personas con enfermedades en la piel, fuera lepra u otras afecciones. La Ley de Moisés recoge este tipo de enfermedades precisamente por su frecuencia. Lo importante no solo es el hecho de la enfermedad, sin duda doloroso cuanto el trato que le da la religión judía de la época: lo relaciona directamente con la «impureza legal». Es más, un sacerdote del Templo de Jerusalén es quien lo declara «impuro» y quien debe declarar, en caso de curación, que ha recuperado la «pureza». El enfermo debe gritar públicamente su condición para que todos se aparten y debe vivir solo, «fuera» del campamento/ciudad. Hoy nos serviríamos de palabras como «estigmatización» y «exclusión». Él mismo debe gritar que «no es puro». En el evangelio vemos que se acerca a Jesús y le pide que lo «limpie». Jesús «se compadece» y actúa. Él lo cura y lo reintegra en la sociedad, pero, como no es sacerdote, le pide que busque la certificación oficial. Un segundo aspecto aparece en este relato: el conocido como «secreto mesiánico». Jesús no quiere que se corra por los pueblos y las aldeas quién es él, porque aún no ha llegado la hora de manifestarse como «ungido de Dios».

ENERO

16 | **Viernes**
Feria

Primera lectura: 1 Samuel 8,4-7.10-22

Salmo 88: Cantaré eternamente tus misericordias, Señor

Evangelio: Marcos 2,1-12

Cuando, a los pocos días, volvió Jesús a Cafarnaún, se supo que estaba en casa. Acudieron tantos que no quedaba sitio ni a la puerta. Él les proponía la palabra. Llegaron cuatro llevando un paralítico y, como no podían meterlo, por el gentío, levantaron unas tejas encima de donde estaba Jesús, abrieron un boquete y descolgaron la camilla con el paralítico. Viendo Jesús la fe que tenían, le dijo al paralítico: «Hijo, tus pecados quedan perdonados».

Unos escribas, que estaban allí sentados, pensaban para sus adentros: «¿Por qué habla este así? Blasfema. ¿Quién puede perdonar pecados, fuera de Dios?». Jesús se dio cuenta de lo que pensaban y les dijo: «¿Por qué pensáis eso? ¿Qué es más fácil: decirle al paralítico: "Tus pecados quedan perdonados", o decirle: "Levántate, coge la camilla y echa a andar"? Pues, para que veáis que el Hijo del hombre tiene potestad en la tierra para perdonar pecados...». Entonces le dijo al paralítico: «Contigo hablo: levántate, coge tu camilla y vete a tu casa». Se levantó inmediatamente, cogió la camilla y salió a la vista de todos. Se quedaron atónitos y daban gloria a Dios, diciendo: «Nunca hemos visto una cosa igual».

Jesús regresa a Cafarnaún tras unos días anunciando el Reino por los alrededores. Le llevan a casa un paralítico; levantan el techo para descolgarlo y que Jesús lo toque. El gentío busca a Jesús porque se fía de él; los escribas observan. La actuación de Jesús provoca dos reacciones contrarias: la gente se admira, los escribas condenan. Para el judaísmo, tanto la sanación como el perdón de los pecados son exclusivos de Dios: ¿cómo entender la actuación de Jesús? ¿En nombre de qué o de quién se atribuye semejantes poderes? En Marcos, tanto el anuncio como los milagros son revelación de Jesús: el Reino se hace presente y es buena noticia para los que lo quieren acoger. Para los escribas, sin embargo, se trata de una provocación de alguien que se atribuye prerrogativas exclusivas de Dios. Jesús sana el cuerpo –«toma tu camilla»– y el espíritu: «Tus pecados están perdonados»; se trata, en definitiva, de devolver la dignidad a la persona y que alcance la humanización total, conforme a la voluntad de Dios. Los sancionadores de lo oficialmente religioso solo condenan: es blasfemia. ¿Dónde queda el ser humano? La religión que condena no es de Jesús. Los escribas no son solo unos personajes oscuros y legalistas que aparecen con frecuencia en el evangelio. Su actitud se repite en la historia: no se alegran de que una persona quede limpia y curada, sino que exigen pruebas o apelan a la Ley.

Primera lectura: 1 Samuel 9,1-4.17-19; 10,1

....

Salmo 20: Señor, el rey se alegra por tu fuerza

....

Evangelio: Marcos 2,13-17

En aquel tiempo, Jesús salió de nuevo a la orilla del lago; la gente acudía a él, y les enseñaba. Al pasar vio a Leví, el de Alfeo, sentado al mostrador de los impuestos, y le dijo: «Sígueme». Se levantó y lo siguió. Estando Jesús a la mesa en su casa, de entre los muchos que lo seguían, un grupo de publicanos y pecadores se sentaron con Jesús y sus discípulos. Algunos escribas fariseos, al ver que comía con publicanos y pecadores, les dijeron a los discípulos: «¡De modo que come con publicanos y pecadores!». Jesús lo oyó y les dijo: «No necesitan médico los sanos, sino los enfermos. No he venido a llamar a los justos, sino a los pecadores».

La sentencia final del texto que leemos ilumina la narración anterior. Jesús primero expone un pensamiento sapiencial, como si fuera un sabio del pueblo: «No necesitan médico los sanos, sino los enfermos». Luego él mismo aplica esta máxima a su propia misión: «No he venido a llamar a los justos, sino a los pecadores». La misión de Jesús no es excluyente, no hace distinción de personas, pero tiene una preferencia clara: las personas que están en los márgenes, los descartados, por motivos religiosos, económicos, sociales o rituales. En una sociedad como la judía de entonces, donde era difícil delimitar un ámbito del otro –por ejemplo, decían que un ciego lo era por un pecado suyo o de un antepasado–, la misión de Jesús siempre está a favor de la persona que está en los márgenes para anunciarles el amor misericordioso de Dios. Jesús llama a Leví no porque fuera «mejor» que nadie, sino porque quiere que entre a formar parte del nuevo grupo que comienza. Todas las personas, sin exclusión, están llamadas a formar parte, en libertad, de los discípulos de Jesús.

ENERO

 18

Domingo
II DEL TIEMPO ORDINARIO

Primera lectura: Isaías 49,3.5-6

Salmo 39: Aquí estoy, Señor, para hacer tu voluntad

Segunda lectura: 1 Corintios 1,1-3

Evangelio: Juan 1,29-34

Al día siguiente, al ver Juan a Jesús, que venía hacia él, exclamó: «Este es el Cordero de Dios que quita el pecado del mundo. Este es aquel de quien yo dije: "Tras de mí viene un hombre que está por delante de mí, porque existía antes que yo". Yo no lo conocía, pero he salido a bautizar con agua, para que sea manifestado a Israel». Y Juan dio testimonio diciendo: «He contemplado al Espíritu que bajaba del cielo como una paloma y se posó sobre él. Yo no lo conocía, pero el que me envió a bautizar con agua me dijo: "Aquel sobre quien veas bajar el Espíritu y posarse sobre él, ese es el que ha de bautizar con Espíritu Santo". Y yo lo he visto, y he dado testimonio de que este es el Hijo de Dios».

El domingo de la semana pasada celebrábamos la fiesta del bautismo de Jesús en el Jordán. El evangelio de hoy se mueve en la misma escena, pero con una perspectiva distinta. Nos centramos en la imagen del «Cordero de Dios». La imagen del cordero, en el mundo semítico y bíblico, nos lleva a los sacrificios y holocaustos: al sacrificio de los pastores al comenzar la primavera, al sacrificio de Isaac –que no llegó a término–, pero, sobre todo, en el sacrificio del cordero que cada año se comía ritualmente en las fiestas de Pascua. Con la sangre de este cordero, recordemos el relato del Éxodo, se marcaron las puertas de los israelitas para que se salvaran aquella noche. El acontecimiento tiene un sentido de redención, pues actualizaba el rescate del pueblo de Israel de la esclavitud del faraón, por mano del Señor. Cada año, los judíos sacrificaban ritualmente en el Templo de Jerusalén un cordero para comerlo en la Pascua: el «cordero pascual». Juan Bautista dice que Jesús es «el cordero de Dios que quita el pecado del mundo». Ya no es un cordero más, sino el que viene «de Dios»; ya no solo actualiza la liberación de Israel, sino que «quita el pecado del mundo»; su eficacia afecta a la condición humana de pecadores, y además es una eficacia universal. El evangelista Juan da un paso más: el Espíritu Santo se posa sobre Jesús. Si puede perdonar los pecados, es porque él es el «ungido de Dios», aquel que tiene la plenitud del Espíritu. ¿Quién es hoy cristiano, el que se admira por el hombre Jesús o el que proclama que en él se da la plenitud del Espíritu, la reconciliación del hombre con Dios? Juan comienza su evangelio remitiéndonos de una forma nueva, sorprendente, al misterio de Jesús para que nos adentremos en él.

ENERO

19

Lunes
Feria

Primera lectura: 1 Samuel 15,16-23

Salmo 49: Al que sigue buen camino le haré ver la salvación de Dios

Evangelio: Marcos 2,18-22

En aquel tiempo, los discípulos de Juan y los fariseos estaban de ayuno. Vinieron unos y le preguntaron a Jesús: «Los discípulos de Juan y los discípulos de los fariseos ayunan. ¿Por qué los tuyos no?». Jesús les contestó: «¿Es que pueden ayunar los amigos del novio mientras el novio está con ellos? Mientras tienen al novio con ellos no pueden ayunar. Llegará un día en que se lleven al novio; aquel día sí que ayunarán. Nadie le echa un remiendo de paño sin remojar a un manto pasado; porque la pieza tira del manto, lo nuevo de lo viejo, y deja un roto peor. Nadie echa vino nuevo en odres viejos, porque revienta los odres y se pierden el vino y los odres; a vino nuevo, odres nuevos».

Tres grupos: los fariseos, los discípulos de Juan y los discípulos de Jesús. Los dos primeros ayunan, los de Jesús no. Fariseos y seguidores de Juan Bautista son representantes de lo antiguo, Jesús es la novedad. Las preguntas a Jesús se las hacen con visión corta; ellos se mueven en los esquemas de la rutina y su pregunta es por qué no hacen lo que hacemos todos. Son incapaces de comprender que Jesús va mucho más allá: el ayuno forma parte del duelo bien por las tragedias familiares, bien nacionales, bien por razones penitenciales. Jesús no denigra el ayuno, sino que les da un sentido nuevo. Es el tiempo del novio y, consecuentemente, del gozo: porque si el banquete del Reino se está manifestando a los más débiles y necesitados, ¿cómo recibir el Reino con ayuno? La imposibilidad de comprender el Evangelio con esquemas antiguos es similar al arreglo de un traje antiguo, desgastado y descolorido con paño flexible, terso, bien tejido... Son dos elementos que no se pueden conjuntar. Lo mismo es pretender guardar un vino joven, fresco, vivo, oloroso, en un odre pasado, reseco, con sabores y olores de otras cosechas. La novedad de Jesús no aguanta los estrechos límites de la piedad judía; no es antijudío, mucho menos antirreligioso. Jesús es culmen, plenitud, realización, meta, cumplimiento de un Reino que la religiosidad judía atisbaba, pero no alcanzaba. ¡A vino nuevo, odres nuevos!

Primera lectura: 1 Samuel 16,1-13

Salmo 88: Encontré a David, mi siervo

Evangelio: Marcos 2,23-28

Un sábado atravesaba el Señor un sembrado; mientras andaban, los discípulos iban arrancando espigas. Los fariseos le
dijeron: «Oye, ¿por qué hacen en sábado lo que no está permitido?». Él les respondió: «¿No habéis leído nunca lo que hizo
David cuando él y sus hombres se vieron faltos y con hambre?
Entró en la casa de Dios, en tiempo del sumo sacerdote Abia-
tar, comió de los panes presentados, que solo pueden comer
los sacerdotes, y les dio también a sus compañeros». Y añadió: «El sábado se hizo para el hombre y no el hombre
para el sábado; así que el Hijo del hombre es señor también
del sábado».

Una escena de los campos de la Baja Galilea. Jesús va de paso,
sus discípulos se echan unas espigas a la boca y unos fariseos
intervienen censurando la acción «porque es sábado». Todos
son judíos, pero, para Jesús y sus discípulos, no han hecho
nada reprobable; para los fariseos es muy grave la acción,
porque alteran la santidad del sábado. La religión no puede
ser inhumana. El sábado (la religión) se ha hecho para el
hombre (la gran humanidad en toda su amplitud); la religión
no puede esclavizar al hombre, hacer de él un muñeco temeroso o una persona acomplejada. El sábado de la religión
judía, mal entendido, no era un momento de dar culto y
gloria al Dios creador, sino un peso tremendo: no se puede
trabajar, no se puede andar, no se puede... Los apóstoles ven

cómo les recriminan haber frotado unas espigas para echárselas a la boca. Segunda parte: el hombre no se ha hecho para el «sábado». Así es, el ser humano ha sido creado para amar, para adorar, para transformar, para servir, para disfrutar, pero no ha sido creado para someterse a unas normas insoportables, con el agravante de ponérselas sobre los hombros a otros más débiles o acomplejados. ¿Va Jesús contra la religión judía? En absoluto. Jesús centra el verdadero culto a Dios, que hace de la religión creyente, adorante, confesante, una religión humana, para las personas. Jesús concluye que «el Hijo del hombre» –o sea, él mismo– es señor del sábado.

ENERO

21

Miércoles
Santa Inés

Primera lectura: 1 Samuel 17,32-33.37.40-51
Salmo 143: Bendito el Señor, mi Roca

Evangelio: Marcos 3,1-6

En aquel tiempo entró Jesús otra vez en la sinagoga, y había allí un hombre con parálisis en un brazo. Estaban al acecho, para ver si curaba en sábado y acusarlo. Jesús le dijo al que tenía la parálisis: «Levántate y ponte ahí en medio». Y a ellos les preguntó: «¿Qué está permitido en sábado?, ¿hacer lo bueno o lo malo?, ¿salvarle la vida a un hombre o dejarlo morir?». Se quedaron callados. Echando en torno una mirada de ira, y dolido de su obstinación, le dijo al hombre: «Extiende el brazo». Lo extendió y quedó restablecido. En cuanto salieron de la sinagoga, los fariseos se pusieron a planear con los herodianos el modo de acabar con él.

Segunda escena sobre el sábado, esta vez en la «sinagoga». En el lugar se encuentra un hombre anónimo con una mano atrofiada. Sus adversarios «están espiando» a Jesús para ver si cura en sábado y así «tener un motivo para acusarle». Jesús les mira «con indignación» y «apenado» por su dureza de corazón. Marcos nos presenta un Jesús con sentimientos humanos, que lo hace más cercano aún a nosotros. Los fariseos siguen criterios religiosos, y los herodianos, criterios políticos; para ambos, Jesús es peligroso. Jesús busca que la persona viva; por eso les pregunta por la prioridad de la vida sobre la norma. Los fariseos no buscan el bien de la persona, sino que se cumpla la Ley. Jesús se duele por la dureza de corazón de estos falsos defensores de Dios. No esclarecen, sino que enturbian el rostro misericordioso de Dios. Aquellos hombres fanáticos deciden usar la violencia: ¡hay que acabar con Jesús! La actitud de los fariseos pertenece a la ideología, primacía de las ideas, con carácter religioso. La «ideología religiosa» no es fe, tampoco es humanismo cristiano. Por ser ideología pone las ideas por delante de las personas, y también por delante de Dios; por ser religiosa la justifica en nombre de Dios, sin tener reparos en manipularlo. La actuación de Jesús se mueve en el ámbito de la compasión misericordiosa, que revela cómo es el Padre Dios y cómo se vuelve con las personas débiles y empobrecidas. No estamos ante un texto «informativo» o «moralizante», invitándonos a ser piadosos con los más necesitados, sino que es un texto «revelador». La fe en Jesús nos libera de las ideologías y nos adentra en el rostro misericordioso de Dios.

22 | Jueves
San Vicente

Primera lectura: 1 Samuel 18,6-9; 19,1-7

Salmo 55: En Dios confío y no temo

Evangelio: Marcos 3,7-12

En aquel tiempo, Jesús se retiró con sus discípulos a la orilla del lago, y lo siguió una muchedumbre de Galilea. Al enterarse de las cosas que hacía, acudía mucha gente de Judea, de Jerusalén y de Idumea, de Transjordania, de las cercanías de Tiro y Sidón. Encargó a sus discípulos que le tuviesen preparada una lancha, no lo fuera a estrujar el gentío. Como había curado a muchos, todos los que sufrían de algo se le echaban encima para tocarlo. Cuando lo veían, hasta los espíritus inmundos se postraban ante él, gritando: «Tú eres el Hijo de Dios». Pero él les prohibía severamente que lo diesen a conocer.

La actividad y la fama de Jesús se extiende no solo a las aldeas de los alrededores del lago (Galilea), sino hasta los territorios judíos lejanos del sur (Judea-Jerusalén) y alcanzan el extranjero (Tiro-Sidón). La gente quiere verle y tocarle, por si podían ser curados de sus males. La misión de Jesús es anunciar la buena noticia del Reino y realizar signos verificables de su presencia sanadora, liberadora. Las dos van de la mano; una no se entiende sin la otra, porque Jesús no es un curandero, un mago, ni un ilusionista. Algunos de los que le tocan están poseídos por «espíritus impuros», que reconocen a Jesús y le confiesan como «Hijo de Dios», pero Jesús se lo impide. El relato del evangelio de Marcos tiene una dinámica propia: Jesús es el Mesías, pero aún no ha llegado el momento de esta revelación. Jesús no quiere aparecer como un Mesías triunfalista, ni como un curandero, ni creando falsas expectativas. Nosotros habríamos actuado de forma totalmente contraria: cuanto antes se corra la voz, mejor. Pero no todo vale. Él descubre su misión curando, sanando, dando vida; pero no es un farsante, ni un mago, ni un palabrero, ni un embaucador.

ENERO

23 | **Viernes**
San Ildefonso

Primera lectura: 1 Samuel 24,3-21

Salmo 56: Misericordia, Dios mío, misericordia

Evangelio: Marcos 3,13-19

En aquel tiempo, Jesús, mientras subía a la montaña, fue llamando a los que él quiso, y se fueron con él. A doce los hizo sus compañeros, para enviarlos a predicar, con poder para expulsar demonios. Así constituyó el grupo de los Doce: Simón, a quien dio el sobrenombre de Pedro, Santiago el de Zebedeo y su hermano Juan, a quienes dio el sobrenombre de Boanerges –Los Truenos–, Andrés, Felipe, Bartolomé, Mateo, Tomás, Santiago el de Alfeo, Tadeo, Simón el Celotes y Judas Iscariote, que lo entregó.

Jesús lleva adelante su misión, pero no es una tarea individual que quiera realizar él solo, como los profetas de la antigüedad. Jesús tiene sentido de «pueblo de Dios» y quiere que el movimiento que él inicia tenga también este rasgo de identidad. De esta forma, Jesús construye sobre la experiencia que ya posee Israel como «comunidad» que comparte una historia y un destino, como «pueblo elegido». Jesús sube al monte, lugar de revelación y de situaciones fundamentales. Allí elige a «doce» de entre sus discípulos (referencia implícita a las doce tribus);

a estos les «constituyó apóstoles». Su tarea es continuación de la misión de Jesús: predicar y expulsar demonios. Marcos nos dice sus nombres; fundamental en la experiencia religiosa y en el discipulado. No se trata de una llamada general, sin delimitaciones, sino que es una llamada que supone una «elección» (a los que él quiso); a cada uno con su historia personal. Este evangelio no es solo recordatorio de lo que un día sucedió, sino que es actualización hoy. La misión está abierta; los nombres de los apóstoles los ponemos nosotros. Somos las manos, los pies y la boca de Jesús.

ENERO

24

Sábado
San Francisco de Sales

Primera lectura: 2 Samuel 1,1-4.11-12.19.23-27

Salmo 79: Que brille tu rostro, Señor, y nos salve

Evangelio: Marcos 3,20-21

En aquel tiempo, Jesús fue a casa con sus discípulos y se juntó de nuevo tanta gente que no los dejaban ni comer. Al enterarse su familia, vinieron a llevárselo, porque decían que no estaba en sus cabales.

En una escena cotidiana, Jesús está en casa con sus discípulos, se sobreentiende que en Cafarnaún, lugar a donde volvía después de anunciar la Buena Noticia por los alrededores. La gente le busca, incluso con cierto agobio: «No le dejan ni comer». Comentario aparentemente simple que expresa una realidad histórica: su fama había traspasado los límites del pueblo de pescadores donde vivía. Marcos introduce una noticia que se puede enlazar con el enunciado anterior: sus familiares van a buscarlo para llevárselo. Debemos entender que vienen de Nazaret, su pueblo de origen. La razón que da Marcos también se puede comprender: «Está fuera de sí». Sin duda, la acción y la predicación de Jesús rompió todos los moldes y expectativas y causó importantes sorpresas incluso entre los suyos. Jesús lleva al extremo su radicalidad: la nueva familia que él propone no es la de la sangre, sino la del discipulado, que cumple la voluntad de Dios. No se puede deducir de aquí que Jesús rechace los lazos familiares humanos, en absoluto; pero sí podemos decir que el seguimiento de Jesús supone tomar decisiones respecto a los demás y a Dios, en una nueva forma de situarse en el mundo. Tenemos un testimonio precioso de la comunidad cristiana que no oculta esta dificultad de los primeros tiempos; por otra parte, podemos pensar: ¿acaso no sigue llamando poderosamente la atención hoy el mensaje de Jesús? ¿No sigue escandalizando a personas que entienden su vida religiosa dentro de unos parámetros normalizados? Seguir a Jesús supone ponerse tras sus huellas, nos lleven a donde nos lleven.

ENERO

25

Domingo
III del Tiempo Ordinario
(Conversión de San Pablo)

Primera lectura: Isaías 8,23-9,3

Salmo 26: El Señor es mi luz y mi salvación

Segunda lectura: 1 Corintios 1,10-13.17

Evangelio: Mateo 4,12-23 (o 4,12-17)

Al enterarse Jesús de que habían arrestado a Juan se retiró a Galilea. Dejando Nazaret se estableció en Cafarnaún, junto al lago, en el territorio de Zabulón y Neftalí. Así se cumplió lo que había dicho el profeta Isaías: «País de Zabulón y país de Neftalí, camino del mar, al otro lado del Jordán, Galilea de los gentiles. El pueblo que habitaba en las tinieblas vio una luz grande; a los que habitaban en tierra y sombras de muerte una luz les brilló». Entonces comenzó Jesús a predicar, diciendo: «Convertíos, porque está cerca el reino de los cielos».

Pasando Jesús junto al lago de Galilea vio a dos hermanos, a Simón, al que llaman Pedro, y a Andrés, su hermano, que estaban echando el copo en el lago, pues eran pescadores. Les dijo: «Venid y seguidme, y os haré pescadores de hombres». Inmediatamente dejaron las redes y lo siguieron. Y, pasando adelante, vio a otros dos hermanos, a Santiago, hijo de Zebedeo, y a Juan, que estaban en la barca repasando las redes con Zebedeo, su padre. Jesús los llamó también. Inmediatamente dejaron la barca y a su padre y lo siguieron.

Recorría toda Galilea enseñando en las sinagogas y proclamando el evangelio del reino, curando las enfermedades y dolencias del pueblo.

El evangelista Mateo escribe pensando en los judíos que ven con simpatía a Jesús pero que se hacen esta pregunta: la vida de Jesús ¿ha sido anunciada en las Escrituras? Para un judío la pregunta tiene sentido. El Dios de los padres no hace nada al azar: se comunica en la historia, anticipa por medio de los profetas su voluntad, anuncia sus intervenciones. Mateo así lo comprende y así lo repite con insistencia. No es casual que Jesús sea galileo, de donde no se puede esperar nada, pues en toda la historia de Israel nada ha demostrado. No solo no es casual, sino que Dios mismo lo había anunciado por medio de Isaías, profeta de total garantía para un buen judío. Jesús llama a la «conversión». Llamada universal, pues cada uno de nosotros sabe dónde está, cuáles son sus cadenas y sus expectativas, y todo esto lo debe poner a los pies de Dios y de su Reino:

«Está cerca el reino de Dios». El texto presenta a continuación la llamada a los primeros discípulos: unos pescadores galileos. Se trata, con las claves históricas bíblicas, de una novedad radical. Si en el Antiguo Testamento los llamados eran hebreos con raíces bien en el reino del Norte, bien en el reino del Sur, de las casas de Israel y de Judá, ahora Jesús llama a unos galileos. Galilea –territorio de Zabulón y Neftalí– era tierra de frontera, más próxima a los arameos del norte y a Damasco que a Jerusalén y su Templo. Como dice el texto, era tierra «de los gentiles». ¿Se puede alcanzar mayor provocación? Jesús tiene una misión que supera los clichés para inaugurar una nueva forma de entender la relación con Dios. La salvación alcanza las tierras que oficialmente no eran dignas de ser tenidas en cuenta por las personas religiosas.

ENERO

26 | Lunes
San Timoteo y San Tito

Primera lectura: 2 Timoteo 1,1-8

Salmo 95: Contad las maravillas del Señor a todas las naciones

Evangelio: Lucas 10,1-9

En aquel tiempo designó el Señor otros setenta y dos y los mandó por delante, de dos en dos, a todos los pueblos y lugares adonde pensaba ir él. Y les decía: «La mies es abundante y los obreros, pocos; rogad, pues, al dueño de la mies que mande obreros a su mies. ¡Poneos en camino! Mirad que os mando como corderos en medio de lobos. No llevéis talega, ni alforja, ni sandalias; y no os detengáis a saludar a nadie por el camino. Cuando entréis en una casa decid primero: "Paz en esta casa". Y si allí hay gente de paz, descansará sobre ellos vuestra paz; si no, volverá a vosotros.

Quedaos en la misma casa, comed y bebed de lo que tengan, porque el obrero merece su salario. No andéis cambiando de casa. Si entráis en un pueblo y os reciben bien, comed lo que os pongan, curad a los enfermos que haya y decid: "Está cerca de vosotros el reino de Dios"».

Jesús anuncia el reino de Dios. Esa es la misión que el Padre le ha encomendado y que Jesús descubre en largas horas de oración; quizá durante toda la noche, en un lugar retirado. No podemos imaginarnos a un Jesús «sabelotodo», casi como un niño repelente. Jesús madura su misión, descube su tarea, comprende poco a poco la voluntad de su Padre en largas e intensas horas de intimidad con él. Primera reflexión: la fe no es una ideología que se aprende en libros o academias, sino una aceptación en un encuentro de intimidad, poco a poco. Jesús descubre que él solo no puede llevar adelante esa tarea, ni por su extensión (la mies es mucha), ni por sus fuerzas limitadas (los obreros son pocos), ni por la condición misma de la misión: compartida, nunca en solitario. El enviado, nos dice Lucas, es alguien que vive en conciliación, esfuerzo y pobreza. El misionero no busca la confrontación, mucho menos imponerse por la fuerza; mucho menos la venganza; es conciliador, no provocador de tensiones que desatan la violencia. En esfuerzo, como si de un trabajo se tratara; no es, por tanto, una tarea secundaria que se deja para cuando no hay nada mejor que hacer: el «obrero» merece su «salario», su paga; aunque solo sea un bocado para no desfallecer y poder seguir adelante. Por último, el misionero vive en pobreza radical y fructífera: no busca las riquezas, porque la única riqueza es Dios. No busca comprar la salvación, porque el fruto nace de la fe que se comparte. Timote y Tito, compañeros de Pablo, son testigos vivos de este anuncio –en concordia, sencillez y pobreza– del Evangelio.

ENERO

27

Martes
Feria o *Santa Ángela de Mérici*

Primera lectura: 2 Samuel 6,12-15.17-19

Salmo 23: ¿Quién es ese Rey de la Gloria? Es el Señor en persona

Evangelio: Marcos 3,31-35

En aquel tiempo llegaron la madre y los hermanos de Jesús y desde fuera lo mandaron llamar. La gente que tenía sentada alrededor le dijo: «Mira, tu madre y tus hermanos están fuera y te buscan». Les contestó: «¿Quiénes son mi madre y mis hermanos?». Y, paseando la mirada por el corro, dijo: «Estos son mi madre y mis hermanos. El que cumple la voluntad de Dios, ese es mi hermano y mi hermana y mi madre».

Fiel a su estilo, Marcos escribe con un esquema «en bocadillo». Primero habla de la familia que busca a Jesús porque está fuera de sí; luego introduce otro tema, la acusación de que está poseído por Belcebú, y por fin de nuevo recupera el argumento de los familiares que le buscan para llevárselo a casa (evangelio de hoy). Ahora Marcos habla de la «madre y los hermanos» de Jesús; podemos entender que son sus familiares próximos, según el esquema cultural semita de la época. La escena tiene una distribución de los espacios y personajes que podemos adivinar que es significativa. Unos vienen de fuera y le buscan para llevárselo, no para escucharle. Otros están sentados a su alrededor en actitud de escucha. Se crean dos espacios. Los familiares de sangre no están en disposición de ser discípulos; por el contrario, los que están con él en disposición de acoger su mensaje y su persona son su nueva familia. Se plantea entonces una nueva pregunta: ¿quién es de la familia de Jesús? ¿Los que pueden presentar lazos de sangre o los que le escuchan y quieren vivir conforme a la voluntad de Dios? Ser cristiano supone entrar en los círculos íntimos de Jesús y ponerse a sus pies como discípulo. Si a Jesús le tratan a veces con dureza, su discípulo no puede esperar halagos.

ENERO

28

Miércoles
Santo Tomás de Aquino

Primera lectura: 2 Samuel 7,4-17

Salmo 88: Le mantendré eternamente mi favor

Evangelio: Marcos 4,1-20

En aquel tiempo, Jesús se puso a enseñar otra vez junto al lago. Acudió un gentío tan enorme que tuvo que subirse a una barca; se sentó, y el gentío se quedó en la orilla. Les enseñó mucho rato con parábolas, como él solía enseñar: «Escuchad: salió el sembrador a sembrar; al sembrar, algo cayó al borde del camino, vinieron los pájaros y se lo comieron. Otro poco cayó en terreno pedregoso, donde apenas tenía tierra; como la tierra no era profunda, brotó enseguida; pero, en cuanto salió el sol, se abrasó y, por falta de raíz, se secó. Otro poco cayó entre zarzas; las zarzas crecieron, lo ahogaron y no dio grano. El resto cayó en tierra buena: nació, creció y dio grano; y la cosecha fue del treinta o del sesenta o del ciento por uno». Y añadió: «El que tenga oídos para oír que oiga».

Cuando se quedó solo, los que estaban alrededor y los Doce le preguntaban el sentido de las parábolas. Él les dijo: «A vosotros se os han comunicado los secretos del reino de Dios; en cambio, a los de fuera todo se les presenta en parábolas, para que "por más que miren no vean, por más que oigan no entiendan, no sea que se conviertan y los perdonen"».

Y añadió: «¿No entendéis esta parábola? ¿Pues cómo vais a entender las demás? El sembrador siembra la palabra. Hay unos que están al borde del camino donde se siembra la palabra; pero, en cuanto la escuchan, viene Satanás y se lleva la palabra sembrada en ellos. Hay otros que reciben la simiente como terreno pedregoso; al escucharla la acogen con alegría, pero no tienen raíces y son inconstantes y, cuando viene una dificultad o persecución por la palabra, enseguida sucumben. Hay otros que reciben la simiente entre zarzas; estos son los que escuchan la palabra, pero los afanes de la vida, la seducción de las riquezas y el deseo de todo lo demás los invaden, ahogan la palabra y se queda estéril. Los otros son los que reciben la simiente en tierra buena; escuchan la palabra, la aceptan y dan una cosecha del treinta o del sesenta o de ciento por uno».

Jesús es un maestro popular que enseña con sencillez para que todos, hasta los más sencillos, le entiendan. No busca la fama de un profesor exigente ni un grupo de discípulos aventajados. Tampoco pone ejemplos complicados ni comparaciones reservadas solo para unos pocos iniciados. Es una nueva forma de presentar la experiencia religiosa a partir de la vida real y de la fe en Dios. Las parábolas son la expresión culmen de esta forma de enseñanza sirviéndose de lo habitual, de lo ordinario, de lo cotidiano. Jesús las explica con una finalidad: que todos entiendan la presencia del reino de Dios y su avance imparable. La Baja Galilea es tierra de sembrados; por eso la imagen que usa es popular y acertada para su público. El sembrador esparce semilla buena, cuidada, fértil. Lleva fuerza y vida. El brazo fuerte del agricultor, al echarla con un movimiento rítmico y poderoso, hace que la simiente llegue a todo el entorno. Alcanza incluso lugares no previstos. Puede ser que unas veces rebote porque cae en un terreno duro; también alguna puede caer bajo poderosas e invasivas zarzas; la mayor parte de las veces cae en buen terreno. Cada uno de nosotros somos esa «tierra» que rechaza, ahoga, reseca o hace germinar el fruto. Jesús propone la parábola del «sembrador», no de los «recolectores». Nuestra misión es sembrar sin desmayo, sabiendo que otros serán quienes recojan a su debido tiempo.

ENERO

29

Jueves
Feria

Primera lectura: 2 Samuel 7,18-19.24-29

Salmo 131: El Señor Dios le dará el trono de David, su padre

Evangelio: Marcos 4,21-25

En aquel tiempo dijo Jesús a la muchedumbre: «¿Se trae el candil para meterlo debajo del celemín o debajo de la cama, o para ponerlo en el candelero? Si se esconde algo es para que se descubra; si algo se hace a ocultas es para que salga a la luz. El que tenga oídos para oír que oiga». Les dijo también: «Atención a lo que estáis oyendo: la medida que uséis la usarán con vosotros, y con creces. Porque al que tiene se le dará, y al que no tiene se le quitará hasta lo que tiene».

Jesús interrumpe momentáneamente las parábolas sobre el reino de Dios; ahora pasa a ser un sabio que hace pensar a sus oyentes; luego seguirá con otras dos parábolas, sobre la semilla que se siembra y crece por sí sola y la parábola del grano de mostaza. La pregunta que Jesús hace a sus oyentes es fácil de resolver; se cae por su propio peso: nadie enciende una luz en un espacio oscuro para colocarla allí donde no puede alumbrar; es una necedad. La función del candil es alumbrar. Del mismo modo, las cosas ocultas y escondidas no tienen función en sí mismas; solo sirven cuando se conocen y muestran su valor. La buena noticia del Reino no se puede desvirtuar torpemente, ni esconder, ni mantenerse oculta. El Evangelio tiene que proclamarse a plena luz, en público, para que todos lo conozcan. La segunda sentencia advierte de la acogida del mensaje, no habla de consecuencias morales o de economía. El que escucha la palabra y la acoge verá cómo se multiplica en él; por el contrario, el que se niega a recibirla verá cómo pierde hasta la poco que ha podido escuchar. El Evangelio se recibe con espíritu generoso, abierto, receptivo.

ENERO

30 | **Viernes**
Feria

Primera lectura: 2 Samuel 11,1-4a.5-10a.13-17

Salmo 50: Misericordia, Señor, que hemos pecado

Evangelio: Marcos 4,26-34

En aquel tiempo dijo Jesús a la gente: «El reino de Dios se parece a un hombre que echa simiente en la tierra. Él duerme de noche y se levanta de mañana; la semilla germina y va creciendo sin que él sepa cómo. La tierra va produciendo la cosecha ella sola: primero los tallos, luego la espiga, después el grano. Cuando el grano está a punto, se mete la hoz, porque ha llegado la siega». Dijo también: «¿Con qué podemos comparar el reino de Dios? ¿Qué parábola usaremos? Con un grano de mostaza: al sembrarlo en la tierra es la semilla más pequeña, pero después brota, se hace más alta que las demás hortalizas y echa ramas tan grandes que los pájaros pueden cobijarse y anidar en ellas».

Con muchas parábolas parecidas les exponía la palabra, acomodándose a su entender. Todo se lo exponía con parábolas,
pero a sus discípulos se lo explicaba todo en privado.

Jesús les expone la palabra «acomodándose a su entender»; Jesús
es un maestro atípico, pues, lejos de insistir en los preceptos
de la Ley de Moisés, como los fariseos, les explica la Buena
Noticia de Dios de forma sencilla, para que todos la entiendan. Jesús se ha criado en los campos de la Baja Galilea, en un
ambiente rural. Jesús se sirve de estas dos comparaciones
didácticas y muy claras para que todos entiendan cómo se abre
camino el Reino que anuncia. Jesús parte de la observación
de la naturaleza. En este caso no se fija en la calidad de la
tierra –buena, endurecida o pedregosa–, sino en el tiempo
necesario y en la paciencia y esperanza del que ha sembrado.
La semilla se entierra, germina, crece día y noche y va madurando. Jesús dice: «Sin que el labrador sepa cómo». Es el
misterio de la vida, que se escapa a nuestro control. Todo
crecimiento necesita tiempo y espera; no hay que precipitarse,
no se puede desenterrar ni arrancar antes de tiempo porque
se provoca la ruina. Dios nos enseña a confiar, a ser pacientes
y saber esperar. La segunda comparación se centra en la enorme
diferencia que hay entre una semilla mínima (insignificante)
y el resultado final. La primera reflexión es que no se puede
despreciar nada (ni a nadie) por pequeño, débil o simple que
parezca. La segunda nos lleva de nuevo a la espera necesaria:
todo requiere su tiempo, hay que respetar los procesos. La
fuerza de Dios se manifiesta con frecuencia allí donde nosotros
no vemos nada o pensamos que no tiene «futuro». Son los
caminos siempre nuevos, insospechados, sorprendentes y
confiados de Dios. El Reino que Jesús anuncia transita por
ellos. Las parábolas son una invitación a cambiar de criterios
y de mentalidad.

Primera lectura: 2 Samuel 12,1-7.10-17

Salmo 50: Oh Dios, crea en mí un corazón puro

Evangelio: Marcos 4,35-41

Un día, al atardecer, dijo Jesús a sus discípulos: «Vamos a la otra orilla». Dejando a la gente se lo llevaron en barca, como estaba; otras barcas lo acompañaban. Se levantó un fuerte huracán y las olas rompían contra la barca hasta casi llenarla de agua. Él estaba a popa, dormido sobre un almohadón. Lo despertaron, diciéndole: «Maestro, ¿no te importa que nos hundamos?». Se puso en pie, increpó al viento y dijo al lago: «¡Silencio, cállate!». El viento cesó y vino una gran calma. Él les dijo: «¿Por qué sois tan cobardes? ¿Aún no tenéis fe?». Se quedaron espantados y se decían unos a otros: «Pero ¿quién es este? ¡Hasta el viento y las aguas le obedecen!».

Los milagros son «reveladores» y «signos salvíficos» que hacen presente el reino de Dios. En ningún caso buscan provocar miedo, contradecir la naturaleza, satisfacer curiosidades de la gente o entretener como si Jesús fuera un ilusionista. En este caso, el escenario es el lago o mar de Galilea; no se trata de un mar grande, pero en días de borrasca las aguas se agitan hasta el punto de poder hundir las pequeñas barcas que faenan por allí. Jesús duerme y el pánico se desata: «¿No te importa que perezcamos?». Jesús interviene, increpa al viento y el mar se calma; pero no se limita a apaciguar la naturaleza, sino que dirige su pregunta a lo realmente importante: «¿Por qué tenéis miedo?», y a continuación: «¿Aún no tenéis fe?». El miedo embota la inteligencia y cierra la posibilidad de abrirse al misterio de Dios. Jesús busca provocar la fe de los discípulos, pero se resisten. La pregunta sigue al estupor: «¿Quién es este?». La revelación de Jesús se hace con signos salvíficos (milagros) y con palabras que desentrañan el plan único de Dios para la humanidad. Marcos busca suscitar la fe de los discípulos y, por medio de este relato, hace hincapié en las «tormentas» que pueden hundir las barcas donde faenan las personas. Las «tormentas» son reales (no es un adorno ni un recurso literario); forman parte de nuestro día a día y pueden hundirnos. Jesús parece que duerme, como si no le importara, pero él está ahí. Es la presencia silenciosa, pero atenta, de Jesús con los suyos. Comparte nuestra barca. Ante la súplica reiterada, Jesús actúa. ¿Quién es? La autoridad soberana de Jesús disipa todos los miedos.

FEBRERO

 1

Domingo
IV DEL TIEMPO ORDINARIO

Primera lectura: Sofonías 2:3, 3:12-13

Salmo 145: Dichosos los pobres en el espíritu porque de ellos es el reino de los cielos

Segunda lectura: 1 Corintios 1,26-31

Evangelio: Mateo 5,1-12a

En aquel tiempo, al ver Jesús el gentío, subió a la montaña, se sentó y se acercaron sus discípulos; y él se puso a hablar, enseñándoles: «Dichosos los pobres en el espíritu, porque de ellos es el reino de los cielos. Dichosos los que lloran, porque ellos serán consolados. Dichosos los sufridos, porque ellos heredarán la tierra. Dichosos los que tienen hambre y sed de justicia, porque ellos quedarán saciados. Dichosos los misericordiosos, porque ellos alcanzarán la misericordia. Dichosos los limpios de corazón, porque ellos verán a Dios. Dichosos los que trabajan por la paz, porque ellos se llamarán hijos de Dios. Dichosos los perseguidos por causa de la justicia, porque de ellos es el reino de los cielos. Dichosos vosotros cuando os insulten y os persigan y os calumnien de cualquier modo por mi causa. Estad alegres y contentos, porque vuestra recompensa será grande en el cielo».

Mateo, judío que escribe a judíos que están en un camino de fe cristiana, presenta la misión de Jesús en comparación con Moisés. Jesús es el nuevo Moisés. Hay continuidad con el judaísmo, pero al mismo tiempo hay superación. Jesús sube a un monte –no sabemos su nombre–, se sienta como los maestros y explica. Moisés, en el monte Sinaí, había recibido de Dios unas «palabras», entendidas como preceptos o mandamientos. Ahora Jesús congrega al nuevo pueblo de Dios y pronuncia desde un nuevo monte las palabras definitivas, que ya no son «mandamientos», sino «bienaventuranzas». La perspectiva es distinta, porque ya no es el temor religioso, en medio de relámpagos, que rodeaba al pueblo en el Sinaí. Jesús comienza con una propuesta sorprendente: «Dichosos los pobres»; así inicia un camino de felicidad en abierto contraste con la sabiduría y los criterios de la humanidad de todos los tiempos, que sigue proclamando: dichosos los ricos, dichosos los poderosos, dichosos los fuertes... Solo quien se siente pobre ante Dios, quien sale de sí mismo y de sus seguridades para abandonarse en el Dios de los pobres, humildes y sencillos podrá entrar en el espíritu del Evangelio. Las bienaventuranzas escapan a la ley de los mínimos, «no matarás», «no mentirás», para abrirse a la esperanza activa y pacífica de los que tienen un corazón limpio y grande y ven el mundo con los ojos de Dios. El mensaje de las bienaventuranzas se renueva cada generación porque no tiene fecha de caducidad, porque sigue desvelando el misterio de la verdadera dicha que busca por mil caminos el hombre, y por eso es siempre novedoso y siempre necesario.

2

Lunes
Presentación del Señor

Primera lectura: Malaquías 3,1-4

Salmo 23: El Señor, Dios de los ejércitos, es el Rey de la gloria

Segunda lectura: Hebreos 2,14-18

Evangelio: Lucas 2,22-40

Cuando llegó el tiempo de la purificación, según la ley de Moisés, los padres de Jesús lo llevaron a Jerusalén, para presentarlo al Señor, de acuerdo con lo escrito en la ley del Señor: «Todo primogénito varón será consagrado al Señor», y para entregar la oblación, como dice la ley del Señor: «Un par de tórtolas o dos pichones». Vivía entonces en Jerusalén un hombre llamado Simeón, hombre justo y piadoso, que aguardaba el consuelo de Israel; y el Espíritu Santo moraba en él. Había recibido un oráculo del Espíritu Santo: que no vería la muerte antes de ver al Mesías del Señor. Impulsado por el Espíritu fue al templo. Cuando entraban con el niño Jesús sus padres para cumplir con él lo previsto por la ley, Simeón lo tomó en brazos y bendijo a Dios diciendo: «Ahora, Señor, según tu promesa, puedes dejar a tu siervo irse en paz. Porque mis ojos han visto a tu Salvador, a quien has presentado ante todos los pueblos: luz para alumbrar a las naciones y gloria de tu pueblo Israel». Su padre y su madre estaban admirados por lo que se decía del niño. Simeón los bendijo, diciendo a María, su madre: «Mira, este está puesto para que muchos en Israel caigan y se levanten; será como una bandera discutida: así quedará clara la actitud de muchos corazones. Y a ti, una espada te traspasará el alma».

Había también una profetisa, Ana, hija de Fanuel, de la tribu de Aser. Era una mujer muy anciana; de jovencita había vivido siete años casada y luego viuda hasta los ochenta y cuatro; no se apartaba del templo día y noche, sirviendo a Dios con ayunos y oraciones. Acercándose en aquel momento daba gracias a Dios y hablaba del niño a todos los que aguardaban la liberación de Jerusalén.

Y, cuando cumplieron todo lo que prescribía la ley del Señor, se volvieron a Galilea, a su ciudad de Nazaret. El niño iba creciendo y robusteciéndose, y se llenaba de sabiduría; y la gracia de Dios lo acompañaba.

La fiesta de hoy hace memoria de la presentación de Jesús en el Templo de Jerusalén. Los padres de Jesús cumplen lo establecido en la Ley de Moisés. Esta Ley manda que, una vez que la madre ha cumplido con el tiempo de su purificación después de haber dado a luz, hay que presentar el primogénito ante el Señor (Ex 13,2; Nm 18,15-16); deberá presentar un cordero; pero, si es pobre, presentará «dos tórtolas o dos pichones» (Lv 12,2-8). Junto con los padres aparecen dos personas que forman parte de los *anawim* o «pobres de Yahvé»; son aquellos que saben que la salvación solo puede venir de Dios, que solo Dios es la verdadera riqueza, y así lo esperan. Simeón, impulsado por el Espíritu, va al Templo y reconoce en el «niño Jesús» (tres veces: vv. 27, 33 y 38) al «Salvador». Simeón proclama en voz alta el carácter universal de esta salvación: Jesús se presenta «a todos los pueblos» y es «luz de las naciones». El texto continúa con la admiración y sorpresa de los padres –el misterio de Jesús se va desvelando poco a poco, es un descubrimiento progresivo– y con la bendición paradójica sobre María: una «espada» le traspasará el alma. El segundo personaje, Ana, una mujer que también pertenece al grupo de los *anawim,* no se aparta del Templo, dedicándose permanentemente al ayuno y la oración. No dice unas palabras acerca del niño, como Simeón, pero reconoce en Jesús al Salvador y habla de él «a todos los que esperan la liberación de Israel». Aunque la escena se desarrolla en el Templo de Jerusalén, la familia vive en Galilea. Allí regresan y allí Jesús «crece y se llena de sabiduría», en «gracia de Dios», que lo acompaña. En los esquemas del mundo, los protagonistas son gente acaudalada y con mucho poder. En los esquemas del Evangelio, los protagonistas son los pobres que esperan en Dios.

FEBRERO

3 | **Martes**
Feria

Primera lectura: 2 Samuel 18,9-10.14.24-25.30-19,3

Salmo 85: Inclina tu oído, Señor, escúchame

Evangelio: Marcos 5,21-43

En aquel tiempo, Jesús atravesó de nuevo en barca a la otra orilla, se le reunió mucha gente a su alrededor y se quedó junto al lago. Se acercó un jefe de la sinagoga, que se llamaba Jairo, y, al verlo, se echó a sus pies, rogándole con insistencia: «Mi niña está en las últimas; ven, pon las manos sobre ella, para que se cure y viva». Jesús se fue con él, acompañado de mucha gente que lo apretujaba.

Había una mujer que padecía flujos de sangre desde hacía doce años. Muchos médicos la habían sometido a toda clase de tratamientos, y se había gastado en eso toda su fortuna; pero, en vez de mejorar, se había puesto peor. Oyó hablar de Jesús y, acercándose por detrás, entre la gente, le tocó el manto, pensando que con solo tocarle el vestido curaría. Inmediatamente se secó la fuente de sus hemorragias y notó que su cuerpo estaba curado. Jesús, notando que había salido fuerza de él, se volvió enseguida, en medio de la gente, preguntando: «¿Quién me ha tocado el manto?». Los discípulos le contestaron: «Ves cómo te apretuja la gente y preguntas: "¿Quién me ha tocado?"». Él seguía mirando alrededor, para ver quién había sido. La mujer se acercó asustada y temblorosa, al comprender lo que había pasado, se le echó a los pies y le confesó todo. Él le dijo: «Hija, tu fe te ha curado. Vete en paz y con salud».

Todavía estaba hablando cuando llegaron de casa del jefe de la sinagoga para decirle: «Tu hija se ha muerto. ¿Para qué molestar más al maestro?». Jesús alcanzó a oír lo que hablaban y le dijo al jefe de la sinagoga: «No temas; basta que tengas fe». No permitió que lo acompañara nadie, más que Pedro, Santiago y Juan, el hermano de Santiago. Llegaron a casa del jefe de la sinagoga y encontró el alboroto de los que lloraban y se lamentaban a gritos. Entró y les dijo: «¿Qué estrépito y qué lloros son estos? La niña no está muerta, está dormida». Se reían de él. Pero él los echó fuera a todos y, con el padre y la madre de la niña y sus acompañantes, entró donde estaba la niña, la cogió de la mano y le dijo: *«Talitha qum»* (que significa: «Contigo hablo, niña, levántate»). La niña se puso en pie inmediatamente y echó a andar; tenía doce años. Y se quedaron viendo visiones. Les insistió en que nadie se enterase; y les dijo que dieran de comer a la niña.

Leemos una «historia de mujeres» y de fe profunda. Comienza Marcos exponiendo el caso de una niña, hija del jefe de la sinagoga, que está muy grave; el padre le pide a Jesús que vaya a su casa (A). Una mujer adulta con flujo de sangre tiene riesgo de muerte por la enfermedad, y está muerta en vida, porque es impura para sus correligionarios (B). En el Levítico se legisla sobre las pérdidas de sangre en la mujer (Lv 15,25-27). La mujer no puede acercarse a Jesús –la multitud se lo impide–, pero quiere al menos «tocar su manto». Si una persona enferma «toca» a otra, esta última adquiere la impureza ritual. Sorprende la pregunta de Jesús: «¿Quién me ha tocado?». Jesús reconoce un «contacto» único. La persona se distingue de la multitud. Los discípulos juegan el papel de los que no entienden qué pasa:

«Todos te apretujan». La narración se para en dos actitudes: Jesús busca entre la gente quién le ha tocado, y la mujer se echa a sus pies y, asustada, le confiesa lo que ha hecho. Jesús le devuelve la salud y la vida plena; añade que la fe tiene fuerza salvífica. De nuevo Marcos recupera el texto inicial de la hija de Jairo (A'). Le envían un mensaje del «jefe de la sinagoga» para decirle que no hace falta que vaya Jesús, porque la niña «ha muerto». Jesús va a la casa y desconcierta a los presentes con sus palabras: «No está muerta, está dormida». Juego de la vida y la muerte; la muerte es el final, es corrupción, es impureza. Los presentes se ríen y se burlan de él. De nuevo aparece la fuerza salvadora de la fe: «Basta con que tengas fe». Jesús la «coge de la mano», algo prohibido (Nm 19,11-13), porque un muerto es impuro, y la «levanta», acción simbólica de retorno a la vida. Jesús se enfrenta a los que «condenan en vida», porque él es la vida y está al servicio de la dignidad y de la vida.

FEBRERO

4 | **Miércoles**
Feria

Primera lectura: 2 Samuel 24,2.9-17

Salmo 31: Perdona, Señor, mi culpa y mi pecado

Evangelio: Marcos 6,1-6

En aquel tiempo fue Jesús a su pueblo en compañía de sus discípulos. Cuando llegó el sábado empezó a enseñar en la sinagoga; la multitud que lo oía se preguntaba asombrada: «¿De dónde saca todo eso? ¿Qué sabiduría es esa que le han enseñado? ¿Y esos milagros de sus manos? ¿No es este el carpintero, el hijo de María, hermano de Santiago y José y Judas y Simón? Y sus hermanas, ¿no viven con nosotros aquí?». Y esto les resultaba escandaloso. Jesús les decía: «No desprecian a un profeta más que en su tierra, entre sus parientes y en su casa». No pudo hacer allí ningún milagro, solo curó algunos enfermos imponiéndoles las manos. Y se extrañó de su falta de fe. Y recorría los pueblos de alrededor enseñando.

Después de haberse hecho bautizar por Juan, Jesús no regresa a su pueblo, Nazaret, sino que se dirige al lago de Galilea, no lejos de allí. A unos treinta y cinco o cuarenta km, pero en otro ambiente cultural y religioso. En Nazaret todo se organiza como en un pueblo pequeño de agricultores; en Cafarnaún ven pasar a mucha gente, pues por allí pasa la *Via Maris*. El mar de Galilea es ocasión para encontrarse con otro mundo, el de las rutas comerciales que unen el Mediterráneo con Damasco, el de los viajeros, el de los habitantes de las ciudades griegas de la Decápolis. Algún tiempo después, dice Marcos, Jesús regresa a su casa, a Nazaret. Los suyos saben perfectamente quién es, le han visto de niño y le han visto madurar. Ellos piensan que le «conocen»; esto les impide dar el paso a la fe. El supuesto «conocimiento» de su persona hace que se cierren a la fe, que siempre es una apertura, una sorpresa, un riesgo de aceptar algo que no se termina de controlar. La pregunta que hacen sus conciudadanos no es «¿quién es Jesús?», que es una pregunta teológica, que encontraremos en el centro del evangelio de Marcos (8,29). Ellos se dicen unos a otros: «¿De dónde saca todo eso?», a medio camino entre el desprecio y la ironía. Apelan a que conocen uno a uno a todos los de su familia. Jesús responde con dureza: solo entre los suyos se desprecia a un profeta. Jesús «no pudo hacer allí ningún milagro», y se admiró «por su falta de fe». La fe/confianza/apertura tiene un momento de entrega, de aceptación, de profundidad, de lucidez, de claridad que todos no están dispuestos a tener. La fe es lo contrario de la dureza, la cerrazón, la obstinación.

FEBRERO

5

Jueves
Santa Águeda

Primera lectura: 1 Reyes 2,1-4.10-12

Salmo: 1 Crónicas 29,10-12: Tú eres Señor del universo

Evangelio: Marcos 6,7-13

En aquel tiempo llamó Jesús a los Doce y los fue enviando de dos en dos, dándoles autoridad sobre los espíritus inmundos. Les encargó que llevaran para el camino un bastón y nada más, pero ni pan, ni alforja, ni dinero suelto en la faja; que llevasen sandalias, pero no una túnica de repuesto. Y añadió: «Quedaos en la casa donde entréis hasta que os vayáis de aquel sitio. Y si un lugar no os recibe ni os escucha, al marcharos sacudíos el polvo de los pies, para probar su culpa». Ellos salieron a predicar la conversión, echaban muchos demonios, ungían con aceite a muchos enfermos y los curaban.

Jesús no es un predicador solitario, sino que se hace acompañar por un grupo de discípulos. El texto recoge dos verbos de la Escritura para indicar la vocación y la misión. Primero dice que les «llamó»; luego dice que les «envió». En el AT encontramos la vocación de Moisés, la de Jeremías, la de Isaías, etc. En este caso, Jesús «llama» y «envía» a los Doce, a los que previamente ha elegido entre sus discípulos (Mc 3,14). Los envía «de dos en dos» y «les da autoridad» sobre los «espíritus impuros». La autoridad es un don que se recibe; Jesús la recibe del Padre y se la confiere a los Doce. Con la expresión «espíritus impuros» nos podemos referir a todo tipo de normas, actitudes, decisiones y poderes que incapacitan al ser humano, creado libre por Dios. Nos detenemos en el centro del texto: austeridad suma, lo imprescindible para el camino: bastón y sandalias. Lo demás

–pan, dinero, segunda túnica– pasan a un segundo lugar; no forma parte del «equipaje básico» del apóstol peregrino. Esta sencillez máxima va acompañada de la paz interior y exterior. El movimiento que inaugura Jesús es un movimiento itinerante (de pueblo en pueblo en pueblo, de casa en casa); un movimiento religioso con una poderosa llamada a la «conversión». También un movimiento sanador y dignificador: expulsan a los demonios (lo demoníaco es contrario y combativo con la dignidad de las personas). Por fin, un movimiento profundamente humano y humanitario: se sirve de la unción con aceite (uno de los métodos medicinales de la época, además de tener un sentido religioso) para curar a los enfermos y fortalecer a los débiles.

FEBRERO

6 | **Viernes**
San Pablo Miki y comps. márts.

Primera lectura: Eclesiástico 47,2-11
Salmo 17: Sea ensalzado mi Dios y Salvador

Evangelio: Marcos 6,14-29

En aquel tiempo, como la fama de Jesús se había extendido, el rey Herodes oyó hablar de él. Unos decían: «Juan Bautista ha resucitado, y por eso los poderes actúan en él». Otros decían: «Es Elías». Otros: «Es un profeta como los antiguos». Herodes, al oírlo, decía: «Es Juan, a quien yo decapité, que ha resucitado». Es que Herodes había mandado prender a Juan y lo había metido en la cárcel, encadenado. El motivo era que Herodes se había casado con Herodías, mujer de su hermano Filipo, y Juan le decía que no le era lícito tener la mujer de su hermano. Herodías aborrecía a Juan y quería quitarlo de en medio; no acababa de conseguirlo, porque Herodes respetaba a Juan, sabiendo que era un hombre honrado y santo, y lo defendía. Cuando lo escuchaba quedaba desconcertado, y lo escuchaba con gusto.

La ocasión llegó cuando Herodes, por su cumpleaños, dio un banquete a sus magnates, a sus oficiales y a la gente principal de Galilea. La hija de Herodías entró y danzó, gustando mucho a Herodes y a los convidados. El rey le dijo a la joven: «Pídeme lo que quieras, que te lo doy». Y le juró: «Te daré lo que me pidas, aunque sea la mitad de mi reino». Ella salió a preguntarle a su madre: «¿Qué le pido?». La madre le contestó: «La cabeza de Juan, el Bautista».

Entró ella enseguida, a toda prisa, se acercó al rey y le pidió: «Quiero que ahora mismo me des en una bandeja la cabeza de Juan, el Bautista». El rey se puso muy triste; pero, por el juramento y los convidados, no quiso desairarla. Enseguida le mandó a un verdugo que trajese la cabeza de Juan. Fue, lo decapitó en la cárcel, trajo la cabeza en una bandeja y se la entregó a la joven; la joven se la entregó a su madre. Al enterarse sus discípulos fueron a recoger el cadáver y lo enterraron.

La fama de Jesús se extiende y provoca la pregunta: ¿quién es este? De nuevo encontramos distintas opiniones: para unos, Juan Bautista; para otros, Elías, y para otros, un profeta. En este caso, el rey Herodes se delata a sí mismo diciendo que es Juan Bautista, al que él había mandado decapitar. Esta confesión le sirve a Marcos para narrar un relato verídico y conocido sobre el triste final del profeta que bautizaba junto al Jordán. Como todos los profetas verdaderos molestaba al poder autoritario, porque decía la verdad sin rodeos, y había sido detenido. Su palabra, que denunciaba injusticias y abusos, era una amenaza para los poderosos pervertidos. Herodes se muestra un donnadie sin personalidad y cruel, que no duda en firmar la muerte del inocente que le molesta. Los personajes de entonces tienen hoy otros nombres, pero mantienen las actitudes y comportamientos: Herodes es inmoral, voluble y caprichoso; Herodías, astuta, dura y sanguinaria; Juan sufre la injusticia y la muerte por ser un hombre de Dios veraz, valiente y coherente. Los discípulos de Juan lo entierran en un acto de piedad y justicia. En el escenario del mundo nadie puede evadirse, todos seguimos siendo protagonistas.

FEBRERO

7

Sábado
Feria

Primera lectura: 1 Reyes 3,4-13
....
Salmo 118: Enséñame, Señor, tus leyes
....

Evangelio: Marcos 6,30-34

En aquel tiempo, los apóstoles volvieron a reunirse con Jesús y le contaron todo lo que habían hecho y enseñado. Él les dijo: «Venid vosotros solos a un sitio tranquilo a descansar un poco». Porque eran tantos los que iban y venían que no encontraban tiempo ni para comer. Se fueron en barca a un sitio tranquilo y apartado. Muchos los vieron marcharse y los reconocieron; entonces de todas las aldeas fueron corriendo por tierra a aquel sitio y se les adelantaron. Al desembarcar, Jesús vio una multitud y le dio lástima de ellos, porque andaban como ovejas sin pastor; y se puso a enseñarles con calma.

Marcos nos ha hablado del envío de los Doce, de dos en dos. Los apóstoles regresan y Jesús les invita a «descansar». Para ello tienen que retirarse a un «lugar solitario/despoblado/desierto», porque la multitud le rodeaba. Jesús sube a una barca con los apóstoles y se aleja sin rumbo fijo, pero la gente lo adivina y acude allí. El centro teológico se focaliza en el verbo «compadecerse». Se puede hacer un largo recorrido, que comienza en el profeta Oseas, en el que Dios se revela en la compasión. Desde un punto de vista literal, habría que decir que Dios, en Os 2,21, «tiene entrañas de misericordia». Los evangelios sinópticos nos hablan también de estas «entrañas de misericordia» de Jesús; aparece en Mateo (14,14), en Lucas (7,13; 10,33; 15,20). No es correcto traducir este verbo con un blando «sentir lástima», pues la «lástima» expresa una «penita», una «queja» o un «suspiro», pero no mueve a la acción. Cuando en la Escritura se dice que Dios «se compadece» y que Jesús «se compadece», vemos a continuación la acción práctica, la decisión salvífica. Si Dios/Jesús se «conmueve», actúa en favor de la persona o de la comunidad. No es un «sentimiento blando» ni una «emoción pasajera». Podríamos decir que Jesús «se subleva». La razón que da Marcos es que estaban «como ovejas sin pastor». La imagen del pastor y de las ovejas tiene fuertes resonancias en la Escritura, especialmente en los profetas Jeremías (23,1-4) y Ezequiel (34,7-16), y en el evangelio de Juan (10,11-15), donde Jesús se propone como el «Buen Pastor». Jesús se pone a enseñarles. No es como los escribas y fariseos, que cargan sobre sus hombros fardos pesados, sino que les enseña la buena noticia del Reino de Dios.

FEBRERO

8

Domingo
V del Tiempo Ordinario
(San Jerónimo Emiliani o Santa Josefina Bakhita)

Primera lectura: Isaías 58,7-10

Salmo 111: El justo brilla en las tinieblas como una luz

Segunda lectura: 1 Corintios 2,1-5

Evangelio: Mateo 5,13-16

En aquel tiempo dijo Jesús a sus discípulos: «Vosotros sois la sal de la tierra. Pero si la sal se vuelve sosa, ¿con qué la salarán? No sirve más que para tirarla fuera y que la pise la gente. Vosotros sois la luz del mundo. No se puede ocultar una ciudad puesta en lo alto de un monte. Tampoco se enciende una lámpara para meterla debajo del celemín, sino para ponerla en el candelero y que alumbre a todos los de casa. Alumbre así vuestra luz a los hombres, para que vean vuestras buenas obras y den gloria a vuestro Padre, que está en el cielo».

El evangelio de Mateo insiste en las «buenas obras». No debe extrañarnos, pues la religión judía tiene su fundamento en cumplir la Ley de Moisés, entendida como la Ley de Dios. Lo importante, según este argumento, es ser «cumplidor», «acumular méritos». Jesús no las rebate de forma directa, sino que va más allá. Las «buenas obras» no son condición inexcusable, *sine qua non*, para que el amor de Dios se haga palpable y manifiesto, sino la consecuencia de pertenecer al Reino. El discípulo de Jesús es como la sal que da sabor cuando parece que todo ha perdido su ser, su gracia, su punto de sazón. El discípulo de Jesús pone la luz cuando parece que las tinieblas se apoderan de la estancia o habitación y todos los objetos se difuminan hasta no saber distinguir una cosa de otra. Las buenas obras no son requisito para que Dios nos ame, sino que, por medio de ellas, la persona que se deja tocar por el Evangelio bendice a Dios: «Así darán gloria a vuestro Padre». La luz y la sal no proceden de nosotros y nuestras capacidades, sino de la nueva vida en el Espíritu de Jesucristo. La sal sirve para sazonar, conservar alimentos, para dar gusto. La luz disipa oscuridades, aclara las cuestiones confusas, llega hasta a los rincones más oscuros. En ambos casos, Jesús previene sobre la posibilidad de que ambas, que son imprescindibles, pierdan su cualidad y su función: una sal que no sala y una luz mortecina no sirven para nada. Los discípulos hemos recibido dones preciosos de Dios, para ponerlos al servicio de los demás. No podemos despreciarlos o dejar que pierdan su valor.

9 | **Lunes**
Feria

Primera lectura: 1 Reyes 8,1-7.9-13
....
Salmo 131: Levántate, Señor, ven a tu mansión

Evangelio: Marcos 6,53-56

En aquel tiempo, Jesús y sus discípulos, terminada la travesía, tocaron tierra en Genesaret y atracaron. Apenas desembarcados, algunos lo reconocieron y se pusieron a recorrer toda la comarca; cuando se enteraba la gente dónde estaba Jesús, le llevaban los enfermos en camillas. En la aldea o pueblo o caserío donde llegaba colocaban a los enfermos en la plaza y le rogaban que les dejase tocar al menos el borde de su manto; y los que lo tocaban se ponían sanos.

Marcos hace un resumen de la actividad de Jesús y lo sitúa en un espacio geográfico conocido. Genesaret es una zona de pesca del lago, no un pueblo, que se sitúa entre Magdala y Cafarnaún; allí hay una pequeña playa. En esta síntesis, el evangelista destaca la actividad curadora de Jesús. La gente le llevaba en camillas a los enfermos, buscándole y siguiéndole allí donde se encontrara. Cuando llegaba a un lugar, le sacaban los enfermos a la plaza; Marcos insiste de nuevo en que querían tocar al menos la orla de su manto, y «todos» quedaban curados. Esta insistencia en que Jesús curaba a las personas débiles, enfermas, estigmatizadas, es una constante en los evangelios. La curación del ser humano engloba alma y cuerpo; salud para llevar una vida digna y salud para hacer una vida social, sin exclusiones. En una sociedad mínimamente organizada, con escasos recursos, la enfermedad corporal era una desgracia; la mental, una maldición. Más aún: en un contexto religioso, falsamente entendido, la enfermedad estaba vinculada al pecado. Jesús hace patente que el Reino es una realidad no solo anunciando su llegada, sino curando a la gente.

FEBRERO

10

Martes
Santa Escolástica

Primera lectura: 1 Reyes 8,22-23.27-30
Salmo 83: ¡Qué deseables son tus moradas, Señor de los Ejércitos!

Evangelio: Marcos 7,1-13

En aquel tiempo se acercó a Jesús un grupo de fariseos con algunos escribas de Jerusalén, y vieron que algunos discípulos comían con manos impuras, es decir, sin lavarse las manos. (Los fariseos, como los demás judíos, no comen sin lavarse antes las manos, restregando bien, aferrándose a la tradición de sus mayores, y, al volver de la plaza, no comen sin lavarse antes, y se aferran a otras muchas tradiciones de lavar vasos, jarras y ollas.) Según eso, los fariseos y los escribas preguntaron a Jesús: «¿Por qué comen tus discípulos con manos impuras y no siguen la tradición de los mayores?». Él les contestó: «Bien profetizó Isaías de vosotros, hipócritas, como está escrito: "Este pueblo me honra con los labios, pero su corazón está lejos de mí. El culto que me dan está vacío, porque la doctrina que enseñan son preceptos humanos". Dejáis a un lado el mandamiento de Dios para aferraros a la tradición de los hombres». Y añadió: «Anuláis el mandamiento de Dios por mantener vuestra tradición. Moisés dijo: "Honra a tu padre y a tu madre" y "el que maldiga a su padre o a su madre tiene pena de muerte"; en cambio, vosotros decís: "Si uno le dice a su padre o a su madre: 'Los bienes con que podría ayudarte los ofrezco al templo'", ya no le permitís hacer nada por su padre o por su madre, invalidando la palabra de Dios con esa tradición que os transmitís; y como estas hacéis muchas».

Estamos ante una escena de acoso contra Jesús. Los maestros de la Ley, que han venido desde de Jerusalén, junto con los fariseos locales, buscan de qué poder acusarle. En este caso se trata de la «pureza ritual», fundamental en el judaísmo; objetos y personas pueden ser declarado puros o impuros, y, consecuentemente, apropiados o prohibidos; no por razones higiénicas, sino religiosas, como si Dios se ofendiera o se agraviara por ello. Los adversarios de Jesús buscan el apoyo de su argumento apelando a las «tradiciones de los mayores». Jesús les contesta con su mismo argumento: ellos manipulan y se sirven de las tradiciones como quieren. La Ley es un don de Dios a su pueblo para que, una vez acabada la travesía del desierto, pueda «vivir» y «prosperar» en la tierra prometida. El pueblo de Israel, sin embargo, deriva progresivamente hacia un legalismo que retuerce la Escritura y que termina siendo agobiante. Así, la Ley, que en principio busca la correcta relación con Dios en el judaísmo, se transformará en un examen continuo de «pureza o impureza» de las cosas y de las personas. Jesús apela a un texto de la Escritura, del profeta Isaías, donde Dios se queja de que este pueblo «está lejos de mí». La verdad solo tiene un camino. A veces damos vueltas y argumentamos de forma torticera para querer llegar a conclusiones que no provienen de la verdad sencilla. No se puede apelar a las «tradiciones» y luego servirnos de ellas para lo que nos interesa. La reducción de la relación con Dios a un continuo examen de «pureza o impureza» no es de Dios, sino que forma parte de las «tradiciones humanas». Jesús nos enseña a mirar el fondo de las personas y de la vida.

11

Miércoles
Feria o *Nuestra Señora de Lourdes*

Primera lectura: **1 Reyes 10,1-10**
....
Salmo 36: La boca del justo expone la sabiduría
....

Evangelio: Marcos 7,14-23

En aquel tiempo llamó Jesús de nuevo a la gente y les dijo: «Escuchad y entended todos: nada que entre de fuera puede hacer al hombre impuro; lo que sale de dentro es lo que hace impuro al hombre. El que tenga oídos para oír, que oiga».

Cuando dejó a la gente y entró en casa le pidieron sus discípulos que les explicara la parábola. Él les dijo: «¿Tan torpes sois también vosotros? ¿No comprendéis? Nada que entre de fuera puede hacer impuro al hombre, porque no entra en el corazón, sino en el vientre, y se echa en la letrina». Con esto declaraba puros todos los alimentos. Y siguió: «Lo que sale de dentro, eso sí mancha al hombre. Porque de dentro, del corazón del hombre, salen los malos propósitos, las fornicaciones, robos, homicidios, adulterios, codicias, injusticias, fraudes, desenfreno, envidia, difamación, orgullo, frivolidad. Todas esas maldades salen de dentro y hacen al hombre impuro».

El texto que leemos hoy es una continuación del argumento de ayer sobre la «pureza» e «impureza». En este caso, la discusión se circunscribe a un grupo de confesión judía que tiene unas Escrituras de referencia, pero lo podríamos ampliar a la condición humana en general. La pregunta es: ¿algún hombre es impuro? ¿Cómo se contamina? ¿Por comer alimentos impuros? ¿Por entrar en contacto con objetos declarados impuros? Algunas personas naturalmente religiosas, que llevan este asunto a los extremos, pueden caer en los escrúpulos, que condicionan gravemente toda su vida. Jesús, una vez más, aborda el tema y le da un sentido nuevo y coherente. Sabe que el tema es difícil, pues sus oyentes son judíos, y no puede ignorar la situación. Nada que viene de fuera –alimentos, objetos de uso, incluso personas con las que convives– pueden ser impuras o transmitir impurezas. ¿Qué es, por tanto, impuro? Todo aquello que nace de nuestro corazón obstinado, malintencionado, retorcido, corrosivo o pernicioso para nosotros o para los demás.

FEBRERO

12 | **Jueves**
Feria

Primera lectura: **1 Reyes 11,4-13**

Salmo 105: Acuérdate de mí, Señor, por amor a tu pueblo

Evangelio: Marcos 7,24-30

En aquel tiempo, Jesús fue a la región de Tiro. Se alojó en una casa, procurando pasar inadvertido, pero no lo consiguió; una mujer que tenía una hija poseída por un espíritu impuro se enteró enseguida, fue a buscarlo y se le echó a los pies. La mujer era griega, una fenicia de Siria, y le rogaba que echase el demonio de su hija. Él le dijo: «Deja que coman primero los hijos. No está bien echarles a los perros el pan de los hijos». Pero ella replicó: «Tienes razón, Señor; pero también los perros, debajo de la mesa, comen las migajas que tiran los niños». Él le contestó: «Anda, vete, que, por eso que has dicho, el demonio ha salido de tu hija». Al llegar a su casa se encontró a la niña echada en la cama; el demonio se había marchado.

Jesús amplía su campo de actividad y se adentra en tierra de paganos, en las regiones de Tiro y Sidón. Podemos hablar de los «márgenes» del territorio, de la cultura y la religión judías. Una mujer sirofenicia le pide que cure a su hija. Nosotros, como lectores, suponemos que Jesús la curará; pero no es así. Jesús no actúa inmediatamente, sino que apela a la prioridad de los necesitados judíos. ¿Hay prioridades en la actividad de Jesús? ¿Excluye Jesús de su acción a los que no eran de Israel? El centro del texto lo ocupa la respuesta de la mujer: solo pide las «migajas» que caen de la mesa. La mujer cree firmemente que Jesús puede sanar a su hija; la fe y constancia de la mujer, una madre, «vence» la aparente resistencia inicial de Jesús. La humanidad se empeña en hacer distinciones según la identidad: estos «son» o «no son» de los míos. En la creación, Dios llama y pone en la vida a hombre y mujer; el pecado humano es el que distingue entre pueblos y razas. Jesús la cura porque es persona; no le importa que no sea judía. La salvación es para todos.

FEBRERO

13 | **Viernes**
Feria

Primera lectura: 1 Reyes 11,29-32; 12,19

Salmo 80: Yo soy el Señor Dios tuyo: escucha mi voz

Evangelio: Marcos 7,31-37

En aquel tiempo dejó Jesús el territorio de Tiro, pasó por Sidón, camino del lago de Galilea, atravesando la Decápolis. Y le presentaron a un sordo que, además, apenas podía hablar; y le piden que le imponga las manos. Él, apartándolo de la gente a un lado, le metió los dedos en los oídos y con la saliva le tocó la lengua. Y, mirando al cielo, suspiró y le dijo: «*Effetá*», esto es: «Ábrete». Y al momento se le abrieron los oídos, se le soltó la traba de la lengua y hablaba sin dificultad. Él les mandó que no lo dijeran a nadie; pero, cuanto más se lo mandaba, con más insistencia lo proclamaban ellos. Y en el colmo del asombro decían: «Todo lo ha hecho bien; hace oír a los sordos y hablar a los mudos».

La ubicación de la escena es importante. Jesús recorre las áreas limítrofes de Galilea y se adentra en las regiones de Tiro y Sidón, de cultura fenicia; la Decápolis es una zona de influencia helenística. En ambos casos nos movemos fuera de los límites del Israel histórico, del pueblo elegido. Unos lugareños le llevan un sordomudo; no queda claro si es judío o pagano. Jesús le toca la lengua y oídos; espira su hálito sobre él y dice *effetá*, «ábrete». La gente se maravilla. La lectura que podemos hacer es doble: por una parte, Jesús lleva a cumplimiento las esperanzas de restauración que anuncia el profeta Isaías, si bien no es una restauración política –un nuevo reino de Judá–, sino humana: sordos y mudos recuperan la expresión y la comunicación. Su minusvalía se atribuye a algún pecado propio o de los antepasados; ni puede escuchar la palabra de Dios ni puede alabarle: está «aislado». Jesús toca al enfermo y le da una orden, que supone un cambio radical que le afecta en el cuerpo y el espíritu. El hombre recupera la comunicación, la capacidad de escuchar y de hablar. Una segunda lectura nos lleva al mundo de los descartados del pueblo de Israel: también ellos pueden escuchar a Dios y bendecir su nombre. El evangelio retomará una y otra vez esta aparente contradicción: los destinatarios del Evangelio se cierran, los paganos son con frecuencia los que bendicen el nombre de Dios. Los que le acompañan afirman de él: «Todo lo hace bien».

Primera lectura: **Hechos de los Apóstoles 13,46-49**

Salmo 116: Id al mundo entero y proclamad el Evangelio

Evangelio: Lucas 10,1-9

En aquel tiempo designó el Señor otros setenta y dos y los mandó por delante, de dos en dos, a todos los pueblos y lugares adonde pensaba ir él. Y les decía: «La mies es abundante y los obreros, pocos; rogad, pues, al dueño de la mies que mande obreros a su mies. ¡Poneos en camino! Mirad que os mando como corderos en medio de lobos. No llevéis talega, ni alforja, ni sandalias; y no os detengáis a saludar a nadie por el camino. Cuando entréis en una casa decid primero: "Paz en esta casa". Y si allí hay gente de paz, descansará sobre ellos vuestra paz; si no, volverá a vosotros. Quedaos en la misma casa, comed y bebed de lo que tengan, porque el obrero merece su salario. No andéis cambiando de casa. Si entráis en un pueblo y os reciben bien, comed lo que os pongan, curad a los enfermos que haya y decid: "Está cerca de vosotros el reino de Dios"».

La fe es expansiva porque habla de Dios y del ser humano. Mejor aún: porque la fe se adentra en el sentido de la vida. La fe no es ideología política; esta, cada cierto tiempo –lustros, o décadas, o centurias–, se cambia por otra más actualizada o más sintética. La fe no es ideología religiosa, pues la experiencia de Dios es humana y no se puede separar de sus «circunstancias»: el ser humano que vive en la primera mitad del siglo XXI, compartiendo elementos comunes fundamentales –pues de lo contrario no sería humano–, tiene dificultades para vivir la misma experiencia religiosa que alguien del siglo IV (Imperio romano), o del siglo XII (cruzadas), o del siglo XVIII (primera Ilustración). La fe cristiana es expansiva, anuncia el reino de Dios, el sentido de la vida, desde un fundamento: Jesús y el Reino. Hay aspectos que son irrenunciables en este anuncio y que traspasa las fronteras geográficas, políticas, militares, incluso religiosas. La tarea no tiene fin; por eso Jesús reclama «obreros para la mies» de la gran humanidad. El anuncio es que Dios es Padre; no solo que es una posibilidad que exista, sino que es alguien cercano e íntimo que forma parte de nuestra vida diaria y que da sentido a lo que somos y hacemos. El anuncio de esta «paternidad de Dios», en el ámbito más amplio del Reino, se hace no con ejércitos que aplastan y atemorizan; no con castigos severos a los reacios; no con la expansión de miedos al encuentro en fe. Las claves que Lucas pone en boca de Jesús son la paz real (ante la violencia); la sencillez cierta (ante las mentiras y las trampas); la pobreza fecunda (ante el agasajo de la avaricia). Jesús envía a sus discípulos a que expandan el reino de Dios. Los santos Cirilo y Metodio lo entendieron y lo llevaron a término.

FEBRERO

15 | Domingo
VI DEL TIEMPO ORDINARIO

Primera lectura: Eclesiástico 15,15-20
....
Salmo 118: Dichosos los que caminan en la voluntad del Señor
....
Segunda lectura: 1 Corintios 2,6-10
....

Evangelio: Mateo 5,17-37 (o 5,20-22.27-28.33-34.37)

En aquel tiempo dijo Jesús a sus discípulos: «No creáis que he venido a abolir la Ley y los profetas: no he venido a abolir, sino a dar plenitud. Os aseguro que antes pasarán el cielo y la tierra que deje de cumplirse hasta la última letra o tilde de la Ley. El que se salte uno solo de los preceptos menos importantes y se lo enseñe así a los hombres será el menos importante en el reino de los cielos. Pero quien los cumpla y enseñe será grande en el reino de los cielos. Os lo aseguro: si no sois mejores que los escribas y fariseos no entraréis en el reino de los cielos.

Habéis oído que se dijo a los antiguos: "No matarás", y el que mate será procesado. Pero yo os digo: todo el que esté peleado con su hermano será procesado. Y si uno llama a su hermano "imbécil" tendrá que comparecer ante el Sanedrín, y si lo llama "renegado" merece la condena del fuego. Por tanto, si, cuando vas a poner tu ofrenda sobre el altar, te acuerdas allí mismo de que tu hermano tiene quejas contra ti, deja allí tu ofrenda ante el altar y vete primero a reconciliarte con tu hermano, y entonces vuelve a presentar tu ofrenda. Con el que te pone pleito procura arreglarte enseguida, mientras vais todavía de camino, no sea que te entregue al juez, y el juez al alguacil, y te metan en la cárcel. Te aseguro que no saldrás de allí hasta que hayas pagado el último cuarto.

Habéis oído el mandamiento «no cometerás adulterio». Pues yo os digo: el que mira a una mujer casada deseándola ya ha sido adúltero con ella en su interior. Si tu ojo derecho te hace caer, sácatelo y tíralo. Más te vale perder un miembro que ser echado entero en el infierno. Si tu mano derecha te hace caer, córtatela y tírala, porque más te vale perder un miembro que ir a parar entero al infierno.

Está mandado: "El que se divorcie de su mujer, que le dé acta de repudio". Pues yo os digo: el que se divorcie de su mujer, excepto en caso de impureza, la induce al adulterio, y el que se case con la divorciada comete adulterio.

Habéis oído que se dijo a los antiguos: "No jurarás en falso" y "cumplirás tus votos al Señor". Pues yo os digo que no juréis en absoluto: ni por el cielo, que es el trono de Dios; ni por la tierra, que es estrado de sus pies; ni por Jerusalén, que es la ciudad del Gran Rey. Ni jures por tu cabeza, pues no puedes volver blanco o negro un solo pelo. A vosotros os basta decir "sí" o "no". Lo que pasa de ahí viene del Maligno».

El primer discurso de Jesús en el evangelio de Mateo, el conocido como el «Discurso del monte», hace de marco teológico a toda la obra; ocupa dos capítulos (5-7). Primero expone las «bienaventuranzas», que no son una negación de la Ley de Moisés, sino su desarrollo en plenitud. Jesús no propone una ley de mínimos, sino que nos invita a ir a los máximos. Las bienaventuranzas no nos piden que nos ajustemos a lo establecido, sino que volemos, que soñemos y rompamos los techos de cristal que una visión limitadora de la Ley nos pide. No nos pide tanto que seamos «fríamente cumplidores» cuanto que seamos «dichosos». Jesús, buen judío, no ha venido a «abolir la Ley [de Moisés], sino a darle cumplimiento». Insiste: «Hasta la letra más pequeña» se debe cumplir. Mateo da un paso adelante: pone en boca de Jesús una comparación repetida: «Se ha dicho... pero yo os digo». O lo que es lo mismo: «La Ley de Moisés... yo, Jesús...». Es la pretensión asombrosa de Jesús, que se pone a la misma altura que el mismo Dios. Mateo recuerda la Ley: «No matarás, no cometerás adulterio, no jurarás...». Jesús dice: «No insultes ni seas violento; tu mirada y tus deseos no pueden ser sucios, humillantes; no puedes cosificar a la otra persona; no mientas ni prometas para retorcer la verdad, menos aún sirviéndote de lo más sagrado». El texto refleja dos actitudes del ser humano religioso: uno, el que se ajusta a lo establecido y cree que ya es suficiente, que ni mata ni roba, y ya vale; otro, el que sabe que nunca hay caminos cerrados ni campos suficientemente trillados, que su vida le abre a experiencias y propuestas nuevas, siguiendo la voluntad del buen Padre Dios.

16 | **Lunes**
Feria

Primera lectura: Santiago 1,1-11

Salmo 118: Cuando me alcance tu compasión, viviré, Señor

Evangelio: Marcos 8,11-13

En aquel tiempo se presentaron los fariseos y se pusieron a discutir con Jesús; para ponerlo a prueba le pidieron un signo del cielo. Jesús dio un profundo suspiro y dijo: «¿Por qué esta generación reclama un signo? Os aseguro que no se le dará un signo a esta generación». Los dejó, se embarcó de nuevo y se fue a la otra orilla.

Seguimos leyendo el evangelio posterior a la segunda multiplicación de los panes (Mc 8,1-10), en la que Marcos hace referencia a una misión universal de Jesús (siete cestas). Jesús se embarca, sale del territorio de los paganos y llega a Dalmanuta (8,9), que está en la orilla judía del lago. Unos fariseos le buscan y discuten con Jesús; le exigen una «señal» del cielo que corrobore sus palabras y sus obras. De esta forma, piensan ellos, se disiparían las dudas y podrían aceptar sus palabras y sus signos. Es una trampa en la que Jesús no cae, porque él no busca el asentimiento de la razón o de los sentidos, tampoco la obediencia ciega, sino que busca la fe en libertad. Busca el encuentro con él desde la vida, desde la realidad de cada cual. Jesús se niega a darles una señal y sigue su camino. También hoy hay personas que exigen a los creyentes una sola «señal» para que acepten la fe o, al menos, la consideren algo importante que hay que tomar en serio. La fe no se puede confundir con las señales. El creyente se abandona en Dios incluso en medio de la total y absoluta oscuridad.

17

Martes
Feria o *Los siete fundadores de la*
Orden de los Siervos de la Virgen María

Primera lectura: Santiago 1,12-18

Salmo 93: Dichoso el hombre a quien tú educas, Señor

Evangelio: Marcos 8,14-21

En aquel tiempo, a los discípulos se les olvidó llevar pan, y no tenían más que un pan en la barca. Jesús les recomendó: «Tened cuidado con la levadura de los fariseos y con la de Herodes». Ellos comentaban: «Lo dice porque no tenemos pan». Dándose cuenta, les dijo Jesús: «¿Por qué comentáis que no tenéis pan? ¿No acabáis de entender? ¿Tan torpes sois? ¿Para qué os sirven los ojos si no veis y los oídos si no oís? A ver, ¿cuántos cestos de sobras recogisteis cuando repartí cinco panes entre cinco mil? ¿Os acordáis?». Ellos contestaron: «Doce». «¿Y cuántas canastas de sobras recogisteis cuando repartí siete entre cuatro mil?». Le respondieron: «Siete». Él les dijo: «¿Y no acabáis de entender?».

En el evangelio de ayer, unos fariseos piden una «señal» a Jesús; él, después de decirles que a esa generación no se les dará otra «señal» –recordemos que acaba de realizar la segunda multiplicación de los panes (Mc 8,1-10)–, se aleja en una barca. Marcos da un detalle: los discípulos se habían embarcado, pero habían olvidado los panes; solo llevaban uno. La referencia directa al pan le sirve a Jesús para provocar una reflexión a sus discípulos advirtiéndoles sobre la «levadura» de Herodes y los fariseos. La levadura hace fermentar, transforma, hincha, remueve; no deja las cosas como están; puede fermentar la masa del buen grano que alimenta, pero también la masa de las insidias, envidias, superficialidades o violencias. Jesús ha hecho dos signos con el pan que se parte, reparte y comparte, alimentando a todos los necesitados de cuerpo y alma; pero los fariseos ni lo entienden ni lo quieren entender. Los fariseos hacen fermentar la masa de la incredulidad que lleva el ser humano en el corazón. Esta masa fermentada de objeciones reiteradas, resistencias naturales, pragmatismos sofocantes y cálculos a corto plazo impide que nos abramos al don sorprendente, y con frecuencia inexplicable, de la fe personal en Jesús.

Termina la primera parte del Tiempo Ordinario y comienza el Tiempo de Cuaresma

FEBRERO

18 | **Miércoles**
     de Ceniza

Primera lectura: Joel 2,12-18

Salmo 50: Misericordia, Señor: hemos pecado

Segunda lectura: 2 Corintios 5,20-6,2

Evangelio: Mateo 6,1-6.16-18

En aquel tiempo dijo Jesús a sus discípulos: «Cuidad de no practicar vuestra justicia delante de los hombres para ser vistos por ellos; de lo contrario no tendréis recompensa de vuestro Padre celestial. Por tanto, cuando hagas limosna, no vayas tocando la trompeta por delante, como hacen los hipócritas en las sinagogas y por las calles, con el fin de ser honrados por los hombres; os aseguro que ya han recibido su paga. Tú, en cambio, cuando hagas limosna, que no sepa tu mano izquierda lo que hace tu derecha; así tu limosna quedará en secreto, y tu Padre, que ve en lo secreto, te lo pagará.

Cuando recéis, no seáis como los hipócritas, a quienes les gusta rezar de pie en las sinagogas y en las esquinas de las plazas, para que los vea la gente. Os aseguro que ya han recibido su paga. Tú, cuando vayas a rezar, entra en tu aposento, cierra la puerta y reza a tu Padre, que está en lo escondido, y tu Padre, que ve en lo escondido, te lo pagará.

Cuando ayunéis, no andéis cabizbajos, como los hipócritas, que desfiguran su cara para hacer ver a la gente que ayunan. Os aseguro que ya han recibido su paga. Tú, en cambio, cuando ayunes, perfúmate la cabeza y lávate la cara, para que tu ayuno lo note no la gente, sino tu Padre, que está en lo escondido; y tu Padre, que ve en lo escondido, te recompensará».

Oración, limosna y ayuno son tres de los pilares de las liturgias penitenciales presentes en las Escrituras. Con el ayuno, Israel descubre que el Señor es el fundamento de su vida. Con la limosna toma conciencia de que debe compartir unos bienes que Dios le ha puesto en sus manos. Con la oración se une al Dios de la vida. Ahora bien, como en otras tantas experiencias religiosas, lo que en sí es un valor, puede tornarse en perversión si el ser humano lo trastoca con sus intereses. La naciente comunidad judeocristiana de Mateo vive una situación de hostilidad por parte de la sinagoga. Jerusalén ha sido destruida; grupos importantes del pueblo judío, como los saduceos o los esenios, han desaparecido, y los fariseos toman las riendas de la situación. Las palabras que pone Mateo en boca de Jesús son incisivas. A la vez que una denuncia a las falsas actitudes religiosas de la época, es una llamada de atención a la comunidad naciente para que su posición interior ante la oración, la limosna y el ayuno se realicen con un espíritu nuevo. Jesús no niega su valor, sino que los coloca en su justo punto. Limosna sí, con justicia, no para buscar la honra humana ni menos aún para justificar formas escandalosas de vida. Oración sí, con honestidad, no como una pose de falsa piedad o para querer construir una falsa existencia ante Dios. Ayuno sí, adorando solo a Dios y no a los ídolos; ayuno de todo lo que es inhumano. No aparentéis, no llevéis doble vida, no busquéis el reconocimiento de la gente, no seáis falsos, no hagáis de un gesto de reconocimiento al Dios de la misericordia una propaganda de vosotros mismos. Jesús no pide derribar los tres pilares, sino darles su justa medida y su significado apropiado, que toma su luz del Evangelio.

FEBRERO

19

Jueves
después de Ceniza

Primera lectura: Deuteronomio 30,15-20

Salmo 1: Dichoso el hombre que ha puesto su confianza en el Señor

Evangelio: Lucas 9,22-25

En aquel tiempo dijo Jesús a sus discípulos: «El Hijo del hombre tiene que padecer mucho, ser desechado por los ancianos, sumos sacerdotes y escribas, ser ejecutado y resucitar al tercer día». Y, dirigiéndose a todos, dijo: «El que quiera seguirme que se niegue a sí mismo, cargue con su cruz cada día y se venga conmigo. Pues el que quiera salvar su vida la perderá; pero el que pierda su vida por mi causa la salvará. ¿De qué le sirve a uno ganar el mundo entero si se pierde o se perjudica a sí mismo?».

Jesús comienza la instrucción de sus discípulos sobre las verdaderas exigencias del discipulado. Jesús habla de «ganar» y de «perder», invirtiendo el sentido habitual: «El que pierde, gana, y el que gana, pierde». Cuatro verbos marcan el evangelio de hoy, dirigidos por el Señor al cristiano que quiere acompañarle en este camino cuaresmal: el que «quiera seguirme» que «se niegue a sí mismo», «cargue con su cruz» y «se venga conmigo». Este podría ser un buen programa de vida cristiana: tener la voluntad de querer seguir al Señor, renunciar a uno mismo, cargar con las cruces diarias de la vida e irse tras los pasos de Jesús. Gastando la vida por los demás, perdiéndola, es como se gana y se salva. Los evangelios de la Cuaresma invitan siempre a la radicalidad en el seguimiento del Señor: «¿De qué le sirve a uno ganar el mundo entero si se pierde o se perjudica a sí mismo?». Nadie quiere perder su prestigio, sus bienes o sus derechos; todos queremos ganar en estabilidad, tranquilidad o paz. Sin embargo, Jesús no nos deja indiferentes: el que se gasta todo en lo que no vale, ese es el que pierde. El que sabe elegir el verdadero sentido de la vida, el Evangelio, aunque parezca que pierde, es el que gana. No se trata de un juego de palabras, sino de cambio de mentalidad iluminados por Jesús.

FEBRERO

20 | **Viernes**
después de Ceniza

Primera lectura: **Isaías 58,1-9**

Salmo 50: Un corazón quebrantado y humillado,
tú, Dios mío, no lo desprecias

Evangelio: **Mateo 9,14-15**

En aquel tiempo se acercaron los discípulos de Juan a Jesús, preguntándole: «¿Por qué nosotros y los fariseos ayunamos a menudo y, en cambio, tus discípulos no ayunan?». Jesús les dijo: «¿Es que pueden guardar luto los invitados a la boda mientras el novio está con ellos? Llegará un día en que se lleven al novio, y entonces ayunarán».

Los discípulos de Juan Bautista y los de los fariseos mantienen viva la práctica del ayuno. Se extrañan de que Jesús, a quien consideran como un maestro, no siga esta práctica tan extendida entre las personas religiosas. Jesús les responde con una imagen de fiesta y alegría esponsal, propia de todas las bodas. Jesús no rechaza el ayuno, sino que lo pone en su sitio. En esta ocasión tampoco lo rechaza, sino que centra el argumento en su persona. Si él encarna la buena noticia del Reino, no tiene sentido que los discípulos vivan con tristeza. Lo definitivo es el Reino; el ayuno, un medio. ¿Quién dijo que la Cuaresma es un tiempo triste, siniestro u oscuro? El ayuno, la penitencia o los sacrificios no son fines en sí mismos, sino medios para la liberación y purificación del alma y del cuerpo del cristiano. El evangelio de hoy habla de unos «invitados», de una «boda», de un «novio», de evitar «el luto». Y la razón de todo ello es que Cristo, el novio, «está con ellos». Cristo, en principio, no condena el ayuno –él ayunó durante cuarenta días–, solo que no puede estar en contradicción con la llegada del Esposo, no puede ser un signo de tristeza, sino de alegría, porque el novio «está con ellos».

FEBRERO

21

Sábado
después de Ceniza *(San Pedro Damiani)*

Primera lectura: Isaías 58,9-14

Salmo 85: Enséñame, Señor, tu camino, para que siga tu verdad

Evangelio: **Lucas 5,27-32**

En aquel tiempo, Jesús vio a un publicano llamado Leví, sentado al mostrador de los impuestos, y le dijo: «Sígueme». Él, dejándolo todo, se levantó y lo siguió. Leví ofreció en su honor un gran banquete en su casa, y estaban a la mesa con ellos un gran número de publicanos y otros. Los fariseos y los escribas dijeron a sus discípulos, criticándolo: «¿Cómo es que coméis y bebéis con publicanos y pecadores?». Jesús les replicó: «No necesitan médico los sanos, sino los enfermos. No he venido a llamar a los justos, sino a los pecadores a que se conviertan».

La escena no tiene geografía, si bien la tradición la sitúa en Cafarnaún, ciudad asentada junto a la *Via Maris;* por tanto, lugar de paso de comerciantes, soldados, viajantes y ciudad a donde acude la población judía de los alrededores. Leví –o bien Mateo, según el evangelio del propio Mateo– es un recaudador de impuestos. Persona al servicio de Herodes y de los romanos. Por tanto, persona odiada por todos los que debían pasar por su mesa. Como todos los que se dedican a este oficio, es una persona con fama de abusar y de ser exigente, especialmente con los más menesterosos. Jesús le llama con autoridad: «Sígueme». Ya había llamado a unos pescadores, gente honrada y trabajadora. Ahora llama a un indeseable, colaborador de los opresores y mal visto por la gente. Leví le sigue de inmediato y le invita a comer en su casa; la mesa está ocupada por gente de su misma calaña. En la escena aparecen ahora los escribas y fariseos que preguntan a sus discípulos por esta decisión de Jesús. En el esquema religioso judío, el que participa de una mesa con pecadores, o bien es un pecador, o bien queda impuro por comer con ellos. Jesús no solo acepta comer con los pecadores, sino que pronuncia una sentencia que llega hasta nuestros días: «No tienen necesidad de médicos los sanos, sino los enfermos». La misión de Jesús no es reforzar los planteamientos religiosos de la impureza y la exclusión, sino convocar al banquete de Dios a todos los que están fuera, a todos los que no le conocen.

Domingo
I de Cuaresma
(Cátedra del apóstol San Pedro)

Primera lectura: Génesis 2,7-9; 3,1-7

Salmo 50: Misericordia, Señor, hemos pecado

Segunda lectura: Romanos 5,12-19 (o 5,12.17-19)

Evangelio: Mateo 4,1-11

En aquel tiempo, Jesús fue llevado al desierto por el Espíritu para ser tentado por el diablo. Y, después de ayunar cuarenta días con sus cuarenta noches, al fin sintió hambre. El tentador se le acercó y le dijo: «Si eres Hijo de Dios di que estas piedras se conviertan en panes». Pero él le contestó, diciendo: «Está escrito: "No solo de pan vive el hombre, sino de toda palabra que sale de la boca del Dios". Entonces el diablo lo lleva a la ciudad santa, lo pone en el alero del templo y le dice: «Si eres el Hijo de Dios, tírate abajo, porque está escrito: "Encargará a los ángeles que cuiden de ti, y te sostendrán en sus manos, para que tu pie no tropiece en las piedras"». Jesús le dijo: «También está escrito: "No tentarás al Señor, tu Dios"». Después el diablo lo lleva a una montaña altísima y, mostrándole los reinos del mundo y su gloria, le dijo: «Todo esto te daré si te postras y me adoras». Entonces le dijo Jesús: «Vete, Satanás, porque está escrito: "Al Señor, tu Dios, adorarás y a él solo darás culto"». Entonces lo dejó el diablo; y se acercaron los ángeles y le servían.

Las tentaciones de Jesús aparecen en los tres evangelios al inicio de la vida pública de Jesús, con carácter mesiánico: ¿cómo llevar adelante la misión que el Padre le ha confiado? Marcos da una breve noticia de ellas, mientras que Mateo y

Lucas las desarrollan. Podemos identificarlas con tres palabras: alimento, milagro y sumisión. Saciar las necesidades para que le coronen, deslumbrar con prodigios para que le adoren, dominar sobre todo para controlarlo todo. Ahora bien, ¿tenía Jesús que dar respuesta a todas las necesidades humanas? ¿No sería mejor demostrar quién es con milagros que no dejaran lugar dudas? ¿No es mejor alcanzar el poder y desde arriba conseguir sus objetivos legítimos? El misterio de quién es Jesús se comienza a comprender cuando se ve cómo tuvo que hacer frente a las tentaciones que le cercaron. Jesús nos dice: solo Dios puede saciar el hambre del hombre; solo el servicio es el camino de la autoridad; solo se puede adorar a Dios. Los evangelistas no tienen ningún interés en hacer una crónica aséptica, tomando distancia de Jesús. Todo lo contrario: quieren presentarlo en su misterio de salvación. Las tentaciones están al comienzo de los evangelios no porque tuvieran lugar una sola vez al principio, sino porque tienen que ver con la misión que el Padre le ha encomendado: anticipan lo que será su vida. Él es el Mesías, pero la salvación no está en «tapar los huecos» que tiene nuestra sociedad, ni en alcanzar el poder para iniciar un nuevo orden social, ni en convencer de su mesianismo por medio de signos prodigiosos. El mesianismo de Jesús pasa por la pobreza, la humildad y la sencillez. Su mesianismo se irá desvelando poco a poco hasta manifestarse del todo en la cruz.

23 | Lunes
San Policarpo

Evangelio: Mateo 25,31-46

En aquel tiempo dijo Jesús a sus discípulos: «Cuando venga en su gloria el Hijo del hombre, y todos los ángeles con él, se sentará en el trono de su gloria, y serán reunidas ante él todas las naciones. Él separará a unos de otros, como un pastor separa las ovejas de las cabras. Y pondrá las ovejas a su derecha y las cabras a su izquierda. Entonces dirá el rey a los de su derecha: "Venid vosotros, benditos de mi Padre; heredad el reino preparado para vosotros desde la creación del mundo. Porque tuve hambre y me disteis de comer, tuve sed y me disteis de beber, fui forastero y me hospedasteis, estuve desnudo y me vestisteis, enfermo y me visitasteis, en la cárcel y vinisteis a verme". Entonces los justos le contestarán: "Señor, ¿cuándo te vimos con hambre y te alimentamos o con sed y te dimos de beber?; ¿cuándo te vimos forastero y te hospedamos o desnudo y te vestimos?; ¿cuándo te vimos enfermo o en la cárcel y fuimos a verte?"

Y el rey les dirá: "Os aseguro que cada vez que lo hicisteis con uno de estos, mis humildes hermanos, conmigo lo hicisteis". Y entonces dirá a los de su izquierda: "Apartaos de mí, malditos, id al fuego eterno preparado para el diablo y sus ángeles. Porque tuve hambre y no me disteis de comer, tuve sed y no me disteis de beber, fui forastero y no me hospedasteis, estuve desnudo y no me vestisteis, enfermo y en la cárcel y no me visitasteis".

Entonces también estos contestarán: "Señor, ¿cuándo te vimos con hambre o con sed, o forastero o desnudo, o enfermo o en la cárcel, y no te asistimos?" Y él replicará: "Os aseguro que cada vez que no lo hicisteis con uno de estos, los humildes, tampoco lo hicisteis conmigo". Y estos irán al castigo eterno, y los justos, a la vida eterna».

La escena que leemos hoy es muy potente. La podemos imaginar, incluso dibujar. Ha pasado al colectivo religioso cristiano y universal. No es una parábola como en otras ocasiones ni una alegoría en la que vamos identificando a los personajes, sino un «juicio» que alcanza a todas las naciones. Habla de un rey sentado en un trono; de una multitud que es separada en dos bloques; de una sentencia que para unos es de alegría y victoria y para otros de castigo. Desde un punto de vista humano, no religioso, es imponente, a la vez que produce respeto y provocación. ¿Quién es el que juzga? ¿Por qué sigue esos criterios y no otros? ¿Habrá personas que alcancen la gloria y otras la reprobación? Tenemos que situar el texto en la concepción apocalíptica de la época de Jesús, y entendemos el sentido del juicio que Dios hace de la historia y de sus protagonistas. Pero nosotros debemos dar un paso más: una lectura cristológica. El que juzga es el Hijo del hombre, que viene en majestad (Cristo Jesús). Sus criterios no son económicos, políticos, sociales, ni siquiera religiosos. Su veredicto tiene que ver con la misericordia efectiva con el pobre y desvalido, que se hizo realidad o que se evitó. Los «benditos» que heredan el Reino son los que ven en la persona débil y necesitada a Dios; los «malditos» en este juicio son los que cierran el corazón al ser humano en su pobreza y debilidad. La frase clave es «conmigo lo hicisteis». No podemos dejar a un lado la extrañeza de los que son rechazados: «Si no te vimos», «si no éramos conscientes», «si lo hubiéramos sabido…, entonces…». Con la imagen del juicio, Jesús nos pone a cada uno frente a la misericordia que tenemos o no tenemos con los demás. Él está presente en cada persona necesitada, aunque no lo veamos con los ojos de la carne.

24 | **Martes**
Feria

Primera lectura: **Isaías 55,10-11**

Salmo 33: El Señor libra de sus angustias a los justos

Evangelio: Mateo 6,7-15

En aquel tiempo dijo Jesús a sus discípulos: «Cuando recéis, no uséis muchas palabras, como los gentiles, que se imaginan que por hablar mucho les harán caso. No seáis como ellos, pues vuestro Padre sabe lo que os hace falta antes de que lo pidáis. Vosotros rezad así: "Padre nuestro del cielo, santificado sea tu nombre, venga tu reino, hágase tu voluntad en la tierra como en el cielo, danos hoy el pan nuestro de cada día, perdónanos nuestras ofensas, pues nosotros hemos perdonado a los que nos han ofendido, no nos dejes caer en la tentación, sino líbranos del Maligno". Porque si perdonáis a los demás sus culpas, también vuestro Padre del cielo os perdonará a vosotros. Pero si no perdonáis a los demás, tampoco vuestro Padre perdonará vuestras culpas».

La oración de Jesús, el Padrenuestro, la hemos recibido en el evangelio de Mateo y de Lucas. En el texto de Mateo se enmarca en el Sermón de la montaña, y más en concreto en el triple contexto del ayuno, la limosna y la oración. La oración es indispensable e irrenunciable. Forma parte de la vida del discípulo. ¿Qué pistas nos da Mateo? No hay que ser un charlatán ni usar palabrerías vanas. La oración es sencilla, de amigo a amigo; se dirige al Padre; pide el Reino y que se cumpla su voluntad. Luego, en un segundo momento, pide lo que el ser humano necesita: pan cotidiano y perdón, y no caer en tentación. No podemos acostumbrarnos a rezar el Padrenuestro como quien reza una oración más de nuestra rica tradición. Es la oración de los discípulos: la más sencilla, la más fundamental y la que más nos identifica a la vez. Dios es Padre y no tirano; pedimos el pan cotidiano, no riquezas; pedimos perdón y saber perdonar. No se reza ni como exhibición pública ni con palabrería para convencer a Dios, pues él ya sabe lo que necesitamos. Para muchos creyentes, el peligro del Padrenuestro es rezarlo con tanta frecuencia, de forma rutinaria, que no se presta atención a lo que dice. Otros lo rezan, pero no se han parado a pensar qué es eso de que «se haga la voluntad de Dios» o de que «nos perdone como nosotros perdonamos». Un buen ejercicio para esta Cuaresma es leerlo despacio, como si fuera la primera vez.

FEBRERO

25 | Miércoles
Feria

Primera lectura: **Jonás 3,1-10**

Salmo 50: Un corazón quebrantado y humillado,
      tú, Dios mío, no lo desprecias

Evangelio: **Lucas 11,29-32**

En aquel tiempo, la gente se apiñaba alrededor de Jesús, y él se puso a decirles: «Esta generación es una generación perversa. Pide un signo, pero no se le dará más signo que el signo de Jonás. Como Jonás fue un signo para los habitantes de Nínive, lo mismo será el Hijo del hombre para esta generación. Cuando sean juzgados los hombres de esta generación, la reina del Sur se levantará y hará que los condenen; porque ella vino desde los confines de la tierra para escuchar la sabiduría de Salomón, y aquí hay uno que es más que Salomón.

Cuando sea juzgada esta generación, los hombres de Nínive se alzarán y harán que los condenen; porque ellos se convirtieron con la predicación de Jonás, y aquí hay uno que es más que Jonás».

Al elogio de quien escucha la palabra de Dios y la pone en práctica (Lc 11,27-28), Lucas contrapone a quienes se niegan a creer y exigen un «signo». Esta actitud de prevención ante una confianza religiosa pertenece a la condición humana universal. Esta «generación» no se refiere a los dirigentes del pueblo, sino a la gente que le sigue, pide «una señal que sea clara, evidente, tumbativa... y solo entonces creeremos». Jesús no cae en la provocación, que es burda, sino que les recuerda dos personajes de la historia del pueblo de Israel: la reina del Sur, una pagana que viajó para poder conocer personalmente la sabiduría de Salomón; luego los ninivitas, lejanos en la religión y moral del pueblo judío, que escucharon a Jonás y se arrepintieron. Jesús es superior tanto a Salomón como a Jonás. La tentación de pedir señales es propia de las personas desconfiadas que necesitan más que argumentos; quieren entender y tocar hasta rendirse a la evidencia. No ceden su aprobación a cualquier propuesta. Necesitan «pruebas» para dar el paso. Jesús anuncia, cura y libera; esas son sus señales ordinarias; pero aun así algunos quieren más «signos» que sean inconfundibles. No están dispuestos a arriesgar nada. El discípulo, sin embargo, vive de la confianza absoluta en Jesús. Jesús predicaba abiertamente y necesita la fe de sus destinatarios: unos lo reciben, otros le exigen pruebas para dar el salto a la fe. El signo de Jonás, los tres días en el interior del pez hasta que vuelve a tierra, es una imagen anticipatoria de la muerte y resurrección de Jesús, pero no es un «signo definitivo» para el que no tiene fe. La fe se vive en apertura continua y sorprendente, no en posesión defensiva.

26

Primera lectura: Ester C 12,14-16.23-25

Salmo 137: Cuando te invoqué, me escuchaste, Señor

Evangelio: Mateo 7,7-12

En aquel tiempo dijo Jesús a sus discípulos: «Pedid y se os dará, buscad y encontraréis, llamad y se os abrirá; porque quien pide recibe, quien busca encuentra y al que llama se le abre.

Si a alguno de vosotros le pide su hijo pan, ¿le va a dar una piedra?; y si le pide pescado, ¿le dará una serpiente? Pues si vosotros, que sois malos, sabéis dar cosas buenas a vuestros hijos, ¡cuánto más vuestro Padre del cielo dará cosas buenas a los que le piden! En resumen: tratad a los demás como queréis que ellos os traten; en esto consiste la Ley y los Profetas».

Mateo presenta una secuencia de tres enseñanzas de Jesús. La primera (7,1-5) es una invitación a contemplar con misericordia a todos; la segunda, más breve, advierte sobre los que no entienden los misterios del Reino y los desprecian (7,6); la tercera tiene que ver con la confianza en nuestra relación con Dios (7,7-12). Comienza con una exhortación de Jesús a «pedir», «buscar» y «llamar» en la necesidad. Adivinamos el «pasivo divino», esto es, una circunlocución que evita nombrar a Dios, pero se refiere a él. Ese «se os dará, se abrirá», es en realidad: «Dios os dará y os abrirá». Mateo pone en boca de Jesús una serie de preguntas retóricas para que sus oyentes las respondan, aunque sea en el silencio de su conciencia. Un padre, aunque no sea bueno, ¿acaso no quiere lo mejor para sus hijos? Jesús eleva la reflexión invitando a mirarse no solo a sí mismos, sino al mismo Dios. El discípulo debe pedir con confianza absoluta a Dios. La oración de petición es la más frecuente, pero no es la más fácil. Es obvio que la mayor parte de la humanidad, aun los que dicen que no creen, piden a Dios en los momentos extremos o adversos de la vida. Pero no es fácil, porque ni se puede pedir lo superfluo, ni el hacer daño a nadie, ni actos mágicos o ridículos. A Dios se le pide que venga su Reino y su justicia. Mateo tensa la cuerda hasta el extremo, con una contraposición radical entre la condición humana, a la que llama «mala», y la bondad infinita de Dios. El texto concluye con la «regla de oro» que traspasa culturas y religiones, y la relaciona con el judaísmo. El «tratar a los demás como queremos que ellos nos traten» es un punto mínimo en la relación humana; para Jesús, esto es equiparable a la Ley y los Profetas; o sea, a la práctica judía. Pero Jesús va más allá, pide vivir en apertura confiada a las propuestas de Dios.

FEBRERO

27 | Viernes
Feria o *San Gregorio de Narek*

Primera lectura: Ezequiel 18,21-28

Salmo 129: Si llevas cuenta de los delitos, Señor, ¿quién podrá resistir?

Evangelio: Mateo 5,20-26

En aquel tiempo dijo Jesús a sus discípulos: «Si no sois mejores que los escribas y fariseos no entraréis en el reino de los cielos. Habéis oído que se dijo a los antiguos: "No matarás", y el que mate será procesado. Pero yo os digo: todo el que esté peleado con su hermano será procesado. Y si uno llama a su hermano "imbécil" tendrá que comparecer ante el Sanedrín, y si lo llama "renegado" merece la condena del fuego. Por tanto, si cuando vas a poner tu ofrenda sobre el altar te acuerdas allí mismo de que tu hermano tiene quejas contra ti, deja allí tu ofrenda ante el altar y vete primero a reconciliarte con tu hermano, y entonces vuelve a presentar tu ofrenda. Con el que te pone pleito procura arreglarte enseguida, mientras vais todavía de camino, no sea que te entregue al juez, y el juez al alguacil, y te metan en la cárcel. Te aseguro que no saldrás de allí hasta que hayas pagado el último cuarto».

Jesús se dirige por sus nombres a los letrados y fariseos; todos saben quiénes son y cómo actúan. Son religiosos, cumplidores, tienen fama de exigentes. Pero Jesús les lanza un dardo: «Si no sois mejores que ellos, no entraréis en el Reino». Con la fórmula «habéis oído..., pero yo os digo», Jesús está contraponiendo la Ley de Moisés a su mensaje novedoso. Algunos teólogos hablan de la «pretensión de Jesús», pues se pone a la misma altura que Moisés, que recibió la Ley de las manos de Dios. Más aún, Jesús lleva a su último nivel la voluntad de Dios, expresada en las bienaventuranzas. Jesús comienza recordando la prohibición de matar; pero va mucho más lejos. No solo no se puede matar, sino que no se puede agredir, violentar o asesinar. La violencia, lo sabemos bien, puede ser física o psicológica; puede ser evidente o taimada, directa o sutil. Un insulto hiriente y preciso puede hacer mucho daño. Una calumnia bien orquestada puede acabar con una persona. Esta violencia de baja intensidad siempre hace daño a las personas más debilitadas o sin recursos. Jesús da un paso más, hay que saber reconciliarse, más aún cuando se quiere dar culto a Dios. Solo cuando nos hemos reconciliado podemos pensar que nuestro culto es agradable a Dios. Jesús pone el dedo en la llaga. Podemos pretender una doble vida paralela: una para Dios y otra para los demás. Es un camino intransitable que generación tras generación quiere sacar adelante, sin conseguirlo. Dios no quiere cultos exteriores y vacíos, solemnes y falsos, complicados y engañosos. La vigencia de este Evangelio es incuestionable. Tenemos la tentación de separar vida cultual de exigencia evangélica en nuestra vida cristiana. Establecemos unas líneas paralelas de forma que nunca se juntan: una cosa es la vida de piedad y otra la reconciliación con los hermanos. Jesús, sin embargo, las une: no se puede celebrar a Dios si estás enemistado con tu hermano. Así de claro.

FEBRERO

28 | Sábado
Feria

Primera lectura: Deuteronomio 26,16-19
Salmo 118: Dichoso el que camina en la voluntad del Señor

Evangelio: Mateo 5,43-48

En aquel tiempo dijo Jesús a sus discípulos: «Habéis oído que se dijo: "Amarás a tu prójimo" y aborrecerás a tu enemigo. Yo, en cambio, os digo: amad a vuestros enemigos y rezad por los que os persiguen. Así seréis hijos de vuestro Padre, que está en el cielo, que hace salir su sol sobre malos y buenos y manda la lluvia a justos e injustos. Porque, si amáis a los que os aman, ¿qué premio tendréis? ¿No hacen lo mismo también los publicanos? Y si saludáis solo a vuestros hermanos, ¿qué hacéis de extraordinario? ¿No hacen lo mismo también los gentiles? Por tanto, sed perfectos como vuestro Padre celestial es perfecto».

Siguiendo con la fórmula que usa Mateo, «habéis oído..., pero y os digo», que contrapone la Ley de Moisés a las bienaventuranzas de Jesús, alcanzamos una cima del mensaje del Nuevo Testamento: el amor a los enemigos. La cita de Mateo no es del todo correcta, pues en Lv 19,18 sí podemos leer que debemos amar al prójimo, pero no dice que odiemos a nuestro enemigo. Con todo, la validez y novedad de Jesús no pierde ni un ápice de su radicalidad y frescura. Él pide que «amemos al enemigo» y que «recemos por el que nos persigue». ¿No es demasiado ingenuo? ¿No es un género literario cercano a la exageración? ¿Acaso alguien, además de los santos y los mártires, ha cumplido esta exhortación de Jesús? Nos ponemos espontáneamente en la parte de los recelosos que dudan de la certeza de estas máximas. Sin embargo, el argumento de Jesús es válido: si solo amáis a vuestros amigos, si solo ayudáis a los que os caen bien..., no hacéis nada de extraordinario. Jesús nos pide dar un paso más. No esperar a que las necesidades sean tan urgentes, universales y evidentes que todos nos tengamos que poner manos a la obra. En la vida ordinaria, diaria; con las personas próximas, con los que no nos piden nada porque no se atreven, con los que son tan pequeños que no se atreven a acercarse a nosotros. El amor del discípulo debe ser expansivo, sin humillar; discreto, sin avasallar; cómplice, sin causar complejo. Jesús concluye de forma sorprendente: «Sed perfectos como vuestro Padre es perfecto». Lucas repite esta máxima, pero en otro contexto y con una variante: «Sed misericordiosos como vuestro Padre es misericordioso» (6,36). Mateo está pensando en los judeocristianos, muy preocupados por la perfección debida; Lucas hablará de la misericordia debida, espejo de la misericordia de Dios. Sea como fuere, la perfección consiste en el amor y la misericordia.

MARZO

1

Domingo
II de Cuaresma

Primera lectura: Génesis 12,1-4

Salmo 32: Que tu misericordia, Señor, venga sobre nosotros,
como lo esperamos de ti

Segunda lectura: 2 Timoteo 1,8-10

Evangelio: Mateo 17,1-9

En aquel tiempo, Jesús tomó consigo a Pedro, a Santiago y a su hermano Juan y se los llevó aparte a una montaña alta. Se transfiguró delante de ellos, y su rostro resplandecía como el sol, y sus vestidos se volvieron blancos como la luz. Y se les aparecieron Moisés y Elías conversando con él. Pedro, entonces, tomó la palabra y dijo a Jesús: «Señor, ¡qué bien se está aquí! Si quieres haré tres tiendas: una para ti, otra para Moisés y otra para Elías». Todavía estaba hablando cuando una nube luminosa los cubrió con su sombra, y una voz desde la nube decía: «Este es mi Hijo, el amado, mi predilecto. Escuchadlo». Al oírlo, los discípulos cayeron de bruces, llenos de espanto. Jesús se acercó y, tocándolos, les dijo: «Levantaos, no temáis». Al alzar los ojos no vieron a nadie más que a Jesús, solo. Cuando bajaban de la montaña, Jesús les mandó: «No contéis a nadie la visión hasta que el Hijo del hombre resucite de entre los muertos».

La transfiguración aparece en los tres evangelios sinópticos, no así en Juan. Literariamente se trata de una «teofanía», repitiendo los elementos típicos que ya conocemos de este género literario por el Antiguo Testamento: el monte, la voz, apariciones, turbación etc. En este caso no se trata, como en el Antiguo Testamento, de la manifestación de Dios, sino de

Jesús, presentado como Hijo. Los dos personajes que acompañan a Jesús, Moisés y Elías, son relacionados en la tradición judía unidos a la llegada del Mesías. El primero había anunciado que un día Dios suscitaría un profeta como él a quien debían escuchar (Dt 18,15); el segundo se fue del mundo sin morir (2 Re 2,11) y, para los judíos, su regreso anuncia la llegada del Mesías. Desde el interior del evangelio, la transfiguración tiene otra lectura: es una revelación que confirma quién es Jesús. Las palabras que se escuchan del cielo son las mismas que las del bautismo: Jesús es el Hijo de Dios. Por otra parte, Mateo presenta la transfiguración de Jesús unida al comienzo del camino de la cruz. El relato tiene una finalidad catequética: cuando han escuchado el anuncio de la pasión y las exigencias del seguimiento, los discípulos se desaniman. La transfiguración se presenta como un acontecimiento que suscita ánimo –en él se manifiesta la gloria de Jesús– y en el que se anticipa la victoria sobre la cruz. Al contemplar a Cristo glorioso podrán asumir las consecuencias que lleva consigo ser discípulo de Jesús hasta el final. La transfiguración tiene lugar en «un monte» de gloria anticipada, que no es sino una etapa en el camino hacia otro monte, el Gólgota. Para poder acompañar a Jesús en la cruz, previamente hemos tenido que hacer experiencia de Dios y de su gloria. No podemos pretender alcanzar la dicha plena sin hacer nuestro camino hasta el final; pero tampoco podemos perseverar si previamente no hemos tenido experiencia de la gloria que esperamos. La experiencia del Tabor en nuestra vida, experiencia de Dios, nos capacita para afrontar tanto la dureza del camino diario como llegar al monte Gólgota, lugar de la cruz.

2 | **Lunes**
Feria

Primera lectura: Daniel 9,4-10

Salmo 78: Señor, no nos trates como merecen nuestros pecados

Evangelio: Lucas 6,36-38

En aquel tiempo dijo Jesús a sus discípulos: «Sed compasivos como vuestro Padre es compasivo; no juzguéis y no seréis juzgados; no condenéis y no seréis condenados; perdonad y seréis perdonados; dad y se os dará: os verterán una medida generosa, colmada, remecida, rebosante. La medida que uséis la usarán con vosotros».

Podemos leer este texto como una secuencia articulada de exhortaciones de Jesús. La primera de todas, la invitación a ser personas de misericordia, enlaza con la teología del evangelio de Lucas; el evangelista repite que Dios es misericordioso, que sus entrañas son compasivas, que la ternura es su distintivo. Este es el camino que deben seguir los discípulos. La misericordia es el pórtico de entrada a las relaciones interpersonales sanas y humanas: el que vive en la compasión sincera no juzga para no condenar a nadie; el juicio temerario y malintencionado puede hundir a una persona, puede ser causa de su fracaso. El perdón, por el contrario, es el camino a la relación sana y constructiva. Sorprende en estas invitaciones de Jesús la última exhortación, que invita a «dar». A continuación, insiste en la generosidad sin medida, confiando en que Dios premia a la persona abierta que sale de uno mismo y piensa en los demás. Recordamos que el estilo impersonal en voz pasiva –«seréis perdonados», «se os dará» etc.– es una forma de referirse a Dios. La experiencia del discípulo es una experiencia de Dios, presente en la vida diaria: saber perdonar, saber ser prudente, saber ser generoso, es un regalo de Dios.

MARZO

3 | **Martes**
Feria

Primera lectura: **Isaías 1,10.16-20**

Salmo 49: Al que sigue buen camino le haré ver la salvación de Dios

Evangelio: Mateo 23,1-12

En aquel tiempo, Jesús habló a la gente y a sus discípulos, diciendo: «En la cátedra de Moisés se han sentado los escribas y los fariseos: haced y cumplid lo que os digan; pero no hagáis lo que ellos hacen, porque ellos no hacen lo que dicen. Ellos lían fardos pesados e insoportables y se los cargan a la gente en los hombros, pero ellos no están dispuestos a mover un dedo para empujar. Todo lo que hacen es para que los vea la gente: alargan las filacterias y ensanchan las franjas del manto; les gustan los primeros puestos en los banquetes y los asientos de honor en las sinagogas; que les hagan reverencias por la calle y que la gente los llame "maestros". Vosotros, en cambio, no os dejéis llamar "maestro", porque uno solo es vuestro maestro, y todos vosotros sois hermanos. Y no llaméis "padre" vuestro a nadie en la tierra, porque uno solo es vuestro Padre, el del cielo. No os dejéis llamar "consejeros", porque uno solo es vuestro consejero, Cristo. El primero entre vosotros será vuestro servidor. El que se enaltece será humillado, y el que se humilla será enaltecido».

Este duro texto contra los fariseos se enmarca en el ambiente polémico en que nace el evangelio de Mateo. Después de la destrucción de Jerusalén, dos grupos se enfrentan en un mismo contexto religioso: los restos del judaísmo, alineados en torno al fariseísmo, y el cristianismo emergente. El ataque del evangelio de Mateo se dirige contra la línea de flotación del judaísmo: haced lo que digan, porque la Ley de Moisés es válida, pero no hagáis lo que ellos hacen, porque son los primeros en no cumplir lo mandado. La Ley es válida, pero no según la interpretación aplastante y antihumana de los fariseos. Se proclaman maestros de la Ley cuando el único maestro es Dios. Se hacen llamar «padre», como si fueran quienes engendran en la fe, cuando el único digno de este nombre es Dios. Asistimos al nacimiento de una nueva confesión de fe que, al proclamar al Crucificado como Señor, cambia la idea que se tenía de la religión. Ya no se trata de dominar, sino de servir; ya no se trata de alcanzar fama, sino de vivir la fraternidad; ya no se trata de una religión de méritos, sino del corazón. Podemos leer el texto viendo tipos religiosos que se pueden repetir en todo grupo humano, incluida, por supuesto, la comunidad cristiana. Así, el hipócrita, como representante de la falsa actitud religiosa, queda denunciado. En los escritos rabínicos se describe a Moisés sentado en una cátedra para enseñar. También el Jesús de Mateo enseña a sus discípulos. La cátedra es el símbolo de la enseñanza autorizada para sucesivas generaciones. Es conocido, por otra parte, el desarrollo literal y complejo de distintos preceptos que han hecho de la religión judía una carga insoportable para el creyente, a la vez que casi imposible de cumplir, siendo un obstáculo más que un vehículo para entrar en la salvación de Dios. A ojos de Dios solo existe la persona, por lo que no es de Dios ni las distinciones, ni las categorías, ni los títulos. La humildad es el camino que capacita para entender el Evangelio.

MARZO

4 | **Miércoles**
Feria o *San Casimiro*

Primera lectura: Jeremías 18,18-20

Salmo 30: Sálvame, Señor, por tu misericordia

Evangelio: Mateo 20,17-28

En aquel tiempo, mientras iba subiendo Jesús a Jerusalén, tomando aparte a los Doce, les dijo por el camino: «Mirad, estamos subiendo a Jerusalén, y el Hijo del hombre va a ser entregado a los sumos sacerdotes y a los escribas, y lo condenarán a muerte y lo entregarán a los gentiles, para que se burlen de él, lo azoten y lo crucifiquen; y al tercer día resucitará». Entonces se le acercó la madre de los Zebedeos con sus hijos y se postró para hacerle una petición. Él le preguntó: «¿Qué deseas?». Ella contestó: «Ordena que estos dos hijos míos se sienten en tu reino, uno a tu derecha y el otro a tu izquierda». Pero Jesús replicó: «No sabéis lo que pedís. ¿Sois capaces de beber el cáliz que yo he de beber?». Contestaron: «Lo somos». Él les dijo: «Mi cáliz lo beberéis; pero el puesto a mi derecha o a mi izquierda no me toca a mí concederlo, es para aquellos para quienes lo tiene reservado mi Padre».

Los otros diez, que lo habían oído, se indignaron contra los dos hermanos. Pero Jesús, reuniéndolos, les dijo: «Sabéis que los jefes de los pueblos los tiranizan y que los grandes los oprimen. No será así entre vosotros: el que quiera ser grande entre vosotros que sea vuestro servidor, y el que quiera ser primero entre vosotros que sea vuestro esclavo. Igual que el Hijo del hombre no ha venido para que le sirvan, sino para servir y dar su vida en rescate por muchos».

Jesús va camino de Jerusalén; acaba de anunciar a sus discípulos, tomándolos aparte, su pasión inminente: «Allí el Hijo del hombre va a ser entregado... Y lo condenarán a muerte». Por eso mismo resulta chocante la narración que sigue. Interviene un nuevo personaje, la «madre de los Zebedeos» –Santiago y Juan–, pero el evangelista añade que iba «con sus hijos». Tenemos que buscar luz en los movimientos y expectativas entre el pueblo judío del siglo I. No es en absoluto un pueblo con criterios unánimes ni en lo religioso ni en lo político. Mientras que unos admiten el control y la subordinación al Imperio romano –los saduceos del Templo de Jerusalén–, otros se oponen radicalmente a esta ocupación por razones religiosas: los fariseos esperan que Dios intervenga enviando un Mesías que haga cumplir la Ley de Moisés. Los grupos monárquicos, los así llamados «herodianos», eran una minoría sin demasiado peso. Todos tienen expectativas y una imagen del futuro inmediato. ¿Cuál es la expectativa de los discípulos de Jesús? ¿Ven en él un reformador religioso, un aspirante al poder temporal, un opositor a los romanos, un nuevo rey que acabe con los corruptos herodianos? Por el texto se deduce que los hijos de Zebedeo, amparados por su madre, que hace de portavoz, se mueven en los esquemas de un próximo «reparto de poder». Como diríamos hoy en día coloquialmente: «¿Qué hay de lo mío?». Jesús responde con contundencia y radicalidad. No entienden nada. Es más, se oponen frontalmente al Reino que él anuncia. Jesús habla de «beber su cáliz»; ellos dicen que sí, que pueden. Hay una confusión latente. Jesús les corrige sin humillarlos; a su vez les remite al Padre. Ante la indignación del resto, Jesús les advierte severamente contra los que abusan de los pobres; les pide que ellos no sean así. Jesús se pone como referencia única: el Hijo del hombre no ha venido a que le sirvan, sino a servir.

MARZO

5 | Jueves
Feria

Primera lectura: Jeremías 17,5-10

Salmo 1: Dichoso el hombre que ha puesto su confianza en el Señor

Evangelio: Lucas 16,19-31

En aquel tiempo dijo Jesús a los fariseos: «Había un hombre rico que se vestía de púrpura y de lino y banqueteaba espléndidamente cada día. Y un mendigo llamado Lázaro estaba echado en su portal, cubierto de llagas, y con ganas de saciarse de lo que tiraban de la mesa del rico. Y hasta los perros se le acercaban a lamerle las llagas. Sucedió que se murió el mendigo, y los ángeles lo llevaron al seno de Abrahán. Se murió también el rico, y lo enterraron. Y, estando en el infierno, en medio de los tormentos, levantando los ojos, vio de lejos a Abrahán, y a Lázaro en su seno, y gritó: "Padre Abrahán, ten piedad de mí y manda a Lázaro que moje en agua la punta del dedo y me refresque la lengua, porque me torturan estas llamas". Pero Abrahán le contestó: "Hijo, recuerda que recibiste tus bienes en vida y Lázaro, a su vez, males: por eso encuentra aquí consuelo mientras que tú padeces. Y, además, entre nosotros y vosotros se abre un abismo inmenso, para que no puedan cruzar, aunque quieran, desde aquí hacia vosotros ni puedan pasar de ahí hasta nosotros". El rico insistió: "Te ruego, entonces, padre, que mandes a Lázaro a casa de mi padre, porque tengo cinco hermanos, para que, con su testimonio, evites que vengan también ellos a este lugar de tormento". Abrahán le dice: "Tienen a Moisés y a los profetas; que los escuchen". El rico contestó: "No, padre Abrahán. Pero si un muerto va a verlos se arrepentirán". Abrahán le dijo: "Si no escuchan a Moisés y a los profetas no harán caso ni aunque resucite un muerto"».

Lucas presenta una parábola propia. Tiene una lectura social y una lectura escatológica. Curiosamente, siendo una parábola, es el único caso en que tenemos el nombre de uno de los protagonistas: mientras el rico epulón banquetea indiferente, a su puerta, el desdichado Lázaro mendiga. Los dos mueren con suerte distinta. El epulón pide ayuda para él y para sus hermanos, suplicando que Lázaro haga de mediador. Sentencia dura: la Ley de Moisés y los profetas piden justicia y llaman a la misericordia; que los escuchen. Si lo enfocamos desde la escatología, vemos cómo el texto trasluce las creencias e imágenes de aquella época: el *seol* como lugar de tormento y la retribución en otra vida, ambas en el nuevo paradigma teológico del judaísmo contemporáneo de Jesús; ambas distintas de la tradición veterotestamentaria en la que el *seol* es lugar sin vida, y la retribución es solo en esta vida. Si lo enfocamos desde una perspectiva social, es una denuncia de las terribles desigualdades sociales, que Dios ni quiere ni justifica. Esta parábola, en el evangelio de Lucas, es una ilustración de las bienaventuranzas y de los «ayes» (6,20-26). El pecado es social: el epulón se entrega a la gran vida, dando la espalda al sufrimiento de los pobres; como agravante, el rico insensible no hace caso de la Escritura –la Ley y los Profetas– donde se reitera la exigencia de socorrer al pobre. El epulón ha hecho de las riquezas su dios; además ha cerrado su corazón al grito de los necesitados. De las riquezas ha hecho un dios al que adorar y ha ocultado las llamadas del Dios de los pobres. La palabra de Dios es clara y certera: Dios está con los débiles y los defiende ante los opresores del mundo. Dios se revela como aquel que es misericordioso y pide que nosotros también lo seamos. Nosotros decimos que no entendemos la palabra de Dios o que no la conocemos bien. Sabemos que son excusas.

MARZO

6 | Viernes
Feria

Primera lectura: Génesis 37,3-4.12-13.17-28

Salmo 104: Recordad las maravillas que hizo el Señor

Evangelio: Mateo 21,33-43.45-46

En aquel tiempo dijo Jesús a los sumos sacerdotes y a los ancianos del pueblo: «Escuchad otra parábola: había un propietario que plantó una viña, la rodeó con una cerca, cavó en ella un lagar, construyó la casa del guarda, la arrendó a unos labradores y se marchó de viaje. Llegado el tiempo de la vendimia, envió sus criados a los labradores para percibir los frutos que le correspondían. Pero los labradores, agarrando a los criados, apalearon a uno, mataron a otro y a otro lo apedrearon. Envió de nuevo otros criados, más que la primera vez, e hicieron con ellos lo mismo. Por último, les mandó a su hijo, diciéndose: "Tendrán respeto a mi hijo". Pero los labradores, al ver al hijo, se dijeron: "Este es el heredero: venid, lo matamos y nos quedamos con su herencia". Y, agarrándolo, lo empujaron fuera de la viña y lo mataron. Y ahora, cuando vuelva el dueño de la viña, ¿qué hará con aquellos labradores?». Le contestaron: «Hará morir de mala muerte a esos malvados y arrendará la viña a otros labradores que le entreguen los frutos a sus tiempos». Y Jesús les dice: «¿No habéis leído nunca en la Escritura: "La piedra que desecharon los arquitectos es ahora la piedra angular. Es el Señor quien lo ha hecho, ha sido un milagro patente"? Por eso os digo que se os quitará a vosotros el reino de Dios y se dará a un pueblo que produzca sus frutos».

Los sumos sacerdotes y los fariseos, al oír sus parábolas, comprendieron que hablaba de ellos. Y, aunque buscaban echarle mano, temieron a la gente, que lo tenía por profeta.

Leemos la parábola de Jesús que habla de unos viñadores. El amo de la viña envía a sus criados a reclamar su parte después de la vendimia; estos los maltratan por dos veces. Envía al hijo y llegan a matarlo. La escena presupone una lógica: el dueño tiene derecho a recibir la parte que le corresponde de sus frutos. Podemos empezar por el final: «Se os quitará a vosotros el reino de los cielos». ¿A quién se dirige Jesús? Mateo se encara con los oyentes judíos que no han querido escuchar a los enviados de Dios, los profetas, que han ido preparando la llegada del Mesías. Israel no ha sido capaz de acoger al enviado de Dios; ha preferido olvidar a los profetas e incluso ha llegado a matarlos. Jesús está hablando del rechazo del pueblo judío, precisamente por aquellos que son los primeros destinatarios del Reino. Segunda pregunta: ¿quién es ese pueblo que «producirá frutos»? En el evangelio de Mateo se anuncia el nacimiento de la Iglesia por parte del mismo Jesús. La Iglesia está llamada a ser el nuevo pueblo que da los frutos que Dios espera. Pero Mateo, a la vez que prepara el anuncio de la novedad de la Iglesia, hace un «aviso para caminantes». Que nadie se sienta con los derechos adquiridos en propiedad. Israel pensó que el don de Dios era para él en exclusiva y que podía actuar como quisiera. Mateo les dice: no os engañéis, Dios os lo puede quitar. ¿No nos puede pasar algo semejante a nosotros, que también rechacemos la Buena Noticia en nombre de nuestros criterios? El evangelio de Mateo abre caminos, pero a la vez nos pone en tensión. No podemos dormirnos.

MARZO

7

Sábado
Santas Perpetua y Felicidad

Primera lectura: Miqueas 7,14-15.18-20

Salmo 102: El Señor es compasivo y misericordioso

Evangelio: Lucas 15,1-3.11-32

En aquel tiempo solían acercarse a Jesús todos los publicanos y los pecadores a escucharle. Y los fariseos y los escribas murmuraban entre ellos: «Ese acoge a los pecadores y come con ellos». Jesús les dijo esta parábola: «Un hombre tenía dos hijos; el menor de ellos dijo a su padre: "Padre, dame la parte que me toca de la fortuna". El padre les repartió los bienes. No muchos días después, el hijo menor, juntando todo lo suyo, emigró a un país lejano, y allí derrochó su fortuna viviendo perdidamente. Cuando lo había gastado todo vino por aquella tierra un hambre terrible, y empezó él a pasar necesidad. Fue entonces y tanto le insistió a un habitante de aquel país que lo mandó a sus campos a guardar cerdos. Le entraban ganas de saciarse de las algarrobas que comían los cerdos, y nadie le daba de comer. Recapacitando entonces se dijo: "Cuántos jornaleros de mi padre tienen abundancia de pan, mientras yo aquí me muero de hambre. Me pondré en camino adonde está mi padre, y le diré: 'Padre, he pecado contra el cielo y contra ti; ya no merezco llamarme hijo tuyo: trátame como a uno de tus jornaleros'".

Se puso en camino adonde estaba su padre; cuando todavía estaba lejos, su padre lo vio y se conmovió; y, echando a correr, se le echó al cuello y se puso a besarlo. Su hijo le dijo: "Padre, he pecado contra el cielo y contra ti; ya no merezco llamarme hijo tuyo". Pero el padre dijo a sus criados: "Sacad enseguida el mejor traje y vestidlo; ponedle un anillo en la mano y sandalias en los pies; traed el ternero cebado y matadlo; celebremos un banquete, porque este hijo mío estaba muerto y ha revivido; estaba perdido y lo hemos encontrado". Y empezaron el banquete.

Su hijo mayor estaba en el campo. Cuando, al volver, se acercaba a la casa, oyó la música y el baile, y llamando a uno de los mozos le preguntó qué pasaba. Este le contestó: "Ha vuelto tu hermano; y tu padre ha matado el ternero cebado, porque lo ha recobrado con salud". Él se indignó y se negaba a entrar; pero su padre salió e intentaba persuadirlo. Y él replicó a su padre: "Mira: en tantos años como te sirvo, sin desobedecer nunca una orden tuya, a mí nunca me has dado un cabrito para tener un banquete con mis amigos; y cuando ha venido ese hijo tuyo que se ha comido tus bienes con malas mujeres le matas el ternero cebado". El padre le dijo: "Hijo, tú siempre estás conmigo, y todo lo mío es tuyo: deberías alegrarte, porque este hermano tuyo estaba muerto y ha revivido; estaba perdido y lo hemos encontrado"».

La parábola habla de un padre que tiene dos hijos, de una herencia que repartir y del enfado que provoca esta herencia. El título más común es el de parábola del «hijo pródigo»; otros prefieren parábola del «padre misericordioso». El hijo mayor es el «cumplidor», el menor es el «díscolo», que decide «irse de casa» y reclamar «lo que es suyo». Al padre le duele, pero se lo permite. Tras un fracaso monumental, decide regresar a casa. La lógica humana dice que el padre tenía que haber sido «severo» (algunos dicen que «justo»): «Vete, porque tú ya tienes lo tuyo». La parábola rompe las expectativas del lector: el padre abraza al hijo y hace una fiesta. El hijo mayor, el cumplidor, se enfada con su padre. El padre: primero deja marchar a su hijo; luego lo espera; por fin, cuando lo «ve» aparecer, «conmovido», sale a su encuentro. Lucas recoge dos verbos que aparecen en otros lugares de su evangelio: «ver» y «conmoverse». Al igual que en las otras dos «parábolas de la misericordia» (cap. 15), Lucas dice que el padre se compadece porque el hijo «estaba perdido». Dios, cuando recupera lo que está perdido, hace fiesta. Lucas escribe para cristianos que proceden del paganismo. Podrían ser los «hermanos menores», que han vivido lejos del padre, sin miramientos morales. El pueblo judío, en su conjunto, podría ser el «hermano mayor», que ha sido un fiel cumplidor. Son dos comunidades que entran en conflicto en los primeros tiempos. La gran humanidad tiene un padre, Dios, que a lo largo de la historia quiere que vivamos en su casa, la que ha preparado para nosotros. No hay dos padres ni dos comunidades/Iglesias, sino la única Iglesia que ve con alegría que todos, el hermano menor y el mayor, son hijos amados. El padre le pone al hijo díscolo el anillo que le devuelve la categoría de «hijo» y, por tanto, de «heredero legítimo». En un posible contexto polémico entre las dos comunidades de los inicios del cristianismo –la judeocristiana y la paganocristiana–, Lucas dice que el hijo que se había ido lejos pero que recapacita y vuelve a casa es heredero, al igual que el hijo mayor, que siempre había observado todas las normas.

MARZO

 8

Domingo
III de Cuaresma
(San Juan de Dios)

Primera lectura: Éxodo 17,3-7
Salmo 94: Escucharemos tu voz, Señor
Segunda lectura: Romanos 5,1-2.5-8

Evangelio: Juan 4,5-42 (o 4,5-15.19-26.39.40-42)

En aquel tiempo llegó Jesús a un pueblo de Samaría llamado Sicar, cerca del campo que dio Jacob a su hijo José; allí estaba el manantial de Jacob. Jesús, cansado del camino, estaba allí sentado junto al manantial. Era alrededor del mediodía. Llega una mujer de Samaría a sacar agua, y Jesús le dice: «Dame de beber». Sus discípulos se habían ido al pueblo a comprar comida. La samaritana le dice: «¿Cómo tú, siendo judío, me pides de beber a mí, que soy samaritana?». Porque los judíos no se tratan con los samaritanos. Jesús le contestó: «Si conocieras el don de Dios y quién es el que te pide de beber, le pedirías tú y él te daría agua viva». La mujer le dice: «Señor, si no tienes cubo y el pozo es hondo, ¿de dónde sacas el agua viva?; ¿eres tú más que nuestro padre Jacob, que nos dio este pozo, y de él bebieron él y sus hijos y sus ganados?». Jesús le contestó: «El que bebe de esta agua vuelve a tener sed; pero el que beba del agua que yo le daré nunca más tendrá sed: el agua que yo le daré se convertirá dentro de él en un surtidor de agua que salta hasta la vida eterna». La mujer le dice: «Señor, dame esa agua: así no tendré más sed ni tendré que venir aquí a sacarla». Él le dice: «Anda, llama a tu marido y vuelve». La mujer le contesta: «No tengo marido». Jesús le dice: «Tienes razón que no tienes marido: has tenido ya cinco, y el de ahora no es tu marido. En eso has dicho la verdad». La mujer le dice: «Señor, veo que tú eres un profeta. Nuestros padres dieron culto en este monte, y vosotros decís que el sitio donde se debe dar culto está en Jerusalén». Jesús le dice: «Créeme, mujer: se acerca la hora en que ni en este monte ni en Jerusalén daréis culto al Padre. Vosotros dais culto a uno que no conocéis; nosotros adoramos a uno que conocemos, porque la salvación viene de los judíos. Pero se acerca la hora, ya está aquí, en que los que quieran dar culto verdadero adorarán al Padre en espíritu y verdad, porque el Padre desea que le den culto así. Dios es espíritu, y los que le dan culto deben hacerlo en espíritu y verdad». La mujer le dice: «Sé que va a venir el Mesías, el Cristo; cuando venga, él nos lo dirá todo». Jesús le dice: «Soy yo, el que habla contigo».

En esto llegaron sus discípulos y se extrañaban de que estuviera hablando con una mujer, aunque ninguno le dijo: «¿Qué le preguntas», o «¿de qué le hablas?». La mujer entonces dejó su cántaro, se fue al pueblo y dijo a la gente: «Venid a ver un hombre que me ha dicho todo lo que he hecho; ¿será este el Mesías?». Salieron del pueblo y se pusieron en camino adonde estaba él. Mientras tanto, sus discípulos le insistían: «Maestro, come». Él les dijo: «Yo tengo por comida un alimento que vosotros no conocéis». Los discípulos comentaban entre ellos: «¿Le habrá traído alguien de comer?». Jesús les dice: «Mi alimento es hacer la voluntad del que me envió y llevar a término su obra. ¿No decís vosotros que faltan todavía cuatro meses para la cosecha? Yo os digo esto: levantad los ojos y contemplad los campos, que están ya dorados para la siega; el segador ya está recibiendo salario y almacenando fruto para la vida eterna: y así se alegran lo mismo sembrador y segador. Con todo, tiene razón el proverbio: "Uno siembra y otro siega". Yo os envié a segar lo que no habéis sudado. Otros sudaron, y vosotros recogéis el fruto de sus sudores».

En aquel pueblo muchos samaritanos creyeron en él por el testimonio que había dado la mujer: «Me ha dicho todo lo que he hecho». Así, cuando llegaron a verlo los samaritanos, le rogaban que se quedara con ellos. Y se quedó allí dos días. Todavía creyeron muchos más por su predicación, y decían a la mujer: «Ya no creemos por lo que tú dices; nosotros mismos lo hemos oído y sabemos que él es de verdad el Salvador del mundo».

Comienza la primera de las tres grandes catequesis de los evangelios en el «ciclo A» de la Cuaresma. La primera se dedica a la «sed» del ser humano. La segunda, a la «luz». La tercera, a la «vida». Las tres se sirven de otros tantos textos de Juan, evangelio simbólico y teológico. Una de las necesidades fundamentales del ser humano, junto con el alimento, es saciar la sed. Es una experiencia universal. Por otra parte, el agua tiene también el valor universal de satisfacer plenamente esta necesidad. Juan pone a Jesús en la tesitura de tener sed; además, llega a un pozo, pero no a cualquiera, sino a uno que tiene tradición histórica en Israel –es el «pozo de Jacob»– y tradición simbólica –«pozo de los patriarcas, de los antepasados»–, que une a Jesús con la historia del pueblo. Sin embargo, Jesús no puede acceder al agua. Juan incorpora una mujer a la narración (elemento perturbador en aquella sociedad); no es cualquier mujer (judía, galilea, pagana), sino una «samaritana» (san Juan incide así en su condición de «sospechosa»). Los judíos y los samaritanos se profesan odio ancestral. Jesús no solo rompe el hielo con la mujer, sino que inicia toda una catequesis en torno a la necesidad del agua, al agua que sacia y que no sacia, a las dificultades para acceder a ella. Como si se tratase de un pedagogo, Jesús la va conduciendo desde la necesidad de agua hasta el «agua viva» que ella desconoce. Jesús se revela a sí mismo y hace que la mujer la pida explícitamente: «Dame de esa agua». La samaritana puede ser cualquier persona que tiene en el fondo de su corazón una sed desconocida, sin límites precisos, pero que busca, y no se niega a ser saciada.

MARZO

9 | **Lunes**
Feria o *Santa Francisca Romana*

Primera lectura: 2 Reyes 5,1-15

Salmo 41: Mi alma tiene sed del Dios vivo: ¿cuándo veré el rostro de Dios?

Evangelio: Lucas 4,24-30

En aquel tiempo dijo Jesús al pueblo en la sinagoga de Nazaret: «Os aseguro que ningún profeta es bien mirado en su tierra. Os garantizo que en Israel había muchas viudas en tiempos de Elías, cuando estuvo cerrado el cielo tres años y seis meses, y hubo una gran hambre en todo el país; sin embargo, a ninguna de ellas fue enviado Elías más que a una viuda de Sarepta, en el territorio de Sidón. Y muchos leprosos había en Israel en tiempos del profeta Eliseo; sin embargo, ninguno de ellos fue curado más que Naamán, el sirio». Al oír esto, todos en la sinagoga se pusieron furiosos y, levantándose, lo empujaron fuera del pueblo hasta un barranco del monte en donde se alzaba su pueblo, con intención de despeñarlo. Pero Jesús se abrió paso ente ellos y se alejaba.

Jesús se ha presentado en la sinagoga de su pueblo, Nazaret, y, leyendo el texto mesiánico del profeta Isaías (61,1-2), dice de sí mismo que el Espíritu le ha «ungido» para dar la buena noticia a todos los pueblos, para proclamar un «año de gracia» de Dios, del que excluye la venganza. La reacción de sus paisanos no se hace esperar y le rechazan porque se presenta como «ungido». Así se entiende la frase que ha pasado a la literatura y al sentir popular: «Ningún profeta es aceptado en su tierra». Esta dura experiencia de Jesús se repite a lo largo de la historia y de las culturas: preferimos creer a un extraño antes que a alguien que es de nuestro entorno. Jesús es duro con sus paisanos, recordándoles que en las Escrituras esta misericordia universal se ha hecho realidad por medio de Elías y Eliseo, hombres de Dios, israelitas que realizan sus signos con personas que no son del pueblo elegido. Ellos, los judíos, no tienen en exclusividad a Dios. La misericordia de Dios es para la gran humanidad. La misión de Jesús, ungido de Dios, no se limita a un grupo humano, sino que se abre a todos los pueblos. Las palabras de Jesús aún provocan más la ira de sus paisanos, que intentan deshacerse de él despeñándolo. Jesús, en un gesto de autoridad moral, se abre paso.

10 | **Martes**
Feria

Primera lectura: Daniel 3,25.34-43

Salmo 24: Señor, recuerda tu misericordia

Evangelio: Mateo 18,21-35

En aquel tiempo se adelantó Pedro y preguntó a Jesús: «Señor, si mi hermano me ofende, ¿cuántas veces le tengo que perdonar? ¿Hasta siete veces?». Jesús le contesta: «No te digo hasta siete veces, sino hasta setenta veces siete. Y a propósito de esto, el reino de los cielos se parece a un rey que quiso ajustar las cuentas con sus empleados. Al empezar a ajustarlas le presentaron a uno que debía diez mil talentos. Como no tenía con qué pagar, el señor mandó que lo vendieran a él con su mujer y sus hijos y todas sus posesiones, y que pagara así. El empleado, arrojándose a sus pies, le suplicaba diciendo: "Ten paciencia conmigo y te lo pagaré todo". El señor tuvo lástima de aquel empleado y lo dejó marchar, perdonándole la deuda. Pero, al salir, el empleado aquel encontró a uno de sus compañeros que le debía cien denarios y, agarrándolo, lo estrangulaba, diciendo: "Págame lo que me debes". El compañero, arrojándose a sus pies, le rogaba diciendo: "Ten paciencia conmigo y te lo pagaré". Pero él se negó, y fue y lo metió en la cárcel hasta que pagara lo que debía. Sus compañeros, al ver lo ocurrido, quedaron consternados y fueron a contarle a su señor todo lo sucedido. Entonces el señor lo llamó y le dijo: "¡Siervo malvado! Toda aquella deuda te la perdoné porque me lo pediste. ¿No debías tú también tener compasión de tu compañero como yo tuve compasión de ti?" Y el señor, indignado, lo entregó a los verdugos hasta que pagara toda la deuda. Lo mismo hará con vosotros mi Padre del cielo si cada cual no perdona de corazón a su hermano».

Leemos una parábola exclusiva de Mateo que no encontramos en los otros dos evangelios sinópticos. Una serie de detalles revelan los recursos estilísticos y la teología propia del primer evangelista. La pregunta inicial sobre el perdón debido y sus límites, que da paso a la parábola, la hace Pedro, apóstol que ocupa un lugar relevante en el primer evangelio. Jesús no entra en los cálculos matemáticos –cuánto es setenta por siete–, porque no hay matemáticas para perdonar. Mateo tiene un estilo duro: un rey que ajusta cuentas con sus vasallos; él exige lo suyo, pero también sabe compadecerse, aunque sea una cantidad enorme, ante la petición de paciencia y de compasión. Por el contrario, el vasallo que ha sido perdonado es cruel con un inferior que le debe una cantidad menor; el rey reacciona con severidad contra la flagrante injusticia y hace la pregunta que permanece en nuestro sentir más hondo: ¿no debemos ser compasivos con los demás al igual que Dios es compasivo con nosotros? Los evangelios son espejo de la condición humana universal. La severidad inhumana con los débiles se repite generación tras generación; pero Dios no lo soporta. ¿Acaso no tenemos todos los humanos de qué arrepentirnos ante Dios? Pero él nos perdona sin medir cantidades ni hacer cálculos.

MARZO

11 | **Miércoles**
Feria

Primera lectura: Deuteronomio 4,1.5-9

Salmo 147: Glorifica al Señor, Jerusalén

Evangelio: Mateo 5,17-19

En aquel tiempo dijo Jesús a sus discípulos: «No creáis que he venido a abolir la Ley y los profetas: no he venido a abolir, sino a dar plenitud. Os aseguro que antes pasarán el cielo y la tierra que deje de cumplirse hasta la última letra o tilde de la Ley. El que se salte uno solo de los preceptos menos importantes y se lo enseñe así a los hombres será el menos importante en el reino de los cielos. Pero quien los cumpla y enseñe será grande en el reino de los cielos».

Jesús es el «nuevo Moisés» que se dirige al «nuevo pueblo de Dios». Así como Moisés entregó al pueblo el don de la Ley, como forma de vida en libertad, no como esclavitud, así Jesús también presenta su ley a sus discípulos: las «bienaventuranzas», camino de dicha, de felicidad. Por eso Jesús dice que él no ha venido a abolir la Ley antigua, la de Moisés, sino a darle cumplimiento. La Ley y los Profetas son sinónimo de la «Escritura» para los hebreos, y Jesús no se opone a ella. No quiere rechazar ni el signo más pequeño presente en la Ley; Jesús alaba a quien la observa y rechaza a escribas y fariseos, que se sirven de ella. Jesús no cierra el paso a los creyentes judíos que quieren ser discípulos suyos, pero les pide una lectura novedosa de lo antiguo desde las bienaventuranzas. El cristianismo hereda del judaísmo el sentido de la Escritura como revelación del plan de Dios. La Ley y los Profetas no están derogados, pero necesitan alcanzar un cumplimiento que solo Jesús logra. El discípulo de Jesús lee la antigua Escritura con la novedad absoluta de Jesús y su buena noticia del Reino. Las bienaventuranzas son el mejor comentario y la mejor realización de la Ley antigua.

MARZO

12

Jueves
Feria

Primera lectura: Jeremías 7,23-28

Salmo 94: Ojalá escuchéis hoy la voz del Señor:
«No endurezcáis vuestro corazón»

Evangelio: Lucas 11,14-23

En aquel tiempo, Jesús estaba echando un demonio que era mudo y, apenas salió el demonio, habló el mudo. La multitud se quedó admirada, pero algunos de ellos dijeron: «Si echa los demonios es por arte de Belcebú, el príncipe de los demonios» Otros, para ponerlo a prueba, le pedían un signo en el cielo. Él, leyendo sus pensamientos, les dijo: «Todo reino en guerra civil va a la ruina y se derrumba casa tras casa. Si también Satanás está en guerra civil, ¿cómo mantendrá su reino? Vosotros decís que yo echo los demonios con el poder de Belcebú; y, si yo echo los demonios con el poder de Belcebú, vuestros hijos, ¿por arte de quién los echan? Por eso ellos mismos serán vuestros jueces. Pero si yo echo los demonios con el dedo de Dios, entonces es que el reino de Dios ha llegado a vosotros. Cuando un hombre fuerte y bien armado guarda su palacio, sus bienes están seguros. Pero si otro más fuerte lo asalta y lo vence, le quita las armas de que se fiaba y reparte el botín. El que no está conmigo está contra mí; el que no recoge conmigo desparrama».

El reino de Dios se hace presente en signos que sanan, curan, liberan y exculpan. En una sociedad muy religiosa, como aquella, donde los límites entre lo natural y sobrenatural no están claros, los demonios son causantes de las enfermedades; pero estos demonios no actúan ellos solos, por libre, sino que obedecen las órdenes de un superior: Belcebú. Este nombre no es de origen hebreo, sino cananeo; probablemente hace referencia a Baal Zebub, una divinidad menor de la cultura vecina a la que temía y a la que adoraba la gente sencilla. Son tiempos de confusión y mezcla, como siempre, podríamos decir. Jesús no tiene miedo a afrontar la situación, sino que da la cara y argumenta poniendo claridad y orden: ningún amo lucha contra sus intereses. Jesús sí expulsa demonios, pero porque hace presente el reino de Dios, y Dios no quiere ni opresiones, ni víctimas, ni culpabilizados, ni humanos esclavizados, ni descartados. Los discípulos de Jesús hoy luchamos contra todos los demonios que se empeñan en hacer daño a las personas, porque Dios es vida y libertad. Jesús no admite la doble cara, la doble moral, el doble juego. No admite que se maravillen de las obras que hace, pero, a continuación, le acusen de estar endemoniado. El seguimiento de Jesús es en misericordia, pero no en confusión. Es seguimiento en concordia, pero no a cualquier precio o admitiendo incluso falsedades. No hay medias tintas.

MARZO

13 | **Viernes**
Feria

Primera lectura: Oseas 14,2-10

Salmo 80: Yo soy el Señor, Dios tuyo: escucha mi voz

Evangelio: Marcos 12,28b-34

En aquel tiempo, un escriba se acercó a Jesús y le preguntó: «¿Qué mandamiento es el primero de todos?». Respondió Jesús: «El primero es: "Escucha, Israel, el Señor, nuestro Dios, es el único Señor: amarás al Señor, tu Dios, con todo tu corazón, con toda tu alma, con toda tu mente, con todo tu ser". El segundo es este: "Amarás a tu prójimo como a ti mismo". No hay mandamiento mayor que estos». El escriba replicó: «Muy bien, maestro, tienes razón cuando dices que el Señor es uno solo y no hay otro fuera de él; y que amarlo con todo el corazón, con todo el entendimiento y con todo el ser, y amar al prójimo como a uno mismo, vale más que todos los holocaustos y sacrificios». Jesús, viendo que había respondido sensatamente, le dijo: «No estás lejos del reino de Dios». Y nadie se atrevió a hacerle más preguntas.

La pregunta del legislador judío se mueve en el campo de las normas y de sus prioridades. La pregunta es correcta, pues entre los seguidores de la Ley de Moisés había una fuerte discusión sobre la jerarquía de los mandamientos (llegaban a ser, en su extensión pormenorizada, hasta 613). ¿Cuál era el principal? El mandamiento lo indica el *Shemá* («Escucha, Israel, amarás al Señor, tu Dios, con todo el corazón» [Dt 6,4]): la adoración a Dios en verdad es el marco en el que se inscribe toda la vida del israelita; pero Jesús añade un segundo mandamiento: «Amarás al prójimo como a ti mismo» (Lv 19,18). La novedad de Jesús es importante: para sus discípulos no es posible hacer una separación dicotómica de los dos amores. Uno va de la mano del otro, porque en «el otro» se hace presente el mismo Dios. La respuesta humilde a la vez que asertiva del escriba pone en labios de Jesús la alabanza de aquel hombre: «No estás lejos del reino de Dios». El escriba interviene por segunda vez, confirmando la respuesta de Jesús; añade una coletilla que no puede obviarse: «Amar al prójimo vale más que los holocaustos y los sacrificios». La relación piadosa de los judíos, en tiempos de Jesús, se expresaba en los sacrificios de animales que se ofrecían en el Templo de Jerusalén. Marcos, en este texto, se sitúa en la línea de una religión que cuestiona los sacrificios rituales de animales y opta por el amor como expresión del verdadero culto a Dios.

MARZO

14 | Sábado
Feria

Primera lectura: Oseas 6,1-6 (o Éxodo 17,1-7)

Salmo 50 (o 94): Quiero misericordia, y no sacrificios

Evangelio: Lucas 18,9-14 (o Juan 4,5-42)

En aquel tiempo, a algunos que, teniéndose por justos, se sentían seguros de sí mismos y despreciaban a los demás, dijo Jesús esta parábola: «Dos hombres subieron al templo a orar. Uno era fariseo; el otro, un publicano. El fariseo, erguido, oraba así en su interior: "¡Oh Dios!, te doy gracias, porque no soy como los demás: ladrones, injustos, adúlteros; ni como ese publicano. Ayuno dos veces por semana y pago el diezmo de todo lo que tengo". El publicano, en cambio, se quedó atrás y no se atrevía ni a levantar los ojos al cielo; solo se golpeaba el pecho, diciendo: "¡Oh Dios!, ten compasión de este pecador". Os digo que este bajó a su casa justificado, y aquel no. Porque todo el que se enaltece será humillado, y el que se humilla será enaltecido».

Lucas recoge esta parábola que no aparece en los otros dos evangelios sinópticos. Dos personas religiosas, con dos actitudes distintas, y Dios. Una de estas personas se considera «justa», es decir, «cumplidora» de las normas religiosas. En esta dinámica, si esa persona cumple lo que se le pide, Dios debe pagarle proporcionalmente. La salvación, que en definitiva es el fin último de toda experiencia religiosa, es obra de su esfuerzo, de sus méritos, de sus puños, de sus éxitos. De Dios no depende nada, pues este personaje religioso y piadoso lo hace todo él. Por el contrario, el publicano, que también es religioso, acude con las manos vacías. No tiene nada que ofrecer a Dios, porque su comportamiento deja mucho que desear; eso sí, se pone en manos de la misericordia de Dios. La salvación es gratuita y es de Dios, no una exigencia que se exige o se compra. No existen «bancos» que guarden bajo llave nuestras buenas obras para poder usarlas en el momento oportuno. No es un texto para exhortar a una vida descuidada en la moral, en absoluto; es un texto que nos hace preguntarnos si en nuestra relación con Dios nos presentamos ante él con soberbia y autosuficiencia o con la humildad del que se pone con sinceridad en sus manos.

MARZO

 15

Domingo
IV de Cuaresma *(Laetare)*

Primera lectura: 1 Samuel 16,1.6-7.10-13

Salmo 22: El Señor es mi pastor, nada me falta

Segunda lectura: Efesios 5,8-14

Evangelio: Juan 9,1-41 (o 9,1.6-9.13-17.34-38)

En aquel tiempo, al pasar Jesús vio a un hombre ciego de nacimiento. Y sus discípulos le preguntaron: «Maestro, ¿quién pecó, este o sus padres, para que naciera ciego?». Jesús contestó: «Ni Este pecó ni sus padres, sino para que se manifiesten en él las obras de Dios. Mientras es de día tenemos que hacer las obras del que me ha enviado; viene la noche y nadie podrá hacerlas. Mientras estoy en el mundo yo soy la luz del mundo». Dicho esto, escupió en tierra, hizo barro con la saliva, se lo untó en los ojos al ciego y le dijo: «Ve a lavarte a la piscina de Siloé (que significa Enviado)». Él fue, se lavó y volvió con vista. Y los vecinos y los que antes solían verlo pedir limosna preguntaban: «¿No es ese el que se sentaba a pedir?». Unos decían: «El mismo». Otros decían: «No es él, pero se le parece». Él respondía: «Soy yo». Y le preguntaban: «¿Y cómo se te han abierto los ojos?». Él contestó: «Ese hombre que se llama Jesús hizo barro, me lo untó en los ojos y me dijo que fuese a Siloé y que me lavase. Entonces fui, me lavé y empecé a ver». Le preguntaron: «¿Dónde está él?». Contestó: «No sé».

Llevaron ante los fariseos al que había sido ciego. Era sábado el día que Jesús hizo barro y le abrió los ojos. También los fariseos le preguntaban cómo había adquirido la vista. Él les contestó: «Me puso barro en los ojos, me lavé y veo». Algunos de los fariseos comentaban: «Este hombre no viene de Dios, porque no guarda el sábado». Otros replicaban: «¿Cómo puede un pecador hacer semejantes signos?». Y estaban divididos. Y volvieron a preguntarle al ciego: «Y tú, ¿qué dices del que te ha abierto los ojos?». Él contestó: «Que es un profeta». Pero los judíos no se creyeron que aquel había sido ciego y había recibido la vista, hasta que llamaron a sus padres y les preguntaron: «¿Es este vuestro hijo, de quien decís vosotros que nació ciego?». Sus padres contestaron: «Sabemos que este es nuestro hijo y que nació ciego; pero cómo ve ahora no lo sabemos. Preguntádselo a él, que es mayor y puede explicarse». Sus padres respondieron así porque tenían miedo a los judíos; porque los judíos ya habían acordado excluir de la sinagoga a quien reconociera a Jesús por Mesías. Por eso sus padres dijeron: «Ya es mayor, preguntádselo a él».

Llamaron por segunda vez al que había sido ciego y le dijeron: «Confiésalo ante Dios: nosotros sabemos que ese hombre es un pecador». Contestó él: «Si es un pecador, no lo sé; solo sé que yo era ciego y ahora veo». Le preguntaron de nuevo: «¿Qué te hizo, cómo te abrió los ojos?». Les contestó: «Os lo he dicho ya, y no me habéis hecho caso; ¿para qué queréis oírlo otra vez?; ¿también vosotros queréis haceros discípulos suyos?». Ellos lo llenaron de improperios y le dijeron: «Discípulo de ese lo serás tú; nosotros somos discípulos de Moisés. Nosotros sabemos que a Moisés le habló Dios, pero ese no sabemos de dónde viene». Replicó él: «Pues eso es lo raro: que vosotros no sabéis de dónde viene y, sin embargo, me ha abierto los ojos. Sabemos que Dios no escucha a los pecadores, sino al que es religioso y hace su voluntad. Jamás se oyó decir que nadie abriera los ojos a un ciego de nacimiento; si este no viniera de Dios, no tendría ningún poder». Le replicaron: «Empecatado naciste tú de pies a cabeza, ¿y nos vas a dar lecciones a nosotros?». Y lo expulsaron.

Oyó Jesús que lo habían expulsado, lo encontró y le dijo: «¿Crees tú en el Hijo del hombre?». Él contestó: «¿Y quién es, Señor, para que crea en él?». Jesús le dijo: «Lo estás viendo: el que te está hablando, ese es». Él dijo: «Creo, Señor». Y se postró ante él. Jesús añadió: «Para un juicio he venido yo a este mundo; para que los que no ven vean, y los que ven queden ciegos». Los fariseos que estaban con él oyeron esto y le preguntaron: «¿También nosotros estamos ciegos?». Jesús les contestó: «Si estuvierais ciegos no tendríais pecado, pero, como decís que veis, vuestro pecado persiste».

Leemos el segundo encuentro de Jesús: con un ciego de nacimiento. No hay antecedentes de un milagro semejante en el Antiguo Testamento, si bien aparece la ceguera en Is 35,5 y 42,7. La figura del ciego tiene la fuerza suficiente como para competir en protagonismo con la de Jesús: los vecinos curiosos, los padres atemorizados, las autoridades reacias. A la progresiva iluminación del ciego, Juan contrapone la progresiva ceguera de las autoridades. Estas preguntan con malicia: ¿por qué nació ciego? ¿Por un pecado de sus padres? La mentalidad tradicional dice que el ciego lo es porque él o sus padres han pecado; además, la curación ha sido en sábado. El veredicto final será la «expulsión» del ciego de la comunidad. Jesús, por el contrario, en esta curación, revela quién es él y cuál es su misión: «Yo soy la luz del mundo» (Jn 8,12). Hay momentos tensos, como cuando el ciego pregunta a sus adversarios si quieren hacerse discípulos de Jesús, y le responden con ira. La escena tiene movimiento: los fariseos se aferran a su ceguera y el ciego recobra la vista. Jesús concluye la escena haciéndose él mismo juez: su misión es ser luz y denunciar las obras de las tinieblas. Jesús dice: «Como decís que veis, vuestro pecado persiste». Hay dos cegueras: la real –sea de nacimiento o no– y la de que los que no ven, se resisten a ver y piensan que están en la verdad. La ceguera adquiere valor simbólico como orientador de toda la existencia. El que se sabe ciego busca la luz, pero ¿qué busca el que cree ver? El encuentro con la persona de Jesús supone un paso previo: bien aceptar la condición de estar ciego para dejar que Jesús-luz inaugure una nueva existencia, bien aceptar nuestro error y reconocer que llamamos ver a lo que no son sino bultos, sombras o espejismo. La salvación es luz para el que acepta dejarse iluminar por aquel que es Luz, con mayúscula, Dios. Hoy en día nos preguntamos: ¿quiero ver o permanecer en mi ceguera?, ¿y si yo dejara que Jesús me devolviera la vista, aunque tuviera que renunciar a criterios antiguos, pasados, que me condicionan la vida?

MARZO

16 | **Lunes**
Feria

Primera lectura: **Isaías 65,17-21**

Salmo 29: Te ensalzaré, Señor, porque me has librado

Evangelio: Juan 4,43-54

En aquel tiempo salió Jesús de Samaría para Galilea. Jesús mismo había hecho esta afirmación: «Un profeta no es estimado en su propia patria».

Cuando llegó a Galilea, los galileos lo recibieron bien, porque habían visto todo lo que había hecho en Jerusalén durante la fiesta, pues también ellos habían ido a la fiesta.

Fue Jesús otra vez a Caná de Galilea, donde había convertido el agua en vino. Había un funcionario real que tenía un hijo enfermo en Cafarnaún. Oyendo que Jesús había llegado de Judea a Galilea, fue a verle, y le pedía que bajase a curar a su hijo, que estaba muriéndose.

Jesús le dijo: «Como no veáis signos y prodigios, no creéis». El funcionario insiste: «Señor, baja antes de que se muera mi niño». Jesús le contesta: «Anda, tu hijo está curado».

El hombre creyó en la palabra de Jesús y se puso en camino. Iba ya bajando cuando sus criados vinieron a su encuentro diciéndole que su hijo estaba curado. Él les preguntó a qué hora había empezado la mejoría. Y le contestaron: «Hoy a la una lo dejó la fiebre». El padre cayó en la cuenta de que esa era la hora cuando Jesús le había dicho: «Tu hijo está curado». Y creyó él con toda su familia. Este segundo signo lo hizo Jesús al llegar de Judea a Galilea.

Leemos el segundo de los siete signos que estructuran la primera parte del evangelio de Juan. Para este evangelista, Jesús va «revelando» –desvelando, quitando velos, mostrando– poco a poco quién es él, cuál es su misión y qué relación le une al Padre. La fe es progresiva, dinámica, no estática ni monolítica. Encontramos la curación del muchacho también en los evangelios sinópticos, pero allí se trata del hijo de un pagano, mientras que aquí es el hijo de un «funcionario real». La geografía, en este caso, juega un papel importante, pues Jesús está en Caná de Galilea y el hijo del funcionario está en Cafarnaún. La curación se produce a distancia, mostrando así la autoridad de Jesús más allá de los límites físicos. Todo se juega en la fe: el padre le pide a Jesús que se ponga de viaje; Jesús le dice que su «hijo vive», y el hombre «creyó en la palabra de Jesús y se puso en camino». Esta es la actitud. Juan no dice que aquel mandatario exigiera pruebas a Jesús por sus palabras, o que le exigiera que le acompañara, o que enviara al menos a uno de sus discípulos. Escuchó la palabra de Jesús y creyó; añade Juan que con él creyó toda su familia. Hay una tensión en el texto entre los signos que exigimos y la fe que Jesús pide. Dios revela quién es Jesús, y a nosotros nos pide que «creamos» en él.

MARZO

17

Martes
Feria o *San Patricio*

Primera lectura: Ezequiel 47,1-9.12

Salmo 45: El Señor de los ejércitos está con nosotros,
nuestro alcázar es el Dios de Jacob

Evangelio: Juan 5,1-3a.5-16

En aquel tiempo se celebraba una fiesta de los judíos, y Jesús subió a Jerusalén. Hay en Jerusalén, junto a la puerta de las ovejas, una piscina que llaman en hebreo Betesda. Esta tiene cinco soportales, y allí estaban echados muchos enfermos, ciegos, cojos, paralíticos. Estaba también allí un hombre que llevaba treinta y ocho años enfermo. Jesús, al verlo echado, y sabiendo que ya llevaba mucho tiempo, le dice: «¿Quieres quedar sano?». El enfermo le contestó: «Señor, no tengo a nadie que me meta en la piscina cuando se remueve el agua; para cuando llego yo, otro se me ha adelantado». Jesús le dice: «Levántate, toma tu camilla y echa a andar». Y al momento el hombre quedó sano, tomó su camilla y echó a andar.

Aquel día era sábado, y los judíos dijeron al hombre que había quedado sano: «Hoy es sábado y no se puede llevar la camilla». Él les contestó: «El que me ha curado es quien me ha dicho: "Toma tu camilla y echa a andar"». Ellos le preguntaron: «¿Quién es el que te ha dicho que tomes la camilla y eches a andar?».

Pero el que había quedado sano no sabía quién era, porque Jesús, aprovechando el barullo de aquel sitio, se había alejado.

Más tarde lo encuentra Jesús en el templo y le dice: «Mira, has quedado sano; no peques más, no sea que te ocurra algo peor». Se marchó aquel hombre y dijo a los judíos que era Jesús quien lo había sanado. Por eso los judíos acosaban a Jesús, porque hacía tales cosas en sábado.

Continuamos con la lectura de Juan; ayer leíamos el segundo signo revelador de Jesús y hoy leemos el tercero. Juan pone a Jesús en camino; si ayer lo veíamos en el norte, en Cafarnaún, a orillas del lago, hoy lo vemos en el sur, en Jerusalén. Jesús ha acudido a una de las fiestas judías; no dice cuál. En este caso, leemos la curación de un paralítico en una de las piscinas de la ciudad. Esta piscina, que en realidad es una alberca o estanque de agua para proveer al Templo de Jerusalén (Betesda), existía en tiempos de Jesús y se puede visitar hoy. Dice Juan que está junto a la «puerta de las Ovejas» (por eso se la llama «piscina Probática», de *próbaton,* que significa «oveja» en griego), porque en la parte este de la ciudad era donde se preparaban las ovejas para el servicio del Templo. Dice también que acudían muchos enfermos; hoy los arqueólogos han encontrado muy cerca de allí unas pozas de agua que tenían fama de ser «curativas». La escena presenta a Jesús en medio de enfermos y paralíticos. Jesús se fija en uno de ellos, que llevaba treinta ocho años acudiendo allí, y le hace una pregunta obvia. Ante la debilidad del hombre, Jesús le dice: «Levántate, coge la camilla y anda». Palabras que sirven para muchas situaciones humanas de postración. Los judíos presentes –los adversarios de Jesús– lo único que argumentan es que «es sábado». La norma religiosa –mal aplicada– por encima de la misericordia debida. La religión, que en sí es buena y necesaria, mal interpretada, puede llevar también a ocultar el verdadero rostro de Dios.

MARZO

18 | Miércoles
Feria o *San Cirilo de Jerusalén*

Primera lectura: **Isaías 49:8-15**

Salmo 144: El Señor es clemente y misericordioso

Evangelio: Juan 5,17-30

En aquel tiempo dijo Jesús a los judíos: «Mi Padre sigue actuando y yo también actúo». Por eso los judíos tenían más ganas de matarlo: porque no solo abolía el sábado, sino también llamaba a Dios Padre suyo, haciéndose igual a Dios. Jesús tomó la palabra y les dijo: «Os lo aseguro: el Hijo no puede hacer por su cuenta nada que no vea hacer al Padre. Lo que hace este, eso mismo hace también el Hijo, pues el Padre ama al Hijo y le muestra todo lo que él hace, y le mostrará obras mayores que esta, para vuestro asombro. Lo mismo que el Padre resucita a los muertos y les da vida, así también el Hijo da vida a los que quiere. Porque el Padre no juzga a nadie, sino que ha confiado al Hijo el juicio de todos, para que todos honren al Hijo como honran al Padre. El que no honra al Hijo no honra al Padre, que lo envió. Os lo aseguro: quien escucha mi palabra y cree al que me envió posee la vida eterna y no se le llamará a juicio, porque ha pasado ya de la muerte a la vida. Os aseguro que llega la hora, y ya está aquí, en que los muertos oirán la voz del Hijo de Dios, y los que hayan oído vivirán. Porque, igual que el Padre dispone de la vida, así ha dado también al Hijo el disponer de la vida. Y le ha dado potestad de juzgar, porque es el Hijo del hombre. No os sorprenda, porque viene la hora en que los que están en el sepulcro oirán su voz: los que hayan hecho el bien saldrán a una resurrección de vida; los que hayan hecho el mal, a una resurrección de juicio. Yo no puedo hacer nada por mí mismo; según le oigo, juzgo, y mi juicio es justo, porque no busco mi voluntad, sino la voluntad del que me envió».

Después de presentar tres signos de revelación de quién es Jesús (la transformación de agua en vino, la curación del hijo del funcionario real –ambos en Galilea– y la curación del paralítico –este en Jerusalén, y en sábado–), el evangelio presenta una disputa progresiva entre Jesús y sus adversarios, a los que denomina genéricamente «judíos». Según Jesús, el Padre «no cesa de trabajar» y él también trabaja, ¡incluso en sábado! Los adversarios de Jesús deciden acabar con él; primero porque dice indirectamente que el Padre no guarda el sábado, y luego porque Jesús se hace igual al Padre. En la teología judía, ambos temas son considerados muy graves, una verdadera blasfemia contra la unicidad de Dios y su propia Ley. San Juan, sin embargo, hace una presentación que se conoce como «alta cristología», pues ya desde el comienzo de su evangelio presenta a Cristo como preexistente en la creación, y ahora identifica a Jesús con el Padre. Ambos actúan al unísono, y su actividad se centra en la vida y el juicio. Jesús tiene poder sobre la vida y la muerte, por eso es el juez supremo. En el evangelio de Juan, el «amor» (*agape* en griego) se identifica con el Padre y con Jesús. La vida eterna, el juicio, la resurrección, nacen del amor del Padre por su Hijo. La persona de Jesús supone ya un juicio para todos nosotros. No podemos quedarnos impasibles ante él. O estamos con él, aceptando su verdad y su acción, o nos ponemos frente a él, como hacen los judíos. Esta fe supone también una aceptación de que es Dios mismo quien actúa. Jesús no es solo un hombre bueno, sino que su autoridad procede de Dios, de su Padre.

19 | **Jueves**
San José, esposo de la Virgen María

Primera lectura: 2 Samuel 7,4-5a.12-14a.16

Salmo 88: Su linaje será perpetuo

Segunda lectura: Romanos 4,13.16-18.22

Evangelio: Mateo 1,16.18-21.24a

Jacob engendró a José, el esposo de María, de la cual nació Jesús, llamado Cristo. El nacimiento de Jesucristo fue de esta manera: María, su madre, estaba desposada con José y, antes de vivir juntos, resultó que ella esperaba un hijo por obra del Espíritu Santo. José, su esposo, que era justo y no quería denunciarla, decidió repudiarla en secreto. Pero, apenas había tomado esta resolución, se le apareció en sueños un ángel del Señor, que le dijo: «José, hijo de David, no tengas reparo en llevarte a María, tu mujer, porque la criatura que hay en ella viene del Espíritu Santo. Dará a luz un hijo, y tú le pondrás por nombre Jesús, porque él salvará a su pueblo de los pecados». Cuando José se despertó hizo lo que le había mandado el ángel del Señor.

La figura de José aparece poco en los textos evangélicos. Mateo acaba de introducir la genealogía de Jesús, hijo de Abrahán, hijo de David, haciendo que la cadena desemboque en José, del que se dice que es «esposo de María», y no al revés, como se esperaría: María, «esposa de José». El relato quiere desarrollar que la maternidad de María no es obra de José, sino del Espíritu Santo. Para ello lee en clave de cumplimiento la promesa mesiánica que aparece en Isaías –la señal de la presencia de Dios es que la virgen está encinta– y que el texto litúrgico en este caso no recoge. Según las costumbres judías, se han celebrado los esponsales, pero no la boda y, consiguientemente, se presume la no cohabitación de la pareja. Mateo emplea la conocida figura del sueño y el ángel para introducir el misterio que supera a la inteligencia humana. José es colocado en la línea de los hombres creyentes que, como Abrahán, va más lejos de las leyes naturales o humanas y acepta entrar en la dinámica de los planes de Dios. Cristo es hombre como los demás, pero al mismo tiempo es fruto del Espíritu Santo. José acepta esta paradoja por ser creyente, no solo por ser bueno. El texto acaba con la obediencia de José; obediencia que no es sumisión ciega, sino aceptación del misterio que sobrepasa y que se acoge con reverencia. La figura de José siempre ha sido entrañable, admirada y respetada. Su papel es indispensable en la historia de la salvación, pues por él Jesús pertenece, según las expectativas mesiánicas, a la estirpe de David. Su humanidad hace que reciba a María en su casa y la cuide a ella y a Jesús. Dios se sirve de hombres buenos para llevar adelante su plan de salvación.

MARZO

20 | **Viernes**
Feria

Primera lectura: Sabiduría 2,1.12-22S
....
Salmo 33: El Señor está cerca de los atribulados
....

Evangelio: Juan 7,1-2.10.25-30

En aquel tiempo recorría Jesús Galilea, pues no quería andar por Judea, porque los judíos trataban de matarlo. Se acercaba la fiesta judía de las Tiendas. Después que sus parientes se marcharon a la fiesta, entonces subió él también, no abiertamente, sino a escondidas. Entonces algunos que eran de Jerusalén dijeron: «¿No es este el que intentan matar? Pues mirad cómo habla abiertamente, y no le dicen nada. ¿Será que los jefes se han convencido de que este es el Mesías? Pero este sabemos de dónde viene, mientras que el Mesías, cuando llegue, nadie sabrá de dónde viene».

Entonces Jesús, mientras enseñaba en el templo, gritó: «A mí me conocéis, y conocéis de dónde vengo. Sin embargo, yo no vengo por mi cuenta, sino enviado por el que es veraz; a ese vosotros no lo conocéis; yo lo conozco, porque procedo de él, y él me ha enviado». Entonces intentaban agarrarlo; pero nadie le pudo echar mano, porque todavía no había llegado su hora.

La fiesta de las Tiendas o de los Tabernáculos (*Sukkot* en hebreo) marca el comienzo del otoño mediterráneo para los judíos. Desde un punto de vista agrícola, es la fiesta de la recolección de frutos (uvas, higos y otras frutas dulces); desde el punto de vista bíblico, el pueblo recuerda la estancia de Israel en tiendas en el desierto, antes de entrar en la tierra prometida. Es una fiesta popular, donde la gente festeja en la calle y llega a montar pequeños cobijos para pasar el día, incluso la noche. Es tan popular que a veces se llama sencillamente «la fiesta», como vemos en el texto de hoy (Jn 7,8.10.11.14). Después del destierro, el judaísmo, incipiente como religión distinta de la de sus vecinos, establece tres fiestas de peregrinación obligatoria: la Pascua en primavera, las Semanas a comienzos de verano y las Tiendas a comienzos de otoño. Así se entiende la insistencia en el texto de que los conocidos de Jesús acuden a Jerusalén, mientras que Jesús les esquiva: primero les dice que no va, pero luego acude. La fama de Jesús ha llegado a Jerusalén y hay opiniones encontradas. Para unos es «bueno», pero para otros «engaña a la gente». Los sacerdotes del Templo encendían los cuatro grandes candelabros y bajaban hasta la alberca de Siloé para recoger agua; después subían procesionalmente hasta el altar de los sacrificios y lo rociaban con agua, quizá para pedir lluvia en la siguiente estación. Así se entiende que en el contexto de los rituales religiosos prescritos Jesús diga: «Yo soy la luz del mundo» (8,12), y «si alguien tiene sed, que venga a mí y beba» (7,37). Jesús se presenta en el Templo, pero no quieren creer en él. La fe es un riesgo que hay que correr.

MARZO

21 | Sábado
Feria

Primera lectura: Jeremías 11,18-20 (o Miqueas 7,7-9)

Salmo 7 (o 26): Señor, Dios mío, a ti me acojo

Evangelio: Juan 7,40-53 (o 9,1-41)

En aquel tiempo, algunos de entre la gente, que habían oído los discursos de Jesús, decían: «Este es de verdad el Profeta». Otros decían: «Este es el Mesías». Pero otros decían: «¿Es que de Galilea va a venir el Mesías? ¿No dice la Escritura que el Mesías vendrá del linaje de David, y de Belén, el pueblo de David?». Y así surgió entre la gente una discordia por su causa. Algunos querían prenderlo, pero nadie le puso la mano encima. Los guardias del templo acudieron a los sumos sacerdotes y fariseos, y estos les dijeron: «¿Por qué no lo habéis traído?». Los guardias respondieron: «Jamás ha hablado nadie como ese hombre».

Los fariseos les replicaron: «¿También vosotros os habéis dejado embaucar? ¿Hay algún jefe o fariseo que haya creído en él? Esa gente que no entiende de la Ley son unos malditos».

Nicodemo, el que había ido en otro tiempo a visitarlo y que era fariseo, les dijo: «¿Acaso nuestra ley permite juzgar a nadie sin escucharlo primero y averiguar lo que ha hecho?».

Ellos le replicaron: «¿También tú eres galileo? Estudia y verás que de Galilea no salen profetas». Y se volvieron cada uno a su casa.

Seguimos en el Templo de Jerusalén, en la fiesta popular y populosa de las Tiendas o Cabañas. El ambiente de la ciudad es festivo; el pueblo judío, un pueblo teocrático, está expectante para ver si se producen los signos que indiquen que el Mesías está llegando. Algunos lo identifican con Jesús: «Este es el Mesías»; otros dicen: «No; este es el último profeta, el que anuncia su inmediata llegada». San Juan centra la discusión en Galilea: el Mesías debe venir del linaje de David, y de Belén; esto es, de la tribu de Judá, que se localiza en el sur. No hay un solo texto de la Escritura que diga que el Mesías provendrá de Galilea, tierra de paganos, que limita al norte con los fenicios, los arameos y los griegos de la Decápolis. Intervienen los fariseos, desprecian a la gente sencilla porque es inculta, y llega a decir de ellos que son unos «malditos» (esta maldición proviene de desconocer la Ley y no poder cumplirla). Un fariseo que ya conocemos con anterioridad, Nicodemo, que aparece en el capítulo 3 de san Juan, interviene poniendo sensatez a la situación: «No podemos juzgar a nadie si antes no lo escuchamos». Nicodemo prueba la ira de sus correligionarios fariseos: «No sabes de la Ley... Los profetas no vienen de Galilea». Jesús es causa de controversia entonces y ahora. Las Escrituras que leemos, más en concreto el Antiguo Testamento, ¿anuncian a Jesús? ¿Es el Antiguo Testamento solo una preparación histórica, geográfica, religiosa y cultural? ¿Es Jesús el Mesías esperado y anunciado? Jesús es el Mesías, pero no como lo esperaban los judíos, sino conforme al plan del Padre, desde el amor al Hijo y a toda la humanidad.

22

Domingo
V de Cuaresma

Primera lectura: Ezequiel 37,12-14
....
Salmo 129: Del Señor viene la misericordia, la redención copiosa
....
Segunda lectura: Romanos 8,8-11
....

Evangelio: Juan 11,1-45 (u 11,3-7.17.20-27.33-45)

En aquel tiempo, un cierto Lázaro, de Betania, la aldea de María y Marta, su hermana, había caído enfermo. María era la que ungió al Señor con perfume y le enjugó los pies con su cabellera; el enfermo era su hermano Lázaro. Las hermanas mandaron recado a Jesús, diciendo: «Señor, tu amigo Lázaro está enfermo». Jesús, al oírlo, dijo: «Esta enfermedad no acabará en la muerte, sino que servirá para la gloria de Dios, para que el Hijo de Dios sea glorificado por ella». Jesús amaba a Marta, a su hermana y a Lázaro.

Cuando se enteró de que estaba enfermo se quedó todavía dos días donde estaba. Solo entonces dice a sus discípulos: «Vamos otra vez a Judea». Los discípulos le replican: «Maestro, hace poco intentaban apedrearte los judíos, ¿y vas a volver allí?». Jesús contestó: «¿No tiene el día doce horas? Si uno camina de día no tropieza, porque ve la luz de este mundo; pero si camina de noche tropieza, porque le falta la luz». Dicho esto, añadió: «Lázaro, nuestro amigo, está dormido; voy a despertarlo». Entonces le dijeron sus discípulos: «Señor, si duerme se salvará». Jesús se refería a su muerte; en cambio ellos creyeron que hablaba del sueño natural. Entonces Jesús les replicó claramente: «Lázaro ha muerto, y me alegro por vosotros de que no hayamos estado allí, para que creáis. Y ahora vamos a su casa». Entonces Tomás, apodado el Mellizo, dijo a los demás discípulos: «Vamos también nosotros y muramos con él».

Cuando Jesús llegó, Lázaro llevaba ya cuatro días enterrado. Betania distaba poco de Jerusalén: unos tres kilómetros; y muchos judíos habían ido a ver a Marta y a María para darle el pésame por su hermano. Cuando Marta se enteró de que llegaba Jesús salió a su encuentro, mientras María se quedaba en casa. Y dijo Marta a Jesús: «Señor, si hubieras estado aquí no habría muerto mi hermano. Pero aún sé que todo lo que pidas a Dios, Dios te lo concederá». Jesús le dijo: «Tu hermano resucitará». Marta respondió: «Sé que resucitará en la resurrección del último día». Jesús le dice: «Yo soy la resurrección y la vida: el que cree en mí, aunque haya muerto, vivirá; y el que está vivo y cree en mí no morirá para siempre. ¿Crees esto?». Ella le contestó: «Sí, Señor: yo creo que tú eres el Mesías, el Hijo de Dios, el que tenía que venir al mundo». Y, dicho esto, fue a llamar a su hermana María, diciéndole en voz baja: «El maestro está ahí y te llama».

Apenas lo oyó se levantó y salió adonde estaba él; porque Jesús no había entrado todavía en la aldea, sino que estaba aún donde Marta lo había encontrado. Los judíos que estaban con ella en casa consolándola, al ver que María se levantaba y salía deprisa, la siguieron, pensando que iba al sepulcro a llorar allí. Cuando llegó María adonde estaba Jesús, al verlo se echó a sus pies, diciéndole: «Señor, si hubieras estado aquí no habría muerto mi hermano». Jesús, viéndola llorar a ella y viendo llorar a los judíos que la acompañaban, sollozó y, muy conmovido, preguntó: «¿Dónde lo habéis puesto?». Le contestaron: «Señor, ven a verlo». Jesús se echó a llorar. Los judíos comentaban: «¡Cómo lo quería!». Pero algunos dijeron: «Y uno que le ha abierto los ojos a un ciego, ¿no podía haber impedido que muriera este?».

Jesús, sollozando de nuevo, llega al sepulcro. Era una cavidad cubierta con una losa. Dice Jesús: «Quitad la losa». Marta, la hermana del muerto, le dice: «Señor, ya huele mal, porque lleva cuatro días». Jesús le dice: «¿No te he dicho que si crees verás la gloria de Dios?». Entonces quitaron la losa. Jesús, levantando los ojos a lo alto, dijo: «Padre, te doy gracias porque me has escuchado; yo sé que tú me escuchas siempre; pero lo digo por la gente que me rodea, para que crean que tú me has enviado». Y dicho esto gritó con voz potente: «Lázaro, ven fuera». El muerto salió, los pies y las manos atados con vendas y la cara envuelta en un sudario. Jesús les dijo: «Desatadlo y dejadlo andar». Y muchos judíos que habían venido a casa de María, al ver lo que había hecho Jesús, creyeron en él.

Al final de la Cuaresma culmina la revelación de Jesús. Jesús ha sido revelado en el evangelio de san Juan como «agua viva» que sacia la sed profunda y persistente del hombre (samaritana); como «luz y vista» que denuncia nuestras cegueras y que nos posibilita una nueva visión salvada de nosotros mismos y del mundo (ciego de nacimiento); como «vida eterna» que no se para ante la dureza insalvable del sepulcro (Lázaro). En el esquema del evangelio de Juan estamos en el séptimo y último de los «signos» que comienzan en Caná. En este caso, se trata de la victoria sobre el último de los enemigos, la muerte (1 Cor 15,26). La «resucitación» de Lázaro no se puede equiparar con la resurrección de Jesús. Lázaro no resucita «glorioso» (huele mal) ni «para siempre» (volverá a morir). Su valor es el de prefigurar la resurrección de Jesús (hace ya «tres días», lo ponen en un «sepulcro», lo cubren con «vendas»). El «signo» de Jesús está acompañado por unas palabras que en realidad son una profesión de fe: «Yo soy la resurrección y la vida». El séptimo signo –siete es número de cumplimiento– da plenitud a todos los anteriores. La resurrección de Lázaro es un anticipo de la victoria definitiva sobre todo lo que supone la muerte. La invitación a la fe que hace a Marta: «¿Crees esto?», y la confesión en Jesús como el Mesías: «Tú eres…, implican al lector, que no puede dejar de responder él mismo a estas preguntas. El encuentro personal con Cristo «sacia la sed infinita del hombre», «ilumina toda su existencia», «incorpora a la Vida». Escena con muchos actores implicados. Jesús se hace de rogar o tarda en ir; luego dice a sus discípulos que Lázaro duerme, y más tarde que ha muerto. Las hermanas recriminan a Jesús que no haya actuado antes. Los judíos están a la expectativa. Parece una escena con finalidad catequética. Ante el hecho indiscutible de la muerte nos sentimos abrumados y con distintos sentimientos: desde el reproche desesperado a Dios hasta el dolor e incredulidad o la prudente distancia. Jesús se revela como señor de la vida. La muerte, desde su perspectiva, es un sueño pasajero. Lázaro vuelve a la vida, se despierta; se trata de una prórroga. Jesús es la resurrección y la vida; para siempre. Es necesario creer: el que crea, aunque muera, vivirá.

MARZO

23

Lunes
Feria o *Santo Toribio de Mogrovejo*

Primera lectura: Daniel 13,1-9.15-17.19-30.33-62 (o 13,41-62)

Salmo 22: Aunque camine por cañadas oscuras, nada temo, porque tú vas conmigo

Evangelio: Juan 8,1-11 (u 8,12-20)

En aquel tiempo, Jesús se retiró al monte de los Olivos. Al amanecer se presentó de nuevo en el templo, y todo el pueblo acudía a él, y, sentándose, les enseñaba. Los escribas y los fariseos le traen una mujer sorprendida en adulterio, y, colocándola en medio, le dijeron: «Maestro, esta mujer ha sido sorprendida en flagrante adulterio. La ley de Moisés nos manda apedrear a las adúlteras; tú, ¿qué dices?».

Le preguntaban esto para comprometerlo y poder acusarlo. Pero Jesús, inclinándose, escribía con el dedo en el suelo. Como insistían en preguntarle se incorporó y les dijo: «El que esté sin pecado que le tire la primera piedra». E inclinándose otra vez siguió escribiendo.

Ellos, al oírlo, se fueron escabullendo uno a uno, empezando por los más viejos.

Y quedó solo Jesús, con la mujer, en medio, que seguía allí delante. Jesús se incorporó y le preguntó: «Mujer, ¿dónde están tus acusadores?; ¿ninguno te ha condenado?». Ella contestó: «Ninguno, Señor».

Jesús dijo: «Tampoco yo te condeno. Anda, y en adelante no peques más».

Partiendo de la crítica textual, algunos autores proponen que este texto pertenecería a Lucas, considerado el evangelista de la misericordia. Desde un punto de vista antropológico y cultural, estamos en una escena de condena de una mujer acusada de adulterio. El castigo de la Ley es la lapidación (Lv 20,10); pena de muerte para la prometida o esposa infiel al hombre a quien legalmente pertenece, aunque todavía no viva con él (Dt 22,21). Los varones presentes «cumplen» con la Ley. No se echa la culpa al varón como adúltero, sino que la culpa es de ella; en nuestra sociedad actual, este detalle chirría y nos enoja. Desde una perspectiva religiosa, la escena se desarrolla en el Templo, lugar sagrado por antonomasia. Los que llevan a la mujer son los «escribas del partido fariseo»; los acusadores no buscan tanto a la mujer cuanto a Jesús. No buscan una «sentencia», pues Jesús no es un «juez», sino que se pronuncie sobre la Ley (le llaman «Maestro»). Podríamos parafrasear a los acusadores así: «La hemos sorprendido en adulterio, ¿qué hacemos?, ¿la llevamos al tribunal competente o la ejecutamos sin más?» (Gn 38; Dt 17,7). Jesús no responde de inmediato; luego contesta con unas palabras que hoy siguen resonando más allá de los ámbitos religiosos: «El que esté sin pecado que tire la primera piedra». Nadie puede ser juez inmisericorde de otra persona, pues todos estamos hechos de barro. Nadie puede presumir de no haber caído nunca en una contradicción, error consentido o pecado. Jesús, una vez más, da salida a la situación desenmascarando a los falsos piadosos, echándoles en cara su pecado y salvando a la mujer. Las últimas palabras del texto, «tampoco yo te condeno. Anda, y en adelante no peques más», son una exhortación apremiante a la compasión y el perdón. El texto funciona como un «espejo» para todos y cada uno de nosotros.

MARZO

24 | **Martes**
Feria

Primera lectura: Números 21,4-9

Salmo 101: Señor, escucha mi oración, que mi grito llegue hasta ti

Evangelio: Juan 8,21-30

En aquel tiempo dijo Jesús a los fariseos: «Yo me voy y me buscaréis, y moriréis por vuestro pecado. Donde yo voy no podéis venir vosotros». Y los judíos comentaban: «¿Será que va a suicidarse, y por eso dice: "Donde yo voy no podéis venir vosotros"?». Y él continuaba: «Vosotros sois de aquí abajo, yo soy de allá arriba: vosotros sois de este mundo, yo no soy de este mundo. Con razón os he dicho que moriréis por vuestros pecados: pues, si no creéis que yo soy, moriréis por vuestros pecados». Ellos le decían: «¿Quién eres tú?». Jesús les contestó: «Ante todo, eso mismo que os estoy diciendo. Podría decir y condenar muchas cosas en vosotros; pero el que me envió es veraz, y yo comunico al mundo lo que he aprendido de él». Ellos no comprendieron que les hablaba del Padre. Y entonces dijo Jesús: «Cuando levantéis al Hijo del hombre, sabréis que yo soy, y que no hago nada por mi cuenta, sino que hablo como el Padre me ha enseñado. El que me envió está conmigo, no me ha dejado solo; porque yo hago siempre lo que le agrada». Cuando les exponía esto, muchos creyeron en él.

No nos hemos ido del Templo de Jerusalén; seguimos la lectura de los días anteriores, que sitúan a Jesús enseñando a una multitud que llena la ciudad por la fiesta de las Cabañas. El texto que leemos hoy gira en torno a la presentación de Jesús como «yo soy». Recordemos que Dios se revela a Moisés en el Horeb como «Yo soy el que soy». Dios no se deja encerrar en ninguna definición; es una revelación muy abierta a nuevas lecturas e interpretaciones. En este texto dice Jesús de sí mismo: «Yo me voy y me buscaréis»; «yo soy de allá arriba»; «yo no soy de este mundo»; «cuando sea levantado..., sabréis que yo soy». No es un ejercicio de adivinanzas, sino de revelación progresiva. Jesús «se va», pero no es un suicidio –como el mismo texto aclara–, sino que regresa con el Padre, del que procede. Jesús es hombre como nosotros, pero no pertenece al «mundo» –en Juan tiene connotaciones negativas–, sino que es «de allá arriba». El evangelio de Juan, lo hemos comentado con anterioridad, presenta una «alta cristología», donde insiste en la preexistencia del Hijo, en su encarnación, en su unión con el Padre y en su retorno a él. ¿Cómo retornará Jesús al Padre? Cuando «levanten en alto al Hijo del hombre»; esto es, en la cruz. La cruz no es un abandono; Dios no le deja solo, sino que Jesús, el Hijo, hace lo que el Padre le pide. El descubrimiento del misterio de Jesús es progresivo. No solo porque a nosotros –de mente y corazón limitados– nos cuesta entenderlo, sino por pura pedagogía divina. Se va desvelando poco a poco, de forma que nosotros somos testigos privilegiados del misterio de vida y de salvación que se cumple en Jesús.

Miércoles
Anunciación del Señor

Primera lectura: Isaías 7,10-14; 8,10
....
Salmo 39: Aquí estoy, Señor, para hacer tu voluntad
....
Segunda lectura: Hebreos 10,4-10
....

Evangelio: Lucas 1,26-38

A los seis meses, el ángel Gabriel fue enviado por Dios a una ciudad de Galilea llamada Nazaret, a una virgen desposada con un hombre llamado José, de la estirpe de David; la virgen se llamaba María. El ángel, entrando en su presencia, dijo: «Alégrate, llena de gracia, el Señor está contigo». Ella se turbó ante estas palabras y se preguntaba qué saludo era aquel. El ángel le dijo: «No temas, María, porque has encontrado gracia ante Dios. Concebirás en tu vientre y darás a luz un hijo, y le podrás por nombre Jesús. Será grande, se llamará Hijo del Altísimo, el Señor Dios le dará el trono de David, su padre, reinará sobre la casa de Jacob para siempre y su reino no tendrá fin». Y María dijo al ángel: «¿Cómo será eso, pues no conozco varón?». El ángel le contestó: «El Espíritu Santo vendrá sobre ti y la fuerza del Altísimo te cubrirá con su sombra; por eso el Santo que va a nacer se llamará Hijo de Dios. Ahí tienes a tu pariente Isabel que, a pesar de su vejez, ha concebido un hijo y ya está de seis meses la que llamaban estéril, porque para Dios nada es imposible». María contestó: «Aquí está la esclava del Señor; hágase en mí según tu palabra». Y la dejó el ángel.

La Anunciación del Señor es un texto mil veces comentado. Nos fijaremos hoy en la comparación del evangelio «canónico» con los llamados «apócrifos». La palabra «apó-crif-o» quiere decir «oculto», «escondido»; notemos que tiene la misma raíz que «en-cript-ado». Apócrifo no quiere decir nocivo o falso. Los evangelios canónicos responden al «canon», la norma de fe de la Iglesia, en un momento en que muchos querían hacer su colaboración escrita, donde no había límites a la imaginación. Por eso los evangelios canónicos son muy escuetos; van a lo importante. Dios envía a Gabriel (el arcángel mensajero); con delicadeza, sin pompas ni estruendos. El lugar de la visita es un pueblo del que no se habla en la Escritura judía (no tenemos textos de Nazaret fuera del Nuevo Testamento). El ángel se dirige a una doncella, «virgen», prometida a un varón, pero que aún no cohabitan. El nombre de la joven es «María». Sin más datos. El texto sigue las normas literarias de las anunciaciones: saludo del ángel: *¡Jaire!* (¡alégrate!). Luego la llama *kejaritoméne* (llena de gracia). La joven se asusta; el arcángel le dice que «no tema», conforme a otras anunciaciones bíblicas. La razón para que no tenga miedo es que «ha encontrado gracia ante Dios». El ángel le anuncia que concebirá en sus entrañas un hijo, y le pondrán por nombre Jesús. ¿Cómo será posible? Porque el Espíritu Santo y la fuerza del Altísimo la cubrirá. Como en todas las anunciaciones falta la respuesta. No es una objeción, sino un «hágase». Lucas, evangelio canónico, no se pierde en datos secundarios o innecesarios que nos despisten. Un texto de finura literaria, de hondón teológico. También espiritual: la obediencia filial de María a la propuesta de Dios.

MARZO

26 | Jueves
Feria

Primera lectura: **Génesis 17,3-9**

Salmo 104: El Señor se acuerda de su alianza eternamente

Evangelio: Juan 8,51-59

En aquel tiempo dijo Jesús a los judíos: «Os aseguro: quien guarda mi palabra no sabrá lo que es morir para siempre». Los judíos le dijeron: «Ahora vemos claro que estás endemoniado; Abrahán murió, los profetas también, ¿y tú dices: "Quien guarde mi palabra no conocerá lo que es morir para siempre"? ¿Eres tú más que nuestro padre Abrahán, que murió? También los profetas murieron, ¿por quién te tienes?». Jesús contestó: «Si yo me glorificara a mí mismo, mi gloria no valdría nada. El que me glorifica es mi Padre, de quien vosotros decís: "Es nuestro Dios", aunque no lo conocéis. Yo sí lo conozco, y si dijera: "No lo conozco", sería, como vosotros, un embustero; pero yo lo conozco y guardo su palabra. Abrahán, vuestro padre, saltaba de gozo pensando ver mi día; lo vio y se llenó de alegría». Los judíos le dijeron: «No tienes todavía cincuenta años, ¿y has visto a Abrahán?». Jesús les dijo: «Os aseguro que antes de que naciera Abrahán existo yo». Entonces cogieron piedras para tirárselas, pero Jesús se escondió y salió del templo.

Con este texto, el evangelista Juan cierra la larga escena de Jesús en el Templo, en la fiesta de las Cabañas, y su confrontación con los judíos. Cuando sus adversarios cogen piedras para tirárselas –es un blasfemo y debe ser apedreado–, «Jesús se escondió y salió del Templo» (8,59). El Templo de Jerusalén no es un espacio pequeño o un edificio; ocupaba catorce hectáreas; la mayor parte eran zonas abiertas por donde la gente se movía con restricciones: el patio exterior era para todos, incluidos los paganos;

el siguiente, para Israel, hombres y mujeres; más allá solo podían los hombres; luego había otro patio para sacerdotes, hasta que se llegaba al «santo de los santos», exclusivo del sumo sacerdote. Jesús está en uno de los patios, probablemente el exterior, en la zona amplia, donde enseña. Para entender la referencia a Abrahán de este texto hay que leer unos versos más adelante, cuando Jesús les dice que «la verdad os hará libres» (8,31-33). Abrahán tuvo dos hijos: primero el de la esclava, Ismael, que para los judíos es símbolo de la esclavitud: luego tuvo a Isaac, hijo de la esposa Sara, que es el hijo de la promesa. Los judíos dicen que ellos son libres, porque son «hijos de la promesa»; no son «hijos de la esclava», no son esclavos. Ahora los judíos le acusan de situarse por encima de Abrahán, incluso de pretender ser anterior a él. No hay entendimiento posible: para los judíos es una cuestión de tiempo; para Jesús, de identidad y de misión: Jesús es el Hijo preexistente («antes que Abrahán existiera yo soy»); es uno con el Padre; su misión es la que el Padre le ha encomendado. A veces argumentamos con criterios temporales, históricos, para rechazar a Jesús; pero el misterio de Jesús y su misión salvadora traspasan la historia. Necesitamos los ojos de la fe.

MARZO

27 | **Viernes**
Feria

Primera lectura: **Jeremías 20,10-13**

Salmo 17: En el peligro invoqué al Señor, y me escucho

Evangelio: **Juan 10,31-42**

En aquel tiempo, los judíos cogieron piedras para apedrear a Jesús. Él les replicó: «Os he hecho ver muchas obras buenas por encargo de mi Padre: ¿por cuál de ellas me apedreáis?».

Los judíos le contestaron: «No te apedreamos por una obra buena, sino por una blasfemia: porque tú, siendo un hombre, te haces Dios». Jesús les replicó: «¿No está escrito en vuestra ley: "Yo os digo: 'Sois dioses'"? Si la Escritura llama dioses a aquellos a quienes vino la palabra de Dios (y no puede fallar la Escritura), a quien el Padre consagró y envió al mundo, ¿decís vosotros que blasfema porque dice que es hijo de Dios? Si no hago las obras de mi Padre no me creáis, pero si las hago, aunque no me creáis a mí, creed a las obras, para que comprendáis y sepáis que el Padre está en mí y yo en el Padre».

Intentaron de nuevo detenerlo, pero se les escabulló de las manos. Se marchó de nuevo al otro lado del Jordán, al lugar donde antes había bautizado Juan, y se quedó allí. Muchos acudieron a él y decían: «Juan no hizo ningún signo; pero todo lo que Juan dijo de este era verdad». Y muchos creyeron en él allí.

En el evangelio de san Juan, Jesús aparece repetidamente en Jerusalén, en el Templo, con motivo de distintas fiestas. En los capítulos 7 y 8, Jesús está en la ciudad santa con motivo de la fiesta de las Tiendas, en otoño. Ahora, en el capítulo 10, Jesús está de nuevo en Jerusalén con motivo de la fiesta de la Dedicación del Templo (*Januká*), en invierno (10,22). Asistimos a una nueva controversia con los judíos; esta, al igual que la otra que hemos indicado, acaba con un intento de apedrear a Jesús (10,31; 8,59); también en esta ocasión se escabulle; Jesús se retira al Jordán, donde había bautizado Juan. La conclusión de este texto es que «muchos creyeron en él». La fe, o mejor, el «creer» o no «creer» es un hilo rector del evangelio de Juan. Los judíos no creen en él y se le oponen abiertamente, acusándolo de «blasfemo». En la teología judía, anclada en el monoteísmo exclusivista –no admiten nada ni a nadie que sea comparable con Dios–, la pretensión de Jesús de identificarse con el Padre es insoportable. Llama la atención el argumento de Jesús apelando a la Escritura; hay un texto, en Sal 82,6, en que se lee: «Seréis dioses». Es un salmo que salva el monoteísmo de Israel poniendo a las divinidades mensajeras de los pueblos vecinos por debajo de Yahvé, el único Señor. Estas divinidades mensajeras –que el salmo llama «dioses»– fueron en algún momento instrumentos imperfectos de Dios. Jesús argumenta: si aceptáis este texto del salmo, ¿cómo rechazáis que yo use el título de Dios, si el «Padre me consagró y me envió al mundo? Jesús responde con argumentos bíblicos la ofensiva de los judíos. Es una lucha cuerpo a cuerpo, dura, sin cuartel. Jesús no se asusta, sino que cumple su misión de revelar al Padre.

MARZO

28 | **Sábado**
Feria

Primera lectura: Ezequiel 37,21-28

Salmo: Jeremías 31,10-13: El Señor nos guardará como un pastor a su rebaño

Evangelio: Juan 11,45-57

En aquel tiempo, muchos judíos que habían venido a casa de María, al ver lo que había hecho Jesús, creyeron en él. Pero algunos acudieron a los fariseos y les contaron lo que había hecho Jesús.

Los sumos sacerdotes y los fariseos convocaron el Sanedrín y dijeron: «¿Qué hacemos? Este hombre hace muchos signos. Si lo dejamos seguir, todos creerán en él, y vendrán los romanos y nos destruirán el lugar santo y la nación». Uno de ellos, Caifás, que era sumo sacerdote aquel año, les dijo: «Vosotros no entendéis ni palabra; no comprendéis que os conviene que uno muera por el pueblo y que no perezca la nación entera». Esto no lo dijo por propio impulso, sino que, por ser sumo sacerdote aquel año, habló proféticamente, anunciando que Jesús iba a morir por la nación; y no solo por la nación, sino también para reunir a los hijos de Dios dispersos. Y aquel día decidieron darle muerte. Por eso Jesús ya no andaba públicamente con los judíos, sino que se retiró a la región vecina al desierto, a una ciudad llamada Efraín, y pasaba allí el tiempo con los discípulos.

Se acercaba la Pascua de los judíos, y muchos de aquella región subían a Jerusalén, antes de la Pascua, para purificarse. Buscaban a Jesús y, estando en el templo, se preguntaban: «¿Qué os parece? ¿No vendrá a la fiesta?». Los sumos sacerdotes y fariseos habían mandado que el que se enterase de dónde estaba les avisara para prenderlo.

Jesús está en Betania, localidad cerca de Jerusalén. Allí ha realizado el séptimo signo revelador de su identidad: la vuelta a la vida de su amigo Lázaro. Solemos hablar de «resurrección», pero habría que hablar más bien de «resucitación», para no confundir este signo con la «resurrección» de Jesús, que es un hecho único, irrepetible; Lázaro tiene que morir de nuevo, pero Jesús resucitado ya no muere más. Algunos «creen en Jesús»; esta fe de unos pocos por las obras de Jesús se repite en san Juan. Son más, sin embargo, los que se enfrentan abiertamente a él. En este caso, los sumos sacerdotes y los fariseos convocan al Sanedrín, institución religiosa que gobernaba la vida de los judíos bajo el poder político de Roma. La acusación es de estrategia política: los romanos pueden intervenir y destruirnos, dicen. Caifás, el mismo sacerdote con el que nos encontraremos un poco más adelante en el relato de la pasión, sentencia: es preferible que muera un solo hombre a que sea destruida toda la nación. La sentencia está firmada. San Juan nos remite a otra fiesta distinta de la de las Tiendas y la Dedicación, que hemos visto antes. En este caso se acerca la fiesta de Pascua, en primavera. La Pascua, primera de las fiestas judías de peregrinación, convocaba a judíos de todas partes; celebraba la liberación de Egipto y se sacrificaba ritualmente el cordero en el Templo, que luego cada familia comía. Jesús ha sido condenado a muerte. Se anticipa y anuncia su próximo final. No es casual que Jesús muera en Pascua.

Comienza la Semana Santa

MARZO

29

Domingo
DE RAMOS EN LA PASIÓN DEL SEÑOR

Primera lectura: Isaías 50,4-7
Salmo 21: Dios mío, Dios mío, ¿por qué me has abandonado?
Segunda lectura: Filipenses 2,6-11

Evangelio: Mateo 26,14-27,66

C. En aquel tiempo [uno de los Doce, llamado Judas Iscariote, fue a los sumos sacerdotes y les propuso:

S. «¿Qué estáis dispuestos a darme si os lo entrego?».

C. Ellos se ajustaron con él en treinta monedas. Y desde entonces andaba buscando ocasión propicia para entregarlo.

El primer día de los ázimos se acercaron los discípulos a Jesús y le preguntaron:

S. «¿Dónde quieres que te preparemos la cena de Pascua?»

C. Él contestó:

+. «Id a casa de fulano y decidle: "El Maestro dice: 'Mi momento está cerca; deseo celebrar la Pascua en tu casa con mis discípulos'"».

C. Los discípulos cumplieron las instrucciones de Jesús y prepararon la Pascua.

Al atardecer se puso a la mesa con los Doce. Mientras comían dijo:

+. «Os aseguro que uno de vosotros me va a entregar».

C. Ellos, consternados, se pusieron a preguntarle uno tras otro:

S. «¿Soy yo acaso, Señor?».

C. Él respondió:

+. «El que ha mojado en la misma fuente que yo, ese me va a entregar. El Hijo del hombre se va, como está escrito de él; pero ¡ay del que va a entregar al Hijo del hombre!, más le valdría no haber nacido».

C. Entonces preguntó Judas, el que lo iba a entregar:

S. «¿Soy yo acaso, Maestro?».

C. Él respondió:

+. «Así es».

C. Durante la cena, Jesús cogió pan, pronunció la bendición, lo partió y lo dio a los discípulos, diciendo:

+. «Tomad, comed: esto es mi cuerpo».

C. Y, cogiendo un cáliz, pronunció la acción de gracias y se lo pasó, diciendo:

+. «Bebed todos, porque esta es mi sangre; sangre de la alianza derramada por todos para el perdón de los pecados. Y os digo que no beberé más del fruto de la vid hasta el día que beba con vosotros el vino nuevo en el reino de mi Padre».

C. Cantaron el salmo y salieron para el monte de los Olivos. Entonces Jesús les dijo:

+. «Esta noche vais a caer todos por mi causa, porque está escrito: "Heriré al pastor y se dispersarán las ovejas del rebaño". Pero, cuando resucite, iré antes que vosotros a Galilea».

C. Pedro replicó:

S. «Aunque todos caigan por tu causa, yo jamás caeré».

C. Jesús le dijo:

+. «Te aseguro que esta noche, antes de que el gallo cante tres veces, me negarás».

C. Pedro le replicó:

S. «Aunque tenga que morir contigo, no te negaré».

C. Y lo mismo decían los demás discípulos.

Entonces Jesús fue con ellos a un huerto, llamado Getsemaní, y les dijo:

+. «Sentaos aquí mientras voy allá a orar».

C. Y, llevándose a Pedro y a los dos hijos de Zebedeo, empezó a entristecerse y a angustiarse. Entonces dijo:

+. «Me muero de tristeza: quedaos aquí y velad conmigo».

C. Y, adelantándose un poco, cayó rostro en tierra y oraba diciendo:

+. «Padre mío, si es posible que pase y se aleje de mí ese cáliz. Pero no se haga lo que yo quiero, sino lo que tú quieres».

C. Y se acercó a los discípulos y los encontró dormidos. Dijo a Pedro:

+. «¿No habéis podido velar una hora conmigo? Velad y orad para no caer en la tentación, pues el espíritu es decidido, pero la carne es débil».

C. De nuevo se apartó por segunda vez y oraba diciendo:

+. «Padre mío, si este cáliz no puede pasar sin que yo lo beba, hágase tu voluntad».

C. Y, viniendo otra vez, los encontró dormidos, porque estaban muertos de sueño. Dejándolos de nuevo, por tercera vez oraba repitiendo las mismas palabras. Luego se acercó a sus discípulos y les dijo:

+. «Ya podéis dormir y descansar. Mirad, está cerca la hora y el Hijo del hombre va a ser entregado en manos de los pecadores. ¡Levantaos, vamos! Ya está cerca el que me entrega».

C. Todavía estaba hablando cuando apareció Judas, uno de los Doce, acompañado de un tropel de gente, con espadas y palos, mandado por los sumos sacerdotes y los senadores del pueblo. El traidor les había dado esta contraseña:

S. «Al que yo bese, ese es: detenedlo».

C. Después se acercó a Jesús y le dijo:

S. «¡Salve, Maestro!».

C. Y lo besó. Pero Jesús le contestó:

+. «Amigo, ¿a qué vienes?».

C. Entonces se acercaron a Jesús y le echaron mano para detenerlo. Uno de los que estaban con él cogió la espada, la desenvainó y de un tajo le cortó la oreja al criado del sumo sacerdote. Jesús le dijo:

+. «Envaina la espada: quien usa espada, a espada morirá. ¿Piensas tú que no puedo acudir a mi Padre? Él me mandaría enseguida más de doce legiones de ángeles. Pero entonces no se cumpliría la Escritura que dice que esto tiene que pasar».

C. Entonces dijo Jesús a la gente:

+. «¿Habéis salido a prenderme con espadas y palos como a un bandido? A diario me sentaba en el templo a enseñar y, sin embargo, no me detuvisteis».

C. Todo esto ocurrió para que se cumpliera lo que escribieron los profetas. En aquel momento todos los discípulos lo abandonaron y huyeron.

Los que detuvieron a Jesús lo llevaron a casa de Caifás, el sumo sacerdote, donde se habían reunido los letrados y los senadores. Pedro lo seguía de lejos hasta el palacio del sumo sacerdote y, entrando dentro, se sentó con los criados para ver en qué paraba aquello. Los sumos sacerdotes y el consejo en pleno buscaban un falso testimonio contra Jesús para condenarlo a muerte y no lo encontraban, a pesar de los muchos falsos testigos que comparecían. Finalmente comparecieron dos que declararon:

S. «Este ha dicho: "Puedo destruir el templo de Dios y reconstruirlo en tres días".

C. El sumo sacerdote se puso en pie y le dijo:

S. «¿No tienes nada que responder? ¿Qué son estos cargos que levantan contra ti?».

C. Pero Jesús callaba. Y el sumo sacerdote le dijo:

S. «Te conjuro por Dios vivo a que nos digas si tú eres el Mesías, el Hijo de Dios».

C. Jesús le respondió:

+. «Tú lo has dicho. Más aún, yo os digo: desde ahora veréis que el Hijo del hombre está sentado a la derecha del Todopoderoso y que viene sobre las nubes del cielo».

C. Entonces el sumo sacerdote rasgó sus vestiduras, diciendo:

S. «Ha blasfemado. ¿Qué necesidad tenemos ya de testigos? Acabáis de oír la blasfemia. ¿Qué decidís?».

C. Y ellos contestaron:

S. «Es reo de muerte».

C. Entonces le escupieron a la cara y lo abofetearon; otros lo golpearon diciendo:

S. «Haz de profeta, Mesías; dinos quién te ha pegado».

C. Pedro estaba sentado fuera en el patio y se le acercó una criada y le dijo:

S. «También tú andabas con Jesús el Galileo».

C. Él lo negó delante de todos, diciendo:

S. «No sé qué quieres decir».

C. Y al salir al portal lo vio otra y dijo a los que estaban allí:

S. «Este andaba con Jesús el Nazareno».

C. Otra vez negó él con juramento:

S. «No conozco a ese hombre».

C. Poco después se acercaron los que estaban allí y dijeron:

S. «Seguro; tú también eres de ellos, se te nota en el acento».

C. Entonces él se puso a echar maldiciones y a jurar, diciendo:

S. «No conozco a ese hombre».

C. Y enseguida cantó un gallo. Pedro se acordó de aquellas palabras de Jesús: «Antes de que cante el gallo me negarás tres veces». Y, saliendo afuera, lloró amargamente.

Al hacerse de día, todos los sumos sacerdotes y los senadores del pueblo se reunieron para preparar la condena a muerte de Jesús. Y atándolo lo llevaron y lo entregaron a Pilato, el gobernador.

Entonces el traidor sintió remordimiento y devolvió las treinta monedas de plata a los sumos sacerdotes y senadores, diciendo:

S. «He pecado, he entregado a la muerte a un inocente».

C. Pero ellos dijeron:

S. «¿A nosotros qué? ¡Allá tú!».

C. Él, arrojando las monedas en el templo, se marchó; y fue y se ahorcó. Los sacerdotes, recogiendo las monedas, dijeron:

S. «No es lícito echarlas en el arca de las ofrendas, porque son precio de sangre».

C. Y, después de discutirlo, compraron con ellas el Campo del Alfarero para cementerio de forasteros. Por eso aquel campo se llama todavía «Campo de Sangre». Así se cumplió lo escrito por Jeremías, el profeta: «Y tomaron las treinta monedas de plata, el precio de uno que fue tasado, según la tasa de los hijos de Israel, y pagaron con ellas el Campo del Alfarero, como me lo había ordenado el Señor».]

Jesús fue llevado ante el gobernador, y el gobernador le preguntó:

S. «¿Eres tú el rey de los judíos?».

C. Jesús respondió:

+. «Tú lo dices».

C. Y, mientras lo acusaban los sumos sacerdotes y los senadores, no contestaba nada. Entonces Pilato le preguntó:

S. «¿No oyes cuántos cargos presentan contra ti?».

C. Como no contestaba a ninguna pregunta, el gobernador estaba muy extrañado. Por la fiesta, el gobernador solía soltar un preso, el que la gente quisiera. Tenía entonces un preso famoso, llamado Barrabás. Cuando la gente acudió, dijo Pilato:

S. «¿A quién queréis que os suelte, a Barrabás o a Jesús, a quien llaman el Mesías?».

C. Pues sabía que se lo habían entregado por envidia. Y, mientras estaba sentado en el tribunal, su mujer le mandó a decir:

S. «No te metas con ese justo, porque esta noche he sufrido mucho soñando con él».

C. Pero los sumos sacerdotes y los senadores convencieron a la gente que pidieran el indulto de Barrabás y la muerte de Jesús. El gobernador preguntó:

S. «¿A cuál de los dos queréis que os suelte?».

C. Ellos dijeron:

S. «A Barrabás».

C. Pilato les preguntó:

S. «¿Y qué hago con Jesús, llamado el Mesías?».

C. Contestaron todos:

S. «¡Que lo crucifiquen!».

C. Pilato insistió:

S. «Pues, ¿qué mal ha hecho?».

C. Pero ellos gritaban más fuerte:

S. «¡Que lo crucifiquen!».

C. Al ver Pilato que todo era inútil y que, al contrario, se estaba formando un tumulto, tomó agua y se lavó las manos en presencia del pueblo, diciendo:

S. «Soy inocente de esta sangre. ¡Allá vosotros!».

C. Y el pueblo entero contestó:

S. «¡Su sangre caiga sobre nosotros y sobre nuestros hijos!».

C. Entonces les soltó a Barrabás; y a Jesús, después de azotarlo, lo entregó para que lo crucificaran.

Los soldados del gobernador se llevaron a Jesús al pretorio y reunieron alrededor de él a toda la compañía: lo desnudaron y le pusieron un manto de color púrpura y trenzando una corona de espinas se la ciñeron a la cabeza y le pusieron una caña en la mano derecha. Y, doblando ante él la rodilla, se burlaban de él, diciendo:

S. «¡Salve, rey de los judíos!».

C. Luego lo escupían, le quitaban la caña y le golpeaban con ella la cabeza. Y, terminada la burla, le quitaron el manto, le pusieron su ropa y lo llevaron a crucificar.

Al salir encontraron a un hombre de Cirene, llamado Simón, y lo forzaron a que llevara la cruz. Cuando llegaron al lugar llamado Gólgota (que quiere decir: «La Calavera»), le dieron a beber vino mezclado con hiel; él lo probó, pero no quiso beberlo. Después de crucificarlo se repartieron su ropa echándola a suertes y luego se sentaron a custodiarlo. Encima de la cabeza colocaron un letrero con la acusación: «Este es Jesús, el rey de los judíos». Crucificaron con él a dos bandidos, uno a la derecha y otro a la izquierda.

Los que pasaban, lo injuriaban y decían meneando la cabeza:

S. «Tú, que destruías el templo y lo reconstruías en tres días, sálvate a ti mismo; si eres Hijo de Dios, baja de la cruz».

C. Los sumos sacerdotes con los letrados y los senadores se burlaban también, diciendo:

S. «A otros ha salvado y él no se puede salvar. ¿No es el Rey de Israel? Que baje ahora de la cruz y le creeremos. ¿No ha confiado en Dios? Si tanto lo quiere Dios, que lo libre ahora. ¿No decía que era Hijo de Dios?».

C. Hasta los bandidos que estaban crucificados con él lo insultaban.

Desde el mediodía hasta la media tarde vinieron tinieblas sobre toda aquella región. A media tarde, Jesús gritó:

+ *«Elí, Elí, lamá sabaktaní».*

C. (Es decir:

+. «Dios mío, Dios mío, ¿por qué me has abandonado?».)

C. Al oírlo, algunos de los que estaban por allí dijeron:

S. «A Elías llama este».

C. Uno de ellos fue corriendo; enseguida cogió una esponja empapada en vinagre y, sujetándola en una caña, le dio de beber. Los demás decían:

S. «Déjalo, a ver si viene Elías a salvarlo».

C. Jesús dio otro grito fuerte y exhaló el espíritu.

Todos se arrodillan y se hace una pausa

C. Entonces el velo del templo se rasgó en dos de arriba abajo; la tierra tembló, las rocas se rajaron, las tumbas se abrieron y muchos cuerpos de santos que habían muerto resucitaron. Después de que él resucitó salieron de las tumbas, entraron en la Ciudad Santa y se aparecieron a muchos.

El centurión y sus hombres, que custodiaban a Jesús, al ver el terremoto y lo que pasaba, dijeron aterrorizados:

S. «Realmente este era Hijo de Dios».

[C. Había allí muchas mujeres que miraban desde lejos, aquellas que habían seguido a Jesús desde Galilea para atenderle; entre ellas, María Magdalena y María, la madre de Santiago y José, y la madre de los Zebedeos.

Al anochecer llegó un hombre rico de Arimatea, llamado José, que era también discípulo de Jesús. Este acudió a Pilato a pedirle el cuerpo de Jesús. Y Pilato mandó que se lo entregaran. José, tomando el cuerpo de Jesús, lo envolvió en una sábana limpia, lo puso en el sepulcro nuevo que se había excavado en una roca, rodó una piedra grande a la entrada del sepulcro y se marchó. María Magdalena y la otra María se quedaron allí sentadas enfrente del sepulcro.

A la mañana siguiente, pasado el día de la Preparación, acudieron en grupo los sumos sacerdotes y los fariseos a Pilato y le dijeron:

S. «Señor, nos hemos acordado de que aquel impostor, estando en vida, anunció: "A los tres días resucitaré". Por eso da orden de que vigilen el sepulcro hasta el tercer día, no sea que vayan sus discípulos, se lleven el cuerpo y digan al pueblo: "Ha resucitado de entre los muertos". La última impostura sería peor que la primera».

C. Pilato contestó:

S. «Ahí tenéis la guardia: id vosotros y asegurad la vigilancia como sabéis».

C. Ellos fueron, sellaron la piedra y con la guardia aseguraron la vigilancia del sepulcro.]

El relato de la pasión, probablemente, tuvo vida propia antes de formar parte de los cuatro evangelios. Su narración, que se extiende en pocas jornadas, desde el arresto de Jesús hasta la muerte y posterior resurrección, ocupa, sin embargo, varios capítulos. Proporcionalmente, los evangelistas dedican más espacio a la pasión que al resto de la vida de Jesús. Sin embargo, no es un texto monolítico, sino que cada uno de los cuatro evangelios presenta matices propios conforme a sus destinatarios y su intención teológica. En la pasión según Mateo culmina la oposición de las autoridades judías contra Jesús; asimismo subraya el endurecimiento de todo el pueblo judío (27,21-25; 28,15); destaca la dignidad de Jesús y su entrega a la voluntad del Padre (26,2.39.42.52-54). La muerte de Judas (27, 3-10) es propia de Mateo, aunque la volveremos a encontrar en Hechos (1,18-19). Otros elementos propios son el sueño de la mujer de Pilato (Mt 27 19,); el lavatorio de las manos del procurador, con su añadido: «Soy inocente de esta sangre, vosotros veréis». Un aspecto conflictivo ha sido la respuesta de los judíos: «Caiga su sangre sobre nosotros y sobre nuestros hijos» (27,25), que ha dado lugar a posteriores lecturas antisemitas. También es propio de Mateo el terremoto que sucede a la muerte de Jesús (27,51) y la resurrección de muchos (27,52-53). Para Mateo, José de Arimatea es «rico» y «discípulo de Jesús». Por último, para este evangelio, una guardia custodia el sepulcro (28,62-66); también habla del posterior soborno a los guardias, después de la resurrección de Jesús (28,11-15). Por encima de los detalles, la pasión nos adentra en las últimas horas de un hombre, Jesús, libre, coherente, valiente, entregado y fiel al Padre.

MARZO

30

Lunes Santo
Feria

Primera lectura: Isaías 42,1-7
Salmo 26: El Señor es mi luz y mi salvación

Evangelio: Juan 12,1-11

Seis días antes de la Pascua fue Jesús a Betania, donde vivía Lázaro, a quien había resucitado de entre los muertos. Allí le ofrecieron una cena; Marta servía y Lázaro era uno de los que estaban con él a la mesa. María tomó una libra de perfume de nardo, auténtico y costoso, le ungió a Jesús los pies y se los enjugó con su cabellera. Y la casa se llenó de la fragancia del perfume.

Judas Iscariote, uno de sus discípulos, el que lo iba a entregar, dice: «¿Por qué no se ha vendido este perfume por trescientos denarios para dárselos a los pobres?». Esto lo dijo no porque le importasen los pobres, sino porque era un ladrón; y, como tenía la bolsa, se llevaba de lo que iban echando. Jesús dijo: «Déjala; lo tenía guardado para el día de mi sepultura; porque a los pobres los tenéis siempre con vosotros, pero a mí no siempre me tenéis».

Una muchedumbre de judíos se enteró de que estaba allí y fueron no solo por Jesús, sino también para ver a Lázaro, al que había resucitado de entre los muertos. Los sumos sacerdotes decidieron matar también a Lázaro, porque muchos judíos, por su causa, se les iban y creían en Jesús.

El evangelio de Juan sitúa el encuentro de Jesús en Betania con Marta y María. En el evangelio de Lucas encontramos una escena con paralelismos (Marta, María y Betania, aunque no habla de Lázaro). En los evangelios de Mateo y de Marcos podemos leer una escena de unción por parte de una mujer anónima, pero ambos la sitúan en casa de Simón el leproso

(Mt 26,6-13; Mc 14,3-9). Aquí no podemos estudiar de forma paralela los cuatro relatos; por eso nos centramos en el de Juan. El hecho sucede «seis días antes de Pascua»; para muchos, el número «seis», que es el inmediatamente anterior al «siete», número simbólico para expresar lo acabado, la conclusión de algo, indicaría que estamos aún en tiempo de espera. Lo definitivo es la Pascua de Cristo. La presencia de Lázaro, del que se dice por dos veces, al principio y al final, que Jesús lo había resucitado, puede entenderse también como una referencia a la caduca resucitación de Lázaro, pues vuelve a morir, en contraposición con la próxima resurrección de Jesús, que es definitiva. La mujer que unge a Jesús es anónima. ¿Marta? No se sabe. Podemos ver aquí también una unción previa de Jesús antes de su muerte, indicando que se le unge porque él es el Mesías-Ungido. El centro lo ocupa una intervención torpe de Judas sobre el precio del perfume y los pobres; Jesús permite que se le unja; luego añade: «A los pobres los tendréis siempre con vosotros». No es el anuncio de una maldición, sino una denuncia profética: no justifiquemos nuestra dureza para creer en Jesús sirviéndonos del argumento de los pobres.

MARZO

31 | Martes Santo
Feria

Primera lectura: Isaías 49,1-6

Salmo 70: Mi boca contará tu salvación, Señor

Evangelio: Juan 13,21-33.36-38

En aquel tiempo, Jesús, profundamente conmovido, dijo: «Os aseguro que uno de vosotros me va a entregar». Los discípulos se miraron unos a otros, perplejos, por no saber de quién lo decía.

Uno de ellos, el que Jesús tanto amaba, estaba reclinado a la mesa junto a su pecho. Simón Pedro le hizo señas para que averiguase por quién lo decía. Entonces él, apoyándose en el pecho de Jesús, le preguntó: «Señor, ¿quién es?». Le contestó Jesús: «Aquel a quien yo le dé este trozo de pan untado». Y, untando el pan, se lo dio a Judas, hijo de Simón, el Iscariote. Detrás del pan entró en él Satanás. Entonces Jesús le dijo: «Lo que tienes que hacer, hazlo enseguida». Ninguno de los comensales entendió a qué se refería. Como Judas guardaba la bolsa, algunos suponían que Jesús le encargaba comprar lo necesario para la fiesta o dar algo a los pobres. Judas, después de tomar el pan, salió inmediatamente. Era de noche.

Cuando salió dijo Jesús: «Ahora es glorificado el Hijo del hombre, y Dios es glorificado en él. Si Dios es glorificado en él, también Dios lo glorificará en sí mismo: pronto lo glorificará. Hijos míos, me queda poco de estar con vosotros. Me buscaréis, pero lo que dije a los judíos os lo digo ahora a vosotros: "Donde yo voy, vosotros no podéis ir"». Simón Pedro le dijo: «Señor, ¿a dónde vas?». Jesús le respondió: «Adonde yo voy no me puedes acompañar ahora, me acompañarás más tarde». Pedro replicó: «Señor, ¿por qué no puedo acompañarte ahora? Daré mi vida por ti». Jesús le contestó: «¿Con que darás tu vida por mí? Te aseguro que no cantará el gallo antes de que me hayas negado tres veces».

Estamos en la última cena. Jesús está reunido con los Doce en Jerusalén para celebrar la Pascua. Jesús anuncia que uno de los Doce le va a entregar. Ante la pregunta del «discípulo amado» para que le diga quién es, Jesús hace una indicación: moja un trozo de pan y se lo da a Judas. Lucas, como Juan, atribuye la traición de Judas a Satanás (22,3); luego Jesús le dice a Judas: «Lo que tengas que hacer hazlo pronto». Esta frase ha pasado a las locuciones populares. ¿Qué tenía que hacer? El texto ofrece dos indicaciones: comprar provisiones o dar el dinero a los pobres, pues Judas guardaba el dinero de la comunidad de los Doce. Cada detalle en Juan cuenta; dice que Judas salió «inmediatamente», y añade que «era de noche» (recordemos que la contraposición luz/tinieblas, con su simbolismo, es recurrente este este evangelio). Judas es el traidor; para la tradición occidental es el culpable y no tiene remisión posible; para la tradición oriental, que se puede ver en algunos iconos de la última cena, Judas no pierde su condición de apóstol, llevando la aureola, pues es necesario para que se cumpla el plan de Dios. Jesús entiende su próxima entrega y muerte como «glorificación», pues él es el Hijo amado que lleva a término la salvación del mundo. De nuevo, unas palabras enigmáticas: «Me voy…, pero vosotros no podéis venir». Juan nos lleva de forma didáctica de la mano, siguiendo a Jesús, poniéndonos en su camino. También un día nosotros seremos «glorificados».

ABRIL

1 | Miércoles Santo
Feria

Primera lectura: Isaías 50,4-9

Salmo 68: Señor, que me escuche tu gran bondad el día de tu favor

Evangelio: Mateo 26,14-25

En aquel tiempo, uno de los Doce, llamado Judas Iscariote, fue a los sumos sacerdotes y les propuso: «¿Qué estáis dispuestos a darme si os lo entrego?». Ellos se ajustaron con él en treinta monedas. Y desde entonces andaba buscando ocasión propicia para entregarlo. El primer día de los Ázimos se acercaron los discípulos a Jesús y le preguntaron: «¿Dónde quieres que te preparemos la cena de Pascua?». Él contestó: «Id a la ciudad, a casa de fulano, y decidle: "El Maestro dice: 'Mi momento está

cerca; deseo celebrar la Pascua en tu casa con mis discípulos'"».
Los discípulos cumplieron las instrucciones de Jesús y prepararon la Pascua.

Al atardecer se puso a la mesa con los Doce. Mientras comían dijo: «Os aseguro que uno de vosotros me va a entregar». Ellos, consternados, se pusieron a preguntarle uno tras otro: «¿Soy yo acaso, Señor?». Él respondió: «El que ha mojado en la misma fuente que yo, ese me va a entregar. El Hijo del hombre se va, como está escrito de él; pero ¡ay del que va a entregar al Hijo del hombre!; más le valdría no haber nacido». Entonces preguntó Judas, el que lo iba a entregar: «¿Soy yo acaso, Maestro?». Él respondió: «Tú lo has dicho».

Leemos los preparativos de la última cena de Jesús en el evangelio de Mateo. Una diferencia con los otros relatos de la pasión es que solo Mateo dice la cantidad que pagan los sumos sacerdotes a Judas por la traición (treinta monedas de plata). La fiesta judía de los Ázimos –ausencia de levadura en alimentos, recipientes, utensilios– precede a la Pascua; primero hay que limpiar todo resto de levadura para dar inicio a un año nuevo sin restos del anterior; el pan que se come en la cena de Pascua es ázimo. Para Mateo, Jesús quiere celebrar la Pascua (da instrucciones precisas). La «ciudad» es Jerusalén, pues solo en esta ciudad se puede celebrar la Pascua desde tiempos del rey Josías; como son muchos los que vienen de fuera, tienen que pedir acogida entre conocidos y familiares. En el Templo se sacrifican los corderos que se comerán por grupos familiares; más tarde, después de la destrucción del Templo y de Jerusalén por los romanos (70 d.C.), los ritos de la Pascua cambiarán, aunque la fiesta se sigue celebrando. La traición de Judas Iscariote aparece en los cuatro evangelios. El verbo «entregar» juega con su doble valor: Judas «entrega» a Jesús (traición), pero al mismo tiempo Jesús es quien se «entrega» a sí mismo (oblación).

En la muerte de Jesús concurre la violencia contra Jesús, consecuencia de su vida profética, y la misión de hacer del mundo una gran comunidad de hijos y hermanos (vida oblativa). Solo Mateo recoge la pregunta incriminatoria de Judas contra sí mismo: «¿Acaso soy yo?». Jesús le responde: «Tú lo has dicho».

ABRIL

2

Jueves Santo
EN LA CENA DEL SEÑOR
(San Francisco de Paula)

Primera lectura: Éxodo 12,1-8.11-14

Salmo 115: El cáliz que bendecimos es la comunión de la sangre de Cristo

Segunda lectura: 1 Corintios 11,23-26

Evangelio: Juan 13,1-15

Antes de la fiesta de la Pascua, sabiendo Jesús que había llegado la hora de pasar de este mundo al Padre, habiendo amado a los suyos que estaban en el mundo, los amó hasta el extremo. Estaban cenando, ya el diablo le había metido en la cabeza a Judas Iscariote, el de Simón, que lo entregara, y Jesús, sabiendo que el Padre había puesto todo en sus manos, que venía de Dios y a Dios volvía, se levanta de la cena, se quita el manto y, tomando una toalla, se la ciñe; luego echa agua en la jofaina y se pone a lavarles los pies a los discípulos, secándoselos con la toalla que se había ceñido. Llegó a Simón Pedro, y este le dijo: «Señor, ¿lavarme los pies tú a mí?». Jesús le replicó: «Lo que yo hago tú no lo entiendes ahora, pero lo comprenderás más tarde». Pedro le dijo: «No me lavarás los pies jamás». Jesús le contestó: «Si no te lavo no tienes nada que ver conmigo». Simón Pedro le dijo: «Señor, no solo los pies, sino también las manos y la cabeza». Jesús le dijo: «Uno que se ha bañado no necesita lavarse más que los pies, porque todo él está limpio. También vosotros estáis limpios, aunque no todos». Porque sabía quién lo iba a entregar, por eso dijo: «No todos estáis limpios».

Cuando acabó de lavarles los pies, tomó el manto, se lo puso otra vez y les dijo: «¿Comprendéis lo que he hecho con vosotros? Vosotros me llamáis "el Maestro" y "el Señor", y decís bien, porque lo soy. Pues si yo, el Maestro y el Señor, os he lavado los pies, también vosotros debéis lavaros los pies unos a otros; os he dado ejemplo para que lo que yo he hecho con vosotros, vosotros también lo hagáis».

El evangelio de san Juan se puede dividir en dos partes. La primera habla de los «signos» que revelan progresivamente quién es Jesús. La segunda parte se dedica a la «pasión y gloria» de Jesús: desde la «última cena» hasta la resurrección. Juan comienza esta segunda sección abriendo al lector a un nuevo tiempo: «Antes de la fiesta de la Pascua», confiriéndole un carácter pascual a todo lo que sigue. A continuación, se refiere a la llegada del momento oportuno: al comienzo del evangelio, en la boda de Caná, «no ha llegado la hora» de Jesús (Jn 2,4); en el comienzo de su pasión sí «ha llegado su hora». Esta «hora», salvífica, está marcada desde el momento por el amor: «Jesús... habiendo amado... los amó hasta el extremo». En un contexto de comensalidad, «estaban cenando», Juan presenta el lavatorio de los pies. El relato que sigue se centra en un juego de voluntades sobre quién sirve a quién, sobre quién es el señor y quién el siervo. Jesús trastoca los términos, como hizo durante toda su vida. Pedro interpreta como signo de sumisión («no me lavarás los pies jamás») lo que en realidad es esencial en la vida cristiana, el servicio: «¿Comprendéis lo que he hecho?». Entrar en la comprensión de la cena pascual no solo es saber explicar el alcance simbólico y religioso del rito, sino hacerlo vida. El evangelio de Juan nos preserva de ver en la eucaristía un rito religioso, una comida sagrada, sin relación con la vida de Jesús. Su comunidad tenía el riesgo de que el cristianismo entrara en la dinámica de las religiones de corte mistérico. Juan nos sorprende: la eucaristía no se puede reducir a un rito, es vida comprometida. Jesús se pone a lavar los pies de los discípulos. Juan no niega el rito; no nos ha transmitido el relato de la institución, pero nos ha legado una perspectiva imprescindible de lo que supone celebrar en cristiano la cena del Señor. Seguir a Jesús es hacer lo que él mismo realizó como ejemplo «para que también vosotros lo hagáis».

Con la misa vespertina comienza el Triduo Pascual

ABRIL

3

Viernes Santo
EN LA PASIÓN DEL SEÑOR

Primera lectura: Isaías 52,13-53,12

Salmo 30: Padre, a tus manos encomiendo mi espíritu

Segunda lectura: Hebreos 4,14-16; 5,7-9

Evangelio: Juan 18,1-19,42

C. En aquel tiempo salió Jesús con sus discípulos al otro lado del torrente Cedrón, donde había un huerto, y entraron allí él y sus discípulos. Judas, el traidor, conocía también el sitio, porque Jesús se reunía a menudo allí con sus discípulos. Judas, entonces, tomando la patrulla y unos guardias de los sumos sacerdotes y de los fariseos, entró allá con faroles, antorchas y armas. Jesús, sabiendo todo lo que venía sobre él, se adelantó y les dijo:

+. «¿A quién buscáis?».

C. Le contestaron:

S. «A Jesús, el Nazareno».

C. Les dijo Jesús:

+. «Yo soy».

C. Estaba también con ellos Judas, el traidor. Al decirles: «Yo soy», retrocedieron y cayeron a tierra. Les preguntó otra vez:

+. «¿A quién buscáis?».

C. Ellos dijeron:

S. «A Jesús, el Nazareno».

C. Jesús contestó:

+. «Os he dicho que soy yo. Si me buscáis a mí, dejad marchar a estos».

C. Y así se cumplió lo que había dicho: «No he perdido a ninguno de los que me diste».

Entonces Simón Pedro, que llevaba una espada, la sacó e hirió al criado del sumo sacerdote, cortándole la oreja derecha. Este criado se llamaba Malco. Dijo entonces Jesús a Pedro.

+. «Mete la espada en la vaina. El cáliz que me ha dado mi Padre, ¿no lo voy a beber?».

C. La patrulla, el tribuno y los guardias de los judíos prendieron a Jesús, lo ataron y lo llevaron primero a Anás, porque era suegro de Caifás, sumo sacerdote aquel año; era Caifás el que había dado a los judíos este consejo: «Conviene que muera un solo hombre por el pueblo». Simón Pedro y otro discípulo seguían a Jesús. Este discípulo era conocido del sumo sacerdote y entró con Jesús en el palacio del sumo sacerdote, mientras Pedro se quedó fuera, a la puerta. Salió el otro discípulo, el conocido del sumo sacerdote, habló a la portera e hizo entrar a Pedro. La criada que hacía de portera dijo entonces a Pedro:

S. «¿No eres tú también de los discípulos de ese hombre?».

C. Él dijo:

S. «No lo soy».

C. Los criados y los guardias habían encendido un brasero, porque hacía frío, y se calentaban. También Pedro estaba con ellos de pie, calentándose.

El sumo sacerdote interrogó a Jesús acerca de sus discípulos y de la doctrina. Jesús le contestó:

+. «Yo he hablado abiertamente al mundo; yo he enseñado continuamente en la sinagoga y en el templo, donde se reúnen todos los judíos, y no he dicho nada a escondidas. ¿Por qué me interrogas a mí? Interroga a los que me han oído de qué les he hablado. Ellos saben lo que he dicho yo».

C. Apenas dijo esto, uno de los guardias que estaba allí le dio una bofetada a Jesús, diciendo:

S. «¿Así contestas al sumo sacerdote?».

C. Jesús respondió:

+. «Si he faltado al hablar, muestra en qué he faltado; pero si he hablado como se debe, ¿por qué me pegas?». C. Entonces Anás lo envió atado a Caifás, sumo sacerdote.

Simón Pedro estaba en pie, calentándose, y le dijeron:

S. «¿No eres tú también de sus discípulos?».

C. Él lo negó, diciendo:

S. «No lo soy».

C. Uno de los criados del sumo sacerdote, pariente de aquel a quien Pedro le cortó la oreja, le dijo:

S. «¿No te he visto yo con él en el huerto?».

C. Pedro volvió a negar, y enseguida cantó un gallo.

Llevaron a Jesús a casa de Caifás al pretorio. Era el amanecer, y ellos no entraron en el pretorio para no incurrir en impureza y poder así comer la Pascua. Salió Pilato afuera, adonde estaban ellos, y dijo:

S. «¿Qué acusación presentáis contra este hombre?».

C. Le contestaron:

S. «Si este no fuera un malhechor no te lo entregaríamos».

C. Pilato les dijo:

S. «Lleváoslo vosotros y juzgadlo según vuestra ley».

C. Los judíos le dijeron:

S. «No estamos autorizados para dar muerte a nadie».

C. Y así se cumplió lo que había dicho Jesús, indicando de qué muerte iba a morir.

Entró otra vez Pilato en el pretorio, llamó a Jesús y le dijo:

S. «¿Eres tú el rey de los judíos?».

C. Jesús le contestó:

+. «¿Dices eso por tu cuenta o te lo han dicho otros de mí?».

C. Pilato replicó:

S. «¿Acaso soy yo judío? Tu gente y los sumos sacerdotes te han entregado a mí; ¿qué has hecho?».

C. Jesús le contestó:

+. «Mi reino no es de este mundo. Si mi reino fuera de este mundo, mi guardia habría luchado para que no cayera en manos de los judíos. Pero mi reino no es de aquí».

C. Pilato le dijo:

S. «Conque, ¿tú eres rey?».

C. Jesús le contestó:

+. «Tú lo dices: soy rey. Yo para esto he nacido y para esto he venido al mundo: para ser testigo de la verdad. Todo el que es de la verdad escucha mi voz».

C. Pilato le dijo:

S. «Y, ¿qué es la verdad?».

C. Dicho esto, salió otra vez a donde estaban los judíos y les dijo:

S. «Yo no encuentro en él ninguna culpa. Es costumbre ente vosotros que por Pascua ponga a uno en libertad. ¿Queréis que os suelte al rey de los judíos?».

C. Volvieron a gritar:

S. «A ese no, a Barrabás».

C. El tal Barrabás era un bandido.

Entonces Pilato tomó a Jesús y lo mandó azotar. Y los soldados trenzaron una corona de espinas, se la pusieron en la cabeza y le echaron por encima un manto color púrpura; y, acercándose a él, le decían:

S. «¡Salve, rey de los judíos!».

C. Y le daban bofetadas. Pilato salió otra vez afuera y les dijo:

S. «Mirad, os lo saco afuera, para que sepáis que no encuentro en él ninguna culpa».

C. Y salió Jesús afuera, llevando la corona de espinas y el manto color púrpura. Pilato les dijo:

S. «Aquí lo tenéis».

C. Cuando lo vieron los sumos sacerdotes y los guardias gritaron:

S. «¡Crucifícalo, crucifícalo!».

C. Pilato les dijo:

S. «Lleváoslo vosotros y crucificadlo, porque yo no encuentro culpa en él».

C. Los judíos le contestaron:

S. «Nosotros tenemos una ley, y según esa ley tiene que morir, porque se ha declarado Hijo de Dios».

C. Cuando Pilato oyó estas palabras se asustó aún más y, entrando otra vez en el pretorio, dijo a Jesús:

S. «¿De dónde eres tú?».

C. Pero Jesús no le dio respuesta. Pilato le dijo:

S. «¿A mí no me hablas? ¿No sabes que tengo autoridad para soltarte y autoridad para crucificarte?».

C. Jesús le contestó:

+. «No tendrías ninguna autoridad sobre mí si no te la hubieran dado de lo alto. Por eso el que me ha entregado a ti tiene un pecado mayor».

C. Desde este momento Pilato trataba de soltarlo, pero los judíos gritaban:

S. «Si sueltas a ese no eres amigo del César. Todo el que se declara rey está contra el César».

C. Pilato entonces, al oír estas palabras, sacó afuera a Jesús y lo sentó en el tribunal, en el sitio que llaman «el Enlosado» (en hebreo *Gábbata*). Era el día de la Preparación de la Pascua, hacia el mediodía. Y dijo Pilato a los judíos:

S. «Aquí tenéis a vuestro rey».

C. Ellos gritaron:

S. «¡Fuera, fuera; crucifícalo!».

C. Pilato les dijo:

S. «¿A vuestro rey voy a crucificar?».

C. Contestaron los sumos sacerdotes:

S. «No tenemos más rey que al César».

C. Entonces se lo entregó para que lo crucificaran.

Tomaron a Jesús, y él, cargando con la cruz, salió al sitio llamado «de la Calavera» (que en hebreo se dice *Gólgota),* donde lo crucificaron; y con él a otros dos, uno a cada lado, y en medio Jesús. Y Pilato escribió un letrero y lo puso encima de la cruz; en él estaba escrito: «Jesús, el Nazareno, el rey de los judíos». Leyeron el letrero muchos judíos, porque estaba cerca el lugar donde crucificaron a Jesús, y estaba escrito en hebreo, latín y griego. Entonces los sumos sacerdotes de los judíos dijeron a Pilato:

S. «No escribas: "El rey de los judíos", sino: "Este ha dicho: 'Soy el rey de los judíos'"».

C. Pilato les contestó:

S. «Lo escrito, escrito está».

C. Los soldados, cuando crucificaron a Jesús, cogieron su ropa, haciendo cuatro partes, una para cada soldado, y apartaron la túnica. Era una túnica sin costura, tejida toda de una pieza de arriba abajo. Y se dijeron:

S. «No la rasguemos, sino echemos a suerte, a ver a quién le toca».

C. Así se cumplió la Escritura: «Se repartieron mis ropas y echaron a suerte mi túnica». Esto hicieron los soldados.

Junto a la cruz de Jesús estaban su madre, la hermana de su madre, María, la de Cleofás, y María, la Magdalena. Jesús, al ver a su madre y cerca al discípulo que tanto quería, dijo a su madre:

+. «Mujer, ahí tienes a tu hijo».

C. Luego dijo al discípulo:

+. «Ahí tienes a tu madre».

C. Y, desde aquella hora, el discípulo la recibió en su casa.

Después de esto, sabiendo Jesús que todo había llegado a su término, para que se cumpliera la Escritura dijo:

+. «Tengo sed».

C. Había allí un jarro lleno de vinagre. Y, sujetando una esponja empapada en vinagre a una caña de hisopo, se la acercaron a la boca. Jesús, cuando tomó el vinagre, dijo:

+. «Está cumplido».

C. E, inclinando la cabeza, entregó el espíritu.

Todos se arrodillan y se hace una pausa

Y al punto salió sangre y agua.

Los judíos, entonces, como era el día de la Preparación, para que no se quedaran los cuerpos en la cruz el sábado, porque aquel sábado era un día solemne, pidieron a Pilato que les quebraran las piernas y que los quitaran. Fueron los soldados, le quebraron las piernas al primero y luego al otro que habían crucificado con él; pero al llegar a Jesús, viendo que ya había muerto, no le quebraron las piernas, sino que uno de los soldados, con la lanza, le traspasó el costado, y al punto salió sangre y agua. El que lo vio da testimonio, y su testimonio es verdadero, y él sabe que dice verdad, para que también vosotros creáis. Esto ocurrió para que se cumpliera la Escritura: «No le quebrarán un hueso»; y en otro lugar la Escritura dice: «Mirarán al que atravesaron».

Después de esto, José de Arimatea, que era discípulo clandestino de Jesús por miedo a los judíos, pidió a Pilato que le dejara llevarse el cuerpo de Jesús. Y Pilato lo autorizó. Él fue entonces y se llevó el cuerpo. Llegó también Nicodemo, el que había ido a verlo de noche, y trajo unas cien libras de una mixtura de mirra y áloe.

Tomaron el cuerpo de Jesús y lo vendaron todo, con los aromas, según se acostumbra a enterrar entre los judíos. Había un huerto en el sitio donde lo crucificaron, y en el huerto un sepulcro nuevo donde nadie había sido enterrado todavía. Y como para los judíos era el día de la Preparación, y el sepulcro estaba cerca, pusieron allí a Jesús.

Nos fijamos en lo que es específico de la pasión de Juan respecto a los sinópticos. La escena del prendimiento (18,1-14) pone de relieve el conocimiento sobrehumano de Jesús; a los que le buscan, Jesús responde: «Yo soy» (Ex 3,14), haciéndoles caer por tierra. No encontramos la oración angustiosa de Jesús en Getsemaní, que no encajaría aquí; sí dice Juan que esta captura tiene lugar en un «huerto» que está «al otro lado del torrente Cedrón» (Jn 18,1). Los que arrestan a Jesús es la tropa romana (18,12). Solo Juan presenta un careo con Anás (18,13.19-24) y una distribución distinta de las negaciones de Pedro: la primera, antes del careo (18,15-18); las dos restantes, después (18,25-27). El proceso ante Pilato es lo importante para Juan. Dibuja un doble escenario: en el interior se reconoce la inocencia de Jesús, en el exterior piden su condena. Aparentemente, es un juicio sobre un pretendido monarca de la zona, pero la respuesta de Jesús («el que pertenece a la verdad escucha mi voz» [18,37]) hace preguntar a Pilato: «¿Qué es la verdad?». La afirmación central es la afirmación teológica de Pilato: *Ecce homo* [este es el hombre]» (19,5), aunque no sepa lo que dice. El juicio tiene lugar en el Enlosado, *Litóstrotos* o *Gábbata* (19,13). También la fecha y la hora de la condena a muerte: era la «víspera de la fiesta de la Pascua, hacia el mediodía» (19,14), ya que esa es la hora en la que se sacrificaban los corderos en el Templo. Otros elementos joánicos son la túnica inconsútil (19,23-24) y las «palabras» de Jesús en la cruz: «Tengo sed» (19,28) y «Todo está cumplido» (19,30). No podemos olvidar la presencia de la madre de Jesús y del «discípulo amado» junto a la cruz (19,25). Juan no presenta a Jesús, como los sinópticos, en continuidad con el Siervo de Yahvé, el cordero llevado al matadero; para

Juan, la pasión es la exaltación de Jesús, identificada con la «hora» de su glorificación. Jesús es presentado como «juez» y como «rey». La cruz pasa de ser elemento de suplicio a ser el trono donde se manifiesta la gloria de Jesús. En su expresión «todo está cumplido» (19,30), Jesús manifiesta que toda su vida ha sido una vida de entrega obediente a la voluntad salvífica del Padre. La vida eterna comienza aquí, de los sacramentos que brotan del costado abierto de Cristo (Jn 19,34).

ABRIL

4

Sábado Santo
VIGILIA PASCUAL EN LA NOCHE SANTA

Primera lectura: **Génesis 1,1-2,2**

Salmo 103 (o 33): Envía tu espíritu, Señor, y repuebla la faz de la tierra

Segunda lectura: **Génesis 22,1-18**

Salmo 15: Protégeme, Dios mío, que me refugio en ti

Tercera lectura: **Éxodo 14,15-15,1**

Salmo: Éxodo 15,1-6.17-18: Cantemos al Señor, sublime es su victoria

Cuarta lectura: **Isaías 54,5-14**

Salmo 29: Te ensalzaré, Señor, porque me has librado

Quinta lectura: **Isaías 55,1-11**

Salmo: Isaías 12,2-6: Sacaréis aguas con gozo de las fuentes de la salvación

Sexta lectura: **Baruc 3,9-15.32-4,4**

Salmo 18: Señor, tienes palabras de vida eterna

Séptima lectura: **Ezequiel 36,16-28**

Salmo 41 (o 50): Como busca la cierva corrientes de agua,
                     así mi alma te busca a ti, Dios mío

Epístola: **Romanos 6,3-11**

Salmo 117: Aleluya, aleluya, aleluya

Evangelio: Mateo 28,1-10

En la madrugada del sábado, al alborear el primer día de la semana, fueron María Magdalena y la otra María a ver el sepulcro. Y de pronto tembló fuertemente la tierra, pues un ángel del Señor, bajando del cielo y acercándose, corrió la piedra y se sentó encima. Su aspecto era de relámpago y su vestido blanco como la nieve; los centinelas temblaron de miedo y quedaron como muertos. El ángel habló a las mujeres: «Vosotras, no temáis; ya sé que buscáis a Jesús, el crucificado. No está aquí. Ha resucitado, como había dicho. Venid a ver el sitio donde yacía e id aprisa a decir a sus discípulos: "Ha resucitado de entre los muertos y va por delante de vosotros a Galilea. Allí lo veréis". Mirad, os lo he anunciado».

Ellas se marcharon a toda prisa del sepulcro; impresionadas y llenas de alegría corrieron a anunciarlo a los discípulos. De pronto Jesús les salió al encuentro y les dijo: «Alegraos». Ellas se acercaron, se postraron ante él y le abrazaron los pies. Jesús les dijo: «No tengáis miedo: id a comunicar a mis hermanos que vayan a Galilea; allí me verán».

En el judaísmo, el día acaba con la puesta del sol; a su vez, el alborear del día es el comienzo de uno nuevo. La semana acaba el sábado (shabbat), conforme al esquema del Génesis (el séptimo día Dios descansó). Ha acabado el sábado y las dos mujeres, en un comienzo de día y semana, se acercan al sepulcro. Allí tiene lugar algo inesperado y sorprendente. Mateo, judío que escribe para judíos, se sirve de una manifestación de la tierra (terremoto) y del cielo (un ángel/mensajero del Señor, con sus rasgos luminosos y resplandecientes). Por otra parte, Mateo tiene que dar una explicación a los judíos: los centinelas que estaban delante del sepulcro se quedaron como muertos. El centro del texto lo ocupa la proclamación del ángel: «Buscáis a Jesús crucificado; no está aquí, ha resucitado». Dos apreciaciones: Mateo primero dice: «Como había dicho», porque la resurrección de Jesús ha sido anunciada por él repetidamente en vida; luego les invita a ser «testigos» («mirad dónde yacía») y les pide que vayan a comunicarlo a los discípulos. En este camino, Jesús «les sale al encuentro». La resurrección es un encuentro personal, no una deducción de lógica. Por dos veces el texto de Mateo insiste en que «vayan a Galilea, allí me verán». ¿Es Galilea donde comenzó todo y hay que volver al inicio, al anuncio del Reino? ¿Es Galilea la tierra, lejos de Jerusalén, donde se vive con libertad, lejos de la dureza del judaísmo de Jerusalén? ¿Es Galilea la patria de Jesús, mientras que Jerusalén es la ciudad donde fue condenado a muerte? Cuestiones abiertas. Jesús está vivo y rompe los esquemas de la geografía humana.

Comienza el Tiempo Pascual

ABRIL

5

Domingo
PASCUA DE LA RESURRECCIÓN DEL SEÑOR
(San Vicente Ferrer)

Primera lectura: Hechos de los Apóstoles 10,34.37-43

Salmo 117: Este es el día en que actuó el Señor:
sea nuestra alegría y nuestro gozo

Segunda lectura: Colosenses 3,1-4 (o 1 Corintios 5,6-8)

Evangelio: Juan 20,1-9

El primer día de la semana, María Magdalena fue al sepulcro al amanecer, cuando aún estaba oscuro, y vio la losa quitada del sepulcro. Echó a correr y fue donde estaba Simón Pedro y el otro discípulo, a quien tanto quería Jesús, y les dijo: «Se han llevado del sepulcro al Señor y no sabemos dónde lo han puesto».

Salieron Pedro y el otro discípulo camino del sepulcro. Los dos corrían juntos, pero el otro discípulo corría más que Pedro;

se adelantó y llegó primero al sepulcro; y, asomándose, vio las vendas en el suelo; pero no entró. Llegó también Simón Pedro detrás de él y entró en el sepulcro: vio las vendas en el suelo y el sudario con que le habían cubierto la cabeza, no por el suelo con las vendas, sino enrollado en un sitio aparte. Entonces entró también el otro discípulo, el que había llegado primero al sepulcro; vio y creyó. Pues hasta entonces no habían entendido la Escritura: que él había de resucitar de entre los muertos.

La escena del «sepulcro vacío» que leemos da inicio a una secuencia: la aparición a María Magdalena (20,10-18), a los discípulos (20,19-22) y, por fin, a Tomás, quien se resiste a creer (20,24-29). María Magdalena es la primera en ir, ella sola, el «primer día de la semana», muy de mañana, y se encuentra con que la losa está quitada, pero no entra (diferencia con los sinópticos, que presentan a las mujeres como las primeras testigos de la resurrección). Regresa a la ciudad y se lo comunica a Pedro (cabeza de la comunidad) y al «discípulo amado» (¿Juan?, ¿el representante de la comunidad?, ¿el discípulo idealizado?). El verbo «correr» –por tres veces– indica prisa, nerviosismo ante la incertidumbre, rapidez para conocer lo sucedido... Más tarde encontramos los verbos «ver» y «entrar». El «discípulo amado» «ve» las vendas en el suelo, pero espera a Pedro sin «entrar». Pedro «entró» –toma la iniciativa–, ve las vendas y el sudario en un sitio aparte. En un tercer paso, el «discípulo amado» entra, ve y cree. Es el paso a la fe. Tanto la tumba vacía como las vendas no prueban nada (¿han robado el cuerpo?, ¿lo han trasladado a otra tumba?). El sudario enrollado es signo de esmero, de cuidado, de que no ha sido algo rápido y atolondrado; pero no es una prueba irrefutable. La intervención de Dios trastoca sus expectativas: donde esperaban ver un cadáver se encuentran con la novedad de Dios. La comunidad, con Pedro, da el paso a la fe. La resurrección de Jesús no se puede ni describir ni apreciar por el ojo humano; su nueva presencia es gradual, pasando progresivamente de la tumba vacía hasta la presencia de Jesús resucitado en medio de la comunidad. El camino del discipulado es un camino de aprendizaje. Al misterio de Jesús no se accede por razonamientos sesudos; tampoco es suficiente haberle acompañado en vida. El único acceso es el encuentro con el Resucitado. El texto acaba con unas palabras significativas: «Hasta entonces no habían entendido la Escritura: que él había de resucitar de entre los muertos». Los discípulos se mueven entre las expectativas que cada uno llevaba en su corazón y las que compartía con los miembros de su grupo y la novedad de Jesús. La victoria de Cristo es la victoria del Crucificado. El Resucitado es el Crucificado, es el Maestro. Ha resucitado y vive para siempre.

ABRIL

6

Lunes
DE LA OCTAVA DE PASCUA

Primera lectura: Hechos de los Apóstoles 2,14.22-23
....
Salmo 15: Protégeme, Dios mío, que me refugio en ti
....

Evangelio: Mateo 28,8-15

En aquel tiempo, las mujeres se marcharon a toda prisa del sepulcro; impresionadas y llenas de alegría corrieron a anunciarlo a los discípulos. De pronto Jesús les salió al encuentro y les dijo: «Alegraos». Ellas se acercaron, se postraron ante él y le abrazaron los pies. Jesús les dijo: «No tengáis miedo: id a comunicar a mis hermanos que vayan a Galilea; allí me verán».

Mientras las mujeres iban de camino, algunos de la guardia fueron a la ciudad y comunicaron a los sumos sacerdotes todo lo ocurrido. Ellos, reunidos con los ancianos, llegaron a un acuerdo y dieron a los soldados una fuerte suma, encargándoles: «Decid que sus discípulos fueron de noche y robaron el cuerpo mientras vosotros dormíais. Y si esto llega a oídos del gobernador, nosotros nos lo ganaremos y os sacaremos de apuros». Ellos tomaron el dinero y obraron conforme a las instrucciones. Y esta historia se ha ido difundiendo entre los judíos hasta hoy.

El sepulcro está vacío; es una evidencia, pero es una evidencia ambigua. Dos mujeres son las protagonistas; María Magdalena y la otra María han recibido el anuncio del ángel y, en una mezcla extraña de miedo y alegría, corren a comunicárselo a los discípulos. Pero esto no es lo definitivo para creer, sino la aparición de Jesús resucitado, que disipa todas las dudas; primero les invita a que no teman, luego les pide que digan a los discípulos que vayan a Galilea, que allí le verán. La ambigüedad de la tumba vacía queda argumentada por la respuesta de la guardia allí colocada; ellos, llenos de pánico, se lo comunican a sus jefes, que inventan una falsa historia. Ellos no son testigos de la resurrección. El encuentro con el Resucitado se vive con alegría y disipa todo temor. Un creyente temeroso y triste no es testigo de Cristo vivo. Ahora bien, ¿por qué les dice Jesús a los discípulos que vuelvan a Galilea? La respuesta no es evidente; quizá «porque allí empezó todo», quizá porque Jerusalén es tierra dura, de rigor en torno al Templo, y en Galilea se anunció la frescura del Reino; quizá porque el encuentro con el Resucitado nos lleva al primer amor, al primer encuentro, al Jesús que anunciaba y curaba a la gran humanidad sufriente. La fe nace del encuentro con Cristo vivo.

Martes
DE LA OCTAVA DE PASCUA
(San Juan Bautista de La Salle)

Primera lectura: Hechos de los Apóstoles 2,36-41
....
Salmo 32: La misericordia del Señor llena la tierra
....

Evangelio: Juan 20,11-18

En aquel tiempo, fuera, junto al sepulcro, estaba María, llorando. Mientras lloraba se asomó al sepulcro y vio dos ángeles vestidos de blanco, sentados uno a la cabecera y otro a los pies, donde había estado el cuerpo de Jesús. Ellos le preguntan: «Mujer, ¿por qué lloras?». Ella les contesta: «Porque se han llevado a mi Señor y no sé dónde lo han puesto». Dicho esto, da media vuelta y ve a Jesús, de pie, pero no sabía que era Jesús. Jesús le dice: «Mujer, ¿por qué lloras?, ¿a quién buscas?». Ella, tomándolo por el hortelano, le contesta: «Señor, si tú te lo has llevado, dime dónde lo has puesto y yo lo recogeré». Jesús le dice: «¡María!». Ella se vuelve y le dice: «¡Rabboni!», que significa: «¡Maestro!». Jesús le dice: «Suéltame, que todavía no he subido al Padre. Anda, ve a mis hermanos y diles: "Subo al Padre mío y Padre vuestro, al Dios mío y Dios vuestro"». María Magdalena fue y anunció a los discípulos: «He visto al Señor y ha dicho esto».

El primer día de la semana judía (el que sigue al *shabbat*/sábado, que para los cristianos es el «día del Señor resucitado» o «domingo»), María va al sepulcro, pero no entra. Entra primero el «discípulo amado» y luego Pedro, que se van a comunicárselo a la comunidad. Se queda en el sepulcro María Magdalena, llorando –se repite cuatro veces–; solo piensa en la muerte; lo único que quiere es ver dónde lo han puesto. Entonces se produce el encuentro, a solas, entre Jesús vivo y la Magdalena; la presencia de dos ángeles indica que Jesús pertenece al mundo «de arriba», según el lenguaje típico de Juan. Jesús resucitado se deja ver por María, pera ella al principio no lo reconoce. Las palabas de la Magdalena, pensando que es el hortelano, son de una gran ternura: «Si te lo has llevado, dime dónde está y yo lo recogeré». Aún no ha tenido experiencia de que está vivo, pero expresa el amor que le tiene. Cuando Jesús la llama por su «nombre» (una vez más hay que insistir en la importancia del «nombre» en la Escritura), María lo quiere «retener», como si quisiera que el tiempo se detuviera o que fuera solo para ella, pero Jesús aún no ha acabado su obra. Jesús, que «viene del Padre», tiene que «volver al Padre», en expresión del evangelio de Juan. El encuentro personal, de tú a tú, en el amor íntimo, de Jesús vivo y María es la referencia última para todos los creyentes. Una experiencia personal e intransferible.

ABRIL

8 | Miércoles
DE LA OCTAVA DE PASCUA

Primera lectura: Hechos de los Apóstoles 3,1-10
....
Salmo 104: Que se alegren los que buscan al Señor
....

Evangelio: Lucas 24,13-35

Dos discípulos de Jesús iban andando aquel mismo día, el primero de la semana, a una aldea llamada Emaús, distante unas dos leguas de Jerusalén; iban comentando todo lo que había sucedido. Mientras conversaban y discutían, Jesús en persona se acercó y se puso a caminar con ellos. Pero sus ojos no eran capaces de reconocerlo. Él les dijo: «¿Qué conversación es esa que traéis mientras vais de camino?». Ellos se detuvieron preocupados. Y uno de ellos, que se llamaba Cleofás, le replicó: «¿Eres tú el único forastero en Jerusalén que no sabes lo que ha pasado allí estos días?». Él les preguntó: «¿Qué?». Ellos le contestaron: «Lo de Jesús el Nazareno, que fue un profeta poderoso en obras y palabras ante Dios y ante todo el pueblo; cómo lo entregaron los sumos sacerdotes y nuestros jefes para que lo condenaran a muerte, y lo crucificaron. Nosotros esperábamos que él fuera el futuro liberador de Israel. Y ya ves: hace ya dos días que sucedió esto. Es verdad que algunas mujeres de nuestro grupo nos han sobresaltado, pues fueron muy de mañana al sepulcro, no encontraron su cuerpo, e incluso vinieron diciendo que habían visto una aparición de ángeles, que les habían dicho que estaba vivo. Algunos de los nuestros fueron también al sepulcro y lo encontraron como habían dicho las mujeres; pero a él no lo vieron». Entonces Jesús les dijo: «¡Qué necios y torpes sois para creer lo que anunciaron los profetas! ¿No era necesario que el Mesías padeciera esto para entrar en su gloria?» Y, comenzando por Moisés y siguiendo por los profetas, les explicó lo que se refería a él en toda la Escritura.

Ya cerca de la aldea donde iban, él hizo ademán de seguir adelante; pero ellos le apremiaron, diciendo: «Quédate con nosotros, porque atardece y el día va de caída». Y entró para quedarse con ellos. Sentado a la mesa con ellos tomó el pan, pronunció la bendición, lo partió y se lo dio. A ellos se les abrieron los ojos y lo reconocieron. Pero él desapareció. Ellos comentaron: «¿No ardía nuestro corazón mientras nos hablaba por el camino y nos explicaba las Escrituras?». Y, levantándose al momento, se volvieron a Jerusalén, donde encontraron reunidos a los Once con sus compañeros, que estaban diciendo: «Era verdad, ha resucitado el Señor y se ha aparecido a Simón» Y ellos contaron lo que les había pasado por el camino y cómo lo habían reconocido al partir el pan.

El encuentro de Jesús resucitado con los discípulos, camino de Emaús, es un evangelio paradigmático y una catequesis perfecta. Dos discípulos regresan a casa, derrotados, tras la crucifixión de Jesús. Piensan que todo ha acabado. Jesús les sale al encuentro, pero no le reconocen, porque sus ojos están cegados. Les pregunta con tacto, como si de un maestro se tratara: ¿de qué habláis?, ¿qué os preocupa? Ellos le cuentan y expresan su desilusión: «Pensábamos que...». Son muy importantes los dos momentos que siguen, con Jesús como protagonista: «explica las Escrituras» y «parte el pan». Solo entonces se les abren los ojos y regresan a Jerusalén, de donde habían huido con tristeza. El texto de Lucas sigue siendo modelo de encuentro con el Resucitado. Los ojos de los discípulos no lo reconocen, porque, aunque habían «convivido» con él, no se habían «encontrado» con el Resucitado, con Jesús vivo. Para reconocer a Jesús es necesario dejar que él mismo se ponga a nuestro lado, que le dejemos hablar, que él nos explique las Escrituras y que nos parta el pan eucarístico. Es él, no nosotros, quien tiene la iniciativa y quien nos lleva de la mano. Nosotros somos los caminantes que, si nos dejamos llevar por él, pasaremos del desencanto que producen las expectativas no cumplidas a la esperanza que nace de la fe en Cristo vivo. El camino de Emaús es el de muchos de nosotros, discípulos que necesitamos el encuentro cálido, luminoso y esclarecedor con Jesús vivo.

ABRIL

9

Jueves
DE LA OCTAVA DE PASCUA

Primera lectura: Hechos de los Apóstoles 3,11-26

Salmo 8: Señor, dueño nuestro, ¡qué admirable
es tu nombre en toda la tierra!

Evangelio: Lucas 24,35-48

En aquel tiempo contaban los discípulos lo que les había pasado por el camino y cómo habían reconocido a Jesús al partir el pan. Estaban hablando de estas cosas cuando se presenta Jesús en medio de ellos y les dice: «Paz a vosotros». Llenos de miedo por la sorpresa creían ver un fantasma. Él les dijo: «¿Por qué os alarmáis?, ¿por qué surgen dudas en vuestro interior? Mirad mis manos y mis pies: soy yo en persona. Palpadme y daos cuenta de que un fantasma no tiene carne y huesos, como veis que yo tengo». Dicho esto, les mostró las manos y los pies. Y como no acababan de creer por la alegría, y seguían atónitos, les dijo: «¿Tenéis ahí algo que comer?». Ellos le ofrecieron un trozo de pez asado. Él lo tomó y comió delante de ellos. Y les dijo: «Esto es lo que os decía mientras estaba con vosotros; que todo lo escrito en la Ley de Moisés y en los profetas y salmos acerca de mí tenía que cumplirse». Entonces les abrió el entendimiento para comprender las Escrituras. Y añadió: «Así estaba escrito: el Mesías padecerá, resucitará de entre los muertos al tercer día y en su nombre se predicará la conversión y el perdón de los pecados a todos los pueblos, comenzando por Jerusalén. Vosotros sois testigos de esto».

Ayer leíamos el pasaje conocido como «los discípulos de Emaús»; hoy leemos su continuación. El texto comienza con una frase que resume el evangelio anterior: los discípulos cuentan a la comunidad lo que les había pasado por el camino –el encuentro con Jesús resucitado– y cómo lo habían reconocido «al partir el pan», esto es, en la eucaristía. La escena anterior se desarrolla en el camino; la que leemos hoy presupone que la comunidad está reunida. Varios elementos que hay que tener en cuenta: la iniciativa es de Jesús, que se presenta inesperadamente en medio de ellos (no estamos, por tanto, ante una decisión consensuada de la comunidad); el segundo elemento es el miedo que produce una visión de fantasmas, pero Jesús resucitado no es la aparición tenebrosa de un personaje que ha muerto, porque está vivo. El tercer elemento es la identidad: Jesús se les revela como «de carne y hueso», es un encuentro personal, no unas formas difusas y etéreas. Más aún, les muestra las manos y los pies, porque Jesús lleva en sus extremidades las huellas abiertas de la crucifixión. Por si fuera poco, come delante de ellos. De nuevo aparecen las Escrituras –la Ley y los Profetas– que anuncian a Jesús. El final del texto nos implica a todos nosotros: el testimonio debido. No somos filósofos, poetas o divulgadores de Jesús; nuestro título es el de «testigos».

ABRIL

10

Viernes
DE LA OCTAVA DE PASCUA

Primera lectura: Hechos de los Apóstoles 4,1-12

Salmo 117: La piedra que desecharon los arquitectos
es ahora la piedra angular

Evangelio: Juan 21,1-14

En aquel tiempo, Jesús se apareció otra vez a los discípulos junto al lago de Tiberíades. Y se apareció de esta manera: estaban juntos Simón Pedro, Tomás –apodado el Mellizo–, Natanael –el de Caná de Galilea–, los Zebedeos y otros dos discípulos suyos. Simón Pedro les dice: «Me voy a pescar». Ellos contestan: «Vamos también nosotros contigo». Salieron y se embarcaron; y aquella noche no cogieron nada. Estaba ya amaneciendo cuando Jesús se presentó en la orilla; pero los discípulos no sabían que era Jesús. Jesús les dice: «Muchachos, ¿tenéis pescado?» Ellos contestaron: «No». Él les dice: «Echad la red a la derecha de la barca y encontraréis». La echaron, y no tenían fuerzas para sacarla, por la multitud de peces. Y aquel discípulo al que Jesús tanto quería le dice a Pedro: «Es el Señor». Al oír que era el Señor, Simón Pedro, que estaba desnudo, se ató la túnica y se echó al agua. Los demás discípulos se acercaron en la barca, porque no distaban de tierra más que unos cien metros, remolcando la red con los peces. Al saltar a tierra ven unas brasas con un pescado puesto encima y pan. Jesús les dice: «Traed de los peces que acabáis de coger».

Simón Pedro subió a la barca y arrastró hasta la orilla la red repleta de peces grandes: ciento cincuenta y tres. Y, aunque eran tantos, no se rompió la red. Jesús les dice: «Vamos, almorzad». Ninguno de los discípulos se atrevía a preguntarle quién era, porque sabían bien que era el Señor. Jesús se acerca, toma el pan y se lo da, y lo mismo el pescado.

Esta fue la tercera vez que Jesús se apareció a los discípulos después de resucitar de entre los muertos.

Jesús resucitado se aparece en el lago de Tiberíades. El escenario no es Jerusalén, sino Galilea. Los discípulos han regresado a su tarea. Sorprende el nombre de los que están pescando: Simón Pedro y los Zebedeos –Santiago y Juan– no llaman la atención; pero falta Andrés, el hermano de Pedro. El texto dice que está presente Natanael, el de Caná de Galilea, pueblo que no pertenece al lago. También está Tomás; y dos más, anónimos. Pedro, como es habitual, toma la iniciativa de ir a pescar. La pesca es un fracaso; no recogen nada en toda la noche. Jesús se acerca a ellos y les provoca con una pregunta, pero ellos no le reconocen. El discípulo amado, circunloquio que se refiere a la comunidad de Juan, reconoce a Jesús: no dice que es Jesús, sino que es «el Señor». Una confesión de fe. Entonces Pedro, de nuevo impetuoso, se lanza al agua; aún no ha llorado su pecado. Jesús toma la iniciativa; les reúne y parte con ellos el pan, expresión sublime de la presencia viva de Jesús entre los suyos. El capítulo 21 es una adición patente a la obra de Juan. A la aparición pascual, presente en los evangelios, se le sobrepone una serie de elementos eclesiales: la comunidad de los apóstoles y la fecundidad del trabajo apostólico; Pedro, que toma la iniciativa por dos veces; la centralidad de la eucaristía. Es un texto cargado de símbolos: siete discípulos (toda la Iglesia); no pescan nada (porque, sin Jesús, la Iglesia no puede nada); red que no se rompe (la Iglesia recibe a todos sin excepción); Jesús prepara la comida (la eucaristía). La Iglesia nace de Jesús, muerto y resucitado. Sin él no deja de ser un grupo humano ineficaz y torpe; compartiendo con él su comida –su suerte– encuentra la verdadera fecundidad y el sentido de su misión

ABRIL

11

Sábado
DE LA OCTAVA DE PASCUA
(San Estanislao)

Primera lectura: Hechos de los Apóstoles 4,13-21

Salmo 117: Te doy gracias, Señor, porque me escuchaste

Evangelio: Marcos 16,9-15

Jesús, resucitado al amanecer del primer día de la semana, se apareció primero a María Magdalena, de la que había echado siete demonios. Ella fue a anunciárselo a sus compañeros, que estaban de duelo y llorando. Ellos, al oírle decir que estaba vivo y que lo había visto, no la creyeron. Después se apareció en figura de otro a dos de ellos que iban caminando a una finca. También ellos fueron a anunciarlo a los demás, pero no los creyeron. Por último, se apareció Jesús a los Once, cuando estaban a la mesa, y les echó en cara su incredulidad y dureza de corazón, porque no habían creído a los que lo habían visto resucitado. Y les dijo: «Id al mundo entero y proclamad el Evangelio a toda la creación».

El evangelio de Marcos presenta un final distinto al de los otros evangelios. Mucho más escueto, parece un resumen de otros textos sobre la resurrección de Jesús. Hay una serie de elementos coincidentes: Jesús resucita «el primer día de la semana», marcando una clara separación con el *shabbat*/sábado de los judíos. La primera a quien se aparece es a María Magdalena –Marcos añade que era una mujer con un pasado complicado–, y que ella fue la primera que dio testimonio de la resurrección. Luego hace referencia a un encuentro con dos discípulos por el camino, que bien podría referirse a los discípulos de Emaús; pero los discípulos de Jerusalén no les creen. Por último, se aparece a los «Once» –Judas Iscariote está excluido de las apariciones de Cristo resucitado–, pero Marcos insiste en las dificultades que tuvieron para creer. Sorprende el final. ¿Cómo es posible que se abriera paso la fe en la resurrección con el testimonio de una mujer de dudosa fama?, ¿con dos discípulos a los que no les cree?, ¿con una comunidad, la de los Once, compuesta por personas obcecadas y a las que les cuesta entender que Cristo está vivo? Sin embargo, Marcos dice que Jesús les encarga: «Id al mundo entero y proclamad el Evangelio». La Buena Noticia de Jesús se abre camino por sendas inesperadas.

ABRIL

12

Domingo
II de Pascua o de la Divina Misericordia

Primera lectura: Hechos de los Apóstoles 2,42-47

Salmo 117: Dad gracias al Señor, porque es bueno, porque es eterna su misericordia

Segunda lectura: 1 Pedro 1,3-9

Evangelio: Juan 20,19-31

Al anochecer de aquel día, el primero de la semana, estaban los discípulos en una casa con las puertas cerradas por miedo a los judíos. Y en esto entró Jesús, se puso en medio y les dijo: «Paz a vosotros». Y, diciendo esto, les enseñó las manos y el costado. Y los discípulos se llenaron de alegría al ver al Señor. Jesús repitió: «Paz a vosotros. Como el Padre me ha enviado, así también os envío yo». Y, dicho esto, exhaló su aliento sobre ellos y les dijo: «Recibid el Espíritu Santo; a quienes les perdonéis los pecados les quedan perdonados; a quienes se los retengáis les quedan retenidos».

Tomás, uno de los Doce, llamado el Mellizo, no estaba con ellos cuando vino Jesús. Y los otros discípulos le decían: «Hemos visto al Señor». Pero él les contestó: «Si no veo en sus manos la señal de los clavos, si no meto el dedo en el agujero de los clavos y no meto la mano en su costado, no lo creo».

A los ocho días estaban otra vez dentro los discípulos y Tomás con ellos. Llegó Jesús, estando cerradas las puertas, se puso en medio y dijo: «Paz a vosotros». Luego dijo a Tomás: «Trae tu dedo, aquí tienes mis manos; trae tu mano y métela en mi costado; y no seas incrédulo, sino creyente». Contestó Tomás: «¡Señor mío y Dios mío!». Jesús le dijo: «¿Porque me has visto has creído? Dichosos los que crean sin haber visto».

Muchos otros signos, que no están escritos en este libro, hizo Jesús a la vista de los discípulos. Estos se han escrito para que creáis que Jesús es el Mesías, el Hijo de Dios, y para que, creyendo, tengáis vida en su nombre.

Las notas propias de la resurrección, y por extensión de la vivencia pascual, son la «paz», la «alegría» y el «perdón», que deben comunicarse a toda la creación. La Paz, con mayúscula, es el saludo de Pascua; la injusticia y la violencia que se habían hecho con Jesús, en su cruz, ha sido transformada en «paz» (*shalom*, en hebreo) para la humanidad. La «alegría» que inunda a los creyentes es la consecuencia del encuentro radicalmente novedoso que cambia la vida; un cristiano no puede estar sometido a la tristeza como telón de fondo en su vida. El «perdón» manifiesta que la reconciliación de Cristo se extiende a todos, sin límite, sin fronteras. El encuentro con el Resucitado no es una experiencia intimista, privada, cerrada; todo lo contrario: es comunicativa, expansiva y pública. Jesús mismo envía a sus discípulos: «Yo os envío». La gran dificultad está en la lógica de la carne que busca pruebas, como Tomás: «Si no toco, veo y compruebo», no creo. Para ser creyente no hay que renunciar a la inteligencia humana; hay que creer manteniendo la cabeza fría y despierta; porque la inteligencia no es contraria a la fe. Tomás está «fuera de la comunidad» y no cree: exige pruebas, como tantas personas. El evangelista insiste: solo el encuentro en fe con el Resucitado es capaz de hacer discípulos del Crucificado (manos y pies taladrados). El texto concluye con una bienaventuranza: «Dichosos los que creen sin haber visto». Buena noticia para los creyentes de todos los tiempos.

ABRIL

13

Lunes
Feria o *San Martín I, San Hermenegildo*

Primera lectura: Hechos de los Apóstoles 4,23-31
....
Salmo 2: Dichosos los que se refugian en ti, Señor
....

Evangelio: Juan 3,1-8

Había un fariseo llamado Nicodemo, jefe judío. Este fue a ver a Jesús de noche y le dijo: «Rabí, sabemos que has venido de parte de Dios como maestro; porque nadie puede hacer los signos que tú haces si Dios no está con él». Jesús le contestó: «Te lo aseguro, el que no nazca de nuevo no puede ver el reino de Dios». Nicodemo le pregunta: «¿Cómo puede nacer un hombre siendo viejo?

¿Acaso puede por segunda vez entrar en el vientre de su madre y nacer?».

Jesús le contestó: «Te lo aseguro, el que no nazca de agua y de Espíritu no puede entrar en el reino de Dios. Lo que nace de la carne es carne, lo que nace del Espíritu es espíritu. No te extrañes de que te haya dicho: "Tenéis que nacer de nuevo"; el viento sopla donde quiere y oyes su ruido, pero no sabes de dónde viene ni a dónde va. Así es todo el que ha nacido del Espíritu».

Nicodemo, un fariseo principal, va a ver a Jesús y le reconoce que «viene de parte de Dios» por los signos que hace, si bien no cree en él. Su fe es inicial, incompleta, pues Nicodemo va «de noche»; san Juan juega en su evangelio con la luz del día para indicar si la persona protagonista está en tinieblas, está comenzando a ver o si ve con claridad. Estamos ante un diálogo creciente: Jesús le invita a «nacer» de lo alto; pero Nicodemo habla de un «nacimiento físico», porque no entiende más allá. Jesús insiste y le dice que hay que «nacer del agua y del Espíritu». Es más, «hay que nacer de nuevo». El juego de palabras entre lo evidente, palpable y definido, y lo simbólico, posible, novedoso, es evidente. El diálogo entre Jesús y Nicodemo es modélico para la vida de fe. Pensamos que no tenemos edad para empezar de nuevo, porque lo hemos visto todo, no creemos en la novedad o, simplemente, estamos cansados. Las rutinas y la falta de ilusión matan; también pueden ahogar la fe en Dios. Nicodemo es un adulto fariseo, pero Jesús le invita a romper esquemas y dejar que el Espíritu entre en su vida. Se puede empezar de nuevo. Entonces, y ahora, y mañana. La conversión, la revitalización de la fe dormida, la recuperación de la ilusión juvenil, es posible, porque podemos «renacer en el Espíritu de Jesús».

14 | Martes
Feria

Primera lectura: Hechos de los Apóstoles 4,32-37

Salmo 92: El Señor reina, vestido de majestad

Evangelio: Juan 3,5a.7-15

En aquel tiempo dijo Jesús a Nicodemo: «Tenéis que nacer de nuevo; el viento sopla donde quiere y oyes su ruido, pero no sabes de dónde viene ni a dónde va. Así es todo el que ha nacido del Espíritu». Nicodemo le preguntó: «¿Cómo puede suceder esto?». Le contestó Jesús: «Y tú, el maestro de Israel, ¿no lo entiendes? Te lo aseguro, de lo que sabemos hablamos; de lo que hemos visto damos testimonio, y no aceptáis nuestro testimonio. Si no creéis cuando os hablo de la tierra, ¿cómo creeréis cuando os hable del cielo? Porque nadie ha subido al cielo sino el que bajó del cielo, el Hijo del hombre. Lo mismo que Moisés elevó la serpiente en el desierto, así tiene que ser elevado el Hijo del hombre, para que todo el que cree en él tenga vida eterna».

Jesús sigue hablando con Nicodemo, un fariseo de prestigio. En la conversación están hablando de «nacer de nuevo» y de «nacer de lo alto». Nicodemo se presenta como un judío interesado, pero le cuesta aceptar a Jesús. Así entendemos el texto de hoy; Jesús le dice: «Tú eres maestro de Israel ¿e ignoras estas cosas?». ¿Qué desconoce Nicodemo? Jesús viene del Padre y se ha encarnado. Esta procedencia del Padre y el misterio de la encarnación de Jesús no pueden ser aceptadas en la teología monoteísta judía. Ellos creen en un Dios de majestad que está por encima de la creación y no se confunde con ella; por eso mismo no pueden ni entender ni admitir la pretensión de Jesús como el Hijo. Jesús se sirve de la Escritura y hace referencia a un texto bíblico, el de la serpiente de bronce elevada en el desierto. En aquella ocasión, Moisés tuvo que poner una serpiente en alto para que la viera todo el pueblo que había murmurado gravemente contra Dios y así pudiera salvarse de una muerte segura por las picaduras de serpientes venenosas. Es una salvación temporal, frágil, insuficiente. Jesús es el Hijo de Dios que será elevado en la cruz y que salvará a toda la humanidad. La persona de Jesús no se puede entender sin su misión salvadora.

ABRIL

15 | **Miércoles**
Feria

Primera lectura: Hechos de los Apóstoles 5,17-26

Salmo 33: Si el afligido invoca al Señor, él lo escucha

Evangelio: Juan 3,16-21

Tanto amó Dios al mundo que entregó a su Hijo único para que no perezca ninguno de los que creen en él, sino que tengan vida eterna. Porque Dios no mandó su Hijo al mundo para juzgar al mundo, sino para que el mundo se salve por él. El que cree en él no será juzgado; el que no cree ya está juzgado, porque no ha creído en el nombre del Hijo único de Dios. El juicio consiste en esto: que la luz vino al mundo y los hombres prefirieron la tiniebla a la luz, porque sus obras eran malas. Pues todo el que obra perversamente detesta la luz y no se acerca a la luz, para no verse acusado por sus obras. En cambio, el que realiza la verdad se acerca a la luz, para que se vea que sus obras están hechas según Dios.

En la conversación de Jesús con Nicodemo llegamos al punto cumbre. Hablan de Dios, de su proyecto, de su forma de ser y actuar. Leemos el centro de la teología de Juan, que se centra en el «amor/*agape*». En efecto, «tanto amó Dios al mundo» o, lo que es lo mismo, en Dios hay un «exceso de amor», un «amor irrefrenable», un «amor sobrepasado». Segunda parte de la comparación: «Tanto... que»; tanto amó «que entregó a su Hijo unigénito». ¿Cómo es posible que el exceso de amor lleve a una «entrega»? Sigue Juan: Dios no envía a su Hijo para «condenar», sino para «salvar». Son dos verbos contradictorios que se necesitan uno al otro. Si no hay condena, no hay salvación; si no hay salvación, no hay condena. Dios crea y salva; Dios ama y por eso entrega al Hijo. Juan sigue con su teología: la del rechazo de aquellos que prefieren la «tiniebla» a la «luz». Juan se sirve de verbos opuestos para desarrollar su teología. Los que tienen cosas que ocultar prefieren las sombras de la noche. Por el contrario, los que no tienen nada de lo que avergonzarse prefieren la luz del día. El discípulo de Jesús, que ha tenido experiencia de la salvación de Dios, vive en coherencia sana, en transparencia luminosa, en sencillez y verdad. Somos discípulos amados y salvados en el Hijo.

ABRIL

16

Jueves
Feria

Primera lectura: Hechos de los Apóstoles 5,27-33
Salmo 33: Si el afligido invoca al Señor, él lo escucha

Evangelio: Juan 3,31-36

El que viene de lo alto está por encima de todos. El que es de la tierra es de la tierra y habla de la tierra. El que viene del cielo está por encima de todos. De lo que ha visto y ha oído da testimonio, y nadie acepta su testimonio. El que acepta su testimonio certifica la veracidad de Dios. El que Dios envió habla las palabras de Dios, porque no da el Espíritu con medida. El Padre ama al Hijo y todo lo ha puesto en su mano. El que cree en el Hijo posee la vida eterna; el que no crea al Hijo no verá la vida, sino que la ira de Dios pesa sobre él.

Después del diálogo con Nicodemo, Jesús se traslada con sus discípulos a Judea, que está en el sur. Juan hace que Jesús se mueva por todo el territorio de Israel, y así lo hace ver. Ahora Jesús se mueve a una zona donde Juan Bautista está bautizando; la gente se va con Jesús, los discípulos de Juan se contrarían y piden una explicación a su maestro. Los versículos que siguen (27-30) son una reflexión de Juan Bautista en la que vuelve a afirmar que él no es el Mesías, sino su precursor (3,28). El texto que hoy leemos se presta a confusión, pues los versículos de la lectura hay que entenderlos en labios de Jesús, no de Juan. Podemos hacer una lectura seguida de afirmaciones que empiezan todas por «el que...», con afirmaciones que se van engarzando, como una joya en la que un anillo depende del otro. Nos detenemos en una: «El Padre ama al Hijo, y todo lo ha puesto en su mano»; la relación entre el Padre y el Hijo, nos dice Juan, es «amor»; todo lo que hace Jesús, sus obras, su ministerio, su enseñanza, son revelación de este amor. La fe, «creer en el Hijo», se convierte en piedra de toque para todos los que le conocen, pues es camino para la «vida eterna». Por eso es tan duro Juan con los que, conociéndole, le rechazan, pues se cierran al amor y a la vida. Conocer a Jesús es una invitación a creer en él.

17 | **Viernes**
Feria

Primera lectura: Hechos de los Apóstoles 5,34-42

Salmo 26: Una cosa pido al Señor: habitar en su casa

Evangelio: Juan 6,1-15

En aquel tiempo, Jesús se marchó a la otra parte del lago de Galilea –o de Tiberíades–. Lo seguía mucha gente, porque habían visto los signos que hacía con los enfermos. Subió Jesús entonces a la montaña y se sentó allí con sus discípulos. Estaba cerca la Pascua, la fiesta de los judíos. Jesús entonces levantó los ojos y, al ver que acudía mucha gente, dice a Felipe: «¿Con qué compraremos panes para que coman estos?». Lo decía para tantearlo, pues bien sabía él lo que iba a hacer. Felipe le contestó: «Doscientos denarios de pan no bastan para que a cada uno le toque un pedazo».

Uno de sus discípulos, Andrés, el hermano de Simón Pedro, le dice: «Aquí hay un muchacho que tiene cinco panes de cebada y un par de peces; pero ¿qué es eso para tantos?». Jesús dijo: «Decid a la gente que se siente en el suelo». Había mucha hierba en aquel sitio. Se sentaron; solo los hombres eran unos cinco mil. Jesús tomó los panes, dijo la acción de gracias y los repartió a los que estaban sentados, y lo mismo todo lo que quisieron del pescado. Cuando se saciaron dice a sus discípulos: «Recoged los pedazos que han sobrado; que nada se desperdicie». Los recogieron y llenaron doce canastas con los pedazos de los cinco panes de cebada que sobraron a los que habían comido. La gente entonces, al ver el signo que había hecho, decía: «Este sí que es el Profeta que tenía que venir al mundo». Jesús, sabiendo que iban a llevárselo para proclamarlo rey, se retiró otra vez a la montaña él solo.

Iniciamos la lectura del capítulo sexto de Juan, que ha recibido el título de «Discurso del pan de vida». Hoy leemos la escena conocida como «multiplicación de los panes», que aparece en los cuatro evangelios y en Juan. En los sinópticos la encontramos dos veces en Marcos y dos en Mateo (Mc 6,30-44; 8,1-10; Mt 14,13-23; 15,32-39) y una sola vez en Lucas (9,10-17). En Juan ocupa el capítulo sexto del evangelio (6,1-15). Los seis textos comparten elementos comunes: tiene lugar junto al lago de Galilea; la gente le sigue y le busca; Jesús hace posible que de lo poco o casi insignificante se sacien muchos. Entre los elementos distintivos podemos enunciar que Jesús «se compadece» de la gente porque se hace tarde y no tienen que comer (Mt 14.14-15); en Marcos son los discípulos quienes advierten a Jesús que se hace tarde, y le dicen que despida a la gente; en Juan, por su parte, Jesús hace la pregunta a Felipe para ver cómo reaccionaba, porque él sabía qué iba a hacer. En los sinópticos no se indica el tiempo, mientras que en Juan se dice que «estaba cerca la Pascua». Jesús, en Juan, ocupa el centro de la escena («mandó», «tomó los panes», «los distribuyó», «les dio»); luego «les dijo», en detrimento de los discípulos –Felipe y Andrés–; en los sinópticos, los discípulos –anónimos– tienen un papel importante. En los sinópticos es un «milagro»; en Juan es el cuarto «signo» (6,2.14) de los siete con los que Jesús revela progresivamente quién es y cuál es su misión. Viendo la sección entera en su conjunto podemos advertir que, como en otras secciones del evangelio de Juan, al «signo» (6, 1-15) le sigue un «discurso», que puede leerse en dos partes sucesivas: el «Discurso del pan de vida» (6,22-50) y el «Discurso eucarístico» (6,51-59). Los verbos que describen la acción de Jesús sobre el pan son significativos teológicamente: «tomó el pan», pronunció la «acción de gracias» y los «repartió». Jesús es el pan que «sacia». Sin embargo, no es un signo evidente, sino ambiguo; la gente piensa que es «el profeta que va a venir al mundo» (visión parcial de Jesús y de su misión); una segunda percepción es que Jesús es el futuro rey; pero él se retira a la soledad, porque, como dice Juan en su evangelio, «aún no ha llegado su hora».

ABRIL

18

Sábado
Feria

Primera lectura: Hechos de los Apóstoles 6,1-7

Salmo 32: Que tu misericordia, Señor, venga sobre nosotros,
            como lo esperamos de ti

Evangelio: Juan 6,16-21

Al oscurecer, los discípulos de Jesús bajaron al lago, embarcaron y empezaron a atravesar hacia Cafarnaún. Era ya noche cerrada, y todavía Jesús no los había alcanzado; soplaba un viento fuerte, y el lago se iba encrespando. Habían remado unos cinco o seis kilómetros cuando vieron a Jesús, que se acercaba a la barca, caminando sobre el lago, y se asustaron. Pero él les dijo: «Soy yo, no temáis». Querían recogerlo a bordo, pero la barca tocó tierra enseguida, en el sitio adonde iban.

La escena de la multiplicación de los panes y los peces termina diciendo que la muchedumbre quería proclamar «rey» a Jesús, pero él se aleja (6,15) y se retira al monte. La escena que sigue tiene una geografía precisa: los discípulos hacen una travesía desde el lugar de la multiplicación hacia Cafarnaún, lugar de su residencia. El evangelista se sirve de datos ciertos para indicar una situación de miedo: las tormentas en el lago de Tiberíades no son frecuentes, pero tampoco imposibles; además, «era noche cerrada». En medio de la noche Jesús se hace presente y se asustan; Jesús pronuncia las palabras clave del texto: «Soy yo, no temáis». Una lectura simple del texto o ignorando la intención de los evangelios, que es suscitar la fe de los oyentes, discute cómo es posible que un ser humano camine sobre el mar sin hundirse. Leído con los ojos de la Pascua –los evangelios se escriben a la luz pascual–, vemos cómo sin Jesús el discípulo se adentra en noches oscuras, se siente inseguro por vientos y aguas agitadas. El mar, en el mundo bíblico, indica terreno poco fiable (recordemos que el pueblo judío nunca ha sido marinero). Jesús camina por encima de los terrenos inestables e inseguros que tanto miedo nos dan. Con Jesús no tenemos nada que temer. Aunque la noche de nuestra vida sea muy cerrada, el Señor siempre está ahí y siempre ofrece su mano para llevar la barca de nuestra vida a tierra firme.

ABRIL

19

Domingo
III de Pascua

Primera lectura: Hechos de los Apóstoles 2,14.22-28

Salmo 15: Señor, me enseñarás el sendero de la vida

Segunda lectura: 1 Pedro 1,17-21

Evangelio: Lucas 24,13-35

Dos discípulos de Jesús iban andando aquel mismo día, el primero de la semana, a una aldea llamada Emaús, distante unas dos leguas de Jerusalén; iban comentando todo lo que había sucedido. Mientras conversaban y discutían, Jesús en persona se acercó y se puso a caminar con ellos. Pero sus ojos no eran capaces de reconocerlo. Él les dijo: «¿Qué conversación es esa que traéis mientras vais de camino?». Ellos se detuvieron preocupados. Y uno de ellos, que se llamaba Cleofás, le replicó: «¿Eres tú el único forastero en Jerusalén que no sabes lo que ha pasado allí estos días?». Él les preguntó: «¿Qué?». Ellos le contestaron: «Lo de Jesús el Nazareno, que fue un profeta poderoso en obras y palabras ante Dios y ante todo el pueblo; cómo lo entregaron los sumos sacerdotes y nuestros jefes para que lo condenaran a muerte, y lo crucificaron. Nosotros esperábamos que él fuera el futuro liberador de Israel. Y ya ves: hace ya dos días que sucedió esto. Es verdad que algunas mujeres de nuestro grupo nos han sobresaltado, pues fueron muy de mañana al sepulcro, no encontraron su cuerpo, e incluso vinieron diciendo que habían visto una aparición de ángeles, que les habían dicho que estaba vivo. Algunos de los nuestros fueron también al sepulcro y lo encontraron como habían dicho las mujeres; pero a él no lo vieron». Entonces Jesús les dijo: «¡Qué necios y torpes sois para creer lo que anunciaron los profetas! ¿No era necesario que el Mesías padeciera esto para entrar en su gloria?» Y, comenzando por Moisés y siguiendo por los profetas, les explicó lo que se refería a él en toda la Escritura.

Ya cerca de la aldea donde iban, él hizo ademán de seguir adelante; pero ellos le apremiaron, diciendo: «Quédate con nosotros, porque atardece y el día va de caída». Y entró para quedarse con ellos. Sentado a la mesa con ellos tomó el pan, pronunció la bendición, lo partió y se lo dio. A ellos se les abrieron los ojos y lo reconocieron. Pero él desapareció. Ellos comentaron: «¿No ardía nuestro corazón mientras nos hablaba por el camino y nos explicaba las Escrituras?». Y, levantándose al momento, se volvieron a Jerusalén, donde encontraron reunidos a los Once con sus compañeros, que estaban diciendo: «Era verdad, ha resucitado el Señor y se ha aparecido a Simón» Y ellos contaron lo que les había pasado por el camino y cómo lo habían reconocido al partir el pan.

El camino de los discípulos de Emaús es paradigma del camino de muchas personas creyentes. Han oído hablar de Jesús, de sus obras; incluso han oído hablar de que estaba vivo, pero no han llegado a comprender y vivir la Pascua. Es la diferencia entre hablar de Jesús «de oídas» o hablar de la experiencia de Cristo vivo. Jerusalén es la ciudad que ha vivido acontecimientos tremendos, pero nada más: «Nosotros esperábamos...». Después del encuentro personal con Cristo –el texto habla de que «ardía el corazón»–, los discípulos vuelven a Jerusalén, a la comunidad: «¡Es verdad!». La experiencia de Cristo resucitado no es una experiencia mística individualista, sino que la comunidad es lugar de experiencia, mediación necesaria para encontrarse con Cristo. Lucas nos invita a que cada uno de nosotros hagamos el recorrido de Emaús. Supone el doloroso paso del anuncio incipiente pero aún no creyente de la resurrección, dejar las pequeñas convicciones que nos confunden, pero no satisfacen, y pasar a la entrega total que brota del encuentro pascual. La escena de Emaús refleja el camino de la fe de las personas y de las comunidades. La primera impresión es que Jesús fue condenado a muerte injustamente, un fracasado. Una salida digna sería volver a casa y recordarlo con cariño. Pero ni eso es la fe en el Resucitado ni es el comienzo de nada. Jesús toma la iniciativa y sale al encuentro: les pregunta, les acompaña, les explica; pero sobre todo «parte con ellos el pan» y se les «abren los ojos». El encuentro con Jesús resucitado da un giro radical: vuelven a Jerusalén, donde estaban los apóstoles, y ahora son ellos los que anuncian a Jesús. No hacen un camino propio, sino que regresan a la comunidad. Una Iglesia que no tenga la experiencia del Resucitado es inútil e infecunda. El encuentro de Emaús es modelo de catequesis. La experiencia del fracaso es universal, pudiendo extenderse a la vida de fe. Es una tarea pedagógica y reveladora. La Palabra, la eucaristía y la comunidad son los lugares donde hoy seguimos encontrando a Jesús.

ABRIL

20 | Lunes
Feria

Primera lectura: Hechos de los Apóstoles 6,8-15

Salmo 118: Dichoso el que camina en la voluntad del Señor

Evangelio: Juan 6,22-29

Después de que Jesús hubo saciado a cinco mil hombres, sus discípulos lo vieron caminando sobre el lago. Al día siguiente, la gente que se había quedado al otro lado del lago notó que allí no había habido más que una lancha y que Jesús no había embarcado con sus discípulos, sino que sus discípulos se habían marchado solos. Entre tanto, unas lanchas de Tiberíades llegaron cerca del sitio donde habían comido el pan sobre el que el Señor pronunció la acción de gracias.

Cuando la gente vio que ni Jesús ni sus discípulos estaban allí, se embarcaron y fueron a Cafarnaún en busca de Jesús. Al encontrarlo en la otra orilla del lago le preguntaron: «Maestro, ¿cuándo has venido aquí?». Jesús les contestó: «Os lo aseguro, me buscáis no porque habéis visto signos, sino porque comisteis pan hasta saciaros. Trabajad no por el alimento que perece, sino por el alimento que perdura para la vida eterna, el que os dará el Hijo del hombre; pues a este lo ha sellado el Padre, Dios». Ellos le preguntaron: «¿Y qué obras tenemos que hacer para trabajar en lo que Dios quiere?». Respondió Jesús: «La obra que Dios quiere es esta: que creáis en el que él ha enviado».

El evangelio de Juan sigue desarrollando los momentos posteriores a la multiplicación de los panes. Ahora es una multitud la que «busca» a Jesús; parten de Tiberíades y llegan a Cafarnaún. Son dos ciudades cercanas en el lago. ¿Por qué ese interés de la gente? ¿Por qué le buscan? Jesús es duro con ellos, reprochándoles que, si tienen tanto interés, no es por el «signo» que ha realizado –recordemos que el evangelio de Juan insiste en los signos de Jesús–, sino por otros intereses: les ha dado de comer hasta saciarse. Una primera pregunta para nosotros es: ¿por qué «tenemos interés» en Jesús y por qué le «buscamos»? Jesús habla del «alimento», que bien perece, bien perdura, el que lleva a la vida eterna. Los presentes quieren justificarse: ¿qué tenemos que hacer? Jesús les invita a «creer». Jesús invita a tener fe en él. La fe es una tarea, un esfuerzo, un trabajo. No es fácil creer. Quizá en estos tiempos adolezcamos de falta de fe, como aquellos que buscaban por otros intereses a Jesús. Jesús nos centra y nos pide que nos hagamos de nuevo esta pregunta: ¿estoy dispuesto a ponerme en el camino de los creyentes que se abren al misterio de Jesús?

ABRIL

21

Martes
Feria o *San Anselmo*

Primera lectura: Hechos de los Apóstoles 7,51-8,1

Salmo 30: A tus manos, Señor, encomiendo mi espíritu

Evangelio: Juan 6,30-35

En aquel tiempo dijo la gente a Jesús: «¿Y qué signo vemos que haces tú para que creamos en ti? ¿Cuál es tu obra? Nuestros padres comieron el maná en el desierto, como está escrito: "Les dio a comer pan del cielo"». Jesús les replicó: «Os aseguro que no fue Moisés quien os dio pan del cielo, sino que es mi Padre el que os da el verdadero pan del cielo. Porque el pan de Dios es el que baja del cielo y da vida al mundo». Entonces le dijeron: «Señor, danos siempre de este pan». Jesús les contestó: «Yo soy el pan de la vida. El que viene a mí no pasará hambre, y el que cree en mí nunca pasará sed».

Jesús y los que le «buscan» –no dice sus discípulos, sino la gente que ha visto su signo– entran en confrontación. Jesús ha hablado de un «alimento», y ellos, los judíos, apelan al maná del desierto, camino de la tierra prometida. El evangelio de Juan recurre con cierta frecuencia a las Escrituras, que sus oyentes conocían. El argumento del capítulo sexto incorpora el «pan» como nuevo elemento simbólico y revelador de Jesús. Jesús es el nuevo Moisés que cumple las Escrituras; el maná ha sido superado, pues es el Padre quien da el «verdadero pan del cielo», el que «da vida al mundo». Ante la petición asombrada de los presentes, Jesús recupera de nuevo la serie de «yo soy» que nos remiten a su identidad y a su misión: en el monte Sinaí, el Señor se había revelado a Moisés como «Yo soy el que soy»; ahora Jesús nos dice: «Yo soy el pan de vida». El discurso del «pan de vida» lo irá desarrollando Jesús poco a poco. ¿Dónde nos alimentamos nosotros? ¿Nos sacia Jesús o buscamos otros sucedáneos?

ABRIL

22 | **Miércoles**
Feria

Primera lectura: Hechos de los Apóstoles 8,1-8

Salmo 65: Aclamad al Señor, tierra entera

Evangelio: Juan 6,35-40

En aquel tiempo dijo Jesús a la gente: «Yo soy el pan de la vida. El que viene a mí no pasará hambre, y el que cree en mí nunca pasará sed; pero, como os he dicho, me habéis visto y no creéis. Todo lo que me da el Padre vendrá a mí, y al que venga a mí no lo echaré afuera, porque he bajado del cielo no para hacer mi voluntad, sino la voluntad del que me ha enviado. Esta es la voluntad del que me ha enviado: que no pierda nada de lo que me dio, sino que lo resucite en el último día. Esta es la voluntad de mi Padre: que todo el que ve al Hijo y cree en él tenga vida eterna, y yo lo resucitaré en el último día».

Jesús no ha venido para «hacer su voluntad», sino la «voluntad del Padre» ¿Cuál es esta «voluntad»?, nos preguntamos. Al comienzo del evangelio, Juan nos ha dicho que Jesús no ha venido al mundo para condenarlo, sino para que el mundo se salve por él. Ahora el mensaje es el mismo, aunque desde distinta perspectiva: la voluntad del Padre es que no se pierda nada de lo que le dio; e insiste en la formulación de la frase siguiente, «que todo el que crea en el Hijo tenga vida eterna». ¿Cómo es posible? Por la resurrección en el último día, repite dos veces. El estilo de Juan es envolvente, denso, avanza en espiral. Va engarzando el argumento con frases aparentemente inconexas, pero que tienen una vinculación que les da coherencia: hambre y sed; creer; ir al Padre; voluntad del Padre y del Hijo; resurrección; vida eterna… Es todo un programa de revelación de Jesús, y a la vez de aceptación y esperanza en la fe por parte del creyente.

ABRIL

23

Jueves
Feria o *San Jorge o San Adalberto*

Primera lectura: Hechos de los Apóstoles 8,26-40
Salmo 65: Aclamad al Señor, tierra entera

Evangelio: Juan 6,44-51

En aquel tiempo dijo Jesús a la gente: «Nadie puede venir a mí si no lo atrae el Padre, que me ha enviado. Y yo lo resucitaré el último día. Está escrito en los profetas: "Serán todos discípulos de Dios". Todo el que escucha lo que dice el Padre y aprende viene a mí. No es que nadie haya visto al Padre, a no ser el que procede de Dios: ese ha visto al Padre. Os lo aseguro: el que cree tiene vida eterna. Yo soy el pan de la vida. Vuestros padres comieron en el desierto el maná y murieron: este es el pan que baja del cielo, para que el hombre coma de él y no muera. Yo soy el pan vivo que ha bajado del cielo; el que coma de este pan vivirá para siempre. Y el pan que yo daré es mi carne para la vida del mundo».

Sigue el discurso del pan de vida (capítulo 6) y Juan introduce, al final de texto, un elemento importante: Jesús da «su carne» por la vida del mundo. Sin duda, una novedad sorprendente. Los judíos –nombre genérico en el evangelio de Juan para referirse a quienes se resisten a creer en Jesús– se preguntan extrañados: solo ven en Jesús a un hombre como ellos. La fe en Jesús no es consecuencia de un voluntarismo personal, sino de la voluntad del Padre, que «atrae» al creyente. Jesús se reafirma como pan que da la vida eterna frente al pan del maná, que proporcionaba un alimento temporal y caduco. En la vida de fe nosotros nos ponemos en el centro y pensamos que dominamos la situación. Se trata de un error muy común. El Padre es quien nos llama, nos atrae y suscita la fe inicial en nosotros. El corazón humano, sin embargo, se entretiene con frecuencia en dificultades que impiden que se cumpla esta entrega obediente y creyente. Una de estas dificultades es la «carne» referida a la vida entregada de Jesús. ¿Cómo comprenderla hoy sin escandalizarnos?

24

Viernes
Feria o *San Fidel de Sigmaringa*

Primera lectura: Hechos de los Apóstoles 9,1-20

Salmo 116: Id al mundo entero y proclamad el Evangelio

Evangelio: Juan 6,52-59

En aquel tiempo disputaban los judíos entre sí: «¿Cómo puede este darnos a comer su carne?». Entonces Jesús les dijo: «Os aseguro que, si no coméis la carne del Hijo del hombre y no bebéis su sangre, no tenéis vida en vosotros. El que come mi carne y bebe mi sangre tiene vida eterna, y yo lo resucitaré en el último día. Mi carne es verdadera comida y mi sangre es verdadera bebida. El que come mi carne y bebe mi sangre habita en mí y yo en él. El Padre, que vive, me ha enviado, y yo vivo por el Padre; del mismo modo, el que me come vivirá por mí. Este es el pan que ha bajado del cielo: no como el de vuestros padres, que lo comieron y murieron; el que come este pan vivirá para siempre». Esto lo dijo Jesús en la sinagoga, cuando enseñaba en Cafarnaún.

Jesús da, por fin, el paso definitivo. Ha comenzado con la comparación de los dos alimentos, el maná de Moisés y él mismo como «pan de vida». Luego ha hablado de la necesidad de alimentarse con este pan y de creer en él para alcanzar la vida eterna. Ahora habla abiertamente de «carne y sangre»; no es un error, pues lo repite hasta en cinco ocasiones, todas con distintos matices: habla del acto humano de «comer y beber»; de una realidad, que es «verdadera comida y verdadera bebida»; lo personaliza: «mi carne y mi sangre». No es de extrañar la reacción de los presentes: ¡esto es insoportable!, ¿quién le puede hacer caso? Los que le siguen con ciertos reparos, que siguen sin entrar en la dinámica de la fe, solo ven palabras propias de un antropófago. Jesús no se refiere a este hecho, sin duda reprobable. Jesús habla de sí mismo, de su vida entregada, de su vida completa («carne y sangre»), de entrar en comunión con él («habitar» uno en otro). La novedad de Jesús es radical, única, absoluta. Juan localiza el momento: Jesús les habló de estas cosas «en la sinagoga de Cafarnaún».

ABRIL

25
Sábado
SAN MARCOS, EVANGELISTA

Primera lectura: 1 Pedro 5,5b-14

Salmo 88: Cantaré eternamente tus misericordias, Señor

Evangelio: Marcos 16,15-20

En aquel tiempo se apareció Jesús a los Once y les dijo: «Id al mundo entero y proclamad el Evangelio a toda la creación. El que crea y se bautice se salvará; el que se resista a creer será condenado. A los que crean les acompañarán estos signos: echarán demonios en mi nombre, hablarán lenguas nuevas, cogerán serpientes en sus manos y, si beben un veneno mortal, no les hará daño. Impondrán las manos a los enfermos y quedarán sanos».

Después de hablarles, el Señor Jesús subió al cielo y se sentó a la derecha de Dios. Ellos se fueron a pregonar el evangelio por todas partes, y el Señor cooperaba confirmando la palabra con las señales que los acompañaban.

El evangelio de Marcos presenta un elemento singular. Parece que la obra está inacabada, y la comunidad ha añadido un resumen abigarrado de los primeros tiempos de la Iglesia.

Primero recoge de forma sintética las apariciones de Cristo resucitado que leemos en los otros tres evangelios (16,9-14). Ahora recoge los elementos fundamentales que dan el paso a la nueva realidad de la Iglesia naciente: son «once» (porque Judas ya no pertenece a los doce apóstoles). A los apóstoles, Jesús en persona les encomienda: «Id al mundo entero»; no es una afirmación geográfica, pues en aquel momento el mundo se limitaba al Imperio romano, con sus límites y fronteras, sino que es una invitación universal: ¡que no haya fronteras para el Evangelio! Marcos recoge la práctica del bautismo, vinculado a la salvación en Cristo, y al mismo tiempo da cuenta de que algunos se resisten a creer: la dureza de corazón, las resistencias de la carne o de la experiencia; las negativas de los incrédulos reticentes... Marcos deja constancia de que la nueva vida por el bautismo transforma el mal en bien, el miedo en valor, la enfermedad en salud. Jesús, nos dice Marcos, está con nosotros, pero no en unos límites biográficos: Jesús sube al cielo y está con Dios, sentado a su derecha, compartiendo del todo su identidad y majestad. La Iglesia no se amilana, ni se acompleja, ni busca componendas o un trato de favor, ni traza estrategias de mercado. Ellos, dice el evangelio, se fueron a pregonar el Evangelio por todas partes. El Señor confirmaba su misión. La Iglesia de Marcos, la Iglesia de hoy, es libre para anunciar la Buena Noticia sin medias tintas, con la valentía que nace del Cristo resucitado.

Domingo
IV DE PASCUA
(SAN ISIDORO)

Primera lectura: Hechos de los Apóstoles 2,14.36-41

Salmo 22: El Señor es mi pastor, nada me falta

Segunda lectura: 1 Pedro 2,20-25

Evangelio: Juan 10,1-10

En aquel tiempo dijo Jesús: «Os aseguro que el que no entra por la puerta en el aprisco de las ovejas, sino que salta por otra parte, ese es ladrón y bandido; pero el que entra por la puerta es pastor de las ovejas. A este le abre el guarda y las ovejas atienden a su voz, y él va llamando por el nombre a sus ovejas y las saca fuera. Cuando ha sacado todas las suyas, camina delante de ellas, y las ovejas lo siguen, porque conocen su voz; a un extraño no lo seguirán, sino que huirán de él, porque no conocen la voz de los extraños». Jesús les puso esta comparación, pero ellos no entendieron de qué les hablaba. Por eso añadió Jesús: «Os aseguro que yo soy la puerta de las ovejas. Todos los que han venido antes de mí son ladrones y bandidos; pero las ovejas no los escucharon. Yo soy la puerta: quien entre por mí se salvará y podrá entrar y salir, y encontrará pastos. El ladrón no entra sino para robar y matar y hacer estrago; yo he venido para que tengan vida, y la tengan abundante».

La imagen del pueblo de Dios como rebaño tiene su raíz en la vida rural de Israel. El rey David fue pastor en su niñez. Dios cuida de su pueblo como un pastor. El pueblo de Israel se compara con el rebaño de Dios; y sus reyes y dirigentes como los pastores que deben procurar el bien para todos. Dios mismo es el pastor que guía a cada persona y se preocupa por él: «El

Señor es mi pastor, nada me falta», rezamos en el Salmo 23. Los profetas ya denuncian en el Antiguo Testamento a los dirigentes del pueblo que se aprovechan de él, que matan las ovejas cebadas y no apacientan al rebaño (Ez 34,1-6). Dios mismo, dice Ezequiel, reunirá a sus ovejas y las pastoreará (34,12). Juan recupera en su evangelio esta imagen para proponer a Jesús como aquel que cumple la profecía de Ezequiel. Jesús se sirve de imágenes populares: el rebaño, el redil y la puerta. El que nada esconde entra por la puerta; el que busca hacer daño entra a escondidas. El pastor conoce a sus ovejas y estas conocen su voz; pero no conocen la voz del extraño. Jesús habla con claridad: él es la única y verdadera puerta de acceso al rebaño. Usa palabras duras, llamando ladrones a aquellos que se han servido de la buena fe de la gente para aprovecharse de ella. Los ladrones van siempre usando malas artes, no pueden presentarse abiertamente, tienen de qué esconderse. Jesús, sin embargo, se presenta de frente, sin miedo, porque su palabra y su vida son francas. Con la imagen de la tapia o valla que se salta, contrapuesta a la de la puerta que usa el pastor, Juan da una clave importante: a la verdad se accede por la transparencia, la luminosidad y la sencillez, no por la hosquedad, la oscuridad y la complicación. Jesús no solo es buen pastor, sino que su mensaje y su vida gozan de la claridad y limpieza que no pueden presentar nunca quienes llevan oscuros o torcidos propósitos.

27

Primera lectura: Hechos de los Apóstoles 11,1-18

Salmo 41: Mi alma tiene sed de ti, Dios vivo

Evangelio: Juan 10,1-10 (o 10,11-18)

En aquel tiempo dijo Jesús: «Os aseguro que el que no entra por la puerta en el aprisco de las ovejas, sino que salta por otra parte, ese es ladrón y bandido; pero el que entra por la puerta es pastor de las ovejas. A este le abre el guarda y las ovejas atienden a su voz, y él va llamando por el nombre a sus ovejas y las saca fuera. Cuando ha sacado todas las suyas, camina delante de ellas, y las ovejas lo siguen, porque conocen su voz; a un extraño no lo seguirán, sino que huirán de él, porque no conocen la voz de los extraños». Jesús les puso esta comparación, pero ellos no entendieron de qué les hablaba. Por eso añadió Jesús: «Os aseguro que yo soy la puerta de las ovejas. Todos los que han venido antes de mí son ladrones y bandidos; pero las ovejas no los escucharon. Yo soy la puerta: quien entre por mí se salvará y podrá entrar y salir, y encontrará pastos. El ladrón no entra sino para robar y matar y hacer estrago; yo he venido para que tengan vida, y la tengan abundante».

Seguimos leyendo el discurso del Buen Pastor, de honda raíz en la tradición de Israel. Jesús se presenta con el título «Yo soy...», que nos remite al monte Horeb, cuando el Dios de la creación y de la historia, el Dios de los padres, se presenta ante Moisés como «Yo soy el que soy» (Ex 3,14). Jesús ha dicho «Yo soy la puerta» por la que entran las ovejas (Jn 10,7.9), y ahora dice «Yo soy el buen pastor» (10,11). Este segundo título tiene un impacto mayor en la experiencia religiosa del creyente, porque el «buen pastor» busca los mejores pastos, se desvela por la noche, protege y defiende de ladrones y alimañas. Jesús se presenta ante los discípulos como el enviado del Padre que se desvive del todo, con radicalidad, por nosotros. No es un «jornalero» a sueldo, sino el «dueño» con el que las ovejas tienen una relación especial: ellas me conocen y yo las conozco. Pero no estamos ante un texto «romántico» o, usando un término moderno, ante un texto *light*. Jesús continúa con su argumento: «Yo doy mi vida por las ovejas», y luego insiste: «Yo entrego mi vida», aún más: «Nadie me la quita, sino que yo la entrego libremente». Desde un punto de vista teológico, san Juan presenta la vida de Jesús vinculada a su entrega hasta el final. La muerte de Jesús no es causa de un ciego destino, cruel, del que no puede zafarse. Jesús ama a su rebaño y se entrega por él, con todas las consecuencias, hasta el final. Una vida con sentido y en libertad.

ABRIL

28

Martes
Feria o *San Pedro Chanel*
o *San Luis María Grignion de Monfort*

Primera lectura: Hechos de los Apóstoles 11,19-26

Salmo 86: Alabad al Señor, todas las naciones

Evangelio: Juan 10,22-30

Se celebraba en Jerusalén la fiesta de la Dedicación del templo. Era invierno y Jesús se paseaba en el templo por el pórtico de Salomón. Los judíos, rodeándolo, le preguntaban: «¿Hasta cuándo nos vas a tener en suspenso? Si tú eres el Mesías, dínoslo francamente». Jesús les respondió: «Os lo he dicho y no creéis; las obras que yo hago en nombre de mi Padre, esas dan testimonio de mí. Pero vosotros no creéis, porque no sois ovejas mías.

Mis ovejas escuchan mi voz, y yo las conozco, y ellas me siguen, y yo les doy la vida eterna; no perecerán para siempre, y nadie las arrebatará de mi mano. Mi Padre, que me las ha dado, supera a todos, y nadie puede arrebatarlas de la mano del Padre. Yo y el Padre somos uno».

Escena tensa en el Templo de Jerusalén entre Jesús y los «judíos» (nombre genérico que usa san Juan para referirse a los adversarios de Jesús). San Juan nos da indicaciones de cuándo tiene lugar esta confrontación. Se celebra la fiesta de la Dedicación del Templo, esto es, la fiesta judía de *Januká*, que coincide con las últimas semanas de diciembre, aunque no tiene nada que ver con la Navidad cristiana. Los judíos celebran que Judas Macabeo volvió a consagrar el Templo después de que el rey sirio Antíoco IV lo profanara. Es una fiesta, por tanto, de alto contenido identitario de los judíos con regusto mesiánico. Los judíos le exigen a Jesús que hable con claridad y diga si él es el Mesías. Jesús continúa con el mismo discurso de revelación: «Yo soy el buen pastor»; dicho de otra forma: «Vosotros no creéis porque no sois de mis ovejas». La situación se calienta porque Jesús se dirige a Dios –el totalmente Santo y majestuoso– como «mi Padre». Es más, dice que son «uno». Hay un intento de lapidación de Jesús, que no es porque Jesús realice obras buenas, sino porque «¡blasfema!». Un texto, de nuevo, en el que a la fe en Jesús se contraponen las resistencias, incluso violentas, de los que están parapetados y encapsulados en sus creencias, sin estar dispuestos a ceder ni un ápice. La intransigencia y la cerrazón forman parte de lo negativo de la condición humana.

29

Miércoles
Santa Catalina de Siena

Primera lectura: Hechos de los Apóstoles 12,24-13,5

Salmo 66: Oh Dios, que te alaben los pueblos,
que todos los pueblos te alaben

Evangelio: Juan 12,44-50

En aquel tiempo, Jesús dijo gritando: «El que cree en mí no cree en mí, sino en el que me ha enviado. Y el que me ve a mí ve al que me ha enviado. Yo he venido al mundo como luz, y así el que cree en mí no quedará en tinieblas. Al que oiga mis palabras y no las cumpla yo no le juzgo, porque no he venido para juzgar al mundo, sino para salvar al mundo. El que me rechaza y no acepta mis palabras tiene quien lo juzgue: la palabra que yo he pronunciado, esa lo juzgará en el último día. Porque yo no he hablado por cuenta mía; el Padre, que me envió, es quien me ha ordenado lo que he de decir y cómo he de hablar. Y sé que su mandato es vida eterna. Por tanto, lo que yo hablo lo hablo como me ha encargado el Padre».

Las preguntas que se mueven en el fondo de este texto son fundamentales. Jesús habla de él y de su Padre; ahora bien, ¿cuál es la relación de Jesús con el Padre? Y también, ¿hay que creer en Jesús o creer en el Padre, como si fueran dos divinidades distintas? La fe cristiana cree en un solo Dios; esto es irrenunciable. Nuestra fe es monoteísta. En este texto, Jesús dice que «el cree en él, cree en el que le ha enviado»; ¿y quién le ha enviado, sino el Padre? Jesús se enfrenta con los judíos porque, para ellos, esta pretensión de Jesús era no solo un despropósito, sino una blasfemia. La religión judía guarda con celo la santidad y majestad de Dios, de forma que no haya ninguna posibilidad de contacto, de identificación o de confusión entre la divinidad y la humanidad. Jesús se presenta como el «enviado» de Dios. La misión de Jesús no es la suya, la que él por su cuenta ha planeado, sino que es la misión que el Padre le ha encomendado. El evangelista se sirve de imágenes y temas que repite en su evangelio; una imagen muy repetida es la de la luz frente a las tinieblas; los oponentes de Jesús pertenecen al mundo de la confusión y la oscuridad, mientras que él se presenta como la luz que da paz, tranquilidad, claridad. Un segundo tema, igualmente repetido en este evangelio, es el de la salvación; la misión que el Padre le ha encomendado es la de salvar, no la de condenar. Ahora bien, el destinatario que oye este mensaje tiene que responder con la fe. Una fe que no es solo decir que Jesús es atractivo o sugerente; sino una fe que le reconozca como el enviado del Padre. La fe en Jesús y en el Padre no son contradictorias, sino que van de la mano. La fe en Jesús, el enviado, lleva a la vida eterna.

ABRIL

30 | Jueves
Feria o *San Pío V*

Primera lectura: Hechos de los Apóstoles 13,13-25

Salmo 88: Cantaré eternamente tus misericordias, Señor

Evangelio: Juan 13,16-20

Cuando Jesús acabó de lavar los pies a sus discípulos les dijo: «Os aseguro, el criado no es más que su amo ni el enviado es más que el que lo envía. Puesto que sabéis esto, dichosos vosotros si lo ponéis en práctica. No lo digo por todos vosotros; yo sé bien a quiénes he elegido, pero tiene que cumplirse la

Escritura: "El que compartía mi pan me ha traicionado". Os lo digo ahora, antes de que suceda, para que cuando suceda creáis que yo soy. Os lo aseguro: el que recibe a mi enviado me recibe a mí; y el que a mí me recibe, recibe al que me ha enviado».

Leemos este texto de la pasión de Jesús según san Juan en tiempo de Pascua; por eso tenemos que situarlo. Estamos en el lavatorio de los pies, en un contexto de cena pascual, antes de la traición de Judas. Así se entienden las referencias al criado y al amo (Jesús se ha presentado como siervo); la referencia al «pan» y a la traición (en los evangelios sinópticos, Jesús da un trozo de pan a Judas antes de que se vaya del cenáculo). Jesús no es víctima de un destino caprichoso y voluble, sino que su vida cumple el plan de Dios; por eso cita la Escritura (Sal 41,10). La traición forma parte del plan de los judíos para acabar con él, pero Jesús no pierde su libertad; sabe que va a suceder; es más, esta traición anunciada certifica la fe: «Para que creáis que yo soy». La traición se convierte en revelación de quién es Jesús. El texto de san Juan que hoy leemos comienza y acaba con un doble «en verdad os digo». El primero es un aforismo compuesto de dos versículos en paralelo; es una verdad universal que criado y enviado están sometidos a la voluntad del amo o del que les hace el encargo. El segundo «en verdad os digo» juega con dos verbos correspondientes: «enviar» y «recibir». Jesús es el «enviado» del Padre, que cumple lo que el Padre le dice. Nosotros, como creyentes, «recibimos» en la fe a Jesús, enviado de Dios. La Pascua es camino de fe y de acogida.

1 | **Viernes**
Feria o *San José Obrero*

Primera lectura: **Génesis 1,26-2,3 (o Colosenses 3,14-15.17.23-24)**

Salmo 89: Haz prósperas, Señor, las obras de nuestras manos

Evangelio: **Mateo 13,54-58**

En aquel tiempo fue Jesús a su ciudad y se puso a enseñar en la sinagoga. La gente decía admirada: «¿De dónde saca este esa sabiduría y esos milagros? ¿No es el hijo del carpintero? ¿No es su madre María y sus hermanos Santiago, José, Simón y Judas? ¿No viven aquí todas sus hermanas? Entonces, ¿de dónde saca todo eso? Y desconfiaban de él». Jesús les dijo: «Solo en su tierra y en su casa desprecian a un profeta». Y no hizo allí muchos milagros, porque les faltaba fe.

Jesús es de Nazaret, un pueblo de la Baja Galilea habitado por familias judías, rodeado de campos de cereal, higueras, vides y olivos. Tierra fértil que trabajaban de forma laboriosa. Jesús era «de campo»; los evangelios nos dicen que su padre era *tékton,* palabra que podemos traducir como «artesano» o «manitas»; de forma más solemne ha pasado a la tradición cristiana como «carpintero». María, su madre, hacía las labores de las mujeres rurales del siglo I: cocinar, ira a por el agua a la fuente, cuidar con esmero de la «cueva-casa»; educar a los hijos con sentido religioso. Nadie está solo, aislado, sino vinculado por familias fuertes en su sentido más amplio: varias generaciones de familias judías, con los nuevos miembros que se unen a la unidad familiar (las esposas dejan la familia paterna para incorporarse a la de su esposo). Todos saben de qué familia es cada uno. Es lo mismo que sucede en los pueblos pequeños de hoy en día. Jesús se ha ido de Nazaret no muy lejos: a la zona del «lago», a unos cuarenta kilómetros. No están lejos, pero son mundos distintos: uno agrícola, el otro de pescadores. Por Nazaret no pasa ninguna vía importante, mientras que por Cafarnaún pasa la *Via Maris*, que une Damasco con Cesarea Marítima. Jesús vuelve a Nazaret y va a la sinagoga. La sorpresa es grande, pues le conocen todos: es un vecino más que ha dejado el pueblo hace muy poco tiempo. La sorpresa es enorme: ¿de dónde saca esa sabiduría y cómo hace esos signos? Nosotros a veces decimos: «Si yo hubiera estado allí... habría creído» Allí estaban los que le conocían, y le rechazaron. Jesús se lamenta con unas palabras que han llegado hasta nosotros: «Solo en su casa desprecian a un profeta». No queremos que uno de los nuestros nos eche en cara nuestras contradicciones. El texto sentencia: «No pudo hacer milagros...». ¿Por qué? Porque les faltaba la fe.

MAYO

2 | **Sábado**
  | San Atanasio

Primera lectura: Hechos de los Apóstoles 13,44-52

Salmo 97: Los confines de la tierra han contemplado
la victoria de nuestro Dios

Evangelio: Juan 14,7-14

En aquel tiempo dijo Jesús a Tomás: «Si me conocierais a mí, conoceríais también a mi Padre. Ahora ya lo conocéis y lo habéis visto». Felipe le dice: «Señor, muéstranos al Padre y nos basta». Jesús le replica: «Hace tanto que estoy con vosotros, ¿y no me conoces, Felipe? Quien me ha visto a mí ha visto al Padre. ¿Cómo dices tú: "Muéstranos al Padre"? ¿No crees que yo estoy en el Padre y el Padre en mí? Lo que yo os digo no lo hablo por cuenta propia. El Padre, que permanece en mí, hace sus obras. Creedme: yo estoy en el Padre y el Padre en mí. Si no, creed a las obras. Os lo aseguro: el que cree en mí también él hará las obras que yo hago, y aun mayores. Porque yo me voy al Padre; y lo que pidáis en mi nombre yo lo haré, para que el Padre sea glorificado en el Hijo. Si me pedís algo en mi nombre, yo lo haré».

Jesús acaba de anunciar su inminente partida (14,1-3). Luego ha añadido: «Yo soy el camino, la verdad y la vida», y también: «Nadie va al Padre si no es por mí» (14,6). El texto se enfoca en dos apóstoles: Tomás y Felipe. Tomás hace una pregunta con la lógica humana: si no sabemos a dónde vas (tú mismo has anunciado tu partida al Padre, sin dar explicaciones, ¿cómo vamos a saber el camino?). Luego Felipe, en el texto que leemos hoy, da un paso más: «Muéstranos al Padre y eso nos basta». Parece que Jesús se extraña; es una pregunta que puede ser también para nosotros: «Tanto tiempo que llevas conmigo, ¿y aún no me conoces?». El evangelio de Juan es el evangelio de la Palabra encarnada; desde el prólogo, Juan contempla a Cristo Palabra preexistente y presente en la creación: la Palabra estaba junto a Dios y la Palabra era Dios. Más tarde, a lo largo de su obra, Juan presenta a Jesús como el «Yo soy» que remite al Dios de Israel. Ahora, en una nueva expresión teológica de alcance, afirma que el Padre está en él y él en el Padre. No solo que «está», sino que «permanece». Jesús procede del Padre y vuelve al Padre. Teología y cristología de altura. Nosotros, como Tomás y Felipe, hacemos preguntas entre sorprendidos y torpes. La fe, en Juan, es un camino que lleva al encuentro con el Padre y el Hijo. Un camino muchas veces de contemplación en la sorpresa y la admiración.

MAYO

3

Primera lectura: Hechos de los Apóstoles 6,1-7

Salmo 32: Que tu misericordia, Señor, venga sobre nosotros, como lo esperamos de ti

Segunda lectura: 1 Pedro 2,4-9

Evangelio: Juan 14,1-12

En aquel tiempo dijo Jesús a sus discípulos: «Que no tiemble vuestro corazón; creed en Dios y creed también en mí. En la casa de mi Padre hay muchas estancias; si no fuera así, ¿os habría dicho que voy a prepararos sitio? Cuando vaya y os prepare sitio, volveré y os llevaré conmigo, para que donde estoy yo estéis también vosotros. Y adonde yo voy, ya sabéis el camino». Tomás le dice: «Señor, no sabemos adónde vas, ¿cómo podemos saber el camino? Jesús le responde: «Yo soy el camino, y la verdad, y la vida. Nadie va al Padre sino por mí. Si me conocierais a mí, conoceríais también a mi Padre. Ahora ya lo conocéis y lo habéis visto». Felipe le dice: «Señor, muéstranos al Padre y nos basta». Jesús le replica: «Hace tanto que estoy con vosotros, ¿y no me conoces, Felipe? Quien me ha visto a mí ha visto al Padre. ¿Cómo dices tú: "Muéstranos al Padre"? ¿No crees que yo estoy en el Padre y el Padre en mí? Lo que yo os digo no lo hablo por cuenta propia. El Padre, que permanece en mí, hace sus obras. Creedme: yo estoy en el Padre y el Padre en mí. Si no, creed a las obras. Os lo aseguro: el que cree en mí también él hará las obras que yo hago, y aun mayores. Porque yo me voy al Padre».

En un contexto de proximidad de la pasión, Jesús anuncia su próxima partida. No lo hace una sola vez, sino que, de forma gradual y pedagógica, va preparando a sus discípulos. Ya hemos leído en el evangelio de Juan la escena del servicio dentro del contexto de la última cena (13,1-20); también hemos contemplado la traición de Judas (13,21-30); Jesús nos ha dicho explícitamente que nos deja un mandamiento nuevo, que nos amemos como él nos ha amado (13,31-34), y por fin hemos visto cómo Jesús predice la negación de Pedro (13,36-38). Por dos veces Jesús les ha advertido que «tiene que partir», pero que a donde él va no pueden ir ellos. Primero después de que Judas abandona la cena (13,31-33); luego Pedro retoma la misma cuestión que no ha quedado resuelta (13,36). Ahora intervienen otros dos apóstoles, Tomás y Felipe. Jesús les invita a la confianza: «No os inquietéis... me voy para prepararos sitio, para que estéis conmigo». Estas palabras no suscitan tranquilidad, sino más preguntas que conducen al centro del texto: ante la duda de Tomás acerca del camino que hay que seguir, Jesús proclama: «Yo soy el camino, la verdad y la vida». Seguimos en la línea ya comentada de que Jesús completa la afirmación del Dios del Sinaí, Yahvé, cuando dice: «Yo soy el que soy». Más aún; Jesús se atreve a pronunciar una frase contundente, incluso provocadora: «Nadie va al Padre sino por mí». Felipe interviene de forma torpe: «Muéstranos al Padre...», provocando una dura respuesta de Jesús: «¿Aún no me conoces?». En el evangelio de Juan, el Padre y Jesús son uno. Conocer al Padre es conocer a Jesús, y viceversa. Nosotros, abiertos al misterio de Dios, tenemos una puerta de acceso única, cierta y translúcida, poniendo a Jesús como «camino, verdad y vida».

MAYO

4 | Lunes
Feria

Primera lectura: Hechos de los Apóstoles 14,5-18

Salmo 114: No a nosotros, Señor, no a nosotros,
sino a tu nombre da la gloria

Evangelio: Juan 14,21-26

En aquel tiempo dijo Jesús a sus discípulos: «El que acepta mis mandamientos y los guarda, ese me ama; al que me ama lo amará mi Padre, y yo también lo amaré y me revelaré a él». Le dijo Judas, no el Iscariote: «Señor, ¿qué ha sucedido para que te reveles a nosotros y no al mundo?». Respondió Jesús y le dijo: «El que me ama guardará mi palabra, y mi Padre lo amará, y vendremos a él y haremos morada en él. El que no me ama no guardará mis palabras. Y la palabra que estáis oyendo no es mía, sino del Padre, que me envió. Os he hablado de esto ahora que estoy a vuestro lado, pero el Defensor, el Espíritu Santo, que enviará el Padre en mi nombre, será quien os lo enseñe todo y os vaya recordando todo lo que os he dicho».

Jesús viene del Padre y al Padre vuelve; pero Jesús no regresa al Padre sin habernos dejado antes un «mandamiento nuevo», el del amor, y una petición que se torna clave de espiritualidad: «guardar su palabra». Si Dios es amor, solo puede amar. Si Dios nos da unos mandamientos, estos solo pueden ser de amor. Si decimos que creemos en Dios, la única relación posible es la del amor. Si amamos a Dios, se puede comprobar en que guardamos su palabra. Parece una secuencia compleja, difícil de cumplir. Jesús nos dice que él está a nuestro lado y que nos enviará el Espíritu Santo. La vida cristiana es una vida en el Espíritu Santo. Él garantiza que estamos unidos a Jesús; más aún, es el sello que une la morada de Dios en nosotros. El ser humano busca caminos de espiritualidad; al menos eso dice. Con frecuencia se pierde en propuestas confusas, difusas, que aportan poco. La fe cristiana nos pone en un camino de espiritualidad, la del discipulado de Jesús, que vive en el amor y para el amor; que se abre al misterio de Dios Padre y que guarda su palabra. Una espiritualidad que es escucha atenta del Paráclito, del Espíritu Santo. La petición del cristiano es: Espíritu Santo, ¡ven!

MAYO

5 | **Martes**
  | Feria

Primera lectura: Hechos de los Apóstoles 14,19-28
Salmo 144: Que tus fieles, Señor, proclamen la gloria de tu reinado

Evangelio: Juan 14,27-31a

En aquel tiempo dijo Jesús a sus discípulos: «La paz os dejo, mi paz os doy; no os la doy yo como la da el mundo. Que no tiemble vuestro corazón ni se acobarde. Me habéis oído decir: "Me voy y vuelvo a vuestro lado". Si me amarais, os alegraríais de que vaya al Padre, porque el Padre es más que yo. Os lo he dicho ahora, antes de que suceda, para que, cuando suceda, sigáis creyendo. Ya no hablaré mucho con vosotros, pues se acerca el Príncipe de este mundo; no es que él tenga poder sobre mí, pero es necesario que el mundo comprenda que yo amo al Padre, y que lo que el Padre me manda yo lo hago».

Seguimos leyendo el evangelio de san Juan en el contexto de los discursos de despedida de Jesús. Él vuelve al Padre, pero no nos deja solos, sino que nos entrega el Espíritu Santo. El discurso de Jesús avanza en espiral, como es su costumbre: Jesús nos entrega su «paz», no la del mundo. El don de la paz (*shalom* en el mundo bíblico) está íntimamente unida al amor del Padre (*agape* en el evangelio de Juan); a su vez, este amor del Padre está inseparablemente vinculado a él y a los que el Padre les ha confiado. No hay paz sin amor; el odio nunca puede traer la paz. La división y la mentira son compañeras de la violencia. Desde un punto de vista humano y espiritual, la paz forma un binomio con el amor. En muchas ocasiones son sinónimo de los deseos de toda persona de bien, sea religiosa o no. Juan insiste en la situación en que queda el discípulo; no puede caer en el miedo/pánico ante lo desconocido que paraliza y esteriliza, sino en la confianza, porque sabe que Jesús no le ha dejado solo, abandonado a su suerte, sino que volverá. El adversario de Jesús, «el príncipe de este mundo», no tiene poder sobre él.

MAYO

6

Miércoles
Feria

Primera lectura: **Hechos de los Apóstoles 15,1-6**

Salmo 121: Vamos alegres a la casa del Señor

Evangelio: Juan 15,1-8

En aquel tiempo dijo Jesús a sus discípulos: «Yo soy la verdadera vid, y mi Padre es el labrador. A todo sarmiento mío que no da fruto lo arranca, y a todo el que da fruto lo poda para que dé más fruto. Vosotros ya estáis limpios por las palabras que os he hablado; permaneced en mí y yo en vosotros. Como el sarmiento no puede dar fruto por sí si no permanece en la vid, así tampoco vosotros si no permanecéis en mí. Yo soy la vid, vosotros, los sarmientos; el que permanece en mí y yo en él, ese da fruto abundante; porque sin mí no podéis hacer nada. Al que no permanece en mí lo tiran fuera, como al sarmiento, y se seca; luego los recogen y los echan al fuego, y arden. Si permanecéis en mí y mis palabras permanecen en vosotros, pediréis lo que deseéis y se realizará. Con esto recibe gloria mi Padre, con que deis fruto abundante; así seréis discípulos míos».

La escena que dibuja Juan se mueve en el mundo rural del Mediterráneo: la vid y los sarmientos, el viñador, el fruto. Una simbología sugerente y fácil de comprender: las viñas deben ser podadas cada año, y solo así se asegura el fruto venidero; del sarmiento, unido a la vid, cuelgan los racimos, pero una vez que se poda se echan al fuego. El fruto no es seguro, sino que se puede perder o pudrir. El evangelio de Juan es una teología de la revelación de quién es Jesús sirviéndose de distintos elementos (los «signos», la «hora»); uno de ellos, ya lo hemos indicado, es la apropiación del «Yo soy». Jesús es la vid («Yo soy la vid verdadera»), y solo si permanecemos unidos a él podremos dar fruto; es más, solo si nos dejamos «limpiar y podar» por el labrador, que es el Padre, podremos ofrecer uvas dulces y sanas. Jesús nos invita a la unidad con él y a la permanencia en él. No podemos ilusionarnos como adolescentes y luego abandonar; o ponernos con seriedad en el camino del discipulado y luego «negociar» o incluso «cortar».

7

Primera lectura: Hechos de los Apóstoles 15,7-21

Salmo 95: Contad las maravillas del Señor a todas las naciones

Evangelio: Juan 15,9-11

En aquel tiempo dijo Jesús a sus discípulos: «Como el Padre me ha amado, así os he amado yo; permaneced en mi amor. Si guardáis mis mandamientos permaneceréis en mi amor; lo mismo que yo he guardado los mandamientos de mi Padre y permanezco en su amor. Os he hablado de esto para que mi alegría esté en vosotros, y vuestra alegría llegue a plenitud».

Seguimos leyendo el evangelio de Juan; ayer contemplábamos la afirmación de Jesús «Yo soy la vid», y añadía que «mi Padre es el viñador». Luego, en el desarrollo de la imagen, insistía en que, así como los sarmientos no pueden vivir separados de la cepa, así tampoco los discípulos pueden vivir separados de Jesús. De ahí la invitación a «permanecer» unidos a él. De nuevo Juan recurre al motivo teológico que repite en su obra: «el amor». Lo que nos pide Jesús es: «Permaneced en mi amor». Juan hace una afirmación, luego incorpora una nueva idea, vincula las dos, retorna a la primera... es una forma de hacer teología reiterada, insistiendo una y otra vez para buscar mayor profundidad. El amor en el que debemos permanecer nos lleva a guardar los mandamientos, ¿y cuál es el mandamiento nuevo, según Juan? Que os améis unos a otros. Esta propuesta de Jesús lleva a la profunda alegría. Con frecuencia estamos desorientados, buscando alternativas a la vida, esperando que alguien nos dé claves nuevas para afrontar el día a día y lleguemos a la «plenitud». Jesús nos dice que la verdadera felicidad está en el amor; más aún, en permanecer en el amor de Cristo. No hay otros «trucos» ni «atajos».

MAYO

8 | **Viernes**
Feria

Primera lectura: Hechos de los Apóstoles 15,22-31

Salmo 56: Te daré gracias ante los pueblos, Señor

Evangelio: Juan 15,12-17

En aquel tiempo dijo Jesús a sus discípulos: «Este es mi mandamiento: que os améis unos a otros como yo os he amado. Nadie tiene amor más grande que el que da la vida por sus amigos. Vosotros sois mis amigos si hacéis lo que yo os mando. Ya no os llamo siervos, porque el siervo no sabe lo que hace su señor: a vosotros os llamo amigos, porque todo lo que he oído a mi Padre os lo he dado a conocer. No sois vosotros los que me habéis elegido, soy yo quien os he elegido y os he destinado para que vayáis y deis fruto, y vuestro fruto dure. De modo que lo que pidáis al Padre en mi nombre os lo dé. Esto os mando: que os améis unos a otros».

Leemos el centro teológico del evangelio de Juan y del mensaje de Jesús. El evangelista ha dicho que «tanto amó Dios al mundo que entregó a su Hijo para salvar al mundo» (3,16); más tarde, en el contexto de la cena pascual, Jesús dice: «Os doy un mandato nuevo: amaos los unos a los otros» (13,34). Ahora, después de decir Jesús que él es «el camino, la verdad y la vida» (14,6), y que él es la vid a la que estamos unidos (15,5), pidiéndonos permanecer en su amor (15,9), ahora insiste en una nueva perspectiva: la del verdadero amigo. Parte de una afirmación solemne y universal: «Nadie tiene amor mayor que el que da la vida por sus amigos»; de ahí engancha con los oyentes de todos los tiempos: «Vosotros sois mis amigos». En una experiencia religiosa difusa, la divinidad, lo numinoso, lo «santo» sin definición, puede causar respeto o dar miedo; puede crear una relación de sumisión, incluso de esclavitud respecto a los dioses. Jesús nos dice: «Vosotros no sois siervos, sino amigos». Jesús ha entregado su vida por amor a nosotros, que somos sus amigos. Por eso el amor debido no es una exigencia que se nos impone, sino que brota de una experiencia. Teniendo experiencia del amor dejaremos que Dios se haga presente en nuestra vida.

MAYO

9

Sábado
Feria

Primera lectura: Hechos de los Apóstoles 16,1-10

Salmo 99: Aclama al Señor, tierra entera

Evangelio: Juan 15,18-21

En aquel tiempo dijo Jesús a sus discípulos: «Si el mundo os odia, sabed que me ha odiado a mí antes que a vosotros. Si fuerais del mundo, el mundo os amaría como cosa suya, pero como no sois del mundo, sino que yo os he escogido sacándoos del mundo, por eso el mundo os odia. Recordad lo que os dije: "No es el siervo más que su amo. Si a mí me han perseguido, también a vosotros os perseguirán; si han guardado mi palabra, también guardarán la vuestra". Y todo eso lo harán con vosotros a causa de mi nombre, porque no conocen al que me envió».

Seguimos leyendo la exhortación de Jesús sobre el discípulo que está unido a él y permanece en su amor, teniendo la experiencia del amigo, no del esclavo (evangelios de los días pasados). San Juan introduce ahora un nuevo concepto, el del «odio». Puede parecernos que es un concepto demasiado fuerte; que es imposible que haya personas que puedan llegar a «odiar». El «odio» y el «amor» son las dos caras de una moneda; como la «luz» y las «tinieblas»; como el «día y la noche». Dios solo sabe amar y solo puede amar; Jesús nos dice que el camino es el del amor; los adversarios de Jesús, los de entonces y los de ahora, no entran en esta dinámica, sino que sirven al dios –con minúscula– «odio»: violencia, crueldad, sadismo, represión, humillación…, pongamos los nombres que creamos oportunos. La persecución del discípulo nace de aquí, de que se opone a los que odian. El siervo no es mayor que el amo; si a Jesús le persiguieron y le condenaron, no puede ser muy distinta la suerte del discípulo que vive en el amor, desde el amor, para el amor.

MAYO
10

Domingo

VI DE PASCUA
(San Juan de Ávila)

Primera lectura: Hechos de los Apóstoles 8,5-8.14-17

Salmo 65: Aclamad al Señor, tierra entera

Segunda lectura: 1 Pedro 3,15-18

Evangelio: Juan 14,15-21

En aquel tiempo dijo Jesús a sus discípulos: «Si me amáis, guardaréis mis mandamientos. Yo le pediré al Padre que os dé otro defensor que esté siempre con vosotros, el Espíritu de la verdad. El mundo no puede recibirlo, porque no lo ve ni lo conoce; vosotros, en cambio, lo conocéis, porque vive con vosotros y está con vosotros. No os dejaré huérfanos, volveré. Dentro de poco el mundo no me verá, pero vosotros me veréis y viviréis, porque yo sigo viviendo. Entonces sabréis que yo estoy con mi Padre, y vosotros conmigo y yo con vosotros. El que acepta mis mandamientos y los guarda, ese me ama; al que me ama lo amará mi Padre, y yo también lo amaré y me revelaré a él».

El texto presenta el primero de los «cinco anuncios» de la venida del Espíritu en el evangelio de Juan. El Espíritu Santo «Defensor», el amor del Padre y la presencia de Jesús en el creyente son los dones que nos promete. Solo el evangelio de Juan da al Espíritu Santo el nombre griego de «Paráclito», término que tiene que ver con la «defensa» de los débiles; es nuestro «procurador», «intercesor»; pero, sobre todo, tiene que ver con el estímulo, ayuda y luz en el proceso interno de la fe, de ahí «consolador». Jesús no nos «desampara», porque no nos abandona, pues el Espíritu es su Presencia en nosotros; promete su próximo regreso: «Volveré». En el Antiguo Testamento es Dios quien promete estar con su pueblo, «no tengas miedo, yo estoy contigo», en lo que se conoce como «promesa de presencia». En el Nuevo Testamento, Jesús realiza la promesa de su regreso y de su presencia salvífica por medio del Espíritu Santo. El discípulo debe vivir ya esta presencia en la observancia del amor. De la misma forma que el judío que ama a Dios respeta sus mandamientos, Jesús nos recuerda también que su discípulo, que le ama, observa también sus mandamientos. La muerte de Jesús no supone un corte discontinuo entre un antes y un después que no tengan nada que ver. No se trata de una orfandad, siempre terrible y en muchos casos traumática. Jesús tiene que marcharse, pero promete su presencia viva y vivificadora. Sus enseñanzas hay que escucharlas y sus mandamientos hay que guardarlos. El mundo, como adversario, aparece continuamente en el evangelio de Juan; por eso mismo el Espíritu es Defensor garante de la verdad. En nuestro caminar en la Iglesia y con la Iglesia seguimos arraigados en Jesús y en su Evangelio, al mismo tiempo que pedimos con insistencia la asistencia del Espíritu. Caminamos con sentido y protegidos.

MAYO

11 | **Lunes**
Feria

Primera lectura: Hechos de los Apóstoles 16,11-15
Salmo 149: El Señor ama a su pueblo

Evangelio: Juan 15,26-16,4

En aquel tiempo dijo Jesús a sus discípulos: «Cuando venga el Defensor, que os enviaré desde el Padre, el Espíritu de la verdad, que procede del Padre, él dará testimonio de mí; y también vosotros daréis testimonio, porque desde el principio estáis conmigo. Os he hablado de esto para que no tambaleéis. Os excomulgarán de la sinagoga; más aún, llegará incluso una hora cuando el que os dé muerte pensará que da culto a Dios. Y esto lo harán porque no han conocido ni al Padre ni a mí. Os he hablado de esto para que, cuando llegue la hora, os acordéis de que yo os lo había dicho».

Las lecturas de este año no recogen el «segundo anuncio del Paráclito», donde se nos dice que el Espíritu Santo nos lo «explicará todo» (14,25-26). Leemos hoy el «tercer anuncio»; es el «Espíritu de la verdad». La verdad solo tiene un camino. Lo demás son componendas, arreglos, medias verdades. El Espíritu Santo da testimonio de quién es Jesús, y nosotros también debemos dar «testimonio». La fe se confiesa con los labios, pero se lleva a la vida diaria, no escondiéndose de las dificultades o buscando escenarios favorables, sino allí donde se está. Jesús habla de la persecución directa: expulsión de la sinagoga e incluso pena de muerte. Desde un punto de vista histórico, podemos ver en estas palabras la ruptura que tuvo lugar entre la comunidad cristiana naciente y la comunidad judía (la sinagoga). No todo fue fácil al principio; más aún, fue muy difícil, y las controversias acabaron en ruptura. Los discípulos de Jesús saben que la fe que profesan y la proclamación abierta del Evangelio, la verdad del Evangelio, es fuente de conflictos. Pero no hay que temer, porque no estamos solos. El Espíritu Santo es nuestro defensor.

MAYO

12 | **Martes**
Feria o *San Nereo y San Aquiles, San Pancracio*

Primera lectura: **Hechos de los Apóstoles 16,22-34**

Salmo 137: Señor, tu derecha me salva

Evangelio: Juan 16,5b-11

En aquel tiempo dijo Jesús a sus discípulos: «Ahora me voy al que me envió y ninguno de vosotros me pregunta: "¿Adónde vas?" Sino que, por haberos dicho esto, la tristeza os ha llenado el corazón. Sin embargo, lo que os digo es la verdad: os conviene que yo me vaya; porque, si no me voy, no vendrá a vosotros el Defensor. En cambio, si me voy, os lo enviaré. Y, cuando venga, dejará convicto al mundo con la prueba de un pecado, de una justicia, de una condena. De un pecado, porque no creen en mí; de una justicia, porque me voy al Padre y no me veréis; de una condena, porque el Príncipe de este mundo está condenado».

Cuarto anuncio del Paráclito. Jesús insiste: «Conviene que yo me vaya». Todas las generaciones hemos pensado alguna vez que Jesús tenía que haber vivido en nuestro tiempo; algunos piensan incluso que no le habríamos tratado como lo hicieron en su época. Jesús pertenece a la historia y al pueblo judío. Para entenderlo a él y su mensaje debemos situarlo en la Palestina del siglo I, con sus luces y sus sombras. El escenario histórico y temporal puede parecernos muy lejano, pero el corazón del ser humano, con sus dificultades, logros y carencias, es muy semejante. Jesús vivió su vida humana y regresa al Padre. Nosotros no somos contemporáneos, en el sentido estricto de la expresión, pero somos «contemporáneos» suyos porque creemos que él está vivo. El Espíritu Santo sigue iluminando nuestra fe para que lo vivamos aquí y hoy. Los tres términos que siguen en el texto continúan siendo válidos: la falta de fe sigue siendo un «pecado» real. La justicia, desde este punto de vista religioso, no social, es que Jesús ha llevado a cabo su misión; la condena a la que se refiere es la del «príncipe de este mundo». Jesús es el Hijo amado, ha llevado a cabo su tarea y ha vencido al mundo. Nosotros somos testigos.

MAYO

13

Miércoles
Feria o *Bienaventurada Virgen de Fátima*

Primera lectura: Hechos de los Apóstoles 17,15.22-18,1
....
Salmo 148: Llenos están el cielo y la tierra de tu gloria
....

Evangelio: Juan 16,12-15

En aquel tiempo dijo Jesús a sus discípulos: «Muchas cosas me quedan por deciros, pero no podéis cargar con ellas por ahora; cuando venga él, el Espíritu de la verdad, os guiará hasta la verdad plena. Pues lo que hable no será suyo: hablará de lo que oye y os comunicará lo que está por venir. Él me glorificará, porque recibirá de mí lo que os irá comunicando. Todo lo que tiene el Padre es mío. Por eso os he dicho que toma de lo mío y os lo anunciará».

El quinto y último anuncio del Espíritu Santo Paráclito, que coincide con el texto que leemos hoy, insiste en que será él quien lleve a los discípulos a descubrir toda la dimensión y alcance de lo que Jesús es y significa: «Os guiará hasta la verdad plena». El texto sigue: «Muchas cosas me queda por deciros». ¿Qué supone esto? ¿Acaso hay «cosas» que aún no sabemos o tenemos que esperar otras «revelaciones»? La pregunta es pertinente y acompaña a los discípulos de todos los tiempos. El Espíritu glorifica a Jesús («él me glorificará»), comunica a Jesús («recibirá de lo mío y os lo anunciará»); nos dice quién es Jesús para que lo conozcamos y lo vivamos con honestidad y serenidad. Por una parte, hay apertura a la comprensión mayor del misterio («verdad plena»); por otra, hay fidelidad: «Tomará de lo mío». El discípulo de Jesús permanece fiel y al mismo tiempo se abre a la revelación plena. El evangelio de Juan no es una propuesta de caminar solos, en un proceso individual, sino una búsqueda de la verdad plena, con toda la Iglesia, que comunica el Padre por medio del Espíritu.

Primera lectura: **Hechos de los Apóstoles 1,15-17.20-26**

Salmo 112: El Señor lo sentó con los príncipes de su pueblo

Evangelio: **Juan 15,9-17**

En aquel tiempo dijo Jesús a sus discípulos: «Como el Padre me ha amado, así os he amado yo; permaneced en mi amor. Si guardáis mis mandamientos permaneceréis en mi amor; lo mismo que yo he guardado los mandamientos de mi Padre y permanezco en su amor. Os he hablado de esto para que mi alegría esté en vosotros, y vuestra alegría llegue a plenitud. Este es mi mandamiento: que os améis unos a otros como yo os he amado. Nadie tiene amor más grande que el que da la vida por sus amigos. Vosotros sois mis amigos si hacéis lo que yo os mando. Ya no os llamo siervos, porque el siervo no sabe lo que hace su señor: a vosotros os llamo amigos, porque todo lo que he oído a mi Padre os lo he dado a conocer. No sois vosotros los que me habéis elegido, soy yo quien os he elegido y os he destinado para que vayáis y deis fruto, y vuestro fruto dure. De modo que lo que pidáis al Padre en mi nombre os lo dé. Esto os mando: que os améis unos a otros».

Si nos preguntan a uno de nosotros, que hemos recibido formación catequética, ¿cuál es el mandamiento principal de los cristianos?, diremos que el «amor». Matizaremos: «Que nos amemos unos a los otros». Así es. Es el mandamiento de Jesús tal como leemos en el evangelio de san Juan. Los otros tres evangelistas –Mateo, Marcos y Lucas– insisten más en una variante que, sin ser distinta, no agota la experiencia del vivir en el amor; estos evangelistas desarrollan más la experiencia de la «misericordia», el «perdón» y la «compasión». Juan da una razón de fondo, teológica, para profundizar en el amor: el Padre ha amado a Jesús; Jesús nos ama; Jesús nos pide que guardemos sus mandamientos, que es vivir en el amor. En un desarrollo posterior de esta misma experiencia nos pone en la tesitura de los «siervos» y los «amigos». El «siervo» cumple una tarea, aunque solo sea por obediencia, pero no se le pide ni que lo haga a gusto ni que comparta el sentimiento del amor generoso; el «amigo» comparte con el otro todo lo que es y tiene. No hace cálculos de interés. Jesús nos dice que nosotros «somos sus amigos». Es verdad que añade una condición: «Si hacéis lo que yo os mando». La experiencia del cristiano es la experiencia de haber sido elegidos por Jesús (la iniciativa la tiene él); de habernos llamado a su vida interior (vida amorosa) y de comunicarlo a los demás. San Matías, apóstol, tuvo la dicha de tener esta experiencia del amor. Experiencia comunicativa, que no se limita a un sentimentalismo romántico. El que ama se incorpora a la nueva vida de Dios.

MAYO

15 | Viernes
San Isidro

Primera lectura: Hechos de los Apóstoles 18,9-18

Salmo 46: Dios es el rey del mundo

Evangelio: Juan 16,20-23a

En aquel tiempo dijo Jesús a sus discípulos: «Os aseguro que lloraréis y os lamentaréis vosotros, mientras el mundo estará alegre; vosotros estaréis tristes, pero vuestra tristeza se convertirá en alegría. La mujer, cuando va a dar a luz, siente tristeza porque ha llegado su hora; pero en cuanto da a luz al niño ni se acuerda del apuro por la alegría de que al mundo le ha nacido un hombre. También vosotros ahora sentís tristeza; pero volveré a veros y se alegrará vuestro corazón, y nadie os quitará vuestra alegría. Ese día no me preguntaréis nada».

Juan se sirve de un ejemplo claro: el de una mujer embarazada que espera el próximo nacimiento de su hijo. Habla de tristeza porque ha llegado su hora; nosotros podríamos hablar de expectación, de tensión, de incertidumbre. Cuando el niño nace, esta situación pasajera se torna en alegría por la nueva vida. Vivimos de la realidad, pero no nos conformamos con ella. Vivimos arraigados, pero con esperanza de que «lo mejor está por venir». Los anuncios del Espíritu Santo reúnen una visión clarificadora de la realidad (la mujer está expectante) con la certeza de un futuro (el niño nace). A veces hemos escuchado esta expresión: «Ya, pero todavía no». En efecto, «ya» podemos vivir con signos ciertos de que el amor de Dios transforma el mundo; pero la tarea, ingente y a largo plazo, «todavía no» ha llegado a su fin. El Espíritu Santo nos hace estar despiertos, atentos, activos, preparados. De las expectativas a las realidades; de los proyectos a los cumplimientos.

MAYO

16 | **Sábado**
Feria

Primera lectura: Hechos de los Apóstoles 18,23-28

Salmo 46: Dios es el rey del mundo

Evangelio: Juan 16,23b-28

En aquel tiempo dijo Jesús a sus discípulos: «Yo os aseguro, si pedís algo al Padre en mi nombre, os lo dará. Hasta ahora no habéis pedido nada en mi nombre; pedid y recibiréis, para que vuestra alegría sea completa. Os he hablado de esto en comparaciones; viene la hora en que ya no hablaré en comparaciones, sino que os hablaré del Padre claramente. Aquel día pediréis en mi nombre, y no os digo que yo rogaré al Padre por vosotros, pues el Padre mismo os quiere, porque vosotros me queréis y creéis que yo salí de Dios. Salí del Padre y he venido al mundo, otra vez dejo el mundo y me voy al Padre».

Esta frase final que acabamos de leer, «salí del Padre; he venido al mundo; regreso al Padre», hace referencia a la cristología de Juan. La figura de Jesús, su persona y su misterio, son contempladas desde distintas perspectivas. Las más importantes son las de los evangelios sinópticos –Mateo, Marcos y Lucas–; también Pablo tiene una perspectiva fundamental sobre la persona de Jesús y su misión. En este caso leemos a modo de síntesis la visión de este evangelista, una visión propia y profunda, en coherencia con toda su obra. Jesús es el Hijo, que el Padre ha enviado; ha cumplido su misión y regresa de nuevo con él. Hasta ahora sus palabras, su vida y su mensaje eran un enigma para sus discípulos. La primera parte del evangelio es una revelación progresiva de Jesús que ellos no terminan de comprender. Aún les falta ver a su maestro clavado en la cruz, motivo de perturbación, dolor e incluso escándalo. Jesús les dice quién es para que se mantengan fieles y firmes en la fe, a pesar de todas las dificultades.

Domingo
ASCENSIÓN DEL SEÑOR
(San Pascual Bailón)

Primera lectura: Hechos de los Apóstoles 1,1-11

Salmo 46: Dios asciende entre aclamaciones; el Señor, al son de trompetas

Segunda lectura: Efesios 1,17-23

Evangelio: Mateo 28,16-20

En aquel tiempo, los Once discípulos se fueron a Galilea, al monte que Jesús les había indicado. Al verlo, ellos se postraron, pero algunos vacilaban. Acercándose a ellos, Jesús les dijo: «Se me ha dado pleno poder en el cielo y en la tierra. Id y haced discípulos de todos los pueblos, bautizándolos en el nombre del Padre y del Hijo y del Espíritu Santo; y enseñándoles a guardar todo lo que os he mandado. Y sabed que yo estoy con vosotros todos los días, hasta el fin del mundo».

Mateo presenta en esta escena un resumen de toda la teología desarrollada en su evangelio a la vez que abre la misión de los discípulos a la constitución explícita de la Iglesia. El lugar donde Jesús glorificado reúne a sus discípulos es significativo: Galilea, donde comenzó su misión, y en un monte, donde congregó a su pueblo. Los mismos discípulos que han huido ante la cruz ahora lo reconocen y lo adoran. La misión ya no se reduce a las «ovejas descarriadas» de Israel, sino que la Iglesia, verdadero Israel, será la encargada de llevar esta Buena Noticia «a todos los pueblos». Esta misión consiste en congregar a los que, sellados por el bautismo en el nombre trinitario –Padre, Hijo y Espíritu Santo–, harán realidad su condición de discípulos hasta el fin del mundo. El evangelio de Mateo comenzaba presentando a Jesús como Emmanuel: «Dios está con nosotros»; ahora acaba repitiendo la promesa: «Yo estoy con vosotros». Los discípulos deben comunicar la Buena Noticia desde la certeza de que el Resucitado sigue presente en medio de su Iglesia. La resurrección de Jesús no es un punto final donde todo acaba, como si todo hubiera sido un sueño. Jesús vuelve con el Padre, es su glorificación, pero ni pone fin a su obra ni se desentiende de ella. Es verdad que algunos dudan, pero no condicionan la nueva vida que se abre. Las últimas palabras de Jesús son de envío, de misión: la Buena Noticia del reino de Dios debe extenderse entre toda la humanidad cansada, agobiada y deseosa de buenas noticias. La humanidad es destinataria de la Buena Noticia de Jesús, porque el ser humano no se agota en sus éxitos o fracasos temporales y mortales, sino que está destinado a la vida plena que solo Dios puede dar. La Ascensión de Jesús es certeza de que la humanidad está llamada a participar en su gloria.

MAYO

18 | Lunes
San Juan I

Primera lectura: Hechos de los Apóstoles 19,1-8

Salmo 67: Reyes de la tierra, cantad a Dios

Evangelio: Juan 16,29-33

En aquel tiempo dijeron los discípulos a Jesús: «Ahora sí que hablas claro y no usas comparaciones. Ahora vemos que lo sabes todo y no necesitas que te pregunten; por ello creemos que saliste de Dios». Les contestó Jesús: «¿Ahora creéis? Pues mirad: está para llegar la hora, mejor, ya ha llegado, en que os disperséis cada cual por su lado y a mí me dejéis solo. Pero no estoy solo, porque está conmigo el Padre. Os he hablado de esto, para que encontréis la paz en mí. En el mundo tendréis luchas; pero tened valor: yo he vencido al mundo».

A primera vista, las palabras de los discípulos suenan a broma. Jesús acaba de hacer una declaración teológica muy compleja: «Salí del Padre; he venido al mundo; regreso al Padre», y comentan: «Ahora sí que hablas claro, sin comparaciones». Los discípulos se arriesgan a decir que «ahora creen». Estas palabras reafirman las dificultades por las que pasó la comunidad de san Juan a la hora de profundizar en la persona de Jesús. La fe se prueba en el crisol. La fe no es ideología que se defiende o se actualiza, conforme a nuevas propuestas más atractivas o sugerentes. La fe es un camino de aceptación, de riesgo; es un «salto» de una persona a otra. Las ideologías no soportan la persecución abierta y continua; la fe, porque no es un conjunto de ideas teóricas cambiables, sí soporta la persecución. Ahí está la Iglesia con sus mártires. Jesús no promete una vida cómoda, floja, acomodada, sino «luchas». Una vida de esfuerzo y contrariedades, vivida con el valor que da el Espíritu Santo: «Tened valor, yo he vencido al mundo».

MAYO

19

Martes
Feria

Primera lectura: Hechos de los Apóstoles 20,17-27
Salmo 67: Reyes de la tierra, cantad a Dios

Evangelio: Juan 17,1-11a

En aquel tiempo, Jesús, levantando los ojos al cielo, dijo: «Padre, ha llegado la hora, glorifica a tu Hijo, para que tu Hijo te glorifique y, por el poder que tú le has dado sobre toda carne, dé la vida eterna a los que le confiaste. Esta es la vida eterna: que te conozcan a ti, único Dios verdadero, y a tu enviado, Jesucristo.

Yo te he glorificado sobre la tierra, he coronado la obra que me encomendaste. Y ahora, Padre, glorifícame cerca de ti con la gloria que yo tenía cerca de ti, antes que el mundo existiese. He manifestado tu nombre a los hombres que me diste de en medio del mundo. Tuyos eran y tú me los diste, y ellos han guardado tu palabra. Ahora han conocido que todo lo que me diste procede de ti, porque yo les he comunicado las palabras que tú me diste, y ellos las han recibido, y han conocido verdaderamente que yo salí de ti, y han creído que tú me has enviado. Te ruego por ellos; no ruego por el mundo, sino por estos que tú me diste y son tuyos. Sí, todo lo mío es tuyo, y lo tuyo, mío; y en ellos he sido glorificado. Ya no voy a estar en el mundo, pero ellos están en el mundo mientras yo voy a ti».

Comenzamos la lectura del capítulo 17 de san Juan, que se conoce como «oración sacerdotal» de Jesús, si bien este título –que parecería dedicado solo a los sacerdotes– no hace del todo justicia. Es un texto para los creyentes en él, y Jesús ora por todos, en primera persona. En este largo texto encontramos los temas importantes de la teología de san Juan: la «hora» de Jesús; la manifestación de su «gloria»; la «vida eterna»; el «mundo»; la «verdad». Jesús es el enviado del Padre, está unido a él, y a él retorna después de cumplir su misión. Una unión entre el Padre y el Hijo que no es solo entre ellos, sino que se extiende a todos los creyentes. La misión de Jesús es manifestar la gloria del Padre, una gloria que se hace presente en la salvación. No es una oración limitada solo a los que entonces creyeron, sino a los que abrazan la fe en todos los tiempos; los creyentes hemos sido elegidos por Dios para adentrarnos en su misterio y beneficiarnos de su salvación. Con una serie de expresiones significativas, Jesús considera a quienes les ha confiado el Padre como «suyos». La relación del creyente con Jesús es como una propiedad; es una relación de amistad confiada y de intimidad profunda; pero lo es también con el Padre: «Tú me los diste y son tuyos». La fe conlleva contratiempos y contrariedades; muchas veces oposición de forma abierta. Juan nos habla del «mundo» que representa la hostilidad a Jesús, a su persona y su misión; por eso en su oración Jesús «ruega» al Padre que «guarde» a los que le ha dado. Estamos en buenas manos, porque estamos en las manos de Jesús, que son las manos del Padre.

MAYO

20

Miércoles
Feria o *San Bernardino de Siena*

Primera lectura: Hechos de los Apóstoles 20,28-38

Salmo 67: Reyes de la tierra, cantad a Dios

Evangelio: Juan 17,11b-19

En aquel tiempo, Jesús, levantando los ojos al cielo, oró, diciendo: «Padre santo, guárdalos en tu nombre, a los que me has dado, para que sean uno, como nosotros. Cuando estaba con ellos, yo guardaba en tu nombre a los que me diste, y los custodiaba, y ninguno se perdió, sino el hijo de la perdición, para que se cumpliera la Escritura. Ahora voy a ti, y digo esto en el mundo para que ellos mismos tengan mi alegría cumplida. Yo les he dado tu palabra, y el mundo los ha odiado, porque no son del mundo, como tampoco yo soy del mundo. No ruego que los retires del mundo, sino que los guardes del mal. No son del mundo, como tampoco yo soy del mundo. Conságralos en la verdad; tu palabra es verdad. Como tú me enviaste al mundo, así los envío yo también al mundo. Y por ellos me consagro yo, para que también se consagren ellos en la verdad».

Jesús ruega por los suyos y le pide al Padre la «unidad», la «custodia del maligno» y la «santificación en la verdad». La unidad es rasgo identitario de los creyentes, que sin embargo muy pronto perdió la Iglesia. Jesús es consciente de esta enorme dificultad: permanecer unidos en lo esencial. Puede haber diferencias, lógicas y necesarias, en la vida ordinaria; pero en lo esencial no puede haber amargas disputas que llevan a la confrontación y la ruptura. Jesús ora así: «Guárdalos en tu nombre para que sean uno»; esta debe ser la primera oración. Jesús es consciente también de que sus discípulos viven en medio del mundo y de sus propuestas; unas, compatibles con el discipulado; otras, abiertamente hostiles. Jesús no quiere hacer un «grupo burbuja», una «secta excluyente», sino una comunidad en la vida: «No te ruego que los retires del mundo, sino que los guardes del maligno». Los cristianos vivimos «en» el mundo, pero no le pertenecemos ni tiene mando sobre nosotros. Por último, ora Jesús pidiendo que nos «santifique en la verdad»; mucha gente busca la verdad y da vueltas de forma continua. Es la búsqueda de los honestos. La fe no es contraria a la verdad, sino un encuentro fructífero con ella. Los cristianos no estamos llamados a vivir encerrados, sino en continua misión: «Como tú me enviaste les envío yo».

MAYO

21

Jueves
Feria o *San Cristóbal Magallanes y comps. márts.*

Primera lectura: Hechos de los Apóstoles 22,30; 23,6-11

Salmo 15: Protégeme, Dios mío, que me refugio en ti

Evangelio: Juan 17,20-26

En aquel tiempo, Jesús, levantando los ojos al cielo, oró diciendo: «Padre santo, no solo por ellos ruego, sino también por los que crean en mí por la palabra de ellos, para que todos sean uno, como tú, Padre, en mí y yo en ti, que ellos también lo sean en nosotros, para que el mundo crea que tú me has enviado. También les di a ellos la gloria que me diste, para que sean uno como nosotros somos uno; yo en ellos y tú en mí, para que sean completamente uno, de modo que el mundo sepa que tú me has enviado y los has amado como me has amado a mí. Padre, este es mi deseo: que los que me confiaste estén conmigo donde yo estoy y contemplen mi gloria, la que me diste, porque me amabas, antes de la fundación del mundo. Padre justo, si el mundo no te ha conocido, yo te he conocido, y estos han conocido que tú me enviaste. Les he dado a conocer y les daré a conocer tu nombre, para que el amor que me tenías esté con ellos, como también yo estoy con ellos».

La oración de Jesús se extiende de sus discípulos inmediatos a aquellos que un día creerán en él gracias a la palabra de los discípulos. La fe es expansiva, no reductiva. La fe se comunica, no se «enlata». La fe no está «encapsulada» en un grupo selecto y reducido, sino que se ofrece a la gran humanidad. Los que «pertenecen a Jesús», sean de donde sean, de entonces o de hoy, participan de su gloria. Pasamos de nuevo de la ideología de la mente a la vida de encuentro en la fe que implica todo: pensamientos, decisiones, criterios, espiritualidad. Los discípulos, los de entonces y los de ahora, han «conocido» que el Padre ha enviado a Jesús. Parece lo mismo, pero no lo es. A la ideología se llega por el convencimiento; a la fe, por el encuentro. La ideología se explica, la fe es por contagio, testimonio y anuncio. Jesús incorpora a su oración sobre la unidad y la pertenencia el amor, criterio universal y permanente del evangelio de Juan: que el «amor que tú me tienes esté en ellos». La espiritualidad de Juan, la espiritualidad que suscita el Espíritu Santo, nace en el amor que lleva a la unidad y a la fe en Jesús.

MAYO

22

Primera lectura: Hechos de los Apóstoles 25,13-21
Salmo 102: El Señor puso en el cielo su trono

Evangelio: Juan 21,15-19

Habiéndose aparecido Jesús a sus discípulos, después de comer, dice Jesús a Simón Pedro: «Simón, hijo de Juan, ¿me amas más que estos?». Él le contestó: «Sí, Señor, tú sabes que te quiero». Jesús le dice: «Apacienta mis corderos». Por segunda vez le pregunta: «Simón, hijo de Juan, ¿me amas?». Él le contesta: «Sí, Señor, tú sabes que te quiero». Él le dice: «Pastorea mis ovejas». Por tercera vez le pregunta: «Simón, hijo de Juan, ¿me quieres?». Se entristeció Pedro de que le preguntara por tercera vez si lo quería y le contestó: «Señor, tú conoces todo, tú sabes que te quiero». Jesús le dice: «Apacienta mis ovejas. Te lo aseguro: cuando eras joven tú mismo te ceñías e ibas adonde querías; pero cuando seas viejo extenderás las manos, otro te ceñirá y te llevará adonde no quieras». Esto dijo aludiendo a la muerte con que iba a dar gloria a Dios. Dicho esto, añadió: «Sígueme».

Juan es el evangelista del amor. A lo largo de su evangelio repite el verbo griego *agapaō*, que se traduce como «amar». Podemos leer el texto como el final de la conversión de Simón Pedro. En los evangelios, la figura de Pedro va madurando; es generoso, impulsivo, el que siempre se adelanta en las respuestas. Quiere ser el primero en todo; pero, cuando Jesús es detenido y le preguntan a Pedro si es discípulo del Galileo, él dirá que no le conoce. Pedro pasa de decir que nunca abandonará a Jesús, porque tiene palabras de vida eterna, a decir que no le conoce. Después de Pascua, en el lago de Galilea, donde se había producido el primer encuentro, Jesús y Pedro se ven de nuevo frente a frente. La negación de Pedro en Jerusalén fue triple; ahora Jesús le pregunta por tres veces si «le ama». Pedro se rompe; solo se atreve a decir: «Tú sabes que te quiero». El texto griego distingue entre dos verbos: el verbo «amar» con generosidad, con entrega, sin cálculos, y el verbo «querer», dejarse afectar por el otro. Pedro se ha convertido; ya no se atreve a ser el que más «ama» a Jesús; solo se atreve a decirle que le «quiere». Jesús le encarga su «rebaño», su «Iglesia», a la misma persona que le ha negado, pero que ha sabido ponerse humildemente como discípulo. Juan acaba la escena con una llamada que es universal y que traspasa los tiempos: «Sígueme».

MAYO

23 | Sábado
Feria

Primera lectura: Hechos de los Apóstoles 28,16-20.30-31
....
Salmo 10: Los buenos verán tu rostro, Señor
....

Evangelio: Juan 21,20-25

En aquel tiempo, Pedro, volviéndose, vio que los seguía el discípulo a quien Jesús tanto amaba, el mismo que en la cena se había apoyado en su pecho y le había preguntado: «Señor, ¿quién es el que te va a entregar?». Al verlo, Pedro dice a Jesús: «Señor, y este, ¿qué?». Jesús le contesta: «Si quiero que se quede hasta que yo venga, ¿a ti qué? Tú sígueme». Entonces se empezó a correr entre los hermanos el rumor de que ese discípulo no moriría. Pero no le dijo Jesús que no moriría, sino: «Si quiero que se quede hasta que yo venga, a ti, ¿qué?».

Este es el discípulo que da testimonio de todo esto y lo ha escrito; y nosotros sabemos que su testimonio es verdadero.

Muchas otras cosas hizo Jesús. Si se escribieran una por una, pienso que los libros no cabrían ni en todo el mundo.

Concluye el evangelio de Juan. Se ha producido el encuentro allí, en el lago de Galilea. Algunos van más allá de una primera lectura de la escena, en la que asistimos a la conversión de Pedro; el duro patrón de Galilea ya no será el primero, el que confiesa a Jesús, el más decidido, sino que ha aprendido a ponerse como discípulo a los pies de Jesús. Jesús le dice «sígueme» al que le había negado en la pasión; le confía su Iglesia a un hombre débil que había fallado en los momentos de mayor tensión. Otros piensan que detrás de esta escena, llena de simbolismo, podemos adivinar que la «comunidad del discípulo amado», que es una forma de llamar a la comunidad de Juan, se une a la «gran Iglesia», la comunidad de Pedro. Juan es el discípulo que ha visto y escrito y da testimonio. Su evangelio no es mera información ni pretende llenar huecos que a nadie le interesan. Es el testimonio de un discípulo que se ha sentido amado, que se sabe testigo y que no puede callar. Nosotros, también hoy, somos voceros y testigos de Jesús resucitado.

MAYO

 24 **Domingo**
Pentecostés

Primera lectura: Hechos de los Apóstoles 2,1-11

Salmo 103: Envía tu espíritu, Señor, y repuebla la faz de la tierra

Segunda lectura: 1 Corintios 12,3-7.12-13

Evangelio: Juan 20,19-23

Al anochecer de aquel día, el primero de la semana, estaban los discípulos en una casa con las puertas cerradas por miedo a los judíos. Y en esto entró Jesús, se puso en medio y les dijo: «Paz a vosotros». Y, diciendo esto, les enseñó las manos y el costado. Y los discípulos se llenaron de alegría al ver al Señor. Jesús repitió: «Paz a vosotros. Como el Padre me ha enviado, así también os envío yo». Y, dicho esto, exhaló su aliento sobre ellos y les dijo: «Recibid el Espíritu Santo; a quienes les perdonéis los pecados les quedan perdonados; a quienes se los retengáis les quedan retenidos».

Leemos un pasaje de Pascua. El escenario es Jerusalén, y la pequeña comunidad cristiana aún está desconcertada. Tenían las «puertas cerradas», quizá por miedo a posibles represalias, o simplemente por el desasosiego de no saber bien qué hacer. Jesús se presenta en medio de ellos; su saludo no es de reproche por su incredulidad, sino de «paz» con mayúscula. Es Jesús en persona, y no «uno que se le parece» o un fantasma, sino el Crucificado, que lleva en sus manos y en su costado las marcas de su muerte violenta. Jesús centra la situación: él es el enviado del Padre, y él también los envía a ellos. La efusión del Espíritu Santo, Espíritu de Jesús resucitado, sobre la Iglesia naciente, transforma a los discípulos. La novedad y frescura de Pentecostés es la fuerza inesperada y sorprendente que lleva a la misión. Sin el Espíritu no es posible la fe en Cristo vivo, y tampoco el sentido de la urgencia para anunciarlo. Este anuncio misionero se lleva a cabo, sin rupturas, desde la alegría: Cristo está vivo y vive para siempre; se cumple desde la paz, porque la violencia y el odio no tienen la última palabra; por fin se cumple desde la certeza del perdón de los pecados. Los dos grandes enemigos de lo humano son el pecado y la muerte. Cristo resucitado vence a ambos. La muerte no es el aguijón decisivo sobre el hombre, ni el pecado es la losa que aplasta sin solución posible. Lo afirmamos y creemos no porque lo necesitemos en nuestra debilidad, sino porque el Espíritu Santo es su garante. La Iglesia es misionera no por interés o por estrategia, sino por envío del Señor Jesús. ¡Ven, Espíritu Santo, y enciende nuestros corazones con el fuego de tu amor!

Termina el Tiempo Pascual y se reanuda el Tiempo Ordinario en la semana VIII

MAYO

25

Lunes
Bienaventurada Virgen María, Madre de la Iglesia
(San Beda el Venerable, San Gregorio VII y Santa María Magdalena de Pazzi)

Primera lectura: Génesis 3,9-15.20 (o Hechos de los Apóstoles 1,12-14)

Salmo 86: Alabad al Señor, todas las naciones

Evangelio: Juan 19,25-34

Junto a la cruz de Jesús estaban su madre, la hermana de su madre, María, la de Cleofás y María, la Magdalena. Jesús, al ver a su madre y junto a ella al discípulo al que amaba, dijo a su madre: «Mujer, ahí tienes a tu hijo». Luego, dijo al discípulo: «Ahí tienes a tu madre». Y desde aquella hora, el discípulo la recibió como algo propio.

Después de esto, sabiendo Jesús que ya todo estaba cumplido, para que se cumpliera la Escritura, dijo: «Tengo sed». Había allí un jarro lleno de vinagre. Y, sujetando una esponja empapada en vinagre a una caña de hisopo, se la acercaron a la boca. Jesús, cuando tomó el vinagre, dijo: «Está cumplido». E, inclinando la cabeza, entregó el espíritu.

Los judíos, entonces, como era el día de la Preparación, para que no se quedaran los cuerpos en la cruz el sábado, porque aquel sábado era un día grande, pidieron a Pilato que les quebraran las piernas y que los quitaran. Fueron los soldados, le quebraron las piernas al primero y luego al otro que habían crucificado con él; pero, al llegar a Jesús, viendo que ya había muerto, no le quebraron las piernas, sino que uno de los soldados, con la lanza, le traspasó el costado, y al punto salió sangre y agua.

La escena es muy conocida, pero no por eso deja de ser luminosa, rica, sorprendente. Jesús ha sido condenado a la cruz; los judíos saben muy bien que la Ley de Moisés declara «maldito» a aquel que cuelga de un madero (Dt 21,22-23). Los romanos lo han crucificado para evitar revueltas políticas (le han acusado de que decía que era «rey», y Roma no quiere problemas). Jesús es crucificado fuera de las murallas de la ciudad, junto a una de las puertas de entrada. Los judíos no pueden aceptar que los ajusticiamientos romanos sean en el interior de la ciudad, pues quedaría impura. Los romanos quieren que todos los que pasen por allí lo vean y así sirva de escarmiento. Juan dibuja una escena teológica por encima de la información descriptiva del momento. A los pies de la cruz está «su madre»; no dice María, porque el evangelio de Juan no dice el nombre de la madre de Jesús; los evangelios sinópticos sí la nombran. La «madre» es el símbolo eterno e intercultural de la mujer que ha engendrado, cuidado, amado, protegido y llorado al hijo de sus entrañas, y se enfadado, se ha sorprendido, se ha entusiasmado por él. Decir que estaba la «madre» es decir que estaba la mujer que lo amó y se arriesgó hasta el final; Jesús estaba allí como un malhechor, y un blasfemo para los judíos, pero María no lo abandonó. ¿Y el discípulo amado? El evangelista no le pone nombre. La tradición dice que es Juan, acotándole dentro de un sentido particular; otros prefieren ver en el «discípulo amado» a toda la comunidad que hace camino con Jesús, que escucha el mandamiento de Jesús a permanecer en su amor; en este sentido, el discípulo amado es corporativo, comunitario, tú y yo. La madre y la comunidad no abandonan a Jesús, sino que están a los pies de la cruz. Jesús les encomienda recíprocamente: la madre con el discípulo amado, y el discípulo amado con la madre. María es la Madre de la Iglesia.

MAYO

26 | **Martes**
San Felipe Neri

Primera lectura: 1 Pedro 1,10-16

Salmo 97: El Señor da a conocer su victoria

Evangelio: Marcos 10,28-31

En aquel tiempo, Pedro se puso a decirle a Jesús: «Ya ves que nosotros lo hemos dejado todo y te hemos seguido». Jesús dijo: «Os aseguro que quien deje casa, o hermanos o hermanas, o madre o padre, o hijos o tierras, por mí y por el Evangelio, recibirá ahora, en este tiempo, cien veces más –casas y hermanos y hermanas y madres e hijos y tierras, con persecuciones–, y en la edad futura vida eterna. Muchos primeros serán últimos, y muchos últimos, primeros».

El texto que leemos es continuación de la escena anterior, en la que un hombre rico se echa para atrás después de que Jesús le pida que venda sus bienes y le siga. Pedro, portavoz del grupo de los Doce, responde de forma espontánea y le recuerda a Jesús que ellos lo han dejado «todo» para seguirle. Sin duda, una decisión generosa que contrasta con la del hombre que acaba de irse cabizbajo. Jesús confirma su seguimiento: la recompensa será multiplicada por cien; sin matizar más. El texto permanece abierto. Jesús matiza: recibirá mucho, pero «con persecuciones». La vida diaria verifica estas palabras de Jesús. Quizá no hay que ser victimista y esperar grandes acontecimientos hostiles.

Las persecuciones pueden ser el rechazo de unos, las calumnias de otros, las exclusiones de algunos puestos y las expulsiones de ciertos lugares. Un rechazo que, como sabemos por la historia antigua y contemporánea, llegan a la sangre. Jesús promete una vida plena que incluye la vida eterna, pero sabe que hay muchas resistencias al Evangelio. El texto concluye con una máxima de Jesús, sabia y removedora de conciencias tranquilas. ¿Primeros o últimos?

MAYO

27

Miércoles
Feria o *San Agustín de Cantorbery*

Primera lectura: 1 Pedro 1,18-25

Salmo 147: Glorifica al Señor, Jerusalén

Evangelio: Marcos 10,32-45

En aquel tiempo, los discípulos iban subiendo camino de Jerusalén, y Jesús se les adelantaba; los discípulos se extrañaban, y los que seguían iban asustados. Él tomó aparte otra vez a los Doce y se puso a decirles lo que le iba a suceder: «Mirad, estamos subiendo a Jerusalén, y el Hijo del hombre va a ser entregado a los sumos sacerdotes y a los escribas, lo condenarán a muerte y lo entregarán a los gentiles, se burlarán de él, le escupirán, lo azotarán y lo matarán; y a los tres días resucitará».

Se le acercaron los hijos de Zebedeo, Santiago y Juan, y le dijeron: «Maestro, queremos que hagas lo que te vamos a pedir». Les preguntó: «¿Qué queréis que haga por vosotros?». Contestaron: «Concédenos sentarnos en tu gloria, uno a tu derecha y otro a tu izquierda». Jesús replicó: «No sabéis lo que pedís, ¿sois capaces de beber el cáliz que yo he de beber o de bautizaros con el bautismo con que yo me voy a bautizar?». Contestaron:

«Lo somos». Jesús les dijo: «El cáliz que yo voy a beber lo beberéis, y os bautizaréis con el bautismo con que yo me voy a bautizar, pero el sentarse a mi derecha o a mi izquierda no me toca a mí concederlo; está reservado».

Los otros diez, al oír aquello, se indignaron contra Santiago y Juan. Jesús, reuniéndolos, les dijo: «Sabéis que los que son reconocidos como jefes de los pueblos los tiranizan, y que los grandes los oprimen. Vosotros, nada de eso: el que quiera ser grande sea vuestro servidor; y el que quiera ser primero sea esclavo de todos. Porque el Hijo del hombre no ha venido para que le sirvan, sino para servir y dar la vida en rescate por todos».

Los judíos solían subir a Jerusalén por motivo de las fiestas de peregrinación anuales, que son tres: la Pascua, las Semanas y los Tabernáculos. Jesús probablemente subió en su vida varias veces a Jerusalén, cumpliendo las normas del judaísmo. En este caso, la subida de Jesús tiene que ver con su misión: él sabe que tiene que enseñar en público, delante de los escribas, fariseos y sacerdotes que le están esperando. Jesús habla a los que le siguen con toda claridad, pero tienen miedo. Luego se dirige a los Doce, los íntimos, anunciándoles su muerte próxima y violenta, y su resurrección; pero están obcecados, centrados en lo suyo. Más aún: la escena se torna en una situación entre incómoda y absurda cuando dos de los Doce, los hijos de Zebedeo, los de la primera hora, le piden puestos de prestigio y decisión. ¡No han entendido nada! Parecería que dijeran: «Bien, Jesús, pero ¿qué hay de lo mío?». Incluso cuando Jesús les hace una pregunta directa sobre su capacidad para la renuncia y la entrega, beber el cáliz, asienten con seguridad. La enseñanza de Jesús es clara: los jefes, los grandes, los que gobiernan a otros, pueden caer en la trampa y tentación del autoritarismo. El discípulo, sin embargo, es el que está siempre al servicio de los demás. Un mensaje sencillo, sin dobles lecturas, para los que quieran oír.

28

Primera lectura: Isaías 52,13-53,12 (o Heb 10,12-23)

Salmo 39: Aquí estoy, Señor, para hacer tu voluntad

Evangelio: Lucas 22,14-20

Llegada la hora se sentó Jesús con sus discípulos y les dijo: «He deseado enormemente comer esta comida pascual con vosotros antes de padecer, porque os digo que ya no la volveré a comer hasta que se cumpla en el reino de Dios». Y, tomando una copa, pronunció la acción de gracias y dijo: «Tomad esto, repartidlo entre vosotros; porque os digo que no beberé desde ahora del fruto de la vid hasta que venga el reino de Dios». Y, tomando pan, pronunció la acción de gracias, lo partió y se lo dio, diciendo: «Esto es mi cuerpo, que se entrega por vosotros; haced esto en memoria mía».

Después de cenar hizo lo mismo con la copa, diciendo: «Esta copa es la nueva alianza sellada con mi sangre, el que se derrama por vosotros».

Jesús celebró una «cena pascual» según nos dice expresamente el evangelio de Lucas: «He deseado comer esta comida pascual». La Pascua judía es la principal fiesta del pueblo, que actualiza la liberación de los israelitas de la opresión del faraón de Egipto. Es una fiesta religiosa y con carácter político, pues celebran que son un pueblo libre y que Dios mismo es quien les ha liberado. Ni han sido esclavos de nadie ni lo son ahora de los romanos. La fiesta pascual tiene unos ritos precisos que todos los judíos cumplen paso a paso, siguiendo el relato que se lee en el libro del Éxodo. El rito de la fiesta pascual exige comer un cordero, que previamente ha sido sacrificado, en recuerdo de aquella salida; la sangre del cordero marca a los liberados, distinguiéndolos de los que permanecen en la esclavitud. Según esto, en la cena de Jesús tenía que haber «cordero»: sin embargo, ninguno de los textos que han llegado a nosotros, los cuatro evangelios y el relato de la carta a los Corintios, lo mencionan. ¿Qué dice el texto? Jesús toma «pan y vino». Jesús, como buen judío, comienza con la «acción de gracias», indispensable; luego «toma» el pan, lo «parte» y lo «reparte»: términos que lo vinculan con su vida, con la multiplicación de los panes y los peces: bendice a Dios, parte y reparte el pan. Jesús añade ahora el sentido de lo que hace: «Es mi cuerpo», y explica: «Que se entrega por vosotros». Jesús le da un sentido oblativo, que une toda su vida entregada al momento máximo y culmen, previo a su pasión y muerte. Luego añade: «Haced esto en memoria mía». No es un momento único, que se queda encapsulado en la Jerusalén del siglo I, sino que se traslada y actualiza en el hoy del creyente y de la comunidad. Lo mismo hace con la última copa, después de la cena, que interpreta como su «sangre derramada». Un detalle importante: es la sangre «de la nueva alianza». Podemos vincular este texto con el anuncio de Jeremías (31,33). Pan partido y sangre derramada, signos reales y sacramentales de la vida entregada y de la muerte en libertad, en comunión plena con el Padre.

MAYO

29

Viernes
Feria o *San Pablo VI*

Primera lectura: 1 Pedro 4,7-13
....
Salmo 95: Llega el Señor a regir la tierra
....

Evangelio: Marcos 11,11-26

Después de que la muchedumbre lo hubo aclamado, entró Jesús en Jerusalén, derecho hasta el templo; lo estuvo observando todo y, como era ya tarde, se marchó a Betania con los Doce. Al día siguiente, cuando salió de Betania, sintió hambre. Vio de lejos una higuera con hojas y se acercó para ver si encontraba algo; al llegar no encontró más que hojas, porque no era tiempo de higos. Entonces le dijo: «Nunca jamás coma nadie de ti». Los discípulos lo oyeron.

Llegaron a Jerusalén, entró en el templo y se puso a echar a los que traficaban allí, volcando las mesas de los cambistas y los puestos de los que vendían palomas. Y no consentía a nadie transportar objetos por el templo. Y los instruía, diciendo: «¿No está escrito: "Mi casa se llamará casa de oración para todos los pueblos"? Vosotros, en cambio, la habéis convertido en cueva de bandidos». Se enteraron los sumos sacerdotes y los escribas y, como le tenían miedo, porque todo el mundo estaba asombrado de su doctrina, buscaban una manera de acabar con él.

Cuando atardeció, salieron de la ciudad. A la mañana siguiente, al pasar, vieron la higuera seca de raíz. Pedro cayó en la cuenta y dijo a Jesús: «Maestro, mira: la higuera que maldijiste se ha secado». Jesús contestó: «Tened fe en Dios. Os aseguro que si uno dice a este monte: "Quítate de ahí y tírate al mar", no con dudas, sino con fe en que sucederá lo que dice, lo obtendrá. Por eso os digo: cualquier cosa que pidáis en la oración, creed que os la han concedido, y la obtendréis. Y cuando os pongáis a orar, perdonad lo que tengáis contra otros, para que también vuestro Padre del cielo os perdone vuestras culpas"».

Jesús llega a Jerusalén desde Jericó y entra en la ciudad a lomos de una borriquilla (11,1-11, texto que leemos en otro momento). Marcos nos informa de que, acto seguido, «entra en el Templo» –es la entrada natural por la puerta que da a oriente–, mira todo y, como se hace tarde, regresa a Betania. Cuando llegaban las fiestas de Pascua, la ciudad se quedaba pequeña, y muchos peregrinos se hospedaban en los pueblos de alrededor. Jesús iba a Betania, en la caída natural del monte de los Olivos, cerca de la ciudad santa; allí tenía amigos, como sabemos por otros textos. La breve escena de la higuera seca, que Marcos recoge de nuevo en el evangelio un poco después, tiene sabor profético: la naturaleza anticipa el futuro de la ciudad santa: hojas sin fruto. Segundo día: Jesús entra de nuevo en el Templo y realiza una «acción simbólica» en línea profética: el Templo es casa de oración, no un mercado de compra-venta con la excusa de que es para el culto a Dios. Jesús «tocó» lo más sagrado de Jerusalén, el Templo; y eso no pasó inadvertido. Jesús había firmado su sentencia a muerte. De nuevo salen de la ciudad para retirarse a Betania. En una nueva jornada, Pedro se fija en la higuera, que se ha secado; entiende que las palabras de Jesús han surtido efecto. Jesús responde a Pedro y les explica la fuerza que tiene la oración y la fe. Los profetas del Antiguo Testamento habían lamentado repetidamente la esterilidad de Jerusalén a pesar de su nombre y prestigio; Jesús, profeta, anuncia también el destino de la ciudad. Años más tarde será arrasada por los romanos.

MAYO

30 | **Sábado**
Feria o *San Fernando*

Primera lectura: Judas 17.20-25

Salmo 62: Mi alma está sedienta de ti, Señor, Dios mío

Evangelio: Marcos 11,27-33

En aquel tiempo, Jesús y los discípulos volvieron a Jerusalén y, mientras paseaba por el templo, se le acercaron los sumos sacerdotes, los escribas y los ancianos, y le preguntaron: «¿Con qué autoridad haces esto? ¿Quién te ha dado semejante autoridad?». Jesús les replicó: «Os voy a hacer una pregunta y, si me contestáis, os diré con qué autoridad hago esto: el bautismo de Juan, ¿era cosa de Dios o de los hombres? Contestadme». Se pusieron a deliberar: «Si decimos que es de Dios, dirá: "¿Y por qué no le habéis creído?" Pero como digamos que es de los hombres...» (Temían a la gente, porque todo el mundo estaba convencido de que Juan era un profeta.) Y respondieron a Jesús: «No sabemos». Jesús les replicó: «Pues tampoco yo os digo con qué autoridad hago esto».

Las autoridades religiosas –los sacerdotes–, las políticas –los ancianos– y las legales –los escribas– preguntan a Jesús sobre la «autoridad» con la que enseña y realiza signos (tanto los de curación como los mesiánicos). En el fondo, la pregunta que sobrevuela es si Jesús es o no el Mesías esperado. La «autoridad» –en griego, *exousía*, que se repite cuatro veces– es muy importante en los evangelios, pues está en juego si Jesús es un mago que engaña a la gente, un embaucador que provoca a las autoridades o si es el Mesías enviado por Dios. Jesús, al estilo rabínico, no les responde directamente, sino que les hace una pregunta a ellos, que son incapaces de responder. Los tres grupos que preguntan al unísono a Jesús están predispuestos a no creerle, pero se sienten responsables de enfrentarse a él, porque son los «responsables» de la suerte del pueblo. Jesús conoce la dureza de su corazón y no les quiere dar argumentos. La fe, entonces como hoy, supone un «salto», una decisión arriesgada, una aceptación de los signos de Dios, un dejarse «hacer» y «modelar» por las propuestas de Jesús.

Domingo
Santísima Trinidad
(Visitación de la Virgen María)

Primera lectura: Éxodo 34,4b-6.8-9

Salmo: Daniel 3,52-56: A ti gloria y alabanza por los siglos

Segunda lectura: 2 Corintios 13,11-13

Evangelio: Juan 3,16-18

Tanto amó Dios al mundo que entregó a su Hijo único para que no perezca ninguno de los que creen en él, sino que tengan vida eterna. Porque Dios no mandó su Hijo al mundo para juzgar al mundo, sino para que el mundo se salve por él. El que cree en él no será juzgado; el que no cree ya está juzgado, porque no ha creído en el nombre del Hijo único de Dios.

El misterio del Dios cristiano es un misterio de amor que salva. Juan explicita la voluntad salvífica de Dios, manifestada de forma plena y definitiva en Jesús, su Hijo único. Dios solo sabe salvar. Juan usa dos verbos para expresar la misión de Jesús: él ha venido «para salvar» y no «para condenar» al mundo. Juan lo expresa de forma admirable: «Tanto amó Dios al mundo que entregó a su Hijo». La expresión máxima de este «amor» de Dios es la «entrega» de su Hijo; no es una entrega despiadada, cruel, sin sentido; en la donación libre de Jesús, toda la humanidad tiene acceso a la misericordia divina. Lo que nos pide Jesús es «que creamos en él». La fe es el acceso a la salvación. En la confesión de fe decimos que creemos en Dios, que ha creado el mundo y al ser humano como culmen de su creación. Pero ¿para qué nos crea Dios? ¿Para humillarnos? ¿Para ser un juguete roto en sus manos? Estas respuestas son terribles y siguen siendo la triste percepción de algunos. Juan, sin embargo, es contundente. El amor del Padre se hace patente en la entrega de su propio Hijo; no es una entrega del Dios sádico que se goza en la sangre del Hijo, que necesita ver cómo sufre el Hijo para quedar satisfecho, sino en el amor desbordante de Dios, que no se reserva nada para sí, sino que se vacía dándonos a su propio Hijo. La voluntad del Padre es que toda la creación y toda la humanidad lleguen a su culminación; que nada se pierda. Creación y salvación deben ser comprendidas como una realidad única. Está el misterio de la libertad; se puede «creer» o «no creer» en el Hijo. El hombre tiene una palabra que decir en su libertad soberana; pero Dios ya la ha dicho en la entrega del Hijo en un acto supremo de amor. ¿No debemos recuperar el sentido cristiano de la salvación en vez de repetir, falseando la Escritura, una visión negativa del plan de Dios?

JUNIO

1

Lunes
San Justino

Primera lectura: **2 Pedro 1,2-7**

Salmo 90: Dios mío, confío en ti

Evangelio: **Marcos 12,1-12**

En aquel tiempo, Jesús se puso a hablar en parábolas a los sumos sacerdotes, a los escribas y a los ancianos: «Un hombre plantó una viña, la rodeó con una cerca, cavó un lagar, construyó la casa del guarda, la arrendó a unos labradores y se marchó de viaje. A su tiempo envió un criado a los labradores, para percibir su tanto del fruto de la viña. Ellos lo agarraron, lo apalearon y los despidieron con las manos vacías. Les envió otro criado; a este lo insultaron y lo descalabraron. Envió otro y lo mataron; y a otros muchos los apalearon o los mataron. Le quedaba uno, su hijo querido. Y lo envió el último, pensando que a su hijo lo respetarían. Pero los labradores se dijeron: "Este es el heredero. Venga, lo matamos y será nuestra la herencia". Y, agarrándolo, lo mataron y lo arrojaron fuera de la viña. ¿Qué hará el dueño de la viña? Acabará con los labradores y arrendará la viña a otros. ¿No habéis leído aquel texto: "La piedra que desecharon los arquitectos es ahora la piedra angular. Es el Señor quien lo ha hecho, ha sido un milagro patente"?». Intentaron echarle mano, porque veían que la palabra iba por ellos; pero temieron a la gente y, dejándolo allí, se marcharon.

El evangelio comienza indicando los destinatarios de la parábola: sumos sacerdotes, escribas y ancianos. Son tres grupos político-religiosos de la época de Jesús. En aquellos tiempos, el pueblo judío no tenía autonomía política, pues estaba bajo la autoridad de los romanos, que habían hecho de su tierra una zona ocupada. Sin embargo, los romanos no interferían en asuntos religiosos, de los que ni sabían ni les importaba. Al final de la parábola, el texto dice que estos tres grupos judíos de autoridades intentaron echar mano a Jesús, porque entendieron que la denuncia iba para ellos. Israel se considera pueblo elegido por Dios; Dios le fue enviando una y otra vez profetas para que el pueblo fuera fiel a la alianza. Sin embargo, el pueblo judío no los recibió, sino que los rechazó incluso con violencia y muerte. Dios decide enviar a su «hijo», y también lo rechazan y lo matan. La parábola es fácil de interpretar: el hijo es Jesús. Ante Jesús no caben medias tintas; o se le acepta, o se le rechaza.

2

Martes
Feria o *San Marcelino y San Pedro*

Primera lectura: 2 Pedro 3,12-15a.17-18

Salmo 89: Señor, tú has sido nuestro refugio de generación en generación

Evangelio: Marcos 12,13-17

En aquel tiempo enviaron a Jesús unos fariseos y partidarios de Herodes, para cazarlo con una pregunta. Se acercaron y le dijeron: «Maestro, sabemos que eres sincero y que no te importa lo que digan, porque no te fijas en lo que la gente sea, sino que enseñas el camino de Dios sinceramente. ¿Es lícito pagar impuesto al César o no? ¿Pagamos o no pagamos?». Jesús, viendo su hipocresía, les replicó: «¿Por qué intentáis cogerme? Traedme un denario que lo vea». Se lo trajeron. Y él les preguntó: «¿De quién es esta cara y esta inscripción?». Le contestaron: «Del César». Les replicó: «Lo que es del César pagádselo al César, y lo que es de Dios, a Dios». Se quedaron admirados.

Los partidarios de Herodes y algunos del clero del Templo eran partidarios de pagar los impuestos, pues se beneficiaban de ellos; los grupos de oposición veían un sometimiento a los ocupantes, y los fariseos veían una ofensa a Dios, único Señor, con el agravante de que la moneda lleva la imagen del César. Cualquier respuesta es comprometida: si Jesús responde afirmativamente, pueden acusarlo de colaboracionista con los romanos e impío; si se pone en contra, los partidarios de Herodes pueden acusarlo de revolucionario y enemigo del emperador. En la antigüedad, las sociedades teocráticas reconocían que los gobernantes estaban puestos por el mismo Dios; ellos eran los garantes de su voluntad. Sin embargo, aunque sean emperadores de la tierra, no son divinos. Como humanos que son, no se les puede adorar, solo se les debe otorgar la obediencia debida en cada momento. Jesús evita entrar en una discusión trampa y pone cada cosa en su sitio. Jesús lleva la respuesta a un campo en otro nivel: solo Dios es Dios; el hombre solo puede aceptar a Dios como su único Señor.

JUNIO

3

Miércoles
San Carlos Luanga y comps. márts.

Primera lectura: 2 Timoteo 1,1-3.6-12

Salmo 122: A ti, Señor, levanto mis ojos

Evangelio: Marcos 12,18-27

En aquel tiempo se acercaron a Jesús unos saduceos, de los que dicen que no hay resurrección, y le preguntaron: «Maestro, Moisés nos dejó escrito: "Si a uno se le muere su hermano, dejando mujer, pero no hijos, cásese con la viuda y dé descendencia a su hermano". Pues bien, había siete hermanos: el primero se casó y murió sin hijos; el segundo se casó con la viuda y murió también sin hijos; lo mismo el tercero; y ninguno de los siete dejó hijos. Por último, murió la mujer. Cuando llegue la resurrección y vuelvan a la vida, ¿de cuál de ellos será mujer? Porque los siete han estado casados con ella». Jesús les respondió: «Estáis equivocados, porque no entendéis la Escritura ni el poder de Dios. Cuando resuciten, ni los hombres ni las mujeres se casarán; serán como ángeles del cielo. Y a propósito de que los muertos resucitan, ¿no habéis leído en el libro de Moisés, en el episodio de la zarza, lo que le dijo Dios: "Yo soy el Dios de Abrahán, el Dios de Isaac, el Dios de Jacob"? No es Dios de muertos, sino de vivos. Estáis muy equivocados».

Es muy importante que nos detengamos en los interlocutores de Jesús. Son los «saduceos»; se trata de un grupo político y religioso contemporáneo suyo. Políticamente, son colaboracionistas con los dominadores romanos; religiosamente, son adversarios de los fariseos. Lo más importante es que no creen en la resurrección de los muertos; los fariseos, por el contrario, sí creían. Ahora entendemos la pregunta, para nosotros chocante, que está planteada para ridiculizar a quienes creen en una vida después de la muerte. Los saduceos, siendo judíos, hacen una interpretación liberal de lo que dice la Escritura a este respecto (Dt 25,5). Jesús, una vez más, no responde directamente a la pregunta. Jesús cita la Escritura, pero esta vez para apelar a los padres y a las promesas que se cumplen. El Dios que se revela en el Sinaí es el mismo que acompaña a su pueblo, que le lleva a la tierra prometida. Dios, Creador y Señor de la vida, cumple sus promesas. Jesús declara solemnemente que Dios no es «de muertos», sino «de vivos». La fe de los fariseos y de otros grupos judíos en la resurrección aún es incipiente, pero nos pone en la vereda del Dios de la fidelidad y de la vida. La fe en la resurrección cristiana, sin embargo, se funda en la vida resucitada, en la resurrección pascual de Cristo Jesús.

JUNIO

4 | **Jueves**
Feria

Primera lectura: **2 Timoteo 2,8-15**

Salmo 24: Señor, enséñame tus caminos

Evangelio: Marcos 12,28b-34
En aquel tiempo, un escriba se acercó a Jesús y le preguntó: «¿Qué mandamiento es el primero de todos?». Respondió Jesús:

«El primero es: "Escucha, Israel, el Señor, nuestro Dios, es el único Señor: amarás al Señor, tu Dios, con todo tu corazón, con toda tu alma, con toda tu mente, con todo tu ser". El segundo es este: "Amarás a tu prójimo como a ti mismo". No hay mandamiento mayor que estos». El escriba replicó: «Muy bien, maestro, tienes razón cuando dices que el Señor es uno solo y no hay otro fuera de él; y que amarlo con todo el corazón, con todo el entendimiento y con todo el ser, y amar al prójimo como a uno mismo, vale más que todos los holocaustos y sacrificios». Jesús, viendo que había respondido sensatamente, le dijo: «No estás lejos del reino de Dios». Y nadie se atrevió a hacerle más preguntas.

Un escriba o maestro de la Ley ha escuchado la respuesta de Jesús a los saduceos y quiere hacerle una pregunta. A diferencia de otros judíos contemporáneos, que suelen aparecer en los evangelios poniendo trampas a Jesús, este escriba es un hombre de buena voluntad. La pregunta del legislador judío se sigue moviendo en el campo de las normas y de sus prioridades: «Sé que hay muchas normas, pero de ellas ¿cuál es la primera, la que antecede y supera a las demás?», viene a decir. Jesús esta vez tampoco responde defendiéndose, sino con sinceridad. El primer mandamiento, para un buen judío, lo marca el *Shemá* (Dt 6,4-5): la adoración a Dios en verdad es el marco en que se inscribe toda la vida del israelita; la escucha atenta y obediente a él asegura una vida feliz. Pero Jesús añade un segundo mandamiento que no lo encontramos en el Deuteronomio, sino en el Levítico (19,18): «Amarás al prójimo como a ti mismo». La respuesta del escriba es inteligente y atrevida comparada con la de sus contemporáneos: el amor al prójimo precede a los holocaustos del Templo. Jesús alaba a aquel hombre. No podemos prejuzgar a nadie. Jesús no lo juzga antes de tiempo, sino que le escucha, dialoga con él y, finalmente, lo alaba por su respuesta.

5

Viernes
San Bonifacio

Primera lectura: 2 Timoteo 3,10-17

Salmo 118: Mucha paz tienen los que aman tus leyes, Señor

Evangelio: Marcos 12,35-37

En aquel tiempo, mientras enseñaba en el templo, Jesús preguntó: «¿Cómo dicen los escribas que el Mesías es hijo de David? El mismo David, inspirado por el Espíritu Santo, dice: "Dijo el Señor a mi Señor: 'Siéntate a mi derecha y haré de tus enemigos estrado de tus pies'". Si el mismo David lo llama Señor, ¿cómo puede ser hijo suyo?». La gente, que era mucha, disfrutaba escuchándolo.

A veces hemos escuchado que Jesús se opuso a la fe judía. Esta afirmación no se sostiene. Jesús, como hombre, pertenece al pueblo judío, es de la tribu de Judá. Aunque no es un «escriba» de oficio, conoce las Escrituras y las comenta con ingenio y libertad a la gente, como vemos en el evangelio de hoy. En esta ocasión hace una pregunta aguda a la gente sobre el origen del Mesías. En efecto, aparentemente hay una contradicción entre la fe del pueblo y uno de los salmos, atribuidos precisamente al rey David: si el autor del salmo es David, y llama a Dios con el título de «su Señor», no puede ser David a la vez hijo suyo. Jesús destaca como un «maestro» que bebe de las Escrituras, que las comenta con chispa, a quien el pueblo sencillo escucha con agrado.

6

Sábado
Feria o *San Norberto*

Primera lectura: 2 Timoteo 4,1-8

Salmo 70: Mi boca contará tu auxilio, Señor

Evangelio: Marcos 12,38-44

En aquel tiempo, entre lo que enseñaba Jesús a la gente dijo: «¡Cuidado con los escribas! Les encanta pasearse con amplio ropaje y que les hagan reverencias en la plaza, buscan los asientos de honor en las sinagogas y los primeros puestos en los banquetes; y devoran los bienes de las viudas con pretexto de largos rezos. Estos recibirán una sentencia más rigurosa». Estando Jesús sentado enfrente del arca de las ofrendas, observaba a la gente que iba echando dinero: muchos ricos echaban en cantidad; se acercó una viuda pobre y echó dos reales. Llamando a sus discípulos les dijo: «Os aseguro que esa pobre viuda ha echado en el arca de las ofrendas más que nadie. Porque los demás han echado de lo que les sobra, pero esta, que pasa necesidad, ha echado todo lo que tenía para vivir».

Jesús está en Jerusalén, en el Templo; sabe que le buscan y que esperan un fallo o una provocación para detenerlo. Sin embargo, no se amilana a la hora de enseñar en público a la gente, desenmascarando a los «oficiales religiosos» –los escribas, expertos en la Ley de Moisés–, que abusan de los sencillos, crédulos, incultos y pobres. Su invectiva va directamente contra ellos, sus formas externas –amplios ropajes–, sus reverencias exigidas y sus puestos de honor. Estos «expertos» en cuestiones de fe, dice Jesús, suelen frecuentar «banquetes». Con estas duras palabras, Jesús no se sitúa «fuera de la fe», sino fuera de la manipulación de lo religioso. Es más severo aún cuando denuncia que abusan de las pobres viudas con la excusa de «largas oraciones». Marcos pasa de la enseñanza a una escena de la vida real: Jesús está sentado enfrente del «tesoro del Templo»; observa a la gente y «ve» una situación que llama su atención. Una viuda pobre echa una cantidad mínima. De este hecho, aparentemente superficial, Jesús hace una reflexión en voz alta sobre el don, la pobreza, la generosidad y la verdad. Aquella mujer, siendo muy pobre, aunque para los ojos humanos había echado algo insignificante, a los ojos de Dios es la que más ha ofrecido. Dios tiene otra forma de ver la vida. Dios tiene otros criterios. Hay que aprender a mirar como mira Jesús. El discípulo «educa» su mirada para dejarse modelar por Jesús.

JUNIO

 7 | **Domingo**
Corpus Christi

Primera lectura: Deuteronomio 8,2-3.14b-16a
....
Salmo 147: Glorifica al Señor, Jerusalén
....
Segunda lectura: 1 Corintios 10,16-17

Evangelio: Juan 6,51-58

En aquel tiempo dijo Jesús a los judíos: «Yo soy el pan vivo que ha bajado del cielo; el que coma de este pan vivirá para siempre. Y el pan que yo daré es mi carne para la vida del mundo». Disputaban los judíos entre sí: «¿Cómo puede este darnos a comer su carne?». Entonces Jesús les dijo: «Os aseguro que, si no coméis la carne del Hijo del hombre y no bebéis su sangre, no tenéis vida en vosotros. El que come mi carne y bebe mi sangre tiene vida eterna, y yo lo resucitaré en el último día. Mi carne es verdadera comida y mi sangre es verdadera bebida.

El que come mi carne y bebe mi sangre habita en mí y yo en él. El Padre, que vive, me ha enviado, y yo vivo por el Padre; del mismo modo, el que me come vivirá por mí. Este es el pan que ha bajado del cielo: no como el de vuestros padres, que lo comieron y murieron; el que come este pan vivirá para siempre».

Leemos parte del «discurso del pan de vida» (Jn 6). En una teología judía ortodoxa donde no se contempla ni la encarnación de Dios –ya que es el totalmente Santo– ni su definición en imágenes, para evitar cualquier tipo de idolatría, ni la confusión del Creador con la criatura, estas palabras de Jesús resultan escandalosas a sus oyentes. El judaísmo conocía los sacrificios de comunión. Hundido en los tiempos antiguos de las tribus y renovado posteriormente en el culto del Templo de Jerusalén, los sacrificios de comunión eran una forma ritual para poder entrar en comunión entre Dios y los que comían el animal sacrificado. Normalmente era un cordero que cumplía todos los requisitos legales. Jesús nos habla de «comer», pero ya no se trata de un animal puro; Jesús se sirve de dos elementos básicos, populares en el Mediterráneo, cargados de fuerza simbólica: el pan y el vino. Da un paso más: él pide comer su carne y beber su sangre. La comunión ya no es pedir la aprobación divina, de forma provisional y ritual, para acercarse al Dios de Israel, sino compartir su vida, su suerte, su gracia. Es vivir la vida de Jesús. Tres afirmaciones teológicas: la primera es que, si comemos la carne y bebemos la sangre de Jesús tenemos «vida en nosotros». La segunda es que nos abre a la «vida eterna». La tercera es que Jesús «habita en nosotros». Vida humana, vida divina, inhabitación de Jesús. Ahora bien; Jesús no obra por sí mismo, sino que obra por el Padre y en nombre del Padre. Jesús vive en el Padre, que le ha enviado. Todos estos temas tuvieron que provocar una reacción de rechazo en los judíos, porque Jesús dice de sí mismo que es «enviado por el Padre»; los judíos conocían bien la teología mesiánica y esperaban al Mesías. Además, habla de «inhabitación»: «Yo vivo por el Padre», y añade que «el que me come vivirá por mí». Comemos el cuerpo de Cristo y bebemos su sangre para que él viva en nosotros. El capítulo acaba diciendo que algunos, escandalizados, le abandonaron.

JUNIO

8 | **Lunes**
Feria

Primera lectura: 1 Reyes 17,1-6

Salmo 120: El auxilio me viene del Señor, que hizo el cielo y la tierra

Evangelio: Mateo 5,1-12a

En aquel tiempo, al ver Jesús el gentío, subió a la montaña, se sentó y se acercaron sus discípulos; y él se puso a hablar, enseñándoles: «Dichosos los pobres en el espíritu, porque de ellos es el reino de los cielos. Dichosos los que lloran, porque ellos serán consolados. Dichosos los sufridos, porque ellos heredarán la tierra. Dichosos los que tienen hambre y sed de justicia, porque ellos quedarán saciados. Dichosos los misericordiosos, porque ellos alcanzarán la misericordia. Dichosos los limpios de corazón, porque ellos verán a Dios. Dichosos los que trabajan por la paz, porque ellos se llamarán hijos de Dios. Dichosos los perseguidos por causa de la justicia, porque de ellos es el reino de los cielos. Dichosos vosotros cuando os insulten y os persigan y os calumnien de cualquier modo por mi causa. Estad alegres y contentos, porque vuestra recompensa será grande en el cielo».

Comenzamos la lectura del primer gran discurso de Jesús en el primer evangelio (5,1-7,29). Mateo presenta a Jesús como maestro que enseña, por eso se sienta, desde la autoridad de un monte, como Moisés en el monte Sinaí. La escena está cuidadosamente preparada. No podemos imaginarnos un Jesús «predicador» o, mejor dicho, «sermonero». Sería una grave deformación. Mateo estructura su evangelio en cinco grandes secciones en las que Jesús habla solemnemente; el número cinco responde a los cinco libros de la Ley de Moisés. Se trata, por tanto, de continuidad con la Ley (cinco grandes mensajes), pero, al mismo tiempo, de superación (cinco nuevas propuestas). Las bienaventuranzas que leemos hoy son como el pórtico, como la entrada solemne, como la inauguración de la nueva propuesta que hace a los que le siguen. Ya no habla de la Ley de Moisés, sino de «bienaventuranzas». Las bienaventuranzas ya no tienen forma de precepto, «harás» o «no harás», sino de deseo de bendición: «Feliz aquel que...». La perspectiva ya no es el cumplimiento, sino la plenitud que Dios nos ofrece en el evangelio. «Si tú quieres ser dichoso, feliz, bienaventurado...». Las bienaventuranzas suponen, asimismo, un nuevo orden de cosas en el que el mundo no se rige por la estratificación de ricos bendecidos por Dios y pobres como sujetos de sospecha, sino donde los limpios de corazón y los que trabajan por la paz son en verdad los «hijos de Dios». La novedad del cristiano es la novedad del que descubre el tesoro de las bienaventuranzas y entiende que su vida, a partir de entonces, tiene que ser distinta. Jesús inaugura una nueva forma de entenderse uno mismo, de entender a los demás y de entender a Dios.

JUNIO

9 | **Martes**
Feria o *San Efrén*

Primera lectura: 1 Reyes 17,7-16

Salmo 4: Haz brillar sobre nosotros, Señor, la luz de tu rostro

Evangelio: Mateo 5,13-16

En aquel tiempo dijo Jesús a sus discípulos: «Vosotros sois la sal de la tierra. Pero si la sal se vuelve sosa, ¿con qué la salarán? No sirve más que para tirarla fuera y que la pise la gente. Vosotros sois la luz del mundo. No se puede ocultar una ciudad puesta en lo alto de un monte. Tampoco se enciende una lámpara para meterla debajo del celemín, sino para ponerla en el candelero y que alumbre a todos los de casa. Alumbre así vuestra luz a los hombres, para que vean vuestras buenas obras y den gloria a vuestro Padre, que está en el cielo».

Jesús comienza su discurso, después de la proclamación de las bienaventuranzas, invitando a sus oyentes a que sean «sal y luz». Los fariseos exhortaban a ser cumplidores y acumular méritos. El evangelio de Mateo insiste más que los otros evangelistas, Marcos y Lucas, en la necesidad de hacer «buenas obras». No debe extrañar, puesto que la comunidad a la que se dirige pertenece a la tradición judía, según la cual no es posible ser un verdadero creyente si no se vive conforme a lo que se cree. Ahora bien, las buenas obras de las que habla Jesús en san Mateo no son condición inexcusable e imprescindible, *sine qua non*, para que el amor de Dios se manifieste y se derrame sobre las personas necesitadas. Las buenas obras son la consecuencia natural de aceptar el reino de Dios en tu vida. La perspectiva es distinta, aunque aparentemente se trate de la misma idea. El discípulo de Jesús es la sal que da sabor cuando parece que todo ha perdido su «ser», su «gracia», su punto de sazón. El discípulo de Jesús pone la luz cuando parece que las tinieblas se apoderan de la habitación y todos los objetos se difuminan hasta no saber distinguir una cosa de otra. Las «buenas obras» de las que habla Jesús en el evangelio de san Mateo no son requisito para que Dios nos ame, sino que, por medio de ellas, la persona que se deja tocar por el Evangelio bendice a Dios: «Así darán gloria a vuestro Padre». Ahora bien, la luz y la sal no proceden de nosotros y nuestras capacidades, sino de Jesucristo. Él es la fuente y la meta de nuestra experiencia cristiana.

JUNIO
10
Miércoles
Feria

Primera lectura: 1 Reyes 18,20-39

Salmo 15: Protégeme, Dios mío, que me refugio en ti

Evangelio: Mateo 5,17-19

En aquel tiempo dijo Jesús a sus discípulos: «No creáis que he venido a abolir la Ley y los profetas: no he venido a abolir, sino a dar plenitud. Os aseguro que antes pasarán el cielo y la tierra que deje de cumplirse hasta la última letra o tilde de la Ley. El que se salte uno solo de los preceptos menos importantes y se lo enseñe así a los hombres será el menos importante en el reino de los cielos. Pero quien los cumpla y enseñe será grande en el reino de los cielos».

¿Creó Jesús una nueva religión? Unos piensan que sí, otros que no. ¿Rompió Jesús con el judaísmo, al que pertenecía por raza y pueblo? Unos dicen que sí, otros que no. Si leemos detenidamente este evangelio, descubrimos que Jesús de algún modo ya respondió a esta pregunta. Él no viene a declarar la ruptura con el judaísmo de Moisés, reflejado en la Ley. Dice claramente que él no ha venido a «abolir la Ley y los Profetas» –o, lo que es lo mismo, la religión judía–, sino a darle plenitud. Esto es muy importante, pues Jesús da inicio a un camino que otros judíos más tarde siguieron. Los Hechos de los Apóstoles nos dirán que algunos judíos de Jerusalén abrazaron la fe en Jesús. Pedro y los apóstoles, Esteban, Pablo y otros muchos dieron el paso del judaísmo al que pertenecían a la fe en Jesús como Mesías. No hay negación radical, ruptura absoluta, rechazo de la obra de Dios en Israel, sino que todos ellos siguen avanzando, progresando, desde Jesús, su persona y su misterio de Hijo de Dios. Todas las promesas de Dios, toda la historia de la salvación, que comienza en la historia antigua del pueblo de Israel, alcanza su meta en el nuevo pueblo de Dios que inaugura Jesús. Jesús se sirve de imágenes muy llamativas: incluso el fin del cielo y de la tierra están por debajo del cumplimiento de la Ley de Moisés. Se sirve también de las comparaciones extremas: lo mayor y lo menor, lo pequeño y lo grande. Así es: la Ley tiene su importancia, pero no se acaba en sí misma. Lo realmente importante es que se haga realidad el reino de los cielos. Aquel que, en su vida sencilla, sigue a Jesús está llevando a cumplimiento lo que Dios nos propone.

JUNIO

11 | Jueves
San Bernabé

Primera lectura: Hechos de los Apóstoles 11,21b-26; 13,1-3

Salmo 97: El Señor revela a las naciones su justicia

Evangelio: Mateo 10,7-13
En aquel tiempo dijo Jesús a sus apóstoles: «Id y proclamad que el reino de los cielos está cerca. Curad enfermos, resucitad

muertos, limpiad leprosos, echad demonios. Lo que habéis recibido gratis, dadlo gratis. No llevéis en la faja oro, plata ni calderilla; ni tampoco alforja para el camino, ni túnica de repuesto, ni sandalias, ni bastón; bien merece el obrero su sustento. Cuando entréis en un pueblo o aldea, averiguad quién hay allí de confianza y quedaos en su casa hasta que os vayáis. Al entrar en una casa, saludad; si la casa se lo merece, la paz que le deseáis vendrá a ella. Si no se lo merece, la paz volverá a vosotros».

La misión nunca ha sido fácil. Si hacemos un rápido recorrido por la historia, veremos cómo cada generación de cristianos ha interpretado el mandato de Jesús conforme a sus criterios, bien culturales, bien sociales, bien políticos. Los tres primeros siglos fueron martiriales; ser apóstol era casi sinónimo de ser mártir. Los siglos siguientes fueron de encuentro y choque cultural con pueblos no romanizados (bárbaros primero y musulmanes a partir del siglo VII). Luego vendrán las expansiones geográficas, más allá de los límites del *Mare Nostrum* inicial –el Mediterráneo y el Levante– donde nació y prosperó la fe cristiana. ¿Evangelio contra las culturas locales? ¿Evangelio respetando la idiosincrasia de cada pueblo? ¿Evangelio como occidentalización, aunque el evangelio en origen sea oriental? Discusiones, debates, reproches... La misión, en palabras de Jesús, tiene una dimensión amplia, versátil, universal. Hay que ir a todo el mundo (no dice que haya que limitarse a una raza, a una tribu o clan, a un colectivo preciso). El Evangelio nace en la libertad de la expansión del Reino. La misión, dice Jesús en Mateo, se compone de varias acciones: curad, resucitad, limpiad, expulsad. ¿El qué? Las enfermedades que llevan a la muerte, las incapacidades y estigmas que excluyen de la comunidad, los males que encadenan y someten. Dios es Dios de vida y de libertad. ¿Y cómo hacerlo? Con gratuidad (¡no buscando oscuros intereses!).

Con pobreza de medios (no sirviéndose de unas riquezas que escandalizan y provocan divisiones sociales). Con radicalidad (ni bastón ni sandalias): la limpieza y honestidad es el vestido que no cierra puertas. Sobre todo, «paz»; ni la violencia, ni la venganza, ni el rencor, ni las malas artes caben en el Reino. Cada generación de cristianos necesita sus misioneros y sus evangelizadores. Todos tienen un elemento común: han tenido la experiencia de Jesús y la quieren compartir. Los evangelizadores no son ideólogos sociales, políticos o culturales. Los evangelizadores son testigos del reino de Dios, hecho presente en Jesús.

JUNIO

12 | **Viernes**
Sagrado Corazón de Jesús

Primera lectura: Deuteronomio 7,6-11

....

Salmo 102: La misericordia del Señor dura siempre
para los que cumplen sus mandatos

....

Segunda lectura: 1 Juan 4,7-16

....

Evangelio: Mateo 11,25-30

En aquel tiempo exclamó Jesús: «Te doy gracias, Padre, Señor de cielo y tierra, porque has escondido estas cosas a los sabios y entendidos y se las has revelado a la gente sencilla. Sí, Padre, así te ha parecido mejor. Todo me lo ha entregado mi Padre, y nadie conoce al Hijo más que el Padre, y nadie conoce al Padre sino el Hijo, y aquel a quien el Hijo se lo quiera revelar. Venid a mí todos los que estáis cansados y agobiados, y yo os aliviaré. Cargad con mi yugo y aprended de mí, que soy manso y humilde de corazón, y encontraréis vuestro descanso. Porque mi yugo es llevadero y mi carga, ligera».

La fe se puede vivir como una carga pesada o como una suerte maravillosa. En el primer caso es un yugo del que nos queremos separar, porque nos aplasta y nos agobia; no nos deja vivir. La fe mal entendida puede hacer mucho daño; cuando nos quitamos este yugo, respiramos. Esta es la denuncia que hace Jesús. El judaísmo de su época entendía que la Ley era un «yugo» de 613 preceptos, todos importantes. Mucha gente lo vivía con amargura y culpabilidad. A Jesús varias veces le preguntan en el evangelio: ¿cuál es el mandamiento principal o el primero? Jesús nos dice en este canto de alabanza a Dios que acudamos a él, porque su «yugo» es llevadero, y su carga, ligera. Jesús quiere que alabemos y bendigamos a Dios. Jesús quiere mostrarnos el corazón de Dios para que habitemos en él; ahí podemos descansar. Esta experiencia no la descubren los ojos de los intelectuales y poderosos de este mundo, sino la gente sencilla, que sabe escuchar, sorprenderse, emocionarse y amar.

JUNIO

13

Sábado
Inmaculado Corazón de la Virgen María
(San Antonio de Padua)

Primera lectura: 1 Reyes 19,19-21

Salmo 15: Tú eres, Señor, el lote de mi heredad

Evangelio: Mateo 5,33-37

En aquel tiempo dijo Jesús a sus discípulos: «Habéis oído que se dijo a los antiguos: "No jurarás en falso" y "Cumplirás tus votos al Señor". Pues yo os digo que no juréis en absoluto: ni por el cielo, que es el trono de Dios; ni por la tierra, que es estrado de sus pies; ni por Jerusalén, que es la ciudad del Gran Rey. Ni jures por tu cabeza, pues no puedes volver blanco o negro un solo pelo. A vosotros os basta decir "sí" o "no". Lo que pasa de ahí viene del Maligno».

Todos conocemos personas que hacen alarde de promesas difíciles de cumplir o que sueñan con proyectos que son fruto de una imaginación desbordante. Si esas personas son religiosas, incluso comprometen al mismo Dios: «Juro por Dios que...». En la Escritura, el nombre de Dios se evita, no porque no se crea en él, sino porque el judaísmo es una religión que cree en Dios, el totalmente Santo, y evita hacer un uso inadecuado de su santo nombre. En nuestra cultura habitual esto es extraño, pues apelamos a Dios en momentos innecesarios, sin que venga a cuento, en conversaciones triviales. Más aún, en momentos extremos no falta quien le maldice. Jesús va más allá y pide que nuestra palabra sea sobria, equilibrada, ajustada. No solo no hay que jurar de forma irresponsable y necia por lo más santo, por Dios, sino que no hay que jurar ni por el cielo ni por la tierra (forma literaria para indicar todo lo que hay en el mundo creado). Tampoco por Jerusalén, ciudad santa para los judíos. Tampoco por uno mismo, pues no somos dueños de nuestra vida. ¿Cómo comportarnos? De forma inteligente, prudente, sabia: lo que es «sí» es «sí», lo que es «no» es «no». La verborrea vacía y ociosa nunca ha sido buena compañera.

JUNIO

14

Domingo
XI del Tiempo Ordinario

Primera lectura: Éxodo 19,2-6a

Salmo 99: Nosotros somos su pueblo y ovejas de su rebaño

Segunda lectura: Romanos 5,6-11

Evangelio: Mateo 9,36-10,8

En aquel tiempo, al ver Jesús a las gentes, se compadecía de ellas, porque estaban extenuadas y abandonadas, «como ovejas que no tienen pastor». Entonces dijo a sus discípulos: «La mies es abundante, pero los trabajadores son pocos; rogad, pues, al Señor de la mies que mande trabajadores a su mies».

Llamó a sus doce discípulos y les dio autoridad para expulsar espíritus inmundos y curar toda enfermedad y dolencia. Estos son los nombres de los doce apóstoles: el primero, Simón, el llamado Pedro, y su hermano Andrés; Santiago el Zebedeo y su hermano Juan; Felipe y Bartolomé, Tomás y Mateo, el publicano; Santiago el de Alfeo y Tadeo; Simón el fanático y Judas Iscariote, el que lo entregó.

A estos doce los envió Jesús con estas instrucciones: «No vayáis a tierra de paganos ni entréis en las ciudades de Samaría, sino id a las ovejas descarriadas de Israel. Id y proclamad que el reino de los cielos está cerca. Curad enfermos, resucitad muertos, limpiad leprosos, arrojad demonios. Gratis habéis recibido, dad gratis».

El texto de Mateo parte de una situación que vive la gente con la que se encuentra: la ve, se compadece y decide actuar. Jesús se compadece no porque fuera alguien blando, sino porque sufre con la gente y por la gente. Es el sufrimiento que nace del amor. Mateo dice que la gente estaba abandonada, cansada, desorientada, perdida, extraviada…, «como ovejas que no tienen pastor». ¿No había enviado Dios a pastores que condujeran a su pueblo? ¿Dónde quedan los profetas, los sabios, los «hombres de Dios»? Jesús llama a doce discípulos, les confiere autoridad y les da instrucciones. Esta decisión de Jesús, un nuevo pueblo, nace de la realidad de cada día y del dolor que le ha llegado tan hondo que no puede sino llevarle a actuar. Jesús da un paso adelante: está naciendo el nuevo pueblo de Dios. Lo hace convocando a «doce» –número cargado de simbolismo–, como «doce» son las tribus de Israel. Jesús les da «autoridad» –no poder mágico– para curar toda dolencia, la del cuerpo y la del alma. La del corazón herido y lastimado y la de la tristeza vital.

Y todo con gratuidad, porque la salvación de Dios es abundante y «gratis». La gracia es gratis, y la gracia no cabe en pequeños recipientes. Con los nombres de los elegidos –Pedro, Andrés, etc.– nos recuerda que es una salvación encarnada, que cuenta con personas del pueblo como los nuevos mensajeros. El nuevo pueblo de Dios tiene su Constitución, no basada en leyes normativas, sino en el Reino que se hace realidad en los más débiles, los desorientados, como «ovejas sin pastor».

JUNIO

15 | Lunes
Feria o *Santa María Micaela del Santísimo Sacramento*

Primera lectura: 1 Reyes 21,1-16

Salmo 5: Atiende a mis gemidos, Señor

Evangelio: Mateo 5,38-42

En aquel tiempo dijo Jesús a sus discípulos: «Habéis oído que se dijo: "Ojo por ojo, diente por diente". Yo, en cambio, os digo: no hagáis frente al que os agravia. Al contrario, si uno te abofetea en la mejilla derecha, preséntale la otra; al que quiera ponerte pleito para quitarte la túnica, dale también la capa; a quien te requiera para caminar una milla, acompáñale dos; a quien te pide, dale, y al que te pide prestado, no lo rehúyas».

Seguimos con las contraposiciones: «La Ley dice…, yo os digo». Jesús recuerda la ley del talión que leemos en la Ley de Moisés: «Ojo por ojo, diente por diente» (Lv 24,20). Leída con sentido de justicia humana, esta ley evita una venganza visceral, desproporcionada, sin límites; esta ley quiere romper el riesgo real de una espiral de violencia que entra en bucle, sin solución. Jesús recoge el argumento, pero propone no hacer frente al que nos agravia. ¿Qué podemos decir de este evangelio? Si nos explican que Jesús «lleva a su cumplimiento» la Ley de Moisés, no nos alteramos, porque pensamos que es algo que no afecta a nuestra vida. Si explicamos, sin embargo, que el cristiano no se toma la venganza por su mano, sino que ofrece la otra mejilla; que no odia al enemigo, sino que le perdona, nos sonreímos maliciosa y descreídamente. Jesús lleva «a término» la Ley de Moisés, que se queda en los mínimos exigibles, que es suficiente para una vida regularizada por la no agresión y la justicia conmutativa; ya está bien, pensamos. Jesús pide superarla: no hagáis el mal al que os hace daño, sino que debéis vencer el mal con el bien (la mejilla), la generosidad (capa prestada) y la magnanimidad (acompañamiento). Ni rehusar la ayuda del menesteroso ni desoír a quien te suplica. Es verdad que la «ley del talión» es justa a los ojos humanos, y muchos se conforman con ella, pues evita la venganza buscando la proporcionalidad: nunca se puede hacer más daño del que te han provocado. Jesús, en su anuncio del Reino, no nos propone este camino, sino que nos invita a vencer el mal a fuerza de buscar y hacer el bien. Un camino muy poco transitado, pero es el camino de los discípulos y del Reino.

JUNIO

16 | **Martes**
Feria

Primera lectura: 1 Reyes 21,17-29

Salmo 50: Misericordia, Señor, hemos pecado

Evangelio: Mateo 5,43-48

En aquel tiempo dijo Jesús a sus discípulos: «Habéis oído que se dijo: "Amarás a tu prójimo" y aborrecerás a tu enemigo. Yo, en cambio, os digo: amad a vuestros enemigos y rezad por los que os persiguen. Así seréis hijos de vuestro Padre, que está en el cielo, que hace salir su sol sobre malos y buenos, y manda la lluvia a justos e injustos. Porque, si amáis a los que os aman, ¿qué premio tendréis? ¿No hacen lo mismo también los publicanos? Y si saludáis solo a vuestros hermanos, ¿qué hacéis de extraordinario? ¿No hacen lo mismo también los gentiles? Por tanto, sed perfectos como vuestro Padre celestial es perfecto».

Leemos la última de la secuencia de las contraposiciones: «La Ley dice..., pero yo os digo». La Ley de Moisés dice que hay que a «amar al prójimo» (Lv 19,18); pero no dice que haya que odiar al enemigo; el amor se limita a los afines cercanos. Jesús se sirve de un argumento contundente: lo de querer, ayudar, recompensar... a nuestros amigos, ¿qué mérito tiene? Si el discipulado de Jesús no nos hace avanzar en nuestras relaciones, incluso en nuestras decisiones más arriesgadas, ¿qué es ser cristiano? Jesús pide amar incluso al enemigo y rezar por los que quieren nuestro daño y fracaso. Aquí ya se rompen todos los esquemas de buenismo falso o de la equidistancia calculada. Dios hace salir el sol sobre todos y manda la lluvia refrescante y fecundadora a todos. De nuevo una ruptura en nuestros planteamientos calculados y ajustados; esta vez poniendo en el objeto de nuestro amor a personas que quisiéramos que desaparecieran no solo de nuestra vida, sino de la faz de la tierra. El colofón de esta propuesta de Jesús está en la exhortación final, «sed perfectos», que aparentemente no se deduce de lo dicho anteriormente. Dos posibilidades de interpretar esta exhortación; la primera se limita al texto inmediato, y sería que la perfección a la que llama Jesús tiene que ver con el perdón y el amor radical incluso al enemigo. El amor a los enemigos es el camino de perfección evangélica («perfectos en la caridad»); que aún no lo hayamos conseguido no puede despistarnos de su verdad: solo en el perdón se encuentra a

Dios. La segunda explicación tiene que ver con la secuencia de las comparaciones anteriores, «la Ley dice…, pero yo os digo». Solo en el amor, entendido desde la perspectiva de Jesús, se alcanza el cumplimiento de la Ley de Moisés. Una nueva imagen y experiencia de Dios se nos abre en este evangelio.

JUNIO

17

Miércoles
Feria

Primera lectura: 2 Reyes 2,1.6-14

Salmo 30: Sed fuertes y valientes de corazón, los que esperáis en el Señor

Evangelio: Mateo 6,1-6.16-18

En aquel tiempo dijo Jesús a sus discípulos: «Cuidad de no practicar vuestra justicia delante de los hombres para ser vistos por ellos; de lo contrario no tendréis recompensa de vuestro Padre celestial. Por tanto, cuando hagas limosna, no vayas tocando la trompeta por delante, como hacen los hipócritas en las sinagogas y por las calles, con el fin de ser honrados por los hombres; os aseguro que ya han recibido su paga. Tú, en cambio, cuando hagas limosna, que no sepa tu mano izquierda lo que hace tu derecha; así tu limosna quedará en secreto, y tu Padre, que ve en lo secreto, te lo pagará.

Cuando recéis, no seáis como los hipócritas, a quienes les gusta rezar de pie en las sinagogas y en las esquinas de las plazas, para que los vea la gente. Os aseguro que ya han recibido su paga. Tú, cuando vayas a rezar, entra en tu aposento, cierra la puerta y reza a tu Padre, que está en lo escondido, y tu Padre, que ve en lo escondido, te lo pagará.

Cuando ayunéis, no andéis cabizbajos, como los hipócritas, que desfiguran su cara para hacer ver a la gente que ayunan.

Os aseguro que ya han recibido su paga. Tú, en cambio, cuando ayunes, perfúmate la cabeza y lávate la cara, para que tu ayuno lo note no la gente, sino tu Padre, que está en lo escondido; y tu Padre, que ve en lo escondido, te recompensará».

Después de la serie de contraposiciones –Ley de Moisés / bienaventuranzas de Jesús– que hemos leído los días pasados, ahora Mateo cambia de argumento dentro de la dinámica de las enseñanzas de Jesús. Él es el «maestro» al que escuchamos con atención y obediencia debida. El discípulo debe hacer el bien en todo momento, pero no para que le vean a él y lo alabe la gente, porque entonces ya tiene su recompensa. Jesús afronta ahora tres aspectos de la vida religiosa: la limosna, la oración y el ayuno. En el texto de hoy leemos dos de ellas, dejando la oración para el texto de mañana. Jesús no las declara pasadas o innecesarias, sino que les da un nuevo sentido, conforme al espíritu de las bienaventuranzas que sirven de memoria y trama de toda la enseñanza de Jesús. La limosna no puede ser nunca una justificación para tranquilizar la conciencia o para disimular comportamientos deliberadamente injustos, como si Dios fuera un necio al que engañar; la verdadera limosna nos lleva a compartir los bienes con los necesitados. El ayuno no es una invitación a llevar una doble vida moral ni es un ejercicio de una vida religiosa trufada de mentiras. El verdadero ayuno es necesario y nos centra porque nos ayuda a descubrir qué es lo esencial de la vida, lo que nos alimenta, lo que nos da sostén y fuerza; al mismo tiempo, nos ayuda a desprendernos de lo innecesario o tóxico. Ayunar de adorar lo que no es Dios; ayunar de ser mediocres y tibios en nuestra vida religiosa; ayunar de juzgar y ofender a los más débiles. El ayuno nos descubre qué es lo irrenunciable en la vida y qué es lo secundario. Jesús nos previene de pervertir ambas haciendo de la dos un expositor público y vanidoso de nuestros méritos y buenas obras.

18

Jueves
Feria

Primera lectura: Eclesiástico 48,1-14
Salmo 96: Alegraos, justos, con el Señor

Evangelio: Mateo 6,7-15

En aquel tiempo dijo Jesús a sus discípulos: «Cuando recéis, no uséis muchas palabras, como los gentiles, que se imaginan que por hablar mucho les harán caso. No seáis como ellos, pues vuestro Padre sabe lo que os hace falta antes de que lo pidáis. Vosotros rezad así: "Padre nuestro del cielo, santificado sea tu nombre, venga tu reino, hágase tu voluntad en la tierra como en el cielo, danos hoy el pan nuestro de cada día, perdónanos nuestras ofensas, pues nosotros hemos perdonado a los que nos han ofendido, no nos dejes caer en la tentación, sino líbranos del Maligno". Porque si perdonáis a los demás sus culpas, también vuestro Padre del cielo os perdonará a vosotros. Pero si no perdonáis a los demás, tampoco vuestro Padre perdonará vuestras culpas».

Jesús enseña el Padrenuestro en el primero de los cinco discursos, el del Sermón de la montaña, que aparecen en Mateo; el Padrenuestro tiene que ver, por tanto, con la nueva vida que propone Jesús. Lucas dice, sin embargo, que los discípulos piden a Jesús que les enseñe a rezar (11,1). La oración del Padrenuestro en Mateo forma parte de la enseñanza sobre el ayuno, la oración y la limosna. La oración no es una exhibición pública de piedad ni palabrería para convencer a Dios, porque él ya sabe lo que necesitamos. La oración es sencilla; se dirige al «Padre»; pide el «Reino» y que se cumpla «su voluntad». Luego, en un segundo momento, pide lo que el ser humano necesita: «pan cotidiano» y «perdón». No podemos acostumbrarnos a rezar el Padrenuestro como quien reza una oración más de nuestra rica tradición. Es la oración de los discípulos: la más sencilla, la más fundamental y la que más nos identifica a la vez. Dios es Padre y no tirano; pedimos el pan cotidiano, no riquezas; pedimos perdón y saber perdonar. Para muchos creyentes, el peligro del Padrenuestro es rezarlo con tanta frecuencia, de forma rutinaria, que no se preste atención a lo que dice. Otros lo rezan, pero no se han parado a pensar qué es eso de que se haga la «voluntad de Dios» o de que «nos perdone como nosotros perdonamos». Un buen ejercicio es leerlo despacio, como si fuera la primera vez.

JUNIO

19

Viernes
Feria o *San Romualdo*

Primera lectura: **2 Reyes 11,1-4.9-18.20**

Salmo 131: El Señor ha elegido a Sion, ha deseado vivir en ella

Evangelio: Mateo 6,19-23

En aquel tiempo dijo Jesús a sus discípulos: «No amontonéis tesoros en la tierra, donde la polilla y la carcoma los roen, donde los ladrones abren boquetes y los roban. Amontonad tesoros en el cielo, donde no hay polilla ni carcoma que se los coman, ni ladrones que abran boquetes y roben. Porque donde está tu tesoro, allí está tu corazón. La lámpara del cuerpo es el ojo. Si tu ojo está sano, tu cuerpo entero tendrá luz; si tu ojo está enfermo, tu cuerpo entero estará a oscuras. Y si la única luz que tienes está oscura, ¡cuánta será la oscuridad!».

Leemos una de las frases repetidas, que dice Jesús, y que forman parte de nuestro acervo cultural: «Donde está tu tesoro, allí está tu corazón». Esta frase, sin duda alguna cierta, la podemos comentar preguntándonos cuáles son nuestros «tesoros»: la familia, los hijos, el trabajo, etc. Pero Jesús es mucho más claro: habla de las riquezas materiales. En el Padrenuestro, que acabamos de leer, Jesús nos habla de pedir el «pan cotidiano». El sustento al que todo ser humano tiene derecho. Ahora, un poco más adelante, nos advierte contra el riesgo real de «atesorar riquezas». Las riquezas no son para acumular, sino para compartir. En el fondo está la convicción bíblica de que Dios ha creado el mundo para toda la humanidad, no para unos pocos. Dios es el único «dueño» de la tierra, y nosotros somos sus administradores, no sus propietarios. El verdadero tesoro, nos advierte Jesús, lo debemos tener en el «cielo»; o, lo que es lo mismo, la verdadera riqueza es Dios. El texto sigue con una reflexión de carácter sapiencial sobre la mirada; un ojo/mirada enfermo no puede ver con limpieza y luz. El discípulo es observador de la vida y cuidador de la mirada sobre la realidad.

JUNIO

20 | **Sábado**
Feria

Primera lectura: 2 Crónicas 24,17-25

Salmo 88: Le mantendré eternamente mi favor

Evangelio: Mateo 6,24-34

En aquel tiempo dijo Jesús a sus discípulos: «Nadie puede estar al servicio de dos amos. Porque despreciará a uno y querrá al otro; o al contrario, se dedicará al primero y no hará caso del segundo. No podéis servir a Dios y al dinero. Por eso os digo: no estéis agobiados por la vida, pensando qué vais a comer o beber, ni por el cuerpo, pensando con qué os vais a vestir. ¿No vale más la vida que el alimento y el cuerpo que el vestido? Mirad a los pájaros: ni siembran, ni siegan, ni almacenan, y sin embargo vuestro Padre celestial los alimenta. ¿No valéis vosotros más que ellos? ¿Quién de vosotros, a fuerza de agobiarse, podrá añadir una hora al tiempo de su vida? ¿Por qué os agobiáis por el vestido? Fijaos cómo crecen los lirios del campo: ni trabajan ni hilan. Y os digo que ni Salomón, en todo su fasto, estaba vestido como uno de ellos. Pues, si a la hierba, que hoy está en el campo y mañana se quema en el horno, Dios la viste así, ¿no hará mucho más por vosotros, gente de poca fe? No andéis agobiados pensando qué vais a comer, o qué vais a beber, o con qué os vais a vestir. Los gentiles se afanan por esas cosas. Ya sabe vuestro Padre del cielo que tenéis necesidad de todo eso. Sobre todo, buscad el reino de Dios y su justicia; lo demás se os dará por añadidura. Por tanto, no os agobiéis por el mañana, porque el mañana traerá su propio agobio. A cada día le bastan sus disgustos».

El texto que leíamos ayer nos advertía del riesgo de acumular riquezas; hoy leemos una conclusión rotunda: «No podéis servir a Dios y al dinero». El culto al dinero crea esclavitud; el acumular riquezas nunca se sacia; es tan fuerte esta pulsión que se opone al mismo Dios. Uno u otro; no hay término medio. Jesús, a continuación, hace una llamada a la templanza: vivir con sencillez, sin agobios. Solemos imaginarnos a un «Jesús profeta» que denuncia las injusticias, que habla con libertad de Dios y se opone a los que usan su nombre. En este caso aparece ante nuestros ojos un «Jesús maestro de sabiduría». No podemos añadir un «tiempo añadido» a nuestra vida, por mucho que lo intentemos. No podemos ser esclavos de nuestras necesidades perentorias, sino que debemos vivir con sobriedad. Debemos aprender de la naturaleza, que, siendo sencilla, despliega ante nuestros ojos una belleza que nadie puede igualar. Jesús habla de los «paganos» que se preocupan por estas cosas. Nosotros hablaríamos de «pragmáticos» o «materialistas». Jesús nos hace mirar nuestro interior y mirar a Dios. De él venimos, él nos sostiene y a él nos dirigimos.

JUNIO

 21

Domingo
XII del Tiempo Ordinario
(San Luis Gonzaga)

Primera lectura: Jeremías 20,10-13

Salmo 68: Que me escuche tu gran bondad, Señor

Segunda lectura: Romanos 5,12-15

Evangelio: Mateo 10,26-33

En aquel tiempo dijo Jesús a sus apóstoles: «No tengáis miedo a los hombres, porque nada hay cubierto que no llegue a descubrirse; nada hay escondido que no llegue a saberse. Lo que os digo de noche decidlo en pleno día, y lo que escuchéis al oído pregonadlo desde la azotea. No tengáis miedo a los que matan el cuerpo, pero no pueden matar el alma. No, temed al que puede destruir con el fuego alma y cuerpo. ¿No se venden un par de gorriones por unos cuartos? Y, sin embargo, ni uno solo cae al suelo sin que lo disponga vuestro Padre. Pues vosotros, hasta los cabellos de la cabeza tenéis contados. Por eso, no tengáis miedo; no hay comparación entre vosotros y los gorriones. Si uno se pone de mi parte ante los hombres, yo también me pondré de su parte ante mi Padre del cielo. Y si uno me niega ante los hombres, yo también lo negaré ante mi Padre del cielo».

La primera comunidad cristiana siente el vértigo que produce anunciar el Evangelio en una sociedad extraña (en muchas zonas pagana y romanizada) y hostil (por parte de los judíos). La exhortación a «no tener miedo» –tres veces– es puesta en labios de Jesús como exhortación a la confianza y al poder de Dios. Ahora bien, ¿quiénes son esos a quienes no hay que temer? ¿Cuál es ese mensaje que no se puede callar? ¿Quiénes pueden matar el cuerpo pero no el alma? Es un texto que invita a la fidelidad y a la fortaleza en los momentos de dificultad seria. Fidelidad a la misión recibida, la de anunciar la salvación de Jesucristo. Fortaleza que no viene de nosotros, de nuestras cualidades, sino que viene del mismo Dios. La clave está en discernir cuál es la palabra que hay anunciar desde las azoteas y la misión que viene de Jesús. No se trata de vender una ideología en el mercado de los conceptos, sino de ponerse en actitud de discipulado, de seguimiento de Jesús. La fe cristiana cree que Dios camina con nosotros, que Dios nos va desbrozando sendas, que nos va mostrando caminos que nos llevan a él. El valor de cada persona, por pequeña e inútil que se sienta, es inestimable a los ojos de Dios. La autoestima aparece aquí no como fruto de un ejercicio psicológico, sino como experiencia creyente del saber que estamos en buenas manos. Eso sí, el Evangelio se pone duro con los que en medio de las dificultades quieren salvar su vida negando a Jesús. Jesús se muestra en todo momento claro y tajante: o conmigo o contra mí; no se puede servir a dos señores; el que no renuncia a todos sus bienes no puede ser discípulo mío. Ahora presenta de nuevo su exigencia: si alguien me niega ante los hombres, también lo negaré yo.

22

Lunes
Feria o *San Paulino de Nola,*
San Juan Fisher y Santo Tomás Moro

Primera lectura: 2 Reyes 17,5-8.13-15.18

Salmo 59: Que tu mano salvadora, Señor, nos responda

Evangelio: Mateo 7,1-5

En aquel tiempo dijo Jesús a sus discípulos: «No juzguéis y no os juzgarán; porque os van a juzgar como juzguéis vosotros, y la medida que uséis la usarán con vosotros. ¿Por qué te fijas en la mota que tiene tu hermano en el ojo y no reparas en la viga que llevas en el tuyo? ¿Cómo puedes decirle a tu hermano: "Déjame que te saque la mota del ojo", teniendo una viga en el tuyo? Hipócrita, sácate primero la viga del ojo; entonces verás claro y podrás sacar la mota del ojo de tu hermano».

Jesús sigue enseñando en el «monte de las bienaventuranzas». Es un maestro que se detiene en aspectos de la vida ordinaria. Su vida en el pueblo, en Nazaret, y su contacto con la gente sencilla hace de él mucho más que un sabio. El texto que leemos tiene, desde luego, un aspecto sapiencial, que no desdice del elemento religioso. Estamos de nuevo en el «pasivo divino», ya que Mateo, que se dirige a judíos, evita decir o escribir la palabra «Dios». La exhortación se puede traducir perfectamente por «No juzguéis para que Dios no os juzgue». ¿De qué habla Jesús? De los juicios temerarios a terceras personas. Es una costumbre fea, y muy arraigada la de emitir juicios sobre los demás: sobre sus costumbres, sus debilidades, sus vicios y sus opciones. Todos sabemos que un juicio inteligente y malicioso puede ser muy dañino. Jesús nos dice: nadie puede ser el juez de otro. En el argumento del evangelio, el juicio a los demás no solo es una cuestión ética, sino religiosa: Dios es el único juez.

La imagen que pone Mateo en boca de Jesús se sirve de una comparación llevada a los extremos –viga o mota– y de una experiencia humana: la molestia de un objeto extraño en el ojo. Jesús es brillante y buen comunicador. ¿Quién no recuerda esta observación que a todos nos ha pasado alguna vez? Volvamos a lo esencial: seamos prudentes en nuestros comentarios, coherentes en nuestros comportamientos y claros en las relaciones con los demás.

JUNIO

23 | **Martes**
Feria

Primera lectura: 2 Reyes 19,9-11.14-21.31-36

Salmo 47: Dios ha fundado su ciudad para siempre

Evangelio: Mateo 7,6.12-14

En aquel tiempo dijo Jesús a sus discípulos: «No deis lo santo a los perros ni les echéis vuestras perlas a los cerdos; las pisotearán y luego se volverán para destrozaros. Tratad a los demás como queréis que ellos os traten; en esto consiste la Ley y los profetas. Entrad por la puerta estrecha. Ancha es la puerta y espacioso el camino que lleva a la perdición, y muchos entran por ellos. ¡Qué estrecha es la puerta y qué angosto el camino que lleva a la vida! Y pocos dan con ellos».

De nuevo contemplamos a Jesús maestro. Primero exhorta a no dar «lo santo a los perros», que no saben distinguir ni saben apreciar. Luego recuerda la llamada «regla de oro», que se formula de forma general («Tratad a los demás como queréis que ellos os traten a vosotros), pero la relaciona con la Escritura –la Ley y los Profetas–, afirmando que tienen una vinculación estrecha, incluso que se podrían identificar. Por fin advierte sobre la prudencia necesaria, que es al mismo tiempo signo de inteligencia: «Entrad por la puerta estrecha». Jesús recoge sentencias propias de un sabio: unas son de la sabiduría popular (la puerta estrecha, la modestia, la humildad, la exigencia); otras, de la sabiduría universal (la regla de oro); otras, de la sensibilidad religiosa (no despreciar lo santo). Jesús nos da pistas para saber vivir como personas, con misericordia, religiosidad, cordura y empatía. Solemos pensar en Jesús como profeta; dejemos que sea también un maestro de vida.

JUNIO

24

Miércoles
Natividad de San Juan Bautista

Primera lectura: Isaías 49,1-6
....
Salmo 138: Te doy gracias, porque me has escogido portentosamente
....
Segunda lectura: Hechos de los Apóstoles 13,22-26
....

Evangelio: Lucas 1,57-66.80

A Isabel se le cumplió el tiempo del parto y dio a luz un hijo. Se enteraron sus vecinos y parientes de que el Señor le había hecho una gran misericordia, y la felicitaban. A los ocho días fueron a circuncidar al niño, y lo llamaban Zacarías, como a su padre. La madre intervino diciendo: «¡No! Se va a llamar Juan». Le replicaron: «Ninguno de tus parientes se llama así». Entonces preguntaban por señas al padre cómo quería que se llamase. Él pidió una tablilla y escribió: «Juan es su nombre». Todos se quedaron extrañados. Inmediatamente se le soltó la boca y la lengua, y empezó a hablar bendiciendo a Dios. Los vecinos quedaron sobrecogidos, y corrió la noticia por toda la montaña de Judea. Y todos los que lo oían reflexionaban, diciendo: «¿Qué va a ser este niño?». Porque la mano del Señor estaba con él. El niño iba creciendo y su carácter se afianzaba; vivió en el desierto hasta que se presentó a Israel.

El evangelista Lucas presenta los capítulos previos a la presentación de Jesús adulto –lo que se conoce impropiamente como «Evangelio de la infancia»– en un «tríptico perfecto»: la primera tabla, dedicada a las anunciaciones de Juan y de Jesús; la tabla central se dedica al encuentro de las dos madres que llevan en sí la promesa y el cumplimiento de la única alianza de Dios (la visitación de María a Isabel); en la tercera tabla, los nacimientos de Juan y de Jesús. Dios muestra su misericordia a Isabel, que da a luz un hijo en su madurez. La historia de la salvación, culminada en Jesús, tiene como precursor al último de los profetas. Juan es hijo de Zacarías e Isabel, «pobres de Yahvé» (anawim), que creen y esperan en Dios. En el mundo judío, a los ocho días del nacimiento, se pone el nombre en el rito de la circuncisión. Todos esperan que el niño mantenga el nombre de su padre; pero Zacarías recupera el habla –había estado mudo después de su particular teofanía en el Templo– y anuncia: «Juan es su nombre». El nacimiento largamente esperado de Juan y la mudez de Zacarías, que se trastoca en alabanza a Dios, hacen que todos se pregunten por el futuro de este niño. Lucas, a continuación, nos informa de que «vivió en el desierto», lugar radical de encuentro consigo mismo y con Dios, marcando así la línea que seguirá. Juan no es el Mesías esperado, sino su precursor, que abre caminos y apunta al futuro.

JUNIO

25 | Jueves
Feria

Primera lectura: 2 Reyes 24,8-17

Salmo 78: Líbranos, Señor, por el honor de tu nombre

Evangelio: Mateo 7,21-29

En aquel tiempo dijo Jesús a sus discípulos: «No todo el que me dice: "Señor, Señor", entrará en el reino de los cielos, sino el que cumple la voluntad de mi Padre, que está en el cielo. Aquel día muchos dirán: "Señor, Señor, ¿no hemos profetizado en tu nombre, y en tu nombre echado demonios, y no hemos hecho en tu nombre muchos milagros?" Yo entonces les declararé: "Nunca os he conocido. Alejaos de mí, malvados". El que escucha estas palabras mías y las pone en práctica se parece a aquel hombre prudente que edificó su casa sobre roca. Cayó la lluvia, se salieron los ríos, soplaron los vientos y descargaron contra la casa; pero no se hundió, porque estaba cimentada sobre roca. El que escucha estas palabras mías y no las pone en práctica se parece a aquel hombre necio que edificó su casa sobre arena. Cayó la lluvia, se salieron los ríos, soplaron los vientos y rompieron contra la casa, y se hundió totalmente».

Al terminar Jesús este discurso, la gente estaba admirada de su enseñanza, porque les enseñaba con autoridad y no como los letrados.

Entre el «decir» y el «hacer» hay un camino que recorrer. O mejor, en términos bíblicos, entre el «hablar» y el «cumplir». Jesús denuncia repetidamente a quienes hablan con profusión, prometen lo que no piensan cumplir y confunden con palabras vanas a los sencillos. El evangelio no pretende dibujar arquetipos de comportamiento humano, sino que busca que nos encontremos con nosotros mismos, con Dios, y que nos abramos a su gracia. En la Escritura es muy importante el verbo «escuchar»; es sinónimo de pedir atención para pasar a la acción; Jesús exige «escuchar» y «cumplir» la palabra. El ejemplo de las dos construcciones nos pide sensatez, buen juicio y prudencia. La fe no se puede basar solo en buena voluntad sin fundamento, como el que construye sin cimientos. Tampoco es fruto de charlatanes que buscan confundir, los que dicen «Señor, Señor» sin que haya nada detrás. La fe es exigente; por una parte, nace su condición de ser palabra veraz, que engendra verdad y disipa las malas artes de la charlatanería vacía; por otra, la fe exige frutos; que la palabra dada se haga realidad. El texto concluye con la reacción de la gente: Jesús tiene «autoridad», no así los escribas. La autoridad moral no se compra ni se exige, sino que se gana con la propia vida.

JUNIO

26 | **Viernes**
Feria o *San Pelayo*

Primera lectura: 2 Reyes 25,1-12

Salmo 136: Que se me pegue la lengua al paladar si no me acuerdo de ti

Evangelio: Mateo 8,1-4
En aquel tiempo, al bajar Jesús del monte, lo siguió mucha gente. En esto se le acercó un leproso, se arrodilló y le dijo: «Señor, si quieres, puedes limpiarme». Extendió la mano y lo tocó, diciendo: «Quiero, queda limpio». Y enseguida quedó limpio de la lepra. Jesús le dijo: «No se lo digas a nadie, pero, para que conste, ve a presentarte al sacerdote y entrega la ofrenda que mandó Moisés».

Jesús baja del monte, el monte de las bienaventuranzas, donde ha enseñado (Mt 7,28-29). Pasamos del primer discurso a una escena de la vida ordinaria. Jesús se encuentra con un leproso, que se postra ante él y le pide con timidez que le limpie: «Si quieres». Jesús «lo toca»; verbo muy importante, porque el contacto con la lepra hace de Jesús un hombre impuro (según la creencia judía). Jesús tiene autoridad en su enseñanza y en sus actos; su palabra se cumple; dice en voz alta: «Queda limpio», y el hombre «quedó limpio». Jesús le ordena que cumpla la Ley de Moisés, haciendo la ofrenda prescrita, pero no quiere que se extienda la noticia del hecho. Hemos visto a Jesús como «maestro y sabio». Ahora se le aparece la vida en su crudeza: un leproso marginado (fuera de la ciudad) y estigmatizado (culpable de haber hecho algo malo, según los criterios religiosos de aquel tiempo). Jesús va más allá de la norma inhumana, pues «toca» a alguien que es «intocable». Luego dice expresamente que quiere que aquel hombre «quede limpio»: le reintegra a la sociedad y le quita todo estigma. La misión de Jesús es salvar, rescatar, reintegrar, abrazar, curar. Jesús es transparencia de las entrañas de misericordia del Padre.

JUNIO

27 | Sábado
Feria o *San Cirilo de Alejandría*

Primera lectura: Lamentaciones 2,2.10-14.18-19

Salmo 73: No olvides sin remedio la vida de tus pobres

Evangelio: Mateo 8,5-17
En aquel tiempo, al entrar Jesús en Cafarnaún, un centurión se le acercó, rogándole: «Señor, tengo en casa un criado que está en cama paralítico y sufre mucho». Jesús le contestó: «Voy yo a

curarlo». Pero el centurión le replicó: «Señor, no soy quién para que entres bajo mi techo. Basta que lo digas de palabra y mi criado quedará sano. Porque yo también vivo bajo disciplina y tengo soldados a mis órdenes; y le digo a uno: "Ve", y va; al otro: "Ven", y viene; a mi criado: "Haz esto", y lo hace». Al oírlo, Jesús quedó admirado y dijo a los que le seguían: «Os aseguro que en Israel no he encontrado en nadie tanta fe. Os digo que vendrán muchos de oriente y occidente y se sentarán con Abrahán, Isaac y Jacob en el reino de los cielos; en cambio, a los ciudadanos del reino los echarán fuera, a las tinieblas. Allí será el llanto y el rechinar de dientes». Y al centurión le dijo: «Vuelve a casa, que se cumpla lo que has creído». Y en aquel momento se puso bueno el criado.

Al llegar Jesús a casa de Pedro encontró a la suegra en cama con fiebre; la cogió de la mano y se le pasó la fiebre; se levantó y se puso a servirles. Al anochecer le llevaron muchos endemoniados; él, con su palabra, expulsó los espíritus y curó a todos los enfermos. Así se cumplió lo que dijo el profeta Isaías: «Él tomó nuestras dolencias y cargó con nuestras enfermedades».

Jesús es de Nazaret, tierra adentro, pero una vez que se traslada al lago, tierra de pescadores, pone su punto de residencia en Cafarnaún; desde allí entra y sale para llevar adelante su misión por las aldeas de Galilea. Dentro de este marco geográfico, dos escenas distintas, si bien tienen en común la autoridad de Jesús sobre la enfermedad. En la primera escena, un militar de la ocupación romana, acostumbrado a dar órdenes y que se cumplan, pide a Jesús la curación de un criado suyo. El militar proyecta en Jesús su forma de hacer las cosas, y a la vez trasluce una fe ciega en la autoridad que Jesús tiene. Con humildad solo dice: no es necesario que vengas a mi casa, basta con tu palabra. Jesús alaba la fe del pagano y anuncia el Reino para muchos de «oriente y occidente» que no pertenecen al pueblo de Israel;

mientras que los primeros destinados al Reino corren el riesgo de la obstinación y de no reconocer a Jesús. La segunda escena tiene lugar en casa de Pedro; Jesús cura a su suegra, y todos los de alrededor buscan también la acción de Jesús. Mateo, fiel a su intención teológica, cita al profeta Isaías, retomando unos versos de los Cantos del Siervo de Yahvé: él tomó nuestras dolencias... Jesús es el Mesías anunciado y esperado.

JUNIO

 28

Domingo
XIII DEL TIEMPO ORDINARIO
(San Ireneo)

Primera lectura: 2 Reyes 4,8-11.14-16

Salmo 88: Cantaré eternamente las misericordias del Señor

Segunda lectura: Romanos 6,3-4.8-11

Evangelio: Mateo 10,37-42

En aquel tiempo dijo Jesús a sus apóstoles: «El que quiere a su padre o a su madre más que a mí no es digno de mí; el que quiere a su hijo o a su hija más que a mí no es digno de mí; y el que no coge su cruz y me sigue no es digno de mí. El que encuentre su vida la perderá, y el que pierda su vida por mí la encontrará. El que os recibe a vosotros me recibe a mí, y el que me recibe, recibe al que me ha enviado; el que recibe a un profeta porque es profeta tendrá paga de profeta; y el que recibe a un justo porque es justo tendrá paga de justo. El que dé a beber, aunque no sea más que un vaso de agua fresca, a uno de estos pobrecillos solo porque es mi discípulo, no perderá su paga, os lo aseguro».

Por tres veces el texto habla de ser «dignos» de Jesús. ¿Quién es? ¿El más cumplidor o el que más valores personales tenga?

No, «digno de Jesús» es el que se pone en actitud de discípulo, que sabe renunciar y asumir sus contradicciones. Sentencias cortas, de sabor sapiencial. Las propuestas de Jesús no coinciden con las expectativas de una sociedad del bienestar como nuevo ídolo al que venerar. Digno de Jesús no es el que hace su vida al margen del Reino, sino el que descubre el tesoro del Evangelio y se pone en camino como discípulo. La fuerza del discípulo que lleva el mensaje de Jesús llega a ser de tal valor que es como si Jesús mismo en persona llevara el mensaje; por eso, el que acoge al «discípulo-mensajero» acoge a Jesús mismo. Los discípulos no son profesionales de una misión que no es la suya; tampoco son meros repetidores de un mensaje que les sobrepasa; son transparencia del ser mismo y de las entrañas mismas de Jesús. Por eso, hasta lo mínimo, como dar un vaso de agua, adquiere un valor sin límites en la acogida del discípulo evangelizador.

JUNIO

29 | **Lunes**
San Pedro y San Pablo, apóstoles

Primera lectura: Hechos de los Apóstoles 12,1-11
....
Salmo 33: El Señor me libró de todas mis ansias
....
Segunda lectura: 2 Timoteo 4,6-8.17-18
....

Evangelio: Mateo 16,13-19
En aquel tiempo, al llegar a la región de Cesarea de Filipo, Jesús preguntó a sus discípulos: «¿Quién dice la gente que es el Hijo del hombre?». Ellos contestaron: «Unos que Juan Bautista, otros que Elías, otros que Jeremías o uno de los profetas». Él les preguntó: «Y vosotros, ¿quién decís que soy yo?». Simón Pedro tomó la palabra y dijo: «Tú eres el Mesías, el Hijo de Dios

vivo». Jesús le respondió: «¡Dichoso tú, Simón, hijo de Jonás!, porque eso no te lo ha revelado nadie de carne y hueso, sino mi Padre, que está en el cielo. Ahora te digo yo: tú eres Pedro, y sobre esta piedra edificaré mi Iglesia, y el poder del infierno no la derrotará. Te daré las llaves del reino de los cielos; lo que ates en la tierra quedará atado en el cielo, y lo que desates en la tierra quedará desatado en el cielo».

La figura de Pedro ocupa un lugar preeminente en el evangelio de Mateo. Pedro es el primero que ha seguido la llamada de Jesús en el mar de Galilea: de pescador a discípulo. Pedro encabeza la lista de los elegidos como apóstoles. No sabemos mucho de él: es de Betsaida, según nos dice el evangelio se san Juan. Tiene un hermano que se llaman Andrés (nombre griego, aun siendo judío). Está casado, pues Jesús cura a su suegra. En los evangelios aparece como uno de los tres que acompañan siempre a Jesús: Pedro, Santiago y Juan, sobre todo en los momentos decisivos (transfiguración, Getsemaní). Pedro no es oficialmente el portavoz del grupo –en ningún sitio se dice–, pero es el que toma la palabra, el más impulsivo, el que habla con el corazón, aunque no piense mucho la respuesta. Pedro quiere ir por delante, ser el primero; pero también es el que tiene miedo en la tormenta del lago y el que reniega de Jesús en el momento de la pasión. En este texto, de singular importancia, Pedro es el que confiesa a Jesús como «Mesías, Hijo de Dios». Jesús le proclama «dichoso», «bienaventurado», pero a continuación matiza: esta confesión de Pedro no es fruto de una deducción humana, sino de una «revelación» del Padre. Es verdad que, si leemos la continuación de este mismo texto, encontraremos el duro reproche de Jesús, que corrige a Pedro cuando este no acepta que Jesús tenga que morir en la cruz. Ahora no toca comentar ese texto. Nos fijamos, sin embargo, en otros dos detalles importantes.

Jesús le dice: «Tú eres Pedro, y sobre esta piedra edificaré mi Iglesia». Juego de palabras: «Pedro/piedra. Pedro/fundamento». Jesús pone como cimiento a un pescador generoso, entusiasmado, voluntarioso, pero a la vez muy débil, que sabe reconocer su pecado y que lo llorará con sinceridad. Pedro recibe un símbolo-objeto universal y una misión específica. Las llaves son la capacidad autorizada de abrir y cerrar; de aceptar y de evitar. La misión es de atar y desatar. Pablo, que nunca fue uno de los Doce, reivindicará en sus cartas su condición de apóstol. Pablo es la misión *ad gentes*. Pedro es el servicio a la diversidad en la comunión de la Iglesia. Pedro y Pablo son las dos columnas de una gran Iglesia fuerte en la debilidad, generosa en las adversidades, siempre fiel a Jesús.

JUNIO

30

Martes
Feria o *Santos protomártires de la santa Iglesia romana*

Primera lectura: Amós 3,1-8; 4,11-12

Salmo 5: Señor, guíame con tu justicia

Evangelio: Mateo 8,23-27

En aquel tiempo subió Jesús a la barca, y sus discípulos lo siguieron. De pronto se levantó un temporal tan fuerte que la barca desaparecía entre las olas; él dormía. Se acercaron los discípulos y lo despertaron, gritándole: «¡Señor, sálvanos, que nos hundimos!». Él les dijo: «¡Cobardes! ¡Qué poca fe!». Se puso en pie, increpó a los vientos y al lago, y vino una gran calma.

Ellos se preguntaban admirados: «¿Quién es este? ¡Hasta el viento y el agua le obedecen!».

El evangelista nos lleva a una escena de la vida diaria en el lago de Galilea. Una tormenta de aire, frecuente en la zona, agita las olas y la barca se puede hundir. Jesús duerme sin que aparentemente se preocupe por la situación; los discípulos, sobresaltados y excitados, tienen miedo a perecer. Jesús les echa en cara su falta de fe y calma la tempestad. El texto parte de una realidad conocida por los lugareños de la zona para expresar una situación de la comunidad: la inseguridad ante las tribulaciones que parecen hundir la barca y la debilidad de la fe de los discípulos. Las dificultades son ciertas y frecuentes, pero no son determinantes en la vida del creyente. No podemos desear una fe de calma chicha, sin dudas punzantes ni fuertes vaivenes. No sería una fe «humana». La barca es símbolo de la Iglesia; a veces pensamos que la «barca-Iglesia» se hunde por los fuertes vientos que la zarandean. En la barca va Jesús, no hay que temer; con él «viene la calma». La pregunta final sigue volviendo una y otra vez a nuestra vida de discípulos: ¿quién es Jesús, que hasta la fuerza impetuosa de los vientos le obedecen?

JULIO

1 | **Miércoles**
Feria

Primera lectura: Amós 5,14-15.21-24

Salmo 49: Al que sigue buen camino le haré ver la salvación de Dios

Evangelio: Mateo 8,28-34

En aquel tiempo llegó Jesús a la otra orilla, a la región de los gerasenos. Desde el cementerio, dos endemoniados salieron a su encuentro; eran tan furiosos que nadie se atrevía a transitar por aquel camino. Y le dijeron a gritos: «¿Qué quieres de nosotros, Hijo de Dios? ¿Has venido a atormentarnos antes de tiempo?». Una gran piara de cerdos a distancia estaba hozando. Los demonios le rogaron: «Si nos echas, mándanos a la piara». Jesús les dijo: «Id». Salieron y se metieron en los cerdos. Y la piara entera se abalanzó acantilado abajo y se ahogó en el agua. Los porquerizos huyeron al pueblo y lo contaron todo, incluyendo lo de los endemoniados. Entonces el pueblo entero salió a donde estaba Jesús y, al verlo, le rogaron que se marchara de su país.

Jesús cruza el lago y va a la orilla de enfrente, habitado por población no judía; geográficamente, pertenece a la Decápolis, un territorio de autoridad y cultura griegas. Unos textos hablan de Gerasa (ciudad y territorio), mientras que otros hablan de Gadara (ciudad y territorio); esta discusión académica no afecta al mensaje del evangelio. De entre unos sepulcros –zona impura para los judíos– salen al encuentro de Jesús unos «endemoniados» agresivos –necesitados de misericordia–, que le increpan. Jesús hace que los demonios se «metan» en unos cerdos –animal impuro para el judaísmo–, que se despeñan. La gente asustada le pide a Jesús que se marche de allí. Jesús se compadece de aquellas personas y las cura, aunque no eran del pueblo judío. No somos quiénes para recortar y poner límites a la compasión divina. El texto acaba de forma abierta, ¿por qué la gente pide a Jesús que se vaya?, ¿porque no saben quién es Jesús y temen sus poderes? La actuación de Jesús parece estar condicionada por la geografía –a veces sale a las ciudades limítrofes del territorio histórico del pueblo de Israel–, pero esta geografía no modifica su acción salvadora destinada a todos los pueblos.

JULIO

2

Jueves
Feria

Primera lectura: Amós 7,10-17

Salmo 18: Los mandamientos del Señor son verdaderos y enteramente justos

Evangelio: Mateo 9,1-8

En aquel tiempo subió Jesús a una barca, cruzó a la otra orilla y fue a su ciudad. Le presentaron un paralítico, acostado en una camilla. Viendo la fe que tenían dijo al paralítico: «¡Ánimo, hijo!, tus pecados están perdonados». Algunos de los escribas se dijeron: «Este blasfema». Jesús, sabiendo lo que pensaban, les dijo: «¿Por qué pensáis mal? ¿Qué es más fácil, decir: "Tus pecados están perdonados", o decir: "Levántate y anda"? Pues, para que veáis que el Hijo del hombre tiene potestad en la tierra para perdonar pecados –dijo dirigiéndose al paralítico–: "Ponte en pie, coge tu camilla y vete a tu casa"». Se puso en pie y se fue a su casa. Al ver esto, la gente quedó sobrecogida y alababa a Dios, que da a los hombres tal potestad.

Leemos una escena de curación en dos momentos, con suspense. Primero, Jesús no cura al paralítico, sino que le dice que «sus pecados le son perdonados». Ante el juicio condenatorio de los fariseos, Jesús reacciona y pregunta: «¿Qué es más fácil?»; luego se reafirma: «Para que veáis». Jesús cura; la gente teme y da gloria a Dios. Los pecados eran, en aquella mentalidad, causa directa o indirecta de las minusvalías físicas. En el fondo está la creencia en un dios –con minúscula, intencionadamente– que se ofende por los pecados humanos y les castiga según la gravedad de lo que hayan hecho. Los fariseos, que se creen sabedores y guardianes de estas creencias, no buscan el bien de la persona, sino el juicio severo de quien incumple la Ley. No solo estamos ante una escena de curación, sino también ante una la denuncia de la dureza del corazón de los «esclavos» de una Ley mal entendida. El pecado no puede ser la última palabra que pese sobre los hombros humanos. Jesús perdona el pecado y cura, porque él es vida y salud.

JULIO

3 | Viernes
SANTO TOMÁS, APÓSTOL

Primera lectura: Efesios 2,19-22

Salmo 116: Id al mundo entero y proclamad el Evangelio

Evangelio: Juan 20,24-29

Tomás, uno de los Doce, llamado el Mellizo, no estaba con ellos cuando vino Jesús. Y los otros discípulos le decían: «Hemos visto al Señor». Pero él les contestó: «Si no veo en sus manos la señal de los clavos, si no meto el dedo en el agujero de los clavos y no meto la mano en su costado, no lo creo».

A los ocho días estaban otra vez dentro los discípulos y Tomás con ellos. Llegó Jesús, estando cerradas las puertas, se puso en medio y dijo: «Paz a vosotros». Luego dijo a Tomás: «Trae tu dedo, aquí tienes mis manos; trae tu mano y métela en mi costado; y no seas incrédulo, sino creyente». Contestó Tomás: «¡Señor mío y Dios mío!». Jesús le dijo: «¿Porque me has visto has creído? Dichosos los que crean sin haber visto».

Una nueva bienaventuranza; en este caso, dirigida a aquellos que tienen fe: «Dichosos los que crean sin haber visto». Las «bienaventuranzas» es un subgénero literario que ya encontramos en el Antiguo Testamento. Más en concreto, el salmo primero dice así «Dichoso el hombre…» (1,1); es un salmo, lógicamente, en un ámbito judío. También las encontramos en los evangelios de Mateo y de Lucas; primero, en una secuencia continua que recibe este nombre, «las bienaventuranzas», pero también aparecen en otros textos. La bienaventuranza de Isabel se dirige a María: «Dichosa tú, que has creído»; la de Jesús a los oyentes de la Palabra: «Dichosos los que escuchan la palabra y la cumplen». La de Jesús a Pedro, después de que este lo confiese como Mesías: «Dichoso tú, porque te ha sido revelado de lo alto». Ahora Jesús resucitado la dice de los creyentes de todos los tiempos: «Dichosos los que crean sin haber visto». Tomás juega en este texto el papel de millones de personas que tienen dificultades para creer o que se resisten empecinadamente a la fe. La fe es un don inmerecido, un salto valiente, un riesgo impredecible, una aceptación humilde, una sorpresa inaudita. Tomás quería tenerlo todo controlado: «Si no meto las manos en los agujeros traspasados...». O lo que es lo mismo: si no tengo pruebas tangibles, medibles, fotografiables, definitivas..., no doy el paso. Tomás sí da el paso: cuando se encuentra con Jesús vivo –la fe cristiana es el encuentro con el Resucitado–, da el paso y lo confiesa como su Señor, repitiendo ese carácter personal: «Señor mío y Dios mío». Tomás dio el paso al apostolado, a ser testigo de esta vida nueva por la fe.

JULIO

4 | **Sábado**
Feria o *Santa Isabel de Portugal*

Primera lectura: Amós 9,11-15

Salmo 84: Dios anuncia la paz a su pueblo

Evangelio: Mateo 9,14-17

En aquel tiempo se acercaron los discípulos de Juan a Jesús, preguntándole: «¿Por qué nosotros y los fariseos ayunamos a menudo y, en cambio, tus discípulos no ayunan?».

Jesús les dijo: «¿Es que pueden guardar luto los invitados a la boda mientras el novio está con ellos? Llegará un día en que se lleven al novio, y entonces ayunarán. Nadie echa un remiendo de paño sin remojar a un manto pasado; porque la pieza tira del manto y deja un roto peor. Tampoco se echa vino nuevo en odres viejos, porque revientan los odres, se derrama el vino y los odres se estropean; el vino nuevo se echa en odres nuevos, y así las dos cosas se conservan».

Jesús es la novedad absoluta: es el «vino nuevo» de la última cosecha, hecho de uva madura, sabrosa y sana, recién envasado en odres nuevos. Es la fibra recién cogida y tejida, de lana, algodón o lino; un tejido delicado y a la vez dúctil que se teje y confecciona, resultando un paño fuerte y suave que no se rompe. El odre viejo se cuartea, no aguanta la fuerza del vino joven y se rompe en un boquete sin solución. El paño viejo tira del nuevo, porque ya no puede adaptarse a las nuevas formas y rompe las suturas. Jesús es la novedad absoluta: no vale poner remiendos a formas religiosas caducas y trasnochadas. No vale querer poner retazos de antigüedad a la fuerza del mensaje, de la persona y de la vida entregada de Jesús. Siempre ha habido personas que han querido meter la frescura y limpieza de Jesús en soportes con residuos resecos, o han querido hacerle trajes en los que ni cabe ni se siente a gusto. Jesús es el «novio» de la boda, el protagonista de una fiesta que invita a vivir y a compartir con los demás su alegría. No podemos entender, sin embargo, siguiendo el argumento del evangelio de hoy, que Jesús esté contra el ayuno o contra los que ayunan. En otros textos explica cómo se debe ayunar: sin teatralidad, perfumándose la cabeza para que no se note; buscando el sentido necesario al ayuno. Jesús no va contra Juan Bautista ni contra el ayuno; Jesús nos dice, en este texto, que la novedad del Reino se debe vivir desde la alegría profunda de saber que el Reino es una realidad. Es verdad que es pequeña (siempre será pequeña); es verdad que no es deslumbrante (ni falta que hace). Jesús es el Reino, y el Reino se manifiesta en Jesús. Él es el novio y estamos llamados a compartir este sentido de plenitud con novedad, frescura y universalidad.

JULIO

5

Domingo
XIV DEL TIEMPO ORDINARIO
(San Antonio María Zaccaría)

Primera lectura: Zacarías 9,9-10

Salmo 144: Te ensalzaré, Dios mío, mi rey, bendeciré tu nombre por siempre jamás

Segunda lectura: Romanos 8,9.11-13

Evangelio: Mateo 11,25-30

En aquel tiempo exclamó Jesús: «Te doy gracias, Padre, Señor de cielo y tierra, porque has escondido estas cosas a los sabios y entendidos y se las has revelado a la gente sencilla. Sí, Padre, así te ha parecido mejor. Todo me lo ha entregado mi Padre, y nadie conoce al Hijo más que el Padre, y nadie conoce al Padre sino el Hijo, y aquel a quien el Hijo se lo quiera revelar. Venid a mí todos los que estáis cansados y agobiados, y yo os aliviaré. Cargad con mi yugo y aprended de mí, que soy manso y humilde de corazón, y encontraréis vuestro descanso. Porque mi yugo es llevadero y mi carga, ligera».

En los evangelios se habla poco de los sentimientos de Jesús. Unas veces se nos habla de que se conmovía al ver a la gente que andaba extraviada como ovejas sin pastor; otras veces que se compadecía al ver sufrir a la gente y la curaba. En este evangelio, los sentimientos de Jesús son de alabanza y de acción de gracias a Dios, porque el mensaje es comprendido por sus destinatarios, esto es, por los que tienen un corazón apto para la sorpresa, para acoger buenas noticias, para dejarse sorprender por Dios. Los «entendidos» son, como siempre, los que lo saben todo o los que creen saberlo todo. Los «sabios» según lo humano, los que esperan grandes y complicadas manifestaciones, difícilmente se dejarán maravillar por la discreción y sencillez con que actúa Dios. El misterio de Dios es un misterio de escuchar a Dios desde la profundidad de la vida y del corazón. Es la revelación de Dios que se nos da siempre que tengamos un corazón limpio. Este evangelio no es un desprecio, en absoluto, de la vida intelectual ni de la práctica sapiencial (de profundo arraigo en la tradición bíblica); es un evangelio que sitúa la sabiduría de Dios en su sitio, esto es, en el corazón del ser humano que lo acoge en la sencillez y el asombro adorante. La sabiduría que nace del evangelio tiene unos rasgos precisos: la entienden los más humildes con corazón grande y sencillo, pero se niega a los entendidos de complicados y retorcidos argumentos. Experiencias como vivir en humildad, compartir en precariedad y alegrarse en la sencillez, son regalos del Reino que muchos no pueden entender.

JULIO

6

Lunes
Feria o *Santa María Goretti*

Primera lectura: Oseas 2,16-18.21-22

Salmo 144: El Señor es clemente y misericordioso

Evangelio: Mateo 9,18-26

En aquel tiempo, mientras Jesús hablaba, se acercó un personaje que se arrodilló ante él y le dijo: «Mi hija acaba de morir. Pero ven tú, ponle la mano en la cabeza y vivirá». Jesús lo siguió con sus discípulos.

Entretanto, una mujer que sufría flujos de sangre desde hacía doce años se le acercó por detrás y le tocó el borde del manto, pensando que con solo tocarle el manto se curaría. Jesús se volvió y, al verla, le dijo: «¡Ánimo, hija! Tu fe te ha curado». Y en aquel momento quedó curada la mujer.

Jesús llegó a casa del personaje y, al ver a los flautistas y el alboroto de la gente, dijo: «¡Fuera! La niña no está muerta, está dormida». Se reían de él. Cuando echaron a la gente entró él, cogió a la niña de la mano y ella se puso en pie. La noticia se divulgó por toda aquella comarca.

Un relato con dos acciones salvíficas de Jesús: el primer protagonista es un «personaje importante» que busca a Jesús porque su hija ha muerto; el evangelista anota que el hombre «se postra» ante Jesús en señal de reconocimiento; es una persona de fe recia: cree que, si Jesús impone sus manos sobre ella, la niña volverá a la vida. El segundo protagonista es una mujer con flujos de sangre, que toma la iniciativa y toca de improviso a Jesús; no dice nada, sino que aprovecha la multitud para tocarle al menos el manto. Es un texto sobre el poder de la fe. En ambos casos, el personaje importante y la mujer anónima creen a pies juntillas que Jesús les puede ayudar. En ambos casos, la intervención de Jesús es salvífica: la niña recupera la vida; la mujer, la salud. Quizá no estemos en tiempos en que la fe sea una característica principal de muchos de nosotros. Nuestra fe, con frecuencia, acusa relativismo, suspicacia o escepticismo. La fe madura, crítica y probada no es una virtud de la que podamos prescindir en nuestra vida de discípulos.

7 | **Martes**
Feria

Primera lectura: Oseas 8,4-7.11-13

Salmo 114: Israel confía en el Señor

Evangelio: Mateo 9,32-38

En aquel tiempo presentaron a Jesús un endemoniado mudo. Echó al demonio, y el mudo habló. La gente decía admirada: «Nunca se ha visto en Israel cosa igual». En cambio, los fariseos decían: «Este echa los demonios con el poder del jefe de los demonios». Jesús recorría todas las ciudades y aldeas, enseñando en sus sinagogas, anunciando el evangelio del reino y curando todas las enfermedades y todas las dolencias. Al ver a las gentes se compadecía de ellas, porque estaban extenuadas y abandonadas, como ovejas que no tienen pastor. Entonces dijo a sus discípulos: «La mies es abundante, pero los trabajadores son pocos: rogad, pues, al señor de la mies que mande trabajadores a su mies».

El texto comienza con la curación de un mudo; en aquellas culturas primitivas se creía que el demonio se hacía presente en la vida de la gente de múltiples formas, siempre esclavizando o sometiendo a dolencias o taras; Jesús le cura porque ha venido a liberarnos de todas las cadenas del cuerpo y del alma. Estos signos son «ambiguos», por eso los fariseos le acusan de actuar con el poder del jefe de los demonios: no creen en Jesús y además le acusan de forma grave. Sigue el texto con una breve síntesis de la actuación de Jesús: recorre las aldeas, enseña en las sinagogas, anuncia la buena noticia del Reino y cura las dolencias. El texto cambia de nuevo: Jesús ve a la gente y se compadece porque estaban «como ovejas sin pastor». ¿No son palabras que atraviesan todos los tiempos? ¿Acaso el ser humano no necesita motivos que le den sentido a su vida? ¿Acaso no necesitamos referencias de personas que aman, sirven, son honestas y limpias? La misericordia no es un «valor» añadido al Evangelio, sino un «fundamento» del ser y del actuar de Jesús. Él no puede ver que la gente sufra o que esté desorientada y quedarse sin actuar. La compasión es activa: enseña y cura. Misión de Jesús y misión de la Iglesia.

JULIO

8

Miércoles
Feria

Primera lectura: Oseas 10,1-3.7-8.12

Salmo 104: Buscad continuamente el rostro del Señor

Evangelio: Mateo 10,1-7

En aquel tiempo, Jesús, llamando a sus doce discípulos, les dio autoridad para expulsar espíritus inmundos y curar toda enfermedad y dolencia. Estos son los nombres de los doce apóstoles: el primero, Simón, llamado Pedro, y su hermano Andrés; Santiago el Zebedeo y su hermano Juan; Felipe y Bartolomé, Tomás y Mateo, el publicano; Santiago el de Alfeo y Tadeo; Simón el Celote y Judas Iscariote, el que lo entregó. A estos doce los envió Jesús con estas instrucciones: «No vayáis a tierra de gentiles ni entréis en las ciudades de Samaría, sino id a las ovejas descarriadas de Israel. Id y proclamad que el reino de los cielos está cerca».

Comenzamos a leer el conocido como «Discurso misionero» (Mt 10). El texto inmediatamente anterior dice que la gente estaba «desorientada, como ovejas que no tienen pastor».

El texto deja entrever un esquema propio de los relatos de vocación: Jesús «llama» por su «nombre» a doce discípulos, les confiere «autoridad» y los «envía». El número doce está cargado de simbolismo; pues doce son las tribus del pueblo de Israel. Jesús les da «autoridad» –no poder mágico– para curar toda dolencia, las del cuerpo y las del alma. Las del corazón herido y lastimado y las de la tristeza vital. Con los nombres de los elegidos –Pedro, Andrés, etc.– se nos recuerda que es una salvación encarnada, que cuenta con personas del pueblo como los nuevos mensajeros. Sorprende que Jesús les envíe, en este texto, solo a las «ovejas descarriadas de Israel»; al final el evangelio, la misión de la Iglesia se extiende a «todos los pueblos» (28,19). No es una contradicción, sino que la Iglesia comienza en el pueblo de Israel para extenderse más tarde a la gran humanidad. La decisión de Jesús de convocar un nuevo pueblo nace de la realidad de cada día y del dolor que le ha llegado tan hondo que no puede sino llevarle a actuar. La Iglesia está al servicio de la humanidad doliente y sufriente allá donde se encuentre.

JULIO

9

Jueves
Feria o *San Agustín Zhao Rong y comps. márts.*

Primera lectura: Oseas 11,1.3-4.8-9
Salmo 79: Que brille tu rostro, Señor, y nos salve

Evangelio: Mateo 10,7-15

En aquel tiempo dijo Jesús a sus apóstoles: «Id y proclamad que el reino de los cielos está cerca. Curad enfermos, resucitad muertos, limpiad leprosos, echad demonios. Lo que habéis recibido gratis, dadlo gratis. No llevéis en la faja oro, plata ni calderilla; ni tampoco alforja para el camino, ni túnica de repuesto, ni sandalias, ni bastón; bien merece el obrero su sustento. Cuando entréis en un pueblo o aldea, averiguad quién hay allí de confianza y quedaos en su casa hasta que os vayáis. Al entrar en una casa, saludad; si la casa se lo merece, la paz que le deseáis vendrá a ella. Si no se lo merece, la paz volverá a vosotros. Si alguno no os recibe o no os escucha, al salir de su casa o del pueblo sacudid el polvo de los pies. Os aseguro que el día del juicio les será más llevadero a Sodoma y Gomorra que a aquel pueblo».

Continúan las instrucciones de Jesús a los Doce en la misión que les encomienda («Discurso misionero»). El anuncio del Reino es urgente y no puede esperar; los gestos eficaces de la curación de enfermos y la expulsión de los demonios confirman las palabras que anuncian el comienzo de algo nuevo. Todo hecho desde la gratuidad («Lo que gratis habéis recibido dadlo gratis») y desde la pobreza de medios (ni alforja ni dos túnicas). El anuncio es de gente sencilla para la gente sencilla que los quiera escuchar. Un mensaje acompañado de la paz serena y de la simpleza en las formas, no de la imposición autoritaria ni de medios espectaculares. Sin embargo, a pesar de que anuncian buenas noticias y curan a los débiles, no todos les acogerán. Jesús ha recibido la misión del Padre y ha sido ungido por el Espíritu Santo; pero esta misión de Jesús está «necesitada»: los apóstoles, gente ruda y con dificultades para entender del todo al Maestro, son, sin embargo, su boca y sus pies. Los apóstoles no tienen que diseñar un plan distinto, sino seguir las instrucciones del Maestro en pobreza, humildad y gratuidad. Esa es su paga: que la experiencia de Dios Padre se abre camino, que Jesús es el sentido primero y último de la vida.

Primera lectura: Oseas 14,2-10
....
Salmo 50: Mi boca proclamará tu alabanza, Señor
....

Evangelio: Mateo 10,16-23

En aquel tiempo dijo Jesús a sus apóstoles: «Mirad que os mando como ovejas entre lobos; por eso, sed sagaces como serpientes y sencillos como palomas. Pero no os fieis de la gente, porque os entregarán a los tribunales, os azotarán en las sinagogas y os harán comparecer ante gobernadores y reyes por mi causa; así daréis testimonio ante ellos y ante los gentiles. Cuando os arresten, no os preocupéis de lo que vais a decir o de cómo lo diréis: en su momento se os sugerirá lo que tenéis que decir; no seréis vosotros los que habléis, el Espíritu de vuestro Padre hablará por vosotros. Los hermanos entregarán a sus hermanos para que los maten, los padres a los hijos; se rebelarán los hijos contra sus padres y los matarán. Todos os odiarán por mi nombre; el que persevere hasta el final se salvará. Cuando os persigan en una ciudad, huid a otra. Porque os aseguro que no terminaréis con las ciudades de Israel antes de que vuelva el Hijo del hombre».

La misión conlleva dificultades, rechazo, incluso persecución abierta por causa de Jesús. Esto no hay que explicarlo, pues son múltiples los ejemplos que podemos citar. Mateo pone en boca de Jesús que él envía a los misioneros como «ovejas en medio de lobos». Les advierte de que serán llevados ante tribunales y gobernadores «para que den testimonio». Por una parte, les aconseja prudencia y astucia; son consejos humanos siempre recomendables. Pero da un paso más: cuando hablen de Jesús y del Reino, no deben temer nada, porque el Espíritu Santo hablará por ellos. Jesús no dibuja una situación idílica, sino que les dice que hasta la familia les «odiará» (palabra muy dura). ¿Hay que desesperarse? ¿Hay que huir? ¿Hay que ceder? ¿Hay que rebajar el mensaje? Estas palabras se han cumplido, se cumplen hoy y se cumplirán. El mensaje del reino de Dios encuentra no solo resistencias, sino rechazos explícitos y oposiciones claras y reiteradas. Es fácil desanimarse o desistir; de ahí la llamada a la perseverancia. No hay que hacerse las víctimas, pero tampoco hay que creer que el Evangelio crece sin oposición abierta.

JULIO

11
Sábado
San Benito, patrono de Europa

Primera lectura: Proverbios 2,1-9

Salmo 33: Bendigo al Señor en todo momento

Evangelio: Mateo 19,27-29

En aquel tiempo, Pedro, tomando la palabra, le dijo a Jesús: «Señor, nosotros lo hemos dejado todo y te hemos seguido; ¿qué nos va a tocar?». Jesús le dijo: «Yo os aseguro que, en la vida nueva, cuando el Hijo del hombre se siente en su trono de gloria, vosotros, los que me habéis seguido, os sentaréis también en doce tronos, para juzgar a las doce tribus de Israel. Y todo aquel que por mí haya dejado casa, o hermanos o hermanas, o padre o madre, o esposa o hijos, o propiedades, recibirá cien veces más y heredará la vida eterna».

Pedro ha dejado su aldea de Cafarnaún, su familia y su puesto de trabajo. Pedro, hombre generoso e impulsivo, lo ha dejado «todo» por seguir a Jesús. Pedro sabe que algún «premio» le pertenece porque él ha sido de los primeros en seguir a Jesús, y además lo ha hecho sin mirar lo que dejaba: inmediatez y radicalidad en el seguimiento ¿Alguien puede dar más? La pregunta de Pedro, que revela un corazón que aún no se ha convertido del todo, se entiende: ¿y yo qué?, ¿qué hay de lo mío?, ¿qué beneficio puedo sacar? El texto deja entrever un ambiente social y político de expectación: tienen que pasar cosas, porque Israel, que es un pueblo libre, está sometido a un poder autoritario pagano: los romanos. Dios ya había liberado a Israel de los egipcios. Dios ha prometido un Mesías. ¿Por qué no puede ser Jesús, cuya autoridad en su persona, en su enseñanza y en sus obras son indiscutibles? Jesús no responde directamente a Pedro, pues conoce las expectativas de una buena parte de la población y conoce a Pedro. Jesús afirma que sí hay recompensa, pero se escapa a los cálculos humanos, geográficos, políticos, incluso familiares. Ya no será un «gobierno» limitado, perfectible y caduco; Jesús mira alto y habla de «juzgar las doce tribus de Israel». Jesús valora el desprendimiento de los discípulos: haber dejado lo más importante para una persona (la familia) y lo más difícil de conseguir en una vida corta (las propiedades). Jesús promete una recompensa sin medida, «cien veces más», que no estará sometida a los cálculos del espacio y del tiempo: sus discípulos «heredarán la vida eterna». Jesús nos hace mirar alto y lejos. Nuestras miradas y cálculos suelen ser de corto plazo; Jesús nos invita a ir siempre más lejos, más profundo, más creyente y más humano.

Primera lectura: Isaías 55,10-11

Salmo 64: La semilla cayó en tierra buena y dio fruto

Segunda lectura: Romanos 8,18-23

Evangelio: Mateo 13,1-23 (o 13,1-9)

Aquel día salió Jesús de casa y se sentó junto al lago. Y acudió a él tanta gente que tuvo que subirse a una barca; se sentó y la gente se quedó de pie en la orilla. Les habló mucho rato en parábolas: «Salió el sembrador a sembrar. Al sembrar, un poco cayó al borde del camino; vinieron los pájaros y se lo comieron. Otro poco cayó en terreno pedregoso, donde apenas tenía tierra, y, como la tierra no era profunda, brotó enseguida; pero en cuanto salió el sol se abrasó y, por falta de raíz, se secó. Otro poco cayó entre zarzas, que crecieron y la ahogaron. El resto cayó en tierra buena y dio grano: unos, ciento; otros, sesenta; otros, treinta. El que tenga oídos que oiga».

Se le acercaron los discípulos y le preguntaron: «¿Por qué les hablas en parábolas?». Él les contestó: «A vosotros se os ha concedido conocer los secretos del reino de los cielos y a ellos no. Porque al que tiene se le dará y tendrá de sobra, y al que no tiene se le quitará hasta lo que tiene. Por eso les hablo en parábolas, porque miran sin ver y escuchan sin oír ni entender. Así se cumplirá en ellos la profecía de Isaías: "Oiréis con los oídos sin entender; miraréis con los ojos sin ver; porque está embotado el corazón de este pueblo, son duros de oído, han cerrado los ojos; para no ver con los ojos, ni oír con los oídos, ni entender con el corazón, ni convertirse para que yo los cure". ¡Dichosos vuestros ojos porque ven y vuestros oídos porque oyen! Os aseguro que muchos profetas y justos desearon ver lo que veis vosotros y no lo vieron, y oír lo que oís y no lo oyeron. Vosotros, oíd lo que significa la parábola del sembrador: si uno escucha la palabra del reino sin entenderla, viene el Maligno y roba lo sembrado en su corazón. Esto significa lo sembrado al borde del camino. Lo sembrado en terreno pedregoso significa el que la escucha y la acepta enseguida con alegría; pero no tiene raíces, es inconstante y, en cuanto viene una dificultad o persecución por la palabra, sucumbe. Lo sembrado entre zarzas significa el que escucha la palabra; pero los afanes de la vida y la seducción de las riquezas la ahogan y se queda estéril. Lo sembrado en tierra buena significa el que escucha la palabra y la entiende; ese dará fruto y producirá ciento o sesenta o treinta por uno».

Por medio de las parábolas, Mateo busca entrar en una realidad profunda que solo puede ser expresada por medio de comparaciones: el reino de Dios. Con esta parábola, Jesús sale al paso de la eterna pregunta: hemos trabajado duro, lo hemos hecho como mejor hemos sabido, pero ¿y el fruto? ¿Cuándo lo veremos? ¿Por qué no todos responden igual al mensaje? ¿Es problema de Dios o de la semilla? Por una parte, se insiste en la calidad de la tierra: el misterio del ser humano, hecho de asombro, acogida y libertad, que le puede llevar a la adhesión gozosa o al rechazo incluso de lo mejor. Por otra parte, es la parábola de la misión entendida como esfuerzo de siembra y no como búsqueda de resultados. Es la «parábola del sembrador», no la «parábola de los cosechadores». Las palabras de Mt 13,12: «Al que tiene se le dará, y al que no tiene se le quitará hasta lo que tiene», parecen poco cristianas, pero son la clave para entender el misterio de la acogida y rechazo del Reino. Proceden de un proverbio campesino aplicado al ámbito económico y que aquí es pronunciado para señalar la confianza/fe con que se acoge o rechaza el Reino: a quien confía se le aumentará la confianza, a quien no confía se le quita la confianza que se le presume. Miremos nuestro entorno. La parábola leída con ojos de hoy sigue diciendo: ¡es tiempo de sembrar! Así es: la parábola del sembrador es la parábola de los padres y madres cristianos, de los catequistas, de los profesores de Religión, de los sacerdotes y religiosos que un día y otro vuelven a sembrar la palabra. ¿No basta ya de sembrar? ¿No vienen los chicos y los jóvenes más rebeldes? Jesús nos contesta: un sembrador salió a sembrar… Siempre ha habido tierras impracticables, tierras frescas, tierras llenas de abrojos. Pero hay que poner mucho cariño y mucho tiento en la sementera. Lo que no vale es no sembrar o sembrar de mala gana. Esta parábola tiene una validez permanente, porque toca la esencia de la misión. Abrir surcos para que la buena semilla pueda un día fructificar.

JULIO

13 | **Lunes**
Feria o *San Enrique*

Primera lectura: **Isaías 1,10-17**

Salmo 49: Al que sigue buen camino le haré ver la salvación de Dios

Evangelio: Mateo 10,34-11,1

En aquel tiempo dijo Jesús a sus apóstoles: «No penséis que he venido a la tierra a sembrar paz; no he venido a sembrar paz, sino espadas. He venido a enemistar al hombre con su padre, a la hija con su madre, a la nuera con su suegra; los enemigos de cada uno serán los de su propia casa. El que quiere a su padre o a su madre más que a mí no es digno de mí; el que quiere a su hijo o a su hija más que a mí no es digno de mí; y el que no coge su cruz y me sigue no es digno de mí. El que encuentre su vida la perderá, y el que pierda su vida por mí la encontrará. El que os recibe a vosotros me recibe a mí, y el que me recibe, recibe al que me ha enviado; el que recibe a un profeta porque es profeta tendrá paga de profeta; y el que recibe a un justo porque es justo tendrá paga de justo. El que dé a beber, aunque no sea más que un vaso de agua fresca, a uno de estos pobrecillos solo porque es mi discípulo, no perderá su paga, os lo aseguro». Cuando Jesús acabó de dar instrucciones a sus doce discípulos partió de allí para enseñar y predicar en sus ciudades.

Con este fragmento concluye el Discurso misionero (cap. 10) de Jesús. Hay que leer este texto, por tanto, en continuidad y en coherencia con todo lo anterior. ¿Cuál es la misión de Jesús? ¿Traer una paz falsa a cualquier precio? ¿Echar tierra encima de las injusticias para que no se conozcan o no se vean? Jesús dice que no ha venido a «sembrar paz, sino espada». Una contraposición extrema entre dos contrarios –un arma de guerra y la ausencia de esta– que expresan el sentir de Jesús. El Reino no es aceptado por todos; ni todos aceptan la misericordia sobre la Ley que propone Jesús; ni todos aceptan dar un paso adelante respecto al pueblo de Israel. La persona de Jesús es causa de división incluso entre los miembros de una misma familia. Cuatro contraposiciones muy fuertes dirigidas a los oyentes: en tres de ellas, el que pospone o cuestiona a Jesús no es «digno de él». Por el contrario, el que recibe a uno de sus discípulos enviados recibirá su justa recompensa. Leemos también una paradoja construida en forma de equis sobre el «perder» y el «ganar» la vida. El mensaje de Jesús no busca ni «adeptos» a cualquier precio ni promete un falso «irenismo» (pacificación falsa y contraproducente). Jesús es consciente de que el anuncio del Reino causa choques y oposiciones abiertas y beligerantes. Jesús no promete una vida simple a cualquier precio, sino coherente y humana, aun a precio de sufrimiento. El texto final (11,1) es la conclusión del Discurso misionero.

14

Martes
Feria o *San Camilo de Lelis*

Primera lectura: Isaías 7,1-9

Salmo 47: Dios ha fundado su ciudad para siempre

Evangelio: Mateo 11,20-24

En aquel tiempo se puso Jesús a recriminar a las ciudades donde había hecho casi todos sus milagros, porque no se habían convertido: «¡Ay de ti, Corozaín; ay de ti, Betsaida! Si en Tiro y en Sidón se hubieran hecho los milagros que en vosotras, hace tiempo que se habrían convertido, cubiertas de sayal y ceniza. Os digo que el día del juicio les será más llevadero a Tiro y a Sidón que a vosotras. Y tú, Cafarnaún, ¿piensas escalar el cielo? Bajarás al infierno. Porque si en Sodoma se hubieran hecho los milagros que en ti, habría durado hasta hoy. Os digo que el día del juicio le será más llevadero a Sodoma que a ti».

Jesús increpa a los pueblos que rodean el lago de Genesaret y en los que había realizado la mayor parte de sus milagros: Betsaida y Corozaín son aldeas de pescadores; están al norte, cerca una de otra. Cafarnaún, también aldea de pescadores y situada junto a la *Via Maris* que conduce a Damasco, es el pueblo que Jesús elige como centro de su actividad: de ella sale y a ella regresa; incluso pasó allí largas temporadas. Son tres poblaciones judías, aunque su vivencia religiosa esté lejos de las normas que vienen de Jerusalén y del Templo. Con seguridad había sinagogas en ellas donde Jesús iba a predicar los sábados, como dicen de forma indirecta los textos evangélicos: Jesús «recorría las aldeas de Galilea». En este caso concreto, Jesús compara estas tres aldeas con tres ciudades: dos de ellas son paganas: Tiro y Sidón, ambas en Fenicia, de cultura cananea, que nunca pertenecieron a las tribus de Israel. Otra ciudad, conocida en la Escritura por la condición perversa de sus habitantes: Sodoma, al sur, en las estribaciones del mar Muerto. Las ciudades judías que cita Mateo son «culpables» porque han sido testigos de la presencia anunciada y realizada del Reino y no han querido creer. No podemos decir que Jesús «maldiga», pues la maldición en la Biblia tiene connotaciones precisas negativas. Jesús se pone en la línea de los profetas, que se lamentan por la dureza del corazón de los que reciben el mensaje (los «ayes»). Nosotros somos hoy esas «ciudades» que conocen el mensaje de Jesús y, sin embargo, se niegan a convertirse. Una llamada incisiva por parte de Jesús a nosotros.

JULIO

15

Miércoles
San Buenaventura

Primera lectura: Isaías 10,5-7.13-16

Salmo 93: El Señor no rechaza a su pueblo

Evangelio: Mateo 11,25-27

En aquel tiempo exclamó Jesús: «Te doy gracias, Padre, Señor de cielo y tierra, porque has escondido estas cosas a los sabios y entendidos y se las has revelado a la gente sencilla. Sí, Padre, así te ha parecido mejor. Todo me lo ha entregado mi Padre, y nadie conoce al Hijo más que el Padre, y nadie conoce al Padre sino el Hijo y aquel a quien el Hijo se lo quiera revelar».

Jesús explota de alegría y emoción, alaba al Padre y le da gracias. En los evangelios se habla poco de los sentimientos de Jesús. Unas veces se nos habla de que «se conmovía» al ver a la gente que andaba extraviada como ovejas sin pastor; también se habla de los sentimientos de ternura con el joven que no se atrevió a seguirle o de enojo y rabia por la dureza de algunos escribas y fariseos. En este evangelio, los sentimientos de Jesús son de alabanza y de acción de gracias a Dios porque el mensaje es comprendido por la gente sencilla, esto es, por los que tienen un corazón bien dispuesto para la sorpresa, para acoger buenas noticias, para dejarse sorprender por Dios. Este evangelio no es un desprecio, en absoluto, de la vida intelectual ni de la práctica sapiencial (de profundo arraigo en la tradición bíblica); es un evangelio que sitúa la sabiduría de Dios en su sitio, esto es, en el corazón del ser humano que lo acoge en la sencillez y el asombro adorante. Los «entendidos» y «sabios» según el mundo son los soberbios, que solo se fían de sus conocimientos o experiencias y desprecian a los demás como necios, torpes o incultos. Estos «soberbios engreídos» según lo humano, que esperan grandes y complicadas manifestaciones de lo divino, difícilmente se dejarán maravillar por la discreción y sencillez con que actúa Dios. El misterio de Dios es un misterio de escuchar a Dios desde la profundidad de la vida y del corazón. Es la revelación de Dios que se nos da siempre que tengamos un corazón limpio. La sabiduría que nace del Evangelio tiene unos rasgos precisos: la entienden los más humildes, con corazón grande y sencillo, pero se niega a los soberbios, de complicados y retorcidos argumentos. Experiencias como vivir en humildad, compartir en precariedad y alegrarse en la sencillez son regalos del Reino que muchos no pueden entender. Jesús invita a que vayan y descansen en él todos los que estén cansados y agobiados, y les invita a llevar su «yugo». ¿Cómo se entiende esto? Sabemos que, según los fariseos, de la Ley se desprendían 613 preceptos obligatorios. ¿Es eso conocer a Dios y vivir en su presencia? Jesús nos ofrece su yugo, que nos pide entrar en la lógica de los sencillos. Entonces conoceremos a Dios.

16
Jueves
Nuestra Señora del Carmen

Primera lectura: Isaías 26,7-9.12.16-19

Salmo 101: El Señor desde el cielo se ha fijado en la tierra

Evangelio: Mateo 11,28-30

En aquel tiempo exclamó Jesús: «Venid a mí todos los que estáis cansados y agobiados, y yo os aliviaré. Cargad con mi yugo y aprended de mí, que soy manso y humilde de corazón, y encontraréis vuestro descanso. Porque mi yugo es llevadero y mi carga, ligera».

Jesús propone una invitación paradójica. Primero dice que acudan a él todos los que estén «cansados y agobiados»; a continuación, les dice que carguen con el «yugo» que él les propone y hallarán «descanso». Para colmo, concluye sus palabras con una frase enigmática, calificando su yugo como «suave», y su carga, como «ligera». Debemos recordar que los fariseos hablaban del «yugo» de la Ley de Moisés, porque todos estaban sometidos necesariamente a su cumplimiento. No era algo «opcional» cumplir la Ley o no hacerlo. Por otra parte, debemos recordar que este «yugo» se hacía concreto en 613 normas de obligado cumplimiento. La situación para el piadoso judío era insoportable. Todos hemos experimentado en nuestra vida el peso de las responsabilidades, compromisos, temores o culpas. Tanto en los aspectos familiares como sociales, laborales o religiosos. La gente débil no puede llevar tanto peso a sus espaldas. Los fariseos ponían yugos y cargas insoportables; Jesús propone su evangelio con los adjetivos de «suave» y «ligero». No se trata de una «rebaja» en el mensaje, sino de descargar los hombros de las personas. Jesús no quiere aplastarnos, sino levantarnos; no quiere someter, sino dar vida.

JULIO

17

Viernes
Feria

Primera lectura: Isaías 38,1-8.21-22
....
Salmo: Isaías 38,10-12.16: Tú, Señor, detuviste mi alma ante la tumba vacía
....

Evangelio: Mateo 12,1-8

Un sábado de aquellos, Jesús atravesaba un sembrado; los discípulos, que tenían hambre, empezaron a arrancar espigas y a comérselas. Los fariseos, al verlo, le dijeron: «Mira, tus discípulos están haciendo una cosa que no está permitida en sábado». Les replicó: «¿No habéis leído lo que hizo David cuando él y sus hombres sintieron hambre? Entró en la casa de Dios y comieron de los panes presentados, cosa que no les estaba permitida ni a él ni a sus compañeros, sino solo a los sacerdotes. ¿Y no habéis leído en la Ley que los sacerdotes pueden violar el sábado en el templo sin incurrir en culpa? Pues os digo que aquí hay uno que es más que el templo. Si comprendierais lo que significa "quiero misericordia y no sacrificio", no condenaríais a los que no tienen culpa. Porque el Hijo del hombre es señor del sábado».

Para entender este evangelio debemos comprender la importancia del sábado para los judíos. Cuando leemos el comienzo del libro del Génesis, en el poema de la creación, se nos dice que el séptimo día Dios «descansó». La palabra «sábado» viene del hebreo y quiere decir precisamente eso: «descanso». Con el tiempo, el sábado se entendió como una suerte, una liberación, pues todas las personas, incluidos los esclavos, debían descansar. Se trata, por tanto, de una ley humanitaria, conforme a la fe en un Dios que da la libertad y la dignidad al hombre. Sin embargo, en la época de Jesús se había llegado a una interpretación contraria: Dios se ofende –dicen los fariseos– si se hace un esfuerzo de cualquier tipo el sábado, porque se ofende su santidad. Jesús reacciona con dureza y cita la Escritura. Primero, al rey David, a quien todos respetaban; luego, a los sacerdotes, vinculados al Templo y a su santidad. El texto no quiere expresar que Jesús fuera un provocador, sino que pone las cosas en su sitio. Primero, las personas en su dignidad; luego, las normas que regulan la vida diaria. Jesús cita al profeta Oseas, y lo hace de forma contundente: «Misericordia quiero», o, lo que es lo mismo: quiero que seáis humanos, comprensivos, empáticos, diríamos hoy. Segunda parte de la cita: «No sacrificios» de animales en el Templo de Jerusalén. Dios quiere el bien de las personas, no quiere que le adulemos o le hagamos agasajos que él no necesita.

JULIO

18 | **Sábado**
Feria

Primera lectura: **Miqueas 2,1-5**

Salmo 9: No te olvides de los humildes, Señor

Evangelio: **Mateo 12,14-21**

En aquel tiempo, los fariseos planearon el modo de acabar con Jesús. Pero Jesús se enteró, se marchó de allí, y muchos le siguieron. Él los curó a todos, mandándoles que no lo descubrieran. Así se cumplió lo que dijo el profeta Isaías: «Mirad a mi siervo, mi elegido, mi amado, mi predilecto. Sobre él he puesto mi espíritu para que anuncie el derecho a las naciones. No porfiará, no gritará, no voceará por las calles. La caña cascada no la quebrará, el pábilo vacilante no lo apagará, hasta implantar el derecho; en su nombre esperarán las naciones».

Segunda controversia en sábado. Después de haber roto la santidad del «sábado» al comer sus discípulos unas espigas en el campo, ahora Jesús cura a un hombre con la mano atrofiada, esta vez en la «sinagoga» (son importantes estos dos detalles, que nos llevan al campo de la religión judía). Los fariseos planean el modo de acabar con Jesús. Según este texto, no solo algunos grupos más radicales, como los herodianos (cf. Marcos), habían pensado en esta opción, sino que también algunos judíos pertenecientes a esta agrupación religiosa piensan que hay que tomar una decisión drástica. Sea como sea, Jesús se entera y se retira. Es sorprende también que, en este texto, Jesús cura a «todos», siendo lo habitual que solo curara a algunos. Lo más importante en este texto es cómo continúa. Mateo no duda en relacionar la actuación de Jesús con el Canto del Siervo de Yahvé del profeta Isaías. La actuación pacífica, la curación de todos sin distinción y el anuncio universal de Jesús, que incluye a los pueblos paganos, cumplen la profecía mesiánica que encontramos en los Cantos del Siervo. A nosotros nos puede llamar la atención, pero es una forma habitual de interpretar los hechos contemporáneos a la luz de la Escritura, que rige la vida del pueblo. Jesús no fue solo un hombre justo y fiel, sino que cumplía los anuncios mesiánicos que hallamos en las Escrituras.

JULIO

 19

Domingo
XVI del Tiempo Ordinario

Primera lectura: Sabiduría 12,13.16-19

Salmo 85: Tú, Señor, eres bueno y clemente

Segunda lectura: Romanos 8,26-27

Evangelio: Mateo 13,24-43 (o 13,24-30)

En aquel tiempo, Jesús propuso otra parábola a la gente: «El reino de los cielos se parece a un hombre que sembró buena semilla en su campo; pero, mientras la gente dormía, su enemigo fue y sembró cizaña en medio del trigo y se marchó. Cuando empezaba a verdear y se formaba la espiga apareció también la cizaña. Entonces fueron los criados a decirle al amo: "Señor, ¿no sembraste buena semilla en tu campo? ¿De dónde sale la cizaña?" Él les dijo: "Un enemigo lo ha hecho". Los criados le preguntaron: "¿Quieres que vayamos a arrancarla?" Pero él les respondió: "No, que al arrancar la cizaña podríais arrancar también el trigo. Dejadlos crecer juntos hasta la siega, y cuando llegue la siega diré a los segadores: 'Arrancad primero la cizaña y atadla en gavillas para quemarla, y el trigo almacenadlo en mi granero'"».

Les propuso esta otra parábola: «El reino de los cielos se parece a un grano de mostaza que uno siembra en su huerta; aunque es la más pequeña de las semillas, cuando crece es más alta que las hortalizas; se hace un arbusto más alto que las hortalizas y vienen los pájaros a anidar en sus ramas».

Les dijo otra parábola: «El reino de los cielos se parece a la levadura; una mujer la amasa con tres medidas de harina y basta para que todo fermente».

Jesús expuso todo esto a la gente en parábolas y sin parábolas no les exponía nada. Así se cumplió el oráculo del profeta: «Abriré mi boca diciendo parábolas, anunciaré lo secreto desde la fundación del mundo». Luego dejó a la gente y se fue a casa. Los discípulos se le acercaron a decirle: «Acláranos la parábola de la cizaña en el campo». Él les contestó: «El que siembra la buena semilla es el Hijo del hombre; el campo es el mundo; la buena semilla son los ciudadanos del reino; la cizaña son los partidarios del Maligno; el enemigo que la siembra es el diablo; la cosecha es el fin del tiempo y los segadores, los ángeles. Lo mismo que se arranca la cizaña y se quema, así será al fin del tiempo: el Hijo del hombre enviará a sus ángeles, y arrancarán de su reino a todos los corruptores y malvados y los arrojarán al horno encendido; allí será el llanto y el rechinar de dientes. Entonces los justos brillarán como el sol en el reino de su Padre. El que tenga oídos que oiga».

El escándalo por antonomasia para los hombres de bien es el terrible mal que crece y se expande por el mundo. Cuando parece que una generación ha sido capaz de afrontar grandes temas o problemas de forma lúcida e incluso eficaz, aparece de nuevo la injusticia y la violencia con una fuerza imparable. Jesús no es de los sabios que quieren aderezar y adornar la realidad con juegos de palabras. Jesús tiene una mirada luminosa y brillante sobre la realidad. En el mundo cohabitan el buen trigo de las gentes de bien; pero nunca faltan los que se empecinan en que triunfe el mal personificado en violencias y atropellos. Dios no es el origen del mal; esa es la fe cristiana. Dios sufre con el mal del hombre. Sin embargo, y esto con frecuencia se nos escapa, el misterio de Dios es un misterio en el que se toma su tiempo. No actúa de forma impulsiva o precipitada, interviniendo sin nosotros. Cuenta con nosotros, que somos los segadores, y con la paciencia necesaria para obrar bien. Con todo, sigue siendo un gran misterio que nos desborda. Solo en Cristo podemos encontrar una luz. La parábola de la cizaña nos ayuda a entrar en la dinámica de la historia, sin pretender exigir aquí y ahora el «ya» del Reino. La plenitud que nos asegura el reino de Dios va precedida de una historia que se desarrolla en medio de contradicciones, violencias y procesos que intentan pararlo o impedirlo. La falta de perspectiva histórica quiere ver ya el final de la historia, y quiere acelerar su llegada arrancando la cizaña; no soporta los procesos y solo quiere ver la alegría que produce una cosecha de trigo abundante. La perspectiva de Dios es distinta: solo al final de la historia se puede emitir un juicio sobre el ser humano. Las improvisaciones o las prisas solo conducen a emitir juicios temerarios o decisiones equivocadas. La paciencia de Dios es nuestra seguridad; y si el hombre quiere acelerar los procesos de la historia, Dios da al tiempo su medida justa y sigue esperando en que el hombre se convierta y viva.

20 | **Lunes**
Feria o *San Apolinar*

Primera lectura: Miqueas 6,1-4.6-8

Salmo 49: Al que sigue buen camino le haré ver la salvación de Dios

Evangelio: Mateo 12,38-42

En aquel tiempo, algunos de los escribas y fariseos dijeron a Jesús: «Maestro, queremos ver un signo tuyo». Él les contestó: «Esta generación perversa y adúltera exige un signo; pero no se le dará más signo que el del profeta Jonás. Tres días y tres noches estuvo Jonás en el vientre del cetáceo; pues tres días y tres noches estará el Hijo del hombre en el seno de la tierra. Cuando juzguen a esta generación, los hombres de Nínive se alzarán y harán que la condenen, porque ellos se convirtieron con la predicación de Jonás, y aquí hay uno que es más que Jonás. Cuando juzguen a esta generación, la reina del Sur se levantará y hará que la condenen, porque ella vino desde los confines de la tierra para escuchar la sabiduría de Salomón, y aquí hay uno que es más que Salomón».

Algunos escribas y fariseos exigen un «signo» a Jesús. Es muy frecuente no solo en otros textos evangélicos, sino también en muchas personas religiosas, exigir «signos/pruebas» que dan veracidad a las palabras. Jesús no les responde directamente, sino que remite a la Escritura y a dos personajes conocidos por sus interlocutores. La historia narrada del Antiguo Testamento recoge algunos casos de personas que no son del pueblo de Israel y que, sin embargo, se mueven dentro de la acción salvadora de Dios.

En este caso se refiere a los ninivitas, conocidos por ser enemigos acérrimos del pueblo de Israel y muy crueles en la guerra; se refiere también a una reina extranjera que va a Jerusalén para conocer la sabiduría de Salomón. Ambos tienen un corazón abierto, del que carecen los israelitas. El juicio será severo con los que pudiendo aceptar el mensaje del Reino se resisten, exigiéndole «signos/pruebas». Jonás, predicó a los ninivitas la conversión y llegaron a convertirse; la reina de Saba visitó a Salomón, y Jesús es infinitamente superior a Salomón. Ambos se levantarán contra esta generación que se niega a reconocer a Jesús.

JULIO

21

Martes
Feria o *San Lorenzo de Brindis*

Primera lectura: Miqueas 7,14-15.18-20

Salmo 84: Muéstranos, Señor, tu misericordia

Evangelio: Mateo 12,46-50

En aquel tiempo estaba Jesús hablando a la gente cuando su madre y sus hermanos se presentaron fuera, tratando de hablar con él. Uno se lo avisó: «Oye, tu madre y tus hermanos están fuera y quieren hablar contigo». Pero él contestó al que le avisaba: «¿Quién es mi madre y quiénes son mis hermanos?». Y, señalando con la mano a los discípulos, dijo: «Estos son mi madre y mis hermanos. El que cumple la voluntad de mi Padre del cielo, ese es mi hermano, y mi hermana, y mi madre».

La escena de la familia directa de Jesús que le busca la encontramos en los tres evangelios sinópticos. En este caso, el texto que presenta Mateo recoge dos detalles. En primer lugar, cuando le avisan de que su familia está «fuera» y quieren hablar con él, Jesús hace una pregunta a todos los presentes: «¿Quién es mi madre y mis hermanos?». Mateo se dirige a sus «discípulos», mientras que Marcos dice que se dirige a los que estaban allí presentes. Más importante es la respuesta que da Mateo a la pregunta: a la familia de Jesús pertenece cualquiera que haga «la voluntad del Padre celestial». Marcos da una respuesta semejante, mientras que Lucas dice que son de la familia de Jesús los que «escuchan la palabra y la cumplen». La respuesta de Jesús queda abierta: ¿qué es cumplir la voluntad del Padre? Poco a poco, en el evangelio lo vamos descubriendo.

JULIO

22 | Miércoles
SANTA MARÍA MAGDALENA

Primera lectura: Cantar de los Cantares 3,1-4a (o 2 Corintios 5,14-17)

Salmo 62: Mi alma está sedienta de ti, mi Dios

Evangelio: Juan 20,1.11-18

El primer día de la semana, María Magdalena fue al sepulcro al amanecer, cuando aún estaba oscuro, y vio la losa quitada del sepulcro. María estaba llorando. Mientras lloraba se asomó al sepulcro y vio dos ángeles vestidos de blanco, sentados uno a la cabecera y otro a los pies, donde había estado el cuerpo de Jesús. Ellos le preguntan: «Mujer, ¿por qué lloras?». Ella les contesta: «Porque se han llevado a mi Señor y no sé dónde lo han puesto». Dicho esto, da media vuelta y ve a Jesús, de pie, pero no sabía que era Jesús. Jesús le dice: «Mujer, ¿por qué lloras?, ¿a quién buscas?». Ella, tomándolo por el hortelano, le contesta: «Señor, si tú te lo has llevado, dime dónde lo has puesto y yo lo recogeré». Jesús le dice: «¡María!». Ella se vuelve y le dice: «¡Rabboni!», que significa: «¡Maestro!». Jesús le dice: «Suéltame, que todavía no he subido al Padre. Anda, ve a mis hermanos y diles: "Subo al Padre mío y Padre vuestro, al Dios mío y Dios vuestro"». María Magdalena fue y anunció a los discípulos: «He visto al Señor y ha dicho esto».

La figura de María Magdalena hace de Jesús un hombre profundamente humano. No podemos imaginar un Jesús al margen de la vida popular. Tampoco podemos imaginar a un Jesús ajeno a las relaciones interpersonales, de afecto, de cariño sincero. Si así lo hiciéramos, dibujaríamos un Jesús que no es de este mundo. No está clara del todo la figura de María Magdalena, pues aparecen varias mujeres en el evangelio con este nombre, que era común en la época. Por eso se les añadía un «gentilicio» para identificarlas. María «Magdalena» es María, «del pueblo de Magdala», un lugar junto al lago, entre Cafarnaún y Tiberíades. Un pueblo frecuentado por judíos y por pescadores, pues tenía puerto y fábrica de salazones. Magdala ha sido excavado con grandes éxitos en los últimos años: ha aparecido la única sinagoga que tenemos del siglo I. ¿Pudo predicar Jesús en ella? Probablemente sí. Ahora bien, ¿se puede identificar a María Magdalena con María la de Betania, hermana de Marta y Lázaro? Probablemente no; Betania está en el monte de los Olivos, en Jerusalén. La relación de María Magdalena con Jesús es indiscutible: ha sido crucificado, lo han puesto en una tumba excavada en la piedra y ella es la primera en ir con perfumes a embalsamarlo. El primer día de la semana –el domingo, podríamos traducir con cierta libertad– se produce el encuentro. María está llorando (todo ha acabado); ve a una persona, pero no la reconoce, y dice unas palabras llenas de ternura. Jesús se dirige a ella y ella le reconoce. Solo en el encuentro con el Resucitado tiene lugar la fe. Es un paso personal, de amor, de reconocimiento. Jesús, conforme a todo el evangelio, anuncia que vuelve al Padre. María, por su parte, es la primera misionera.

23

Jueves
SANTA BRÍGIDA, PATRONA DE EUROPA

Primera lectura: Jeremías 2,1-3.7-8.12-13

Salmo 35: En ti, Señor, está la fuente viva

Evangelio: Mateo 13,10-17

En aquel tiempo se acercaron a Jesús los discípulos y le preguntaron: «¿Por qué les hablas en parábolas?». Él les contestó: «A vosotros se os ha concedido conocer los secretos del reino de los cielos y a ellos no. Porque al que tiene se le dará y tendrá de sobra, y al que no tiene se le quitará hasta lo que tiene. Por eso les hablo en parábolas, porque miran sin ver y escuchan sin oír ni entender. Así se cumplirá en ellos la profecía de Isaías:

"Oiréis con los oídos sin entender; miraréis con los ojos sin ver; porque está embotado el corazón de este pueblo, son duros de oído, han cerrado los ojos; para no ver con los ojos, ni oír con los oídos, ni entender con el corazón, ni convertirse para que yo les cure".

¡Dichosos vuestros ojos, porque ven, y vuestros oídos, porque oyen! Os aseguro que muchos profetas y justos desearon ver lo que veis vosotros y no lo vieron, y oír lo que oís y no lo oyeron».

Después de que Jesús proclama la primera de las parábolas, la del sembrador, los discípulos le preguntan por qué lo hace así. Nosotros diríamos que se sirve de parábolas porque es el medio más popular y sencillo para que todos lo entiendan. Sin embargo, podemos leerlas a la luz de todo el evangelio de san Mateo: Jesús anuncia el Reino a todos, al pueblo judío y a los que no pertenecen a él. Los discípulos acogen las parábolas; por eso mismo son «dichosos» viendo y oyendo lo esperado por los profetas.

Por el contrario, los que rechazan a Jesús no entienden nada, pues sus oídos están cerrados, como ya anunció el profeta Isaías. Mateo recurre en su evangelio a la Escritura, sobre todo a los profetas, para explicar que en Jesús se cumple lo que ellos habían anunciado. El misterio de la fe acompaña la andadura humana. ¿Cómo es posible que unos acepten la fe y otros no? No dependen ni de inteligencia ni de bondad. Hay personas inteligentes y buenas que no creen; lo mismo al revés. La fe tiene que ver con la apertura, la limpieza, la sencillez y la sorpresa. Los que están «cerrados» a cal y canto se cierran a la fe. Es un evangelio siempre actual, siempre incisivo.

JULIO

24 | **Viernes**
Feria o *San Sarbelio Makhluf*

Primera lectura: **Jeremías 3,14-17**

Salmo: Jeremías 31,10-13: El Señor nos guardará como pastor a su rebaño

Evangelio: Mateo 13,18-23

En aquel tiempo dijo Jesús a sus discípulos: «Vosotros, oíd lo que significa la parábola del sembrador: si uno escucha la palabra del reino sin entenderla viene el Maligno y roba lo sembrado en su corazón. Esto significa lo sembrado al borde del camino. Lo sembrado en terreno pedregoso significa el que la escucha y la acepta enseguida con alegría; pero no tiene raíces, es inconstante, y, en cuanto viene una dificultad o persecución por la palabra, sucumbe. Lo sembrado entre zarzas significa el que escucha la palabra; pero los afanes de la vida y la seducción de las riquezas la ahogan y se queda estéril. Lo sembrado en tierra buena significa el que escucha la palabra y la entiende; ese dará fruto y producirá ciento o sesenta o treinta por uno».

Jesús desentraña, a petición de sus discípulos, la parábola del sembrador, que hace dos días leímos. Jesús hace una explicación alegórica, viendo en cada una de las tierras donde cae la semilla un comportamiento o actitud humana. Jesús se adentra, en pocas palabras, en el corazón, dificultades y virtudes de las personas. Podemos distinguir entre «oír» y «escuchar». La palabra de Dios no solo se «oye», cosa que podemos hacer si no tenemos dificultades auditivas, sino que se «escucha», se acoge, se rumia. Jesús va al centro: unos oyen la palabra, pero es como «si oyen llover», no les afecta. Otros son los que se ilusionan por todo, son entusiastas, pero ni son perseverantes ni sólidos, y el mensaje llega y se va sin pena ni gloria. No faltan las personas serias que escuchan la palabra, pero sucumben a la vida diaria, con sus encantos y propuestas. Por fin están los que reciben la palabra y la viven con fruto. Es la radiografía del ser humano, con su buena voluntad, sus contradicciones, su empuje, su aceptación serena y madura de la palabra de Jesús. Una vez más: este evangelio es para ti y para mí.

JULIO

25

Sábado
SANTIAGO, APÓSTOL, PATRONO DE ESPAÑA

Primera lectura: Hechos de los Apóstoles 4,33; 5,12.27-32; 12,2

Salmo 66: Oh Dios, que te alaben los pueblos,
que todos los pueblos te alaben

Segunda lectura: 2 Corintios 4,7-15

Evangelio: Mateo 20,20-28

En aquel tiempo se acercó a Jesús la madre de los Zebedeos con sus hijos y se postró para hacerle una petición. Él le preguntó: «¿Qué deseas?». Ella contestó: «Ordena que estos dos hijos míos

se sienten en tu reino, uno a tu derecha y el otro a tu izquierda».
Pero Jesús replicó: «No sabéis lo que pedís. ¿Sois capaces de
beber el cáliz que yo he de beber?». Contestaron: «Lo somos».
Él les dijo: «Mi cáliz lo beberéis; pero el puesto a mi derecha o
a mi izquierda no me toca a mí concederlo, es para aquellos a
quienes lo tiene reservado mi Padre». Los otros diez, que lo
habían oído, se indignaron contra los dos hermanos. Pero Jesús,
reuniéndolos, les dijo: «Sabéis que los jefes de los pueblos los
tiranizan y que los grandes los oprimen. No será así entre vosotros:
el que quiera ser más grande entre vosotros que sea vuestro
servidor, y el que quiera ser primero entre vosotros que sea
vuestro esclavo. Igual que el Hijo del hombre no ha venido para
que le sirvan, sino para dar su vida en rescate por muchos».

Santiago forma parte desde la primera hora del grupo de los
llamados por Jesús. Primero convoca a dos hermanos, Pedro y
Andrés (Mt 4,18); luego a otros dos hermanos, Santiago y Juan,
también pescadores, los «hijos de Zebedeo» (4,21), que, dejando
«inmediatamente» las redes, le siguen. Cuando Jesús elige a
doce discípulos, en la lista aparecen primero Pedro y Andrés;
luego Santiago el de Zebedeo y Juan (10,2). A Santiago lo veremos en la transfiguración, junto con Pedro y Juan (17,1) y en
Getsemaní (26,37). Los Hechos de los Apóstoles nos informarán
de que murió en la persecución de Herodes Agripa (12,2). No
hay que confundirlo con Santiago, «el hermano del Señor»,
que es uno de los principales en la comunidad de Jerusalén
(Hch 15,13; Gál 2,19). En el texto que leemos aparece la «madre
de los Zebedeos». Van camino de Jerusalén, y las expectativas
mesiánicas de carácter político no son ajenas al grupo. Si Jesús
entra de forma triunfal en Jerusalén como Mesías, ¿quiénes estarán más cerca de él en la toma de decisiones? La madre de los
Zebedeos no cuestiona el puesto de Jesús, sino que pide para
sus hijos que se sienten en su reino «uno a su derecha y otro

a su izquierda». Jesús les pregunta si son capaces de beber su cáliz; la respuesta es afirmativa, porque no terminaban de entender el alcance real de las palabras de Jesús. Los otros discípulos se enfadan con ellos, no porque entendieran el camino de Jesús, sino por las tensiones normales dentro de un grupo humano: rencillas, envidias, comparaciones. Jesús les dice: «Sabéis que los jefes de las naciones...». El ejercicio de la autoridad es complejo y no está exento de gestiones discutibles, favorables a unos o a otros. El mal ejercicio de la autoridad, necesaria por otra parte, puede llevar a la corrupción y a los abusos de poder. Jesús advierte severamente: «No sea así entre vosotros». Jesús se pone a sí mismo como referencia última: «El Hijo del hombre no ha venido para que le sirvan, sino para servir». Y añade con sentido soteriológico: «Y dar su vida en rescate de muchos».

JULIO

26

Domingo
XVII del Tiempo Ordinario
(San Joaquín y Santa Ana)

Primera lectura: 1 Reyes 3,5.7-12

Salmo 118: Cuánto amo tu voluntad, Señor

Segunda lectura: Romanos 8,28-30

Evangelio: Mateo 13,44-52 (o 13,44-46)

En aquel tiempo dijo Jesús a la gente: «El reino de los cielos se parece a un tesoro escondido en el campo: el que lo encuentra lo vuelve a esconder y, lleno de alegría, va a vender todo lo que tiene y compra el campo. El reino de los cielos se parece también a un comerciante en perlas finas que, al encontrar una de gran valor, se va a vender todo lo que tiene y la compra. El reino de los cielos se parece también a la red que echan en el mar y recoge toda clase de peces: cuando está llena la arrastran a la orilla, se sientan y reúnen los buenos en cestos y los malos los tiran. Lo mismo sucederá al final del tiempo: saldrán los ángeles, separarán a los malos de los buenos y los echarán al horno encendido. Allí será el llanto y el rechinar de dientes. ¿Entendéis bien todo esto?». Ellos le contestaron: «Sí». Él les dijo: «Ya veis, un escriba que entiende del reino de los cielos es como un padre de familia que va sacando del arca lo nuevo y lo antiguo».

San Mateo recoge en su capítulo 13 una serie de parábolas que explican de forma sencilla qué es, cómo adentrarnos, cómo sumergirnos en el reino de los cielos, el reino de Dios, que Jesús anuncia. En este caso, leemos tres parábolas; las dos primeras se pueden leer juntas; la tercera, aparte. Las dos primeras imágenes son muy claras: ¿a quién no le gustaría encontrar un tesoro?, ¿acaso un comerciante no querría hacer el negocio de su vida? En ambos casos la respuesta es sí. La fe cristiana es una maravilla; no se puede presentar nunca en el envoltorio de lo caduco, lo feo, lo secundario o lo prescindible. La fe cristiana es preciosa, sin lujos innecesarios; atractiva, sin adornos superfluos. La tercera parábola, la red de peces, que tiene dinámica propia y se puede leer aparte, nos lleva –como en el caso de la parábola de la cizaña– al final de la historia, al tiempo del juicio. La paciencia de Dios es nuestra esperanza, pero a la vez nuestra vida en la tierra debe ser consecuente con nuestra experiencia cristiana. No vale dilatar nuestra conversión hasta un día impreciso, dejándolo todo para el final. El texto concluye con una sentencia de Jesús que ha dado mucho que hablar. Si aceptamos que Mateo se dirige a judíos que están dando el paso a la fe en Cristo, podemos entender que el padre de familia saca lo mejor de su casa (lo antiguo, la fe de Israel) y lo nuevo (la novedad radical en Cristo). Dios escribe su historia con lo mejor de todos nosotros.

JULIO

27 | **Lunes**
Feria

Primera lectura: Jeremías 13,1-11

Salmo: Deuteronomio 32,18-21: Despreciaste a la Roca que te engendró

Evangelio: Mateo 13,31-35

En aquel tiempo, Jesús propuso esta otra parábola a la gente: «El reino de los cielos se parece a un grano de mostaza que uno siembra en su huerta; aunque es la más pequeña de las semillas, cuando crece es más alta que las hortalizas; se hace un arbusto más alto que las hortalizas y vienen los pájaros a anidar en sus ramas». Les dijo otra parábola: «El reino de los cielos se parece a la levadura; una mujer la amasa con tres medidas de harina, y basta para que todo fermente».

Jesús expuso todo esto a la gente en parábolas, y sin parábolas no les exponía nada. Así se cumplió el oráculo del profeta: «Abriré mi boca diciendo parábolas, anunciaré lo secreto desde la fundación del mundo».

Jesús sigue desgranando las parábolas del Reino en un contexto agrícola, que es el suyo natural. Jesús era de pueblo, de Nazaret; era de campo. Son dos parábolas de crecimiento y de transformación de la realidad. La primera destaca el carácter mínimo, insignificante e ínfimo del grano de mostaza; un grano que, a su debido tiempo, se convierte en un arbusto grande y fuerte. Hay que saber esperar; hay que dar tiempo al tiempo. El evangelio no es amigo de las prisas ni de las precipitaciones. La segunda comparación habla de la levadura, un fermento que lleva en sí una fuerza capaz de levantar la masa de la harina y hacerla fermentar. ¿Dónde está la novedad radical del mensaje? Jesús habla del valor de lo pequeño, de lo que no cuenta, de lo que con frecuencia despreciamos, en la construcción del Reino. Jesús nos explica que una pequeña porción de levadura puede ser trasformadora. La realidad social en la que vivimos enaltece lo grande y desprecia lo pequeño. Se fija en las apariencias y deja pasar la fuerza de movimientos casi invisibles. Jesús nos pide que miremos de otra forma, que eduquemos la mirada y la sensibilidad. La historia está cargada de estos ejemplos, y nosotros podemos poner otros tantos.

JULIO

28 | **Martes**
Feria

Primera lectura: Jeremías 14,17-22

Salmo 78: Líbranos, Señor, por el honor de tu nombre

Evangelio: Mateo 13,35-43

En aquel tiempo, Jesús dejó a la gente y se fue a casa. Los discípulos se le acercaron a decirle: «Acláranos la parábola de la cizaña en el campo». Él les contestó: «El que siembra la buena semilla es el Hijo del hombre; el campo es el mundo; la buena semilla son los ciudadanos del reino; la cizaña son los partidarios del Maligno; el enemigo que la siembra es el diablo; la cosecha es el fin del tiempo, y los segadores, los ángeles. Lo mismo que se arranca la cizaña y se quema, así será al fin del tiempo: el Hijo del hombre enviará a sus ángeles y arrancarán de su reino a todos los corruptores y malvados, y los arrojarán al horno encendido; allí será el llanto y el rechinar de dientes. Entonces los justos brillarán como el sol en el reino de su Padre. El que tenga oídos que oiga».

Este evangelio se corresponde con la narración de la parábola del trigo y la cizaña, que el evangelio de Mateo presenta con anterioridad. Se da el caso de que este año no se lee, porque ha coincidido con la fiesta del apóstol Santiago. La recordamos: un hombre siembra buena simiente en su campo, pero un enemigo, por la noche, siembra cizaña; ambos crecen juntas. Ante la tentación de arrancar la cizaña antes de tiempo, Jesús pide prudencia. Hay que saber esperar hasta la cosecha. Teniendo esta parábola como referencia, vemos cómo de nuevo los discípulos piden a Jesús que les explique esta parábola. Jesús hace una interpretación alegórica, en la que cada personaje o espacio tiene una interpretación a la luz de la vida presente mirando el juicio final. Dios hará justicia teniendo en cuenta las acciones de cada uno. El evangelio de Mateo refleja las imágenes y creencias propias del judaísmo de aquella época («horno de fuego», «llanto y rechinar de dientes»). El judaísmo da mucha importancia a las buenas obras ante Dios; Jesús se hace eco de esta convicción religiosa y nos insiste en que debemos ser trigo bueno y evitar la cizaña en nuestra vida.

JULIO

29

Miércoles
Santos Marta, María y Lázaro

Primera lectura: 1 Juan 4,7-16

Salmo 33: Bendigo al Señor en todo momento

Evangelio: Juan 11,19-27

En aquel tiempo, muchos judíos habían ido a ver a Marta y a María para darle el pésame por su hermano. Cuando Marta se enteró de que llegaba Jesús salió a su encuentro, mientras María se quedaba en casa. Y dijo Marta a Jesús: «Señor, si hubieras estado aquí no habría muerto mi hermano. Pero aún sé que todo lo que pidas a Dios, Dios te lo concederá». Jesús le dijo: «Tu hermano resucitará». Marta respondió: «Sé que resucitará en la resurrección del último día». Jesús le dice: «Yo soy la resurrección y la vida: el que cree en mí, aunque haya muerto, vivirá; y el que está vivo y cree en mí no morirá para siempre. ¿Crees esto?». Ella le contestó: «Sí, Señor: yo creo que tú eres el Mesías, el Hijo de Dios, el que tenía que venir al mundo».

La escena se sitúa en Betania. Betania es el nombre de una aldea judía que se encuentra en la cara este del monte de los Olivos. Está muy cerca de Jerusalén, si bien entre la cima del monte y Betania se encuentra un lugar conocido hasta el día de hoy como Betfagé. No es de extrañar que Jesús tuviese amigos en este pueblo, pues los judíos piadosos del norte bajaban de forma regular a Jerusalén para cumplir con las peregrinaciones anuales prescritas por la Torá. Sabemos que no todos los peregrinos cabían en la ciudad santa, por eso se alojaban en pueblos vecinos. Los evangelios no dan información de por qué eran amigos estos tres hermanos de Jesús ni cuándo comenzó esta amistad. En el evangelio de Lucas nos habla de las dos hermanas, Marta y María: la primera, ocupada en mil faenas; la segunda, escuchando atenta la palabra de Jesús; pero no dice nada de Lázaro. El evangelio de Juan habla de los tres hermanos en unas circunstancias distintas y, sobre todo, fundamentales: Jesús se revela como la resurrección y la vida. El hecho del que parte la escena es habitual: el fallecimiento de un varón, en este caso, amigo de Jesús. Marta es la que habla con Jesús y le recrimina que no hubiera venido antes. Una vez más, el centro del evangelio no está en el reproche, que se entiende porque eran amigos, sino en la revelación: Jesús hace realidad los «yo soy» de Yahvé que conocemos por la escena del monte Horeb. Jesús es «Yo soy», y lo especifica en «Yo soy la resurrección y la vida». Lázaro ha sufrido la muerte natural, la de todos los hombres, que somos débiles y caducos; pero Jesús no está sometido a esta muerte, porque él es la Vida en plenitud. La revelación pide la fe. Jesús le pregunta a Marta: «¿Crees esto?». Las palabras de Marta son el camino que deben seguir los creyentes de todos los tiempos: «Sí, Señor, yo creo».

JULIO

30
Jueves
Feria o *San Pedro Crisólogo*

Primera lectura: **Jeremías 18,1-6**

Salmo 145: Dichoso a quien auxilia el Dios de Jacob

Evangelio: **Mateo 13,47-53**

En aquel tiempo dijo Jesús a la gente: «El reino de los cielos se parece también a la red que echan en el mar y recoge toda clase de peces: cuando está llena, la arrastran a la orilla, se sientan y reúnen los buenos en cestos y los malos los tiran.

Lo mismo sucederá al final del tiempo: saldrán los ángeles, separarán a los malos de los buenos y los echarán al horno encendido. Allí será el llanto y el rechinar de dientes. ¿Entendéis bien todo esto?». Ellos le contestaron: «Sí». Él les dijo: «Ya veis, un escriba que entiende del reino de los cielos es como un padre de familia que va sacando del arca lo bueno y lo antiguo».

Cuando Jesús acabó estas parábolas, partió de allí.

La última parábola sobre el Reino del capítulo 13 de Mateo nos lleva a una escena habitual de pesca en el lago. Los pescadores recogen todo en la red; solo una vez en la playa separan peces buenos de malos. Según las normas del judaísmo, los peces «malos» eran aquellos considerados inapropiados para el consumo (impuros) por no tener escamas. Jesús une en esta ocasión la parábola con una interpretación que llamamos «escatológica», porque nos lleva al final de la historia y de nuestro propio final. Todos vivimos en el mar de la vida; vivimos unos con otros, buenos con malos, creyentes con escépticos, pacíficos con violentos. Jesús habla del final de la historia, que no será un caos sin forma, una confusión de la humanidad, sino que tendrá un orden y un sentido, donde Dios «separará» el bien del mal. No es una parábola para el «miedo», sino todo lo contrario, para la «confianza» en Dios. Estamos en buenas manos, porque estamos en las manos de Dios.

JULIO

31 | Viernes
San Ignacio de Loyola

Primera lectura: **Jeremías 26,1-9**

Salmo 68: Que me escuche tu gran bondad, Señor

Evangelio: Mateo 13,54-58

En aquel tiempo fue Jesús a su ciudad y se puso a enseñar en la sinagoga. La gente decía admirada: «¿De dónde saca este esa sabiduría y esos milagros? ¿No es el hijo del carpintero? ¿No es su madre María y sus hermanos Santiago, José, Simón y Judas? ¿No viven aquí todas sus hermanas? Entonces, ¿de dónde saca todo eso? Y desconfiaban de él». Jesús les dijo: «Solo en su tierra y en su casa desprecian a un profeta». Y no hizo allí muchos milagros, porque les faltaba fe.

Jesús había salido del pueblo no hacía mucho y se había trasladado a la zona del lago de Tiberíades, a unos cuarenta kilómetros. Un día regresa a su pueblo, Nazaret, y enseña en la sinagoga. Todos le conocen. Sus paisanos le escuchan y reaccionan con incredulidad: «Sabemos quién es» y conocemos a toda su familia; entonces, «¿de dónde saca todo eso, lo que dice y lo que hace?». Es el «falso escándalo» de los que ponen excusas para no escuchar. Jesús responde con dureza y tristeza porque el rechazo ha venido de su casa, de los suyos, de los que dicen que le conocen. Lo que le sucede a Jesús puede reproducirse con cierta frecuencia en muchas situaciones de la vida. Es más doloroso cuanto más cercanos son los que te critican. Jesús se entristece porque él les lleva el anuncio del Reino y se encuentra con su dureza, que les incapacita para abrirse a la fe. Uno de los mayores obstáculos para creer es precisamente la cerrazón del corazón. Pensar que conocemos a la otra persona, o que conocemos el mensaje, o que no tiene nada que decirnos, y nos negamos a escucharle.

AGOSTO

1 | **Sábado**
San Alfonso María de Ligorio

Primera lectura: Jeremías 26,11-16.24
....
Salmo 68: Escúchame, Señor, el día de tu favor
....

Evangelio: Mateo 14,1-12

En aquel tiempo oyó el virrey Herodes lo que se contaba de Jesús y dijo a sus ayudantes: «Ese es Juan Bautista, que ha resucitado de entre los muertos, y por eso los poderes actúan en él». Es que Herodes había mandado prender a Juan y lo había metido en la cárcel encadenado, por motivo de Herodías, mujer de su hermano Filipo; porque Juan le decía que no le estaba permitido vivir con ella. Quería mandarlo matar, pero tuvo miedo de la gente, que lo tenía por profeta.

El día del cumpleaños de Herodes, la hija de Herodías danzó delante de todos, y le gustó tanto a Herodes que juró darle lo que pidiera. Ella, instigada por su madre, le dijo: «Dame ahora mismo en una bandeja la cabeza de Juan Bautista». El rey lo sintió; pero, por el juramento y los invitados, ordenó que se la dieran; y mandó decapitar a Juan en la cárcel. Trajeron la cabeza en una bandeja, se la entregaron a la joven, y ella se la llevó a su madre. Sus discípulos recogieron el cadáver, lo enterraron y fueron a contárselo a Jesús.

El relato de la decapitación de Juan Bautista lo podemos leer en Mateo y en Marcos (6,14-29); Lucas solo hace referencia a este hecho, pero no lo narra (9,7-9), haciéndolo además en un texto en que Herodes se pregunta por quién es ese Jesús que está cogiendo fama, y quiere conocerlo. Este Herodes no es el rey de la matanza de los inocentes, que leemos en Mateo, sino su hijo. Herodes Antipas, que había heredado de su padre la zona de Galilea y también un terreno al otro lado del Jordán. Herodes es un rey cliente de Roma; su autonomía es muy limitada. Pertenece a una dinastía desacreditada porque no es de origen judío, sino edomita, del sur del país. No son piadosos y además son inmorales. En el caso de Juan, Herodes muestra su debilidad y su crueldad. Sabe que Juan es un profeta molesto porque ha denunciado en público su pecado y lo ha encarcelado; pero solo tiene que escuchar la petición de la hija de su amante para decretar que corten la cabeza al profeta molesto. La crueldad de Herodes es signo evidente de su pobreza espiritual y human. Solo los magnánimos y fuertes de espíritu son misericordiosos. El nombre de Juan perdura como profeta justo; el de Herodes, como el de un sanguinario.

Domingo
XVIII DEL TIEMPO ORDINARIO
(San Eusebio de Vercelli, San Julián Eymard)

Primera lectura: Isaías 55,1-3

Salmo 144: Abres tú la mano, Señor, y nos sacias de favores

Segunda lectura: Romanos 8,35.37-39

Evangelio: Mateo 14,13-21

En aquel tiempo, al enterarse Jesús se marchó de allí en barca, a solas, a un lugar desierto. Cuando la gente lo supo, lo siguió por tierra desde los poblados. Al desembarcar vio Jesús una multitud, se compadeció de ella y curó a los enfermos. Como se hizo tarde, se acercaron los discípulos a decirle: «Estamos en despoblado y es muy tarde, despide a la multitud para que vayan a las aldeas y se compren comida». Jesús les replicó: «No hace falta que vayan, dadles vosotros de comer». Ellos le replicaron: «Si aquí no tenemos más que cinco panes y dos peces». Les dijo: «Traédmelos».

Mandó a la gente que se recostara en la hierba y tomando los cinco panes y los dos peces, alzando la mirada al cielo, pronunció la bendición, partió los panes y se los dio a los discípulos; los discípulos se los dieron a la gente. Comieron todos y se saciaron y recogieron doce cestos llenos de sobras. Comieron unos cinco mil hombres, sin contar mujeres y niños.

El comienzo del relato enlaza con el final del anterior. Los discípulos de Juan Bautista le cuentan a Jesús que Herodes ha mandado decapitar a Juan. Jesús se retira a un lugar despoblado, pero la gente le busca. Jesús, movido a compasión al ver que la gente está necesitada y quiere estar con él, realiza el signo de la multiplicación. Es la primera multiplicación en Mateo; más adelante encontramos otra (15,32-39). Nos fijamos en las palabras de Jesús a sus discípulos: «Dadles vosotros de comer». La respuesta encierra un enorme susto: «Pero si no tenemos nada». Jesús nos pide que hagamos el milagro de saciar el hambre de los demás con nuestra pobreza. En una sociedad de la opulencia –para unos pocos–, donde todo se mide por resultados –si no, veamos cómo las grandes empresas airean anualmente sus dividendos–, Jesús nos sorprende en un giro genial: «Con lo poco que tenéis, puesto a disposición de los demás, es posible el milagro». Nosotros no lo entendemos. Para nuestras matemáticas solo se puede compartir cuando se tiene en abundancia o cuando hay «excedentes». ¡Si una comunidad o grupo humano es pequeño y pobre deberá ahorrar, nunca ser generoso! Aquí entran las matemáticas de Dios, que no son las nuestras. Con Jesús nunca hay escasez; con él siempre hay «sobreabundancia».

AGOSTO

3 | Lunes
Feria

Primera lectura: Jeremías 28,1-17
....
Salmo 118: Instrúyeme, Señor, en tus leyes
....

Evangelio: Mateo 14,13-21

En aquel tiempo, al enterarse Jesús se marchó de allí en barca, a solas, a un lugar desierto. Cuando la gente lo supo, lo siguió por tierra desde los poblados. Al desembarcar vio Jesús una multitud, se compadeció de ella y curó a los enfermos. Como se hizo tarde, se acercaron los discípulos a decirle: «Estamos en despoblado y es muy tarde, despide a la multitud para que vayan a las aldeas y se compren comida». Jesús les replicó: «No hace falta que vayan, dadles vosotros de comer». Ellos le replicaron: «Si aquí no tenemos más que cinco panes y dos peces». Les dijo: «Traédmelos».

Mandó a la gente que se recostara en la hierba y tomando los cinco panes y los dos peces, alzando la mirada al cielo, pronunció la bendición, partió los panes y se los dio a los discípulos; los discípulos se los dieron a la gente. Comieron todos y se saciaron y recogieron doce cestos llenos de sobras. Comieron unos cinco mil hombres, sin contar mujeres y niños.

El anuncio de Isaías, que invita a tener confianza en Dios, a levantar los ojos mirando al futuro, a creer que Dios saciará el hambre del ser humano, llega a su cumplimiento en Jesús. Después de la multiplicación de los panes, Mateo dice que «comieron hasta quedar satisfechos». ¿No es Dios mismo quien invita, por medio del profeta, a una mesa de manjares sustanciosos en un futuro cierto? ¿Acaso no es Jesús quien cumple la profecía? Para Mateo, «la gente», los que no forman parte de los grupos de presión política o religiosa, los que no tienen función instructora o legislativa, los que tienen hambre profunda, sin saciar, van detrás de Jesús. Mateo dice que Jesús «se compadece», que se le «conmueven las entrañas», que no se queda impasible ante tanta carencia humana y espiritual. La caridad humana lleva, por una parte, a solucionar el hambre real, física. La compasión, que entronca con lo profundo del ser humano, le lleva a descubrir las carencias más dolorosas, las que no se ven, las del corazón. El milagro de los panes que sacian el hambre física trasciende en Mateo, pasando a ser el milagro de la saciedad del hambre profunda de la humanidad. La actualidad del Evangelio pasa tanto a través de la lucha por la justicia, poniendo el esfuerzo sobre todo en la dignidad de todo ser humano, como a través de saciar el hambre de alcanzar el designio salvífico de Dios. Mateo entronca con toda la tradición judía, con toda la historia de la salvación de un pueblo que se sabe elegido y portador de la promesa de la alianza.

AGOSTO

4 | Martes
San Juan María Vianney

Primera lectura: Jeremías 30,1-2.12-15.18-22

Salmo 101: El Señor reconstruyó Sion y apareció en su gloria

Evangelio: Mateo 14,22-36

Después de que la gente se hubo saciado, Jesús apremió a sus discípulos a que subieran a la barca y se le adelantaran a la otra orilla, mientras él despedía a la gente. Y, después de despedir a la gente, subió al monte a solas para orar. Llegada la noche, estaba allí solo. Mientras tanto, la barca iba ya muy lejos de tierra, sacudida por las olas, porque el viento era contrario.

De madrugada se les acercó Jesús, andando sobre el agua. Los discípulos, viéndole andar sobre el agua, se asustaron y gritaron de miedo, pensando que era un fantasma. Jesús les dijo enseguida: «¡Ánimo, soy yo, no tengáis miedo!». Pedro le contestó: «Señor, si eres tú, mándame ir hacia ti andando sobre el agua». Él le dijo: «Ven». Pedro bajó de la barca y echó a andar sobre el agua, acercándose a Jesús; pero, al sentir la fuerza del viento, le entró miedo, empezó a hundirse y gritó: «Señor, sálvame». Enseguida Jesús extendió la mano, lo agarró y le dijo: «¡Qué poca fe! ¿Por qué has dudado?». En cuanto subieron a la barca amainó el viento. Los de la barca se postraron ante él, diciendo: «Realmente eres Hijo de Dios».

Terminada la travesía llegaron a tierra en Genesaret. Y los hombres de aquel lugar, apenas lo reconocieron, pregonaron la noticia por toda aquella comarca y trajeron donde él a todos los enfermos. Le pedían tocar siquiera la orla de su manto, y cuantos la tocaron quedaron curados.

Jesús es de «tierra adentro»: de campos de cebada, de ganado menor por las colinas, de flores de colores que adornan los campos de la Baja Galilea. Jesús no es un hombre de montañas escarpadas, ni de la costa mediterránea, ni de los desiertos secanos del sur de Israel. Ahora lo vemos en una escena de mar, un terreno que no es el suyo: la escena se desarrolla en el pequeño lago interior de Tiberíades. Los apóstoles están pescando, pero se levanta un viento peligroso y las olas zarandean la débil embarcación. En el mar de Galilea hace viento, provocado por la desembocadura norte del río Jordán, que se encajona en un valle corto y se abre de forma repentina en el lago. Muchas veces los pescadores del lago no salen a faenar según cómo vean el tiempo que se espera en las siguientes horas. La escena, verosímil –como explicamos–, da pie a una situación de paso del miedo a la fe: los pescadores-apóstoles, entre los que se encuentra Pedro, temen hundirse. Jesús no está con ellos, pues ha estado toda la noche orando. Al comenzar el día se acerca Jesús; no hay suficiente luz, los perfiles son confusos. Los pescadores-apóstoles siguen aferrados a sus creencias antiguas: ¡es un fantasma! Pedro, una vez más, pone voz al grupo y pide una señal: «Quiero ir andando sobre las aguas hacia ti». La señal no sirve para nada; Pedro se hunde porque le falta la fe. Al menos, de la boca de Pedro nace un grito de súplica: «¡Señor, sálvame!». El Evangelio se confirma: Jesús no acepta que le provoquemos pidiéndole signos para dar el salto a la fe. Jesús se revela como aquel que calma el viento, las tormentas, las tempestades, exteriores e interiores. Jesús es aquel que disipa los miedos, los arcanos y los evidentes, que torturan al ser humano. Jesús nos pide que demos el salto a la fe.

5

Miércoles
Feria o *Dedicación de la basílica de Santa María*

Primera lectura: **Jeremías 31,1-7**

Salmo: Jeremías 31,10-13: El Señor nos guardará como pastor a su rebaño

Evangelio: Mateo 15,21-28

En aquel tiempo, Jesús se marchó y se retiró al país de Tiro y Sidón. Entonces una mujer cananea, saliendo de uno de aquellos lugares, se puso a gritarle: «Ten compasión de mí, Señor, Hijo de David. Mi hija tiene un demonio muy malo». Él no le respondió nada. Entonces los discípulos se le acercaron a decirle: «Atiéndela, que viene detrás gritando». Él les contestó: «Solo me han enviado a las ovejas descarriadas de Israel». Ella los alcanzó y se postró ante él, y le pidió: «Señor, socórreme». Él le contestó: «No está bien echar a los perros el pan de los hijos». Pero ella repuso: «Tienes razón, Señor; pero también los perros se comen las migajas que caen de la mesa de los amos». Jesús le respondió: «Mujer, qué grande es tu fe: que se cumpla lo que deseas». En aquel momento quedó curada su hija.

Jesús se mueve por el antiguo territorio de Israel. Decimos «antiguo» porque, con el paso del tiempo, había tenido muchas fronteras; en la época de Jesús tampoco estaban fijadas. Podemos pensar, mejor, que Jesús se mueve por la tierra que en un tiempo perteneció a una de las doce tribus de Israel del pueblo elegido. Según esto, había zonas a las que nunca habían llegado estas tribus; entre ellas, la región del norte, las ciudades de Tiro y Sidón, que siempre habían sido de cultura fenicia. Los evangelios les dan el nombre, de forma muy genérica, de «cananeos». Si no son de Israel, no pertenecen al pueblo elegido; por tanto, no tienen derechos sobre la salvación que concede el Señor. En este evangelio, Jesús «sale» de Israel y se adentra en tierra de paganos. Es todo un mensaje. Ahora bien, ¿cómo reaccionará cuando se encuentre con la población del lugar? La escena nos habla de una mujer cananea que pide la compasión de Jesús. Jesús reacciona de forma extraña, y le dice que no tiene derechos, pues «no es de las ovejas de Israel», que el pan de los hijos no se echa a los perros. La situación da un giro ante la respuesta de la mujer, que acepta las migajas. La fe y la humildad de aquella mujer vencen las resistencias de Jesús. Podemos entender que este evangelio es una poderosa llamada a no ser duros, excluyentes, incluso violentos, con los que no son de los «elegidos». Mateo nos dice que la misericordia de Dios es para todos, sin distinción de razas, credos ni pueblos.

AGOSTO

6

Jueves
TRANSFIGURACIÓN DEL SEÑOR

Primera lectura: Daniel 7,9-10.13-14
....
Salmo 96: El Señor reina, altísimo sobre toda la tierra
....
Segunda lectura: 2 Pedro 1,16-19
....

Evangelio: Mateo 17,1-9

En aquel tiempo, Jesús tomó consigo a Pedro, a Santiago y a su hermano Juan y se los llevó aparte a una montaña alta. Se transfiguró delante de ellos, y su rostro resplandecía como el sol, y sus vestidos se volvieron blancos como la luz. Y se les aparecieron Moisés y Elías conversando con él. Pedro, entonces, tomó la palabra y dijo a Jesús: «Señor, ¡qué bien se está aquí! Si quieres haré tres tiendas: una para ti, otra para Moisés y otra para Elías». Todavía estaba hablando cuando una nube luminosa los cubrió con su sombra, y una voz desde la nube decía: «Este es mi Hijo, el amado, mi predilecto. Escuchadlo». Al oírlo, los discípulos cayeron de bruces, llenos de espanto. Jesús se acercó y, tocándolos, les dijo: «Levantaos, no temáis». Al alzar los ojos no vieron a nadie más que a Jesús, solo. Cuando bajaban de la montaña, Jesús les mandó: «No contéis a nadie la visión hasta que el Hijo del hombre resucite de entre los muertos».

Mateo presenta la transfiguración de Jesús en el comienzo del camino a Jerusalén. El relato tiene una finalidad catequética: cuando han escuchado el anuncio de la pasión y las exigencias del seguimiento, los discípulos se desaniman. La transfiguración se presenta como un acontecimiento que suscita ánimo –en él se manifiesta la gloria de Jesús– y en el que se anticipa la victoria sobre la cruz. Literariamente, se trata de una teofanía que repite elementos típicos que conocemos de este género literario por el Antiguo Testamento: el monte, fenómenos extraordinarios que provocan turbación, etc. En este caso, no se trata, como en el Antiguo Testamento, de la manifestación de Dios, sino de Jesús, presentado como Hijo. Los dos personajes que acompañan a Jesús, Moisés y Elías, son relacionados en la tradición judía unidos a la llegada del Mesías. El primero había anunciado que un día Dios suscitaría un profeta como él a quien debían escuchar (Dt 18,15); el segundo se fue del mundo sin morir (2 Re 2,11), y para los judíos su regreso anuncia la llegada del Mesías. Las palabras que se escuchan del cielo son las mismas que las pronunciadas en el bautismo de Jesús (Sal 2,7). Jesús es el Mesías esperado, es el Hijo de Dios. Al contemplar a Cristo glorioso podrán asumir las consecuencias que lleva consigo ser discípulo de Jesús hasta el final.

AGOSTO

Primera lectura: Nahún 2,1.3; 3,1-3.6-7

Salmo: Deuteronomio 32,35-36.39.41: Yo doy la muerte y la vida

Evangelio: Mateo 16,24-28

En aquel tiempo dijo Jesús a sus discípulos: «El que quiera venirse conmigo, que se niegue a sí mismo, que cargue con su cruz y me siga. Si uno quiere salvar su vida la perderá; pero el que la pierda por mí la encontrará. ¿De qué le sirve a un hombre ganar el mundo entero si arruina su vida? ¿O qué podrá dar para recobrarla? Porque el Hijo del hombre vendrá entre sus ángeles, con la gloria de su Padre, y entonces pagará a cada uno según su conducta. Os aseguro que algunos de los aquí presentes no morirán sin antes haber visto llegar al Hijo del hombre con majestad».

Jesús ha hecho la pregunta clave a sus discípulos: ¿quién soy yo? Pedro le ha contestado: «Tú eres el Mesías» (16,16). A continuación, Jesús manifiesta a sus discípulos cómo entender su mesianismo (pasión, muerte y resurrección); un texto que se conoce como el «primer anuncio de la pasión». Pedro rechaza estas palabras: «Dios no lo quiera», y Jesús pronuncia un duro reproche: «Apártate de mi vista, Satanás». En este contexto debemos entender las palabras de Jesús en la cruz. La cruz es un hecho histórico: Jesús murió como malhechor en una cruz, conforme a los usos romanos de represión. La cruz no se usó en los primeros tiempos del cristianismo, porque se interpretaba como una maldición por los judíos («Maldito el que cuelga de un madero» [Dt 21,22-23]) y un instrumento de tortura por parte de los paganos. La cruz, simbólicamente hablando, es la realidad diaria y humana, muchas veces trágica y dolorosa, que nos sale al encuentro sin que lo busquemos. La cruz, como sufrimiento, es universal; de creyentes y no creyentes. Seguir a Jesús no es vivir sin contradicciones, sin pesos sobre las espaldas, sin desgarros. La madurez humana, y cristiana, supone ser discípulo con todas las consecuencias y en todo momento. Jesús nos asegura que la cruz no es la última palabra, sino que es la vida en plenitud, la resurrección.

AGOSTO

8 | **Sábado**
Santo Domingo de Guzmán

Primera lectura: Habacuc 1,12-2,4

Salmo 9: No abandonas, Señor, a los que te buscan

Evangelio: Mateo 17,14-20

En aquel tiempo se acercó a Jesús un hombre que le dijo de rodillas: «Señor, ten compasión de mi hijo, que tiene epilepsia y le dan ataques; muchas veces se cae en el fuego o en el agua. Se lo he traído a tus discípulos, y no han sido capaces de curarlo». Jesús contestó: «¡Generación perversa e infiel! ¿Hasta cuándo tendré que estar con vosotros? ¿Hasta cuándo os tendré que soportar? Traédmelo». Jesús increpó al demonio, y salió; en aquel momento se curó el niño. Los discípulos se acercaron a Jesús y le preguntaron aparte: «¿Y por qué no pudimos echarlo nosotros?». Les contestó: «Por vuestra poca fe. Os aseguro que, si fuera vuestra fe como un grano de mostaza, le diríais a aquella montaña que viniera aquí, y vendría. Nada os sería imposible».

El centro del este evangelio es la fe. La escena parece semejante a otra: un padre que suplica a Jesús para que cure a un hijo suyo que está enfermo. El texto no ofrece datos para identificar la enfermedad, solo indica que el muchacho sufre mucho y que cae al fuego o al agua. El padre informa a Jesús de que les ha pedido ayuda a sus discípulos, pero que no han podido. Aparentemente, estamos en una contradicción con otro texto en el que los discípulos que regresan de la misión cuentan que el Evangelio se ha extendido en palabras y signos sanadores. Jesús es duro: les echa en cara su falta de fe. La fe en Jesús no es una pose o un adorno; no es ideología ni criterios morales; no es simple bonhomía o empatía. No basta con «conocer» a Jesús o ser de sus «círculos»; hay que «creer» en él. El ejemplo es potente, comparando la insignificancia de la semilla de mostaza con la inmensidad del monte. La fe es poderosa y abre caminos insospechados; nunca es prescindible, sino necesaria en la vida creyente y de discipulado. Solo así será posible echar los demonios que atormentan a este mundo.

AGOSTO

9

Domingo
XIX DEL TIEMPO ORDINARIO
(SANTA TERESA BENEDICTA DE LA CRUZ)

Primera lectura: 1 Reyes 19,9.11-13

Salmo 84: Muéstranos, Señor, tu misericordia y danos tu salvación

Segunda lectura: Romanos 9,1-5

Evangelio: Mateo 14,22-33

En aquel tiempo, Jesús apremió a sus discípulos a que subieran a la barca y se le adelantaran a la otra orilla, mientras él despedía a la gente. Y, después de despedir a la gente, subió al monte a solas para orar. Llegada la noche estaba allí solo.

Mientras tanto, la barca iba ya muy lejos de tierra, sacudida por las olas, porque el viento era contrario. A la cuarta vela de la noche se les acercó Jesús andando sobre el mar. Los discípulos, viéndole andar sobre el agua, se asustaron y gritaron de miedo, diciendo que era un fantasma. Jesús les dijo enseguida: «¡Ánimo, soy yo, no tengáis miedo!». Pedro le contestó: «Señor, si eres tú, mándame ir a ti sobre el agua». Él le dijo: «Ven». Pedro bajó de la barca y echó a andar sobre el agua acercándose a Jesús; pero, al sentir la fuerza del viento, le entró miedo, empezó a hundirse y gritó: «Señor, sálvame». Enseguida Jesús extendió la mano, lo agarró y le dijo: «¡Hombre de poca fe! ¿Por qué has dudado?».

En cuanto subieron a la barca amainó el viento. Los de la barca se postraron ante él diciendo: «Realmente eres Hijo de Dios».

Una escena de muchedumbre y soledad. De agobio de la gente y de silencio a la orilla del lago. De dispersión y de oración. Jesús no se engríe ni se autoproclama guía de multitudes, sino que se retira a hablar con el Padre. La escena, apacible, se torna en tormenta en el lago. Los discípulos, que acaban de ver lo que ha hecho Jesús con la multitud hambrienta, se llena de miedo cuando se les hace presente Jesús en medio de la noche. El ser humano tiene miedos. Pueden ser un mecanismo de defensa ante lo desconocido, ante lo que no se domina, ante el futuro incierto; pero puede también llegar a incapacitar al hombre en su desarrollo vital. Los miedos atrapan, agarrotan y no dejan pensar con libertad ni actuar con decisión. Con los miedos se revela la fragilidad de nuestra condición humana; entran las dudas, se desvirtúa la realidad, llegando a ver incluso fantasmas. El evangelio de hoy tiene en su centro dos protagonistas, Pedro y Jesús. Al gritar los discípulos, Jesús mismo se identifica: «Soy yo», no hay que temer. Pedro solo es capaz de pedir una prueba: «Si eres tú...», y le pide un milagro, un prodigio. Dios pide confianza y los hombres exigimos pruebas. Pedro espera una manifestación grandiosa de la divinidad para consentir en creer, traspasar las leyes de la naturaleza: «Si eres tú, mándame...». Jesús acepta la petición, pero de nuevo es

Pedro quien, por su miedo, no puede seguir adelante. Lo santo, lo numinoso, lo divino, lo misterioso, siempre ha ido de la mano de la fascinación, de lo inabarcable, unido a lo sugestivo y deseado. La imagen de Jesús que agarra por el brazo a este Pedro dubitativo es la imagen de tantas personas que quieren creer, pero que no arriesgan. Buscan un prodigio de Dios, llegan incluso a tentar al mismo Dios, y, cuando están a punto de hundirse, tienden las manos hacia él.

AGOSTO

10

Lunes
San Lorenzo

Primera lectura: 2 Corintios 9,6-10

Salmo 111: Dichoso el que se apiada y presta

Evangelio: Juan 12,24-26

En aquel tiempo dijo Jesús a sus discípulos: «Os aseguro que si el grano de trigo no cae en tierra y muere queda infecundo; pero si muere da mucho fruto. El que se ama a sí mismo se pierde, y el que se aborrece a sí mismo en este mundo se guardará para la vida eterna. El que quiera servirme que me siga, y donde esté yo allí también estará mi servidor; a quien me sirva, el Padre lo premiará».

La imagen del grano de trigo que cae en tierra y debe ser enterrado para, posteriormente, renacer y dar fruto, es de una enorme verdad y luminosidad. Se puede aplicar a muchas circunstancias de la vida; especialmente a aquellas en las que el triunfo legítimo se logra a base de renuncias, trabajo arduo y esfuerzo. También en situaciones de salud, donde para llegar a recuperar una vida sana y estable hay que pasar antes por pruebas, intervenciones, regímenes severos. En este caso, Jesús habla de la vida del discípulo. No se puede ser un discípulo a medio gas, o por horas, o de bajo perfil, o de conveniencia. Imaginemos un discípulo que solo dedica parte de sus cualidades y sus esfuerzos a la vida de fe, dejando un buen espacio de su vida privada a otros menesteres que le interesan más. Imaginemos a un discípulo que lo quiere ser «por horas lectivas» o por «horas de contrato», pero que no le suponen una dedicación completa. Imaginemos un discípulo que no quiere arriesgar nada o que acepta un seguimiento de Jesús solo en temas no complejos o comprometidos, evitando la profecía. Imaginemos un discípulo que solo lo es en momentos y circunstancias en que puede sacar un beneficio para él o los suyos. El grano de trigo, para que dé fruto, debe morir. El discípulo de Jesús, para que dé fruto, debe pasar necesariamente por la verdad, la humildad, la mansedumbre, la gratuidad. Hay personas que se aman a sí mismas hasta el punto de darse culto: culto a su cuerpo, a su inteligencia, a su imagen. La renuncia cristiana no es rechazo de la persona, del debido respeto hacia uno mismo; la renuncia cristiana es ofrenda generosa y sincera para ponerse en los pies de Jesús, el Señor. San Lorenzo de Huesca así lo entendió y lo vivió, llegando al martirio por fidelidad a Jesús.

AGOSTO

11 | **Martes**
Santa Clara

Primera lectura: Ezequiel 2,8-3,4

Salmo 118: ¡Qué dulce, Señor, es al paladar tu promesa!

Evangelio: Mateo 18,1-5.10.12-14
En aquel tiempo se acercaron los discípulos a Jesús y le preguntaron: «¿Quién es el más importante en el reino de los cielos?».

Él llamó a un niño, lo puso en medio y dijo: «Os aseguro que, si no volvéis a ser como niños, no entraréis en el reino de los cielos. Por tanto, el que se haga pequeño como este niño, ese es el más grande en el reino de los cielos. El que acoge a un niño como este en mi nombre me acoge a mí. Cuidado con despreciar a uno de estos pequeños, porque os digo que sus ángeles están viendo siempre en el cielo el rostro de mi Padre celestial.

¿Qué os parece? Suponed que un hombre tiene cien ovejas: si una se le pierde, ¿no deja las noventa y nueve en el monte y va en busca de la perdida? Y, si la encuentra, os aseguro que se alegra más por ella que por las noventa y nueve que no se habían extraviado. Lo mismo vuestro Padre del cielo: no quiere que se pierda ni uno de estos pequeños».

Siguiendo el esquema del evangelio de Mateo, que divide su obra en cinco discursos, llegamos al conocido como «discurso eclesial» (capítulo 18); en él se nos habla de la vida de la comunidad que acepta la buena noticia del Reino. Los discípulos le hacen una pregunta que es propia de las escuelas de estudio de la Ley: ¿quién es el más importante? Jesús responde, pero no con palabras, sino con un gesto; pone en medio a un niño pequeño y enseña: hay que hacerse como ellos; ellos son los primeros; quien acoge a uno de ellos acoge al mismo Dios. Jesús no alaba a la persona segura de sí misma, autosuficiente, que no tiene nada que aprender o que no se sorprende ya por nada. Todo lo contrario. Jesús propone como modelo a quienes tienen la capacidad de sorpresa, de admiración, de ilusión: los niños pequeños. Jesús advierte contra quienes abusan de ellos. No están abandonados, sino que sus ángeles están siempre ante Dios. A continuación, Jesús reflexiona sobre aquellos que «están extraviados» o «perdidos», si bien no explicita más. En un primer sentido se refiere a los que forman parte de la comunidad, pero se extiende a todos los que quieran oír. Dios es capaz de correr enormes riesgos –deja las noventa y nueve ovejas en el campo– para recuperar la «oveja perdida». Para Dios no hay nadie que sea «insignificante», aunque no «aporte» nada, usando un lenguaje moderno. Más aún, Dios «se alegra».

AGOSTO

12

Miércoles
Feria

Primera lectura: Ezequiel 9,1-7; 10,18-22

Salmo 112: La gloria del Señor se eleva sobre el cielo

Evangelio: Mateo 18,15-20

En aquel tiempo dijo Jesús a sus discípulos: «Si tu hermano peca contra ti, repréndelo estando los dos a solas. Si te hace caso, has salvado a tu hermano. Si no te hace caso, llama a otro o a otros dos, para que todo el asunto quede confirmado por boca de dos o tres testigos. Si no les hace caso, díselo a la comunidad, y si no hace caso ni siquiera a la comunidad, considéralo como un pagano o un publicano. En verdad os digo que todo lo que atéis en la tierra quedará atado en los cielos, y todo lo que desatéis en la tierra quedará desatado en los cielos. Os digo, además, que, si dos de vosotros se ponen de acuerdo en la tierra para pedir algo, se lo dará mi Padre que está en los cielos. Porque donde dos o tres están reunidos en mi nombre, allí estoy yo en medio de ellos».

Seguimos leyendo el Discurso eclesial de Mateo, dirigido a la comunidad desde la perspectiva de la vida cotidiana. ¿Quién no ha tenido alguna vez enfrentamientos o conflictos con un hermano de su propia familia? Del mismo modo, ¿quién no ha tenido diferencias serias con otro miembro de la comunidad cristiana? ¿Hay que seguir criterios externos o hay que arreglarlo conforme al Evangelio? Mateo desarrolla una serie de pasos que hay que dar: primero, hablarlo a solas; luego, con un testigo, si es necesario; por último, que intervenga la comunidad; solo en caso extremo se plantea una sanción. La «corrección fraterna» no es fácil de aplicar, pues ¿podemos ser justos, pacientes y ecuánimes si hemos sido gravemente ofendidos? El texto de Mateo concluye con tres sentencias que llaman al diálogo sereno, al acuerdo madurado, a la concordia permanente, a la unidad de fondo y a la comunión profunda. Donde hay vida comunitaria sana, limpia y sencilla, Dios se hace presente entre los hermanos.

AGOSTO

13 | Jueves
Feria o *San Ponciano y San Hipólito*

Primera lectura: Ezequiel 12,1-2

Salmo 77: No olvidéis las acciones de Dios

Evangelio: Mateo 18,21-19,1

En aquel tiempo se adelantó Pedro y preguntó a Jesús: «Señor, si mi hermano me ofende, ¿cuántas veces le tengo que perdonar? ¿Hasta siete veces?». Jesús le contesta: «No te digo hasta siete veces, sino hasta setenta veces siete. Y a propósito de esto, el reino de los cielos se parece a un rey que quiso ajustar las cuentas con sus empleados. Al empezar a ajustarlas le presentaron uno que debía diez mil talentos. Como no tenía con qué pagar, el señor mandó que lo vendieran a él con su mujer y sus hijos y todas sus posesiones, y que pagara así. El empleado, arrojándose a sus pies, le suplicaba, diciendo: "Ten paciencia conmigo y te lo pagaré todo". El señor tuvo lástima de aquel empleado y lo dejó marchar, perdonándole la deuda. Pero, al salir, el empleado aquel encontró a uno de sus compañeros que le debía cien denarios y, agarrándolo, lo estrangulaba diciendo: "Págame lo que me debes". El compañero, arrojándose a sus pies, le rogaba, diciendo: "Ten paciencia conmigo y te lo pagaré". Pero él se negó y fue y lo metió en la cárcel hasta que pagara lo que debía. Sus compañeros, al ver lo ocurrido, quedaron consternados y fueron a contarle a su señor todo lo sucedido. Entonces el señor lo llamó y le dijo: "¡Siervo malvado! Toda aquella deuda te la perdoné porque me lo pediste. ¿No debías tú también tener compasión de tu compañero como yo tuve compasión de ti?" Y el señor, indignado, lo entregó a los verdugos hasta que pagara toda la deuda. Lo mismo hará con vosotros mi Padre del cielo si cada cual no perdona de corazón a su hermano». Cuando acabó Jesús estas palabras partió de Galilea y vino a la región de Judea, al otro lado del Jordán.

Damos un paso más en la vida de la comunidad y en la relación con los demás. Pedro esta vez pregunta por el perdón debido y las veces que se puede llegar a perdonar de forma razonable. El discípulo de Jesús debe saber gestionar los conflictos que van surgiendo y que convulsionan la vida comunitaria. Una vía de reconciliación es la corrección fraterna, que leímos ayer; otra es la de tomar decisiones directas sobre el pecador. La ley del talión, incluso tomada en su parte positiva, es un camino de retribución que usa de la venganza. La otra posibilidad es el perdón. La parábola, para ser convenientemente entendida, quiere subrayar la enorme desproporción entre la ofensa y el perdón en dos casos paradigmáticos. El rey perdona una cantidad ingente, millones, podríamos decir; el siervo no quiere perdonar una minucia, unos miles. ¿Cómo poner fronteras al perdón a la ofensa de un hermano cuando has sido perdonado de culpas que solo tú y Dios conocéis? El perdón cristiano tiene su última referencia en el misterio pascual de Cristo en la que el hombre es perdonado y redimido. Las apelaciones y vueltas continuas a la venganza nos devuelven a los criterios del hombre que no ha tenido experiencia de la Pascua. Para poder perdonar de corazón hay que partir de saberse y sentirse amados, perdonados, reconciliados. La violencia, la venganza, son pagos al rencor amasado o a la ira desbordada. Es un camino muy poco transitado, pero el perdón es el camino de los discípulos de Jesús.

AGOSTO

14

Viernes
San Maximiliano Kolbe

Primera lectura: Ezequiel 16,1-15.60.63 (o 16,59-63)

Salmo: Isaías 12,2-6: Ha cesado tu ira y me has consolado

Evangelio: Mateo 19,3-12

En aquel tiempo se acercaron a Jesús unos fariseos y le preguntaron, para ponerlo a prueba: «¿Es lícito a uno despedir a su mujer por cualquier motivo?». Él les respondió: «¿No habéis leído que el Creador, en el principio, los creó hombre y mujer, y dijo: "Por eso abandonará el hombre a su padre y a su madre, y se unirá a su mujer, y serán los dos una sola carne"? De modo que ya no son dos, sino una sola carne. Pues lo que Dios ha unido que no lo separe el hombre». Ellos insistieron: «¿Y por qué mandó Moisés darle acta de repudio y divorciarse?». Él les contestó: «Por lo tercos que sois os permitió Moisés divorciaros de vuestras mujeres; pero al principio no era así. Ahora os digo yo que, si uno se divorcia de su mujer –no hablo de impureza– y se casa con otra comete adulterio».

Los discípulos le replicaron: «Si esa es la situación del hombre con la mujer no trae cuenta casarse». Pero él les dijo: «No todos pueden con eso, solo los que han recibido ese don. Hay eunucos que salieron así del vientre de su madre, a otros los hicieron los hombres, y hay quienes se hacen eunucos por el reino de los cielos. El que pueda con esto que lo haga».

Jesús va camino de Jerusalén y va instruyendo a sus discípulos. El caso que le presentan en esta escena los fariseos es complejo, pues se trata del divorcio. La Ley de Moisés lo contempla (Dt 24,1-4), pero exige que el marido le dé a la esposa un «acta de divorcio» (una forma de proteger a la mujer, al menos en aquella sociedad). Como la Ley es ambigua, pues pone como motivo de divorcio que «descubra en ella algo vergonzoso», hay que interpretarla. En la época de Jesús había dos líneas, la del estricto Sammay y la del más liberal Hillel. Jesús no entra en el juego, que es una trampa para que se pronuncie por uno u otro, sino que lleva la discusión al designio creador de Dios, que es anterior a la Ley –ley positiva, escrita– y está por encima de ella. El texto incluye una excepción: en caso de *porneia* (¿concubinato?, ¿unión ilegítima?, ¿prostitución?, ¿incesto?; se sigue discutiendo el sentido de esta palabra). Los discípulos se asustan ante la exigencia de un vínculo indisoluble (los fariseos no intervienen); Jesús no corrige lo que ya ha dicho, sino que abre a la comunidad a una posibilidad nueva: la del celibato voluntariamente aceptado como don de Dios y motivado por el reino de Dios.

Primera lectura: Apocalipsis 11,19a; 12,1.3-6a.10ab

Salmo 44: Levántate, Señor, ven a tu mansión, ven con el arca de tu poder

Segunda lectura: 1 Corintios 15,20-27a

Evangelio: Lucas 1,39-56

En aquellos días, María se puso en camino y fue aprisa a la montaña, a un pueblo de Judá; entró en casa de Zacarías y saludó a Isabel. En cuanto Isabel oyó el saludo de María saltó la criatura en su vientre. Se llenó Isabel del Espíritu Santo y dijo a voz en grito: «¡Bendita tú entre las mujeres y bendito el fruto de tu vientre! ¿Quién soy yo para que me visite la madre de mi Señor? En cuanto tu saludo llegó a mis oídos, la criatura saltó de alegría en mi vientre. Dichosa tú, que has creído, porque lo que te ha dicho el Señor se cumplirá».

María dijo: «Proclama mi alma la grandeza del Señor, se alegra mi espíritu en Dios, mi salvador; porque ha mirado la humillación de su esclava. Desde ahora me felicitarán todas las generaciones, porque el Poderoso ha hecho obras grandes por mí: su nombre es santo y su misericordia llega a sus fieles de generación en generación. Él hace proezas con su brazo: dispersa a los soberbios de corazón, derriba del trono a los poderosos y enaltece a los humildes, a los hambrientos los colma de bienes y a los ricos los despide vacíos. Auxilia a Israel, su siervo, acordándose de la misericordia –como lo había prometido a nuestros padres– en favor de Abrahán y su descendencia por siempre». María se quedó con Isabel unos tres meses y después volvió a su casa.

Al comienzo de su evangelio, Lucas presenta algo semejante a un tríptico: en el lado izquierdo, dos anunciaciones: la de Juan Bautista (el último profeta del Antiguo Testamento, que hace de engarce con el Nuevo) y la de Jesús (que es más que profeta, porque cumple las promesas). En el centro contemplamos el encuentro de dos mujeres en estado de «buena esperanza», que llevan en sus vientres fecundos a Juan y a Jesús. En el lado derecho del tríptico, los dos nacimientos: primero, el de Juan; luego, el de Jesús. El evangelio de hoy presenta el encuentro de las dos primas. Isabel proclama a María «bendita entre las mujeres y bendito el fruto de tu vientre» (como rezamos en la oración del Avemaría). Luego dice a pleno pulmón que María es «bienaventurada, porque ha creído». María es mujer de fe que no se ha reservado nada a Dios. El «sí» de María no tiene resquicios, no tiene letra pequeña, no tiene plazos ni condiciones. A continuación, Lucas, el evangelista de las mujeres y, por tanto, de María, pone en sus labios un himno de alabanza al Dios de Israel, recogiendo en parte referencias al Antiguo Testamento (el «cántico de Ana», madre de Samuel [1 Sam 2,1-11]) y dándole un carácter novedoso. María glorifica al «Señor»; lo proclama como «mi Salvador», recogiendo una línea constante en Lucas, que presenta a Jesús como «Salvador» de la humanidad. Un tercer título es «Poderoso», pues «para Dios nada hay imposible» (Lc 1,37). Un cuarto título, «su nombre es Santo», proclama la santidad de Dios, que recorre toda la Escritura. Por fin proclama que Dios es «Misericordioso»; la misericordia divina es otro de los ejes teológicos del evangelio de Lucas. El Dios santo se fija en la «humildad» de su sierva, derriba del trono a los poderosos y ensalza a los «humildes». María no es ajena al pueblo de Israel, sino que se remite a «Abrahán y su descendencia» para siempre. María no es un caso aislado en la historia de la salvación, sino que se injerta en la única alianza de Dios. En Juan Bautista se alcanza la antigua alianza, pero no se traspasa; sigue en el tiempo de las promesas. En María, la nueva alianza se hace realidad: es el tiempo del cumplimiento. Entre todas las mujeres de Israel, María destaca por su obediencia filial y humilde. La obediencia bíblica no debe ser entendida en sentido de «patrón-asalariado», «jefe-empleado» o «dueño-jornalero». En la dinámica de filiación que se hace realidad en el Nuevo Testamento, María es la «mujer que escucha» con fidelidad a la vez que con libertad. De María no brota la exigencia por sus méritos, sino la alabanza de Dios, porque se ha fijado en ella. A los ojos humanos es «increíble»; a los ojos de la fe es «dejar que Dios haga», sin ponerle condiciones, obstáculos o reservas.

AGOSTO

Domingo
XX DEL TIEMPO ORDINARIO
(San Esteban de Hungría)

Primera lectura: Isaías 56,1.6-7

Salmo 66: Oh Dios, que te alaben los pueblos,
que todos los pueblos te alaben

Segunda lectura: Romanos 11,13-15.29-32

Evangelio: Mateo 15,21-28

En aquel tiempo, Jesús se marchó y se retiró al país de Tiro y Sidón. Entonces una mujer cananea, saliendo de uno de aquellos lugares, se puso a gritarle: «Ten compasión de mí, Señor, Hijo de David. Mi hija tiene un demonio muy malo». Él no le respondió nada. Entonces los discípulos se le acercaron a decirle: «Atiéndela, que viene detrás gritando». Él les contestó: «Solo me han enviado a las ovejas descarriadas de Israel». Ella los alcanzó y se postró ante él, y le pidió: «Señor, socórreme». Él le contestó: «No está bien echar a los perros el pan de los hijos». Pero ella repuso: «Tienes razón, Señor; pero también los perros se comen las migajas que caen de la mesa de los amos». Jesús le respondió: «Mujer, qué grande es tu fe: que se cumpla lo que deseas». En aquel momento quedó curada su hija.

La lectura de este texto resulta chocante. Se trata de una escena en la que Jesús sale, al menos al principio, «mal parado». Jesús nos sorprende al rechazar a la mujer que le pide su compasión, alegando que es pagana, «no es de las ovejas de Israel». La mujer demuestra humanidad y Jesús presenta, sin embargo, un corazón duro, cerrado, excluyente. El diálogo es de un gran dramatismo. La mujer suplica que Jesús se compadezca, como lo harán también el ciego de Jericó y otras personas necesitadas. ¿Hay que pedirle a Jesús que sienta compasión de esa mujer cuando en otros textos se dice cómo se conmovía al ver el sufrimiento de la gente? ¿Será porque no es del pueblo elegido? Si nos ponemos en la situación ideológica del judaísmo de la época, Jesús repite lo que pensaba la mayoría, a saber, que la salvación era solo para los que pertenecían al pueblo elegido. Esta primera respuesta es claramente insatisfactoria, pues, en el evangelio de Mateo, Jesús es muy crítico con esta postura judaizante. Otra posibilidad es ver en el texto de Mateo una progresión en el pensamiento de Jesús. Por una parte, Mateo insiste en que Jesús es un nuevo Moisés, que pertenece al pueblo judío con todas sus consecuencias y, por tanto, en un primer momento, pensaría como ellos, de forma excluyente. Sin embargo, el pueblo judío rechaza a Jesús; Mateo se abre a la universalidad: el evangelio concluye con una exhortación de Jesús a ir por todo el mundo anunciando la Buena Noticia. Ahora bien, ¿quiere recoger Mateo esta evolución en Jesús? Por último, podemos ver un reflejo de la comunidad judeocristiana de Mateo, que tenía problemas para aceptar a conversos paganos. Jesús se deja vencer por la humildad y la fe de la mujer pagana, enseñando que el Reino es para todos.

AGOSTO

17 | Lunes
Feria

Primera lectura: Ezequiel 24,15-24

Salmo: Deuteronomio 32,18-21: ¡Despreciaste a la Roca que te engendró!

Evangelio: Mateo 19,16-22

En aquel tiempo se acercó uno a Jesús y le preguntó: «Maestro, ¿qué tengo que hacer de bueno para obtener la vida eterna?». Jesús le contestó: «¿Por qué me preguntas qué es bueno? Uno solo es bueno. Mira, si quieres entrar en la vida, guarda los mandamientos». Él le preguntó: «¿Cuáles?». Jesús le contestó: «No matarás, no cometerás adulterio, no robarás, no darás falso testimonio, honra a tu padre y a tu madre, y ama a tu prójimo como a ti mismo». El muchacho le dijo: «Todo eso lo he cumplido. ¿Qué me falta?». Jesús le contestó: «Si quieres llegar hasta el final, vende lo que tienes, da el dinero a los pobres –así tendrás un tesoro en el cielo– y luego vente conmigo». Al oír esto, el joven se fue triste, porque era rico.

Jesús atiende a un joven en una escena imprecisa: «En cierta ocasión, uno...», que le hace una pregunta general voluntariosa, bienintencionada: «¿Qué tengo que hacer «de bueno?». Jesús le responde que solo uno es bueno –Dios–, y le recuerda los mandamientos en una versión adaptada y abreviada, que remiten a la Ley del Sinaí. El joven se mueve en el mundo de las normas, que o bien se cumplen, o bien se desobedecen. El joven es de los primeros, de los irreprochables. Pero Jesús le pide más. Le dice que «si quieres ser perfecto...». La «perfección» como criterio moral y religioso forma parte de la fe judía. Es verdad que solo Dios es «perfecto», pero la Ley sirve para caminar sobre esa senda. Jesús rompe el esquema rígido del joven, que parece irreprochable: «Vende lo que tienes…, dáselo a los pobres…, luego sígueme». Jesús le pide un cambio radical en su escala de valores; le pide que el dinero pase a un último lugar, para poner el reino de Dios en el primero. El joven no puede con esta exigencia. Estamos en la disyuntiva de ser religioso con criterios domesticados o ser religioso abierto a la novedad y radicalidad del Reino. Las normas se pueden cumplir con cierto esfuerzo y disciplina, pero el giro radical de la vida con sus antiguos criterios solo lo puede hacer quien encuentra un bien mayor. En este caso, quien encuentra a Jesús.

AGOSTO

18 | **Martes**
Feria

Primera lectura: Ezequiel 28,1-10
·Salmo: Deuteronomio 32,26-8.30.35-36: Yo doy la muerte y la vida

Evangelio: Mateo 19,23-30

En aquel tiempo dijo Jesús a sus discípulos: «Os aseguro que difícilmente entrará un rico en el reino de los cielos. Lo repito: más fácil le es a un camello pasar por el ojo de una aguja que a un rico entrar en el reino de Dios». Al oírlo, los discípulos dijeron espantados: «Entonces, ¿quién puede salvarse?». Jesús se les quedó mirando y les dijo: «Para los hombres es imposible; pero Dios lo puede todo». Entonces le dijo Pedro: «Pues nosotros lo hemos dejado todo y te hemos seguido; ¿qué nos va a tocar?». Jesús les dijo: «Os aseguro: cuando llegue la renovación y el Hijo del hombre se siente en el trono de su gloria, también vosotros, los que me habéis seguido, os sentaréis en doce tronos para regir a las doce tribus de Israel. El que por mí deja casa, hermanos o hermanas, padre o madre, mujer, hijos o tierras, recibirá cien veces más y heredará la vida eterna. Muchos primeros serán últimos, y muchos últimos serán primeros».

La escena de hoy es una continuación de la de ayer, en la que el joven rico se marchaba «muy triste» porque Jesús le había pedido una renuncia de sus riquezas, y él «poseía muchos bienes». Una situación de la vida real le sirve a Jesús para una enseñanza, sirviéndose de una comparación extrema. ¿Cómo entender el «camello» y el «ojo de una aguja»? Este tipo de imágenes plásticas exageradas sirve para memorizar mejor; si la comparación hubiese sido entre dos cosas menores, bien se olvida pronto, bien se presta a cambiar los elementos que poner en la balanza. Pero también puede tener una explicación circunscrita a Jerusalén: los accesos de la ciudad se cerraban por la noche, pero había al lado de uno de los pilares que sostenían las puertas un resquicio por el que con dificultad podía salir –no entrar–, encogida, una persona en una urgencia; a este resquicio se le llamaba «el ojo de la aguja». Más allá de esta extraña comparación, Jesús da por sentada una sentencia muy dura: «Con mucha dificultad entrará un rico en el reino de los cielos». La avaricia –el dios dinero– es capaz de absorber todas las fuerzas humanas y exigir los mayores sacrificios. Sin embargo, una y otra vez buscamos la «fórmula mágica» que conjugue las dos. La vida en renuncia y humildad es un don de Dios. Pedro pregunta cuál será su recompensa por haberle seguido. Jesús le confirma una recompensa multiplicada, pero en otra perspectiva, la del Reino.

19

Miércoles
Feria o San Ezequiel Moreno Díaz o San Juan Eudes

Primera lectura: Ezequiel 34,1-11

Salmo 22: El Señor es mi Pastor, nada me falta

Evangelio: Mateo 20,1-16

En aquel tiempo dijo Jesús a sus discípulos esta parábola: «El reino de los cielos se parece a un propietario que al amanecer salió a contratar jornaleros para su viña. Después de ajustarse con ellos en un denario por jornada los mandó a la viña. Salió otra vez a media mañana, vio a otros que estaban en la plaza sin trabajo y les dijo: "Id también vosotros a mi viña y os pagaré lo debido". Ellos fueron. Salió de nuevo hacia mediodía y a media tarde e hizo lo mismo. Salió al caer la tarde y encontró a otros, parados, y les dijo: "¿Cómo es que estáis aquí el día entero sin trabajar?" Le respondieron: "Nadie nos ha contratado". Él les dijo: "Id también vosotros a mi viña". Cuando oscureció, el dueño de la viña dijo al capataz: "Llama a los jornaleros y págales el jornal, empezando por los últimos y acabando por los primeros". Vinieron los del atardecer y recibieron un denario cada uno. Cuando llegaron los primeros pensaban que recibirían más, pero ellos también recibieron un denario cada uno. Entonces se pusieron a protestar contra el amo: "Estos últimos han trabajado solo una hora y los has tratado igual que a nosotros, que hemos aguantado el peso del día y el bochorno". Él replicó a uno de ellos: "Amigo, no te hago ninguna injusticia. ¿No nos ajustamos en un denario? Toma lo tuyo y vete. Quiero darle a este último igual que a ti. ¿Es que no tengo libertad para hacer lo que quiera en mis asuntos? ¿O vas a tener tú envidia porque yo soy bueno?" Así los últimos serán los primeros, y los primeros, los últimos».

Estamos ante un «evangelio molesto». Pocos textos evangélicos encuentran más rechazo que este. «Si hemos sido cumplidores..., ¿cómo vamos a recibir el mismo salario que los que han vivido al margen o incluso en contra de la voluntad de Dios?». Es la protesta de los que viven la fe como una cuestión de retribución proporcional a los méritos. A más horas, con más dificultades –bochorno del día–, más salario. ¿Podemos plantear así la salvación de Dios en Cristo? Los caminos de Dios no son siempre nuestros caminos, ni sus planes coinciden con los nuestros. En un contexto judeocristiano como en el que escribe Mateo, donde la correspondencia mérito-recompensa es directa, podemos entender cómo esta parábola-catequesis quiere iluminar los problemas cotidianos con que debía enfrentarse la primitiva comunidad, y cómo debían superar una mentalidad judía que una y otra vez salía a flote. Evangelio es gracia para todos. La experiencia nos dice que este evangelio sigue siendo molesto para muchos de nuestros cristianos de hoy, que siguen sin alegrarse por el don gratuito –inmerecido– de la salvación y exigen que se logre por méritos.

AGOSTO

20 | Jueves
San Bernardo

Primera lectura: Ezequiel 36,23-28

Salmo 50: Derramaré sobre vosotros un agua pura
y os purificaré de todas vuestras inmundicias

Evangelio: Mateo 22,1-14
En aquel tiempo, de nuevo tomó Jesús la palabra y habló en parábolas a los sumos sacerdotes y a los ancianos del pueblo: «El reino de los cielos se parece a un rey que celebraba la boda

de su hijo. Mandó criados para que avisaran a los convidados a la boda, pero no quisieron ir. Volvió a mandar criados, encargándoles que les dijeran: "Tengo preparado el banquete, he matado terneros y reses cebadas, y todo está a punto. Venid a la boda". Los convidados no hicieron caso; uno se marchó a sus tierras, otro a sus negocios; los demás les echaron mano a los criados y los maltrataron hasta matarlos. El rey montó en cólera, envió sus tropas, que acabaron con aquellos asesinos y prendieron fuego a la ciudad. Luego dijo a sus criados: "La boda está preparada, pero los convidados no se la merecían. Id ahora a los cruces de los caminos y a todos los que encontréis convidadlos a la boda". Los criados salieron a los caminos y reunieron a todos los que encontraron, malos y buenos. La sala del banquete se llenó de comensales.

Mateo es un evangelio que, por una parte, denuncia a la cara la dureza de los judíos que han rechazado a Jesús como Mesías; por otra, advierte a la comunidad naciente de que puede pasarle lo mismo. Con la tercera de las parábolas que tienen que ver con el destino de Jesús, el evangelista explicita que los dirigentes de Israel han rechazado el gran banquete de salvación al que Dios invita. Israel es el primer destinatario, pero no lo han entendido o no lo han querido entender; han llegado incluso a matar a los enviados por el rey para que acudieran al banquete. Que los primeros destinatarios rechacen la invitación no anula el designio del rey: la boda se va a celebrar, habrá otros invitados. La salvación de Dios en Cristo se abre a la gran humanidad, independientemente de su condición. Cuando parece que la parábola llega a su final, aparece un detalle decisivo: el rey repara en que un invitado no lleva «traje» para la ocasión; o lo que es lo mismo: ha acudido sin prepararse. Puede ser por indolencia, por falta de respeto o incluso por provocación. Mateo reflexiona en voz alta: si hemos aceptado la invitación del mismo Dios, ¿no debemos ir «vestidos» en consecuencia? Dicho de otra forma, la fe es un regalo inmerecido, un don que se recibe con alegría, una invitación a una fiesta; por eso mismo, por la importancia del acontecimiento, por la gratitud debida, por el saber estar y saber corresponder a la condescendencia divina, no cabe el desaire, el desprecio o, simplemente, la falta de cordura y buen sentido. Aviso para navegantes: estemos preparados, porque estamos convocados a un banquete.

AGOSTO

21

| **Viernes**
| San Pío X

Primera lectura: Ezequiel 37,1-14

Salmo 106: Dad gracias al Señor, porque es eterna su misericordia

Evangelio: Mateo 22,34-40

En aquel tiempo, los fariseos, al oír que Jesús había hecho callar a los saduceos, formaron grupo, y uno de ellos, que era experto en la Ley, le preguntó para ponerlo a prueba: «Maestro, ¿cuál es el mandamiento principal de la Ley?». Él le dijo: «"Amarás al Señor, tu Dios, con todo tu corazón, con toda tu alma, con todo tu ser". Este mandamiento es el principal y primero. El segundo es semejante a él: "Amarás a tu prójimo como a ti mismo". Estos dos mandamientos sostienen la Ley entera y los Profetas».

Este episodio sigue a la confrontación de Jesús con los saduceos, que habían ido a ridiculizar a Jesús con la pregunta sobre la resurrección de los muertos, pero habían salido mal parados con su intento de burla. Ahora son los fariseos quienes buscan a Jesús; su pregunta tiene que ver con la Ley de Moisés y el orden de los mandamientos. Jesús, como buen judío, se remite al *Shemá* («Escucha, Israel…»); es el texto de la Escritura que todos recitan al comenzar la jornada y después de la puesta del sol (el *Shemá* completo añade otros textos: Dt 6,4-9; 11,13-21; Nm 15,37-41). La segunda cita de Jesús, sobre el amor al prójimo, proviene de Lv 19,18. La novedad de Jesús está en que une los dos mandamientos. Uno y otro van unidos de tal forma que no se puede cumplir el uno sin el otro. Jesús no rechaza la Ley y los Profetas, sino que los lleva a su cumplimiento. Han pasado los tiempos en que se insistía tanto en un Jesús que rompía con la Ley que parecía más un personaje antijudío, haciendo de él alguien anacrónico, poco creíble. La plenitud de la verdadera religión está en saber unir la fe en Dios con el amor a ese hombre que está a tu lado. La reducción de la religión a una filantropía que no necesita de Dios o a una teosofía que prescinde del hombre no es fe cristiana.

AGOSTO

22

Sábado
Bienaventurada Virgen María Reina

Primera lectura: Ezequiel 43,1-7

Salmo 84: La gloria del Señor habitará en nuestra tierra

Evangelio: Mateo 23,1-12

En aquel tiempo, Jesús habló a la gente y a sus discípulos, diciendo: «En la cátedra de Moisés se han sentado los escribas y los fariseos: haced y cumplid lo que os digan; pero no hagáis lo que ellos hacen, porque ellos no hacen lo que dicen. Ellos lían fardos pesados e insoportables y se los cargan a la gente en los hombros, pero ellos no están dispuestos a mover un dedo para empujar. Todo lo que hacen es para que los vea la gente: alargan las filacterias y ensanchan las franjas del manto; les gustan los primeros puestos en los banquetes y los asientos de honor en las sinagogas; que les hagan reverencias por la calle y que la gente los llame "maestros". Vosotros, en cambio, no os dejéis llamar "maestro", porque uno solo es vuestro maestro, y todos vosotros sois hermanos. Y no llaméis "padre" vuestro a nadie en la tierra, porque uno solo es vuestro Padre, el del cielo. No os dejéis llamar "consejeros", porque uno solo es vuestro consejero, Cristo. El primero entre vosotros será vuestro servidor. El que se enaltece será humillado, y el que se humilla será enaltecido».

Es bien conocido el capítulo 23 de Mateo por su carácter polémico y de abierta controversia con los fariseos y los escribas. Con seguridad podemos pensar que las acusaciones responden más a la época en que se escribe el evangelio que al tiempo de Jesús. La comunidad mateana tuvo que hacer frente a la corriente farisea, que quedó como única representante del judaísmo tras la catástrofe del año 70. El cristianismo va dando sus primeros pasos independientes de su matriz judía y señala con fuerza los rasgos diferenciadores. La nueva fe insiste en la coherencia de vida, mientras que ellos no hacen lo que dicen. Les acusan de ser falsos, de actuar solo para que les vean, de buscar el honor y las reverencias; en definitiva, de crear todo un sistema de poder basado en las apariencias. La fe cristiana nace con la fuerza de quienes propugnan la fraternidad como nuevo sistema de relaciones; tiene la desfachatez, entre ingenua y valiente, de no admitir a ningún señor, sino solo a Cristo, y de entender el gobierno como servicio. La lectura en la comunidad de este texto mateano tiene la capacidad de refrescarnos, volviendo a la fuerza y la novedad de los orígenes.

23

Primera lectura: Isaías 22,15.19-23

Salmo 137: Señor, tu misericordia es eterna, no abandones la obra de tus manos

Segunda lectura: Romanos 11,33-36

Evangelio: Mateo 16,13-20

En aquel tiempo, al llegar a la región de Cesarea de Filipo, Jesús preguntó a sus discípulos: «¿Quién dice la gente que es el Hijo del hombre?». Ellos contestaron: «Unos que Juan Bautista, otros que Elías, otros que Jeremías o uno de los profetas». Él les preguntó: «Y vosotros, ¿quién decís que soy yo?». Simón Pedro tomó la palabra y dijo: «Tú eres el Mesías, el Hijo de Dios vivo». Jesús le respondió: «¡Dichoso tú, Simón, hijo de Jonás!, porque eso no te lo ha revelado nadie de carne y hueso, sino mi Padre, que está en el cielo. Ahora te digo yo: tú eres Pedro, y sobre esta piedra edificaré mi Iglesia, y el poder del infierno no la derrotará. Te daré las llaves del reino de los cielos; lo que ates en la tierra quedará atado en el cielo, y lo que desates en la tierra quedará desatado en el cielo». Y les mandó a los discípulos que no dijesen a nadie que él era el Mesías.

La conocida como «confesión de Cesarea de Filipo» marca un antes y un después en el ministerio de Jesús. Se sitúa estratégicamente en el centro del evangelio, mostrando, según la forma de composición hebrea, la importancia de la escena. Si comparamos brevemente los tres sinópticos –nuestro texto de hoy, Mc 8,27-30 y Lc 9,18-21–, vemos cómo el de Mateo está mucho más elaborado. Jesús pide a sus discípulos una confesión personal; no les pregunta por la fe común de Israel (Elías, que debe volver) o por la opinión popular, que espera a un profeta (Juan bautista). Tanto en Lucas como en Marcos, Pedro confiesa a Jesús como «Mesías»; la confesión de Pedro en Mateo incluye además que Jesús es el «Hijo de Dios vivo» (v. 16). Pedro es en los tres sinópticos el portavoz del grupo, alguien cercano a Jesús a la vez que duro para comprenderle. Le acompaña en los momentos fundamentales, demostrando que Jesús confía en él, pero en ningún momento los evangelios lo presentan como impecable; lo dibujan como una persona impetuosa, sincera, generosa, y también débil. Mateo añade tres versículos fundamentales (vv. 17-19): una bienaventuranza inicial, el cambio de nombre de Pedro y la misión que se le encomienda. La bienaventuranza («dichoso tú...») dirige el centro de la mirada a Dios, pues no ha sido Pedro quien ha comprendido quién es Jesús, sino el Padre quien se lo ha revelado. Con el cambio de nombre (inicio de algo nuevo) va unido su significado (piedra-fundamento). Con el símbolo de las llaves (autoridad) se le confiere a Pedro el encargo de iniciar el camino de la Iglesia. Una Iglesia concebida como nuevo pueblo de Dios y una autoridad que incluye interpretar la Ley (atar y desatar) para adaptarla a las nuevas situaciones. Pedro podemos ser todos nosotros, en nuestra debilidad, como discípulos llamados a hacer nuestra propia profesión de fe. ¿Quién es Jesús para mí?

AGOSTO

24 | Lunes
SAN BARTOLOMÉ, APÓSTOL

Primera lectura: Apocalipsis 21,9b-14

Salmo 144: Que tus fieles, Señor, proclamen la gloria de tu reinado

Evangelio: Juan 1,45-51

En aquel tiempo, Felipe encuentra a Natanael y le dice: «Aquel de quien escribieron Moisés en la Ley y los profetas, lo hemos encontrado: Jesús, hijo de José, de Nazaret». Natanael le replicó:

«¿De Nazaret puede salir algo bueno?». Felipe le contestó: «Ven y verás». Vio Jesús que se acercaba Natanael y dijo de él: «Ahí tenéis a un israelita de verdad, en quien no hay engaño». Natanael le contesta: «¿De qué me conoces?». Jesús le responde: «Antes de que Felipe te llamara, cuando estabas debajo de la higuera, te vi». Natanael respondió: «Rabí, tú eres el Hijo de Dios, tú eres el Rey de Israel». Jesús le contestó: «¿Por haberte dicho que te vi debajo de la higuera crees? Has de ver cosas mayores». Y le añadió: «Yo os aseguro: veréis el cielo abierto y a los ángeles de Dios subir y bajar sobre el Hijo del hombre».

La fe se transmite de boca a oreja. Se transmite por el oído (*ex auditu*) y por el testimonio. Hay personas que nos hablan de Jesús o que nos llevan a Jesús, como Felipe lleva a Natanael: «Ven y verás». Estas personas que hacen de «mediadoras» son necesarias en la vida religiosa, cristiana y de la Iglesia. En primer lugar, porque la religión se transmite de padres a hijos, de catequistas a catecúmenos, de maestros a alumnos. Además, el mediador cristiano te ayuda a que te encuentres con Jesús para que llegues a la profesión de fe, como Natanael: «Tú eres el Hijo de Dios»; por último, el mediador te introduce en la vida de la comunidad: somos el nuevo Israel, el nuevo pueblo de Dios. Natanael es de Caná de Galilea, ciudad no lejos de Nazaret. Caná es ciudad, y Nazaret, una aldea; además, Nazaret no tiene tradiciones mesiánicas. Por eso pregunta con escepticismo: «¿De Nazaret puede salir algo bueno?». En el evangelio de Juan, las primeras llamadas son distintas de las de los sinópticos, que tienen lugar en el entorno del lago. Natanael es judío; Jesús dice de él que es «israelita»; luego dice de él que es un hombre «verdadero, en el que no hay engaño». Jesús no busca grandes personajes públicos o acaudalados de aquellas tierras, que los había. Jesús no busca expertos en la Ley, que procedían de Jerusalén y hacían que los judíos del norte cumplieran religiosamente con las normas prescritas y con las obligaciones del Templo. Natanael tiene dos nombres: uno judío (Natanel) y otro griego (Bartolomé). El primero quiere decir «Dios *[El]* me lo ha dado *[natan]*»; el segundo que pertenece a la familia *(bar)* de los Ptolomeos. No era extraño que, en la Galilea del siglo I, muchas personas tuvieran un nombre griego, como es el caso de Felipe o también de Andrés.

AGOSTO

25 | **Martes**
Feria o *San Luis* o *San José de Calasanz*

Primera lectura: 2 Tesalonicenses 2,1-3.14-16

Salmo 95: El Señor llega a regir la tierra

Evangelio: Mateo 23,23-26

En aquel tiempo habló Jesús, diciendo: «¡Ay de vosotros, escribas y fariseos hipócritas, que pagáis el décimo de la menta, del anís y del comino, y descuidáis lo más grave de la ley: el derecho, la compasión y la sinceridad! Esto es lo que habría que practicar, aunque sin descuidar aquello. ¡Guías ciegos, que filtráis el mosquito y os tragáis el camello!

¡Ay de vosotros, escribas y fariseos hipócritas, que limpiáis por fuera la copa y el plato, mientras por dentro estáis rebosando de robo y desenfreno! ¡Fariseo ciego!, limpia primero la copa por dentro y así quedará limpia también por fuera».

Seguimos leyendo este capítulo en el que Jesús denuncia la falsa religiosidad de los fariseos y escribas, a quienes llama «hipócritas». Esta es una palabra griega que se usaba en el mundo del teatro; es una «máscara» que esconde al personaje. Un mismo personaje en el teatro griego podía cambiar de máscara varias veces en la misma obra. ¿Conocía Jesús esta palabra por la influencia de las ciudades griegas cercanas a las aldeas de Galilea? Probablemente, sí. Ahora les acusa de doble medida: pagan lo insignificante –el impuesto del anís, del comino, etc.– y dejan pasar lo único que importa: la misericordia. Les acusa también de que separan de forma ritual lo interior de lo exterior: limpian el exterior de las copas y otros enseres, aunque lo que hay que lavar es la parte interior. Jesús denuncia a los que guardan las formas externas, pero su corazón está lejos de la justicia. El discípulo está llamado a ser coherente en su vida y no hacer el doble juego, sobre todo si se escandaliza a los pequeños o si se hace en nombre de la fe.

AGOSTO

26 | Miércoles
Santa Teresa de Jesús Jornet e Ibars

Primera lectura: 2 Tesalonicenses 3,6-10.16-18

Salmo 127: Dichosos los que temen al Señor

Evangelio: Mateo 23,27-32

En aquel tiempo dijo Jesús: «¡Ay de vosotros, escribas y fariseos hipócritas, que os parecéis a los sepulcros blanqueados! Por fuera tienen buena apariencia, pero por dentro están llenos de huesos de muertos y de podredumbre; lo mismo vosotros: por fuera parecéis justos, pero por dentro estáis repletos de hipocresía y crueldad. ¡Ay de vosotros, escribas y fariseos hipócritas, que edificáis sepulcros a los profetas y ornamentáis los mausoleos de los justos, diciendo: "Si hubiéramos vivido en tiempo de nuestros padres, no habríamos sido cómplices suyos en el asesinato de los profetas"! Con esto atestiguáis en vuestra contra, que sois hijos de los que asesinaron a los profetas. ¡Colmad también vosotros la medida de vuestros padres!».

Dos últimos «ayes» a fariseos y letrados. Jesús añade, en todos menos en uno, el calificativo de «hipócritas». Les acusa de asemejarse a «sepulcros blanqueados» –limpios por fuera, con podredumbre por dentro– y de sentirse ajenos a la condena de los profetas. Jesús les llega a llamar «serpientes» y «raza de víboras». La imagen de un Jesús condescendiente con todo y pacífico ante cualquier situación no se corresponde con la realidad. Jesús no admite ni los atropellos a los pequeños, ni las vidas falsas y mentirosas, ni las manipulaciones de Dios o de los hombres. Su denuncia, con estilo y fondo profético, marca la vida de Jesús tanto como sus enseñanzas y curaciones. Jesús es verdad. Es curioso que la excusa que aparece en boca de los falsos religiosos: «Si hubiéramos vivido…, entonces no…», tiene total vigencia. ¿Acaso no podemos hoy ser profetas que denuncian los atropellos actuales? El recurso a un pasado que no nos afecta directamente es una torpe trampa en la que no podemos caer.

AGOSTO

27 | Jueves
Santa Mónica

Primera lectura: 1 Corintios 1,1-9

Salmo 144: Bendeciré tu nombre por siempre jamás, Dios mío, mi Rey

Evangelio: Mateo 24,42-51

En aquel tiempo dijo Jesús a sus discípulos: «Estad en vela, porque no sabéis qué día vendrá vuestro Señor. Comprended que si supiera el dueño de casa a qué hora de la noche viene el ladrón, estaría en vela y no dejaría abrir un boquete en su casa. Por eso, estad también vosotros preparados, porque a la hora que menos penséis viene el Hijo del hombre. ¿Dónde hay un criado fiel y cuidadoso a quien el amo encarga de dar a la servidumbre la comida a sus horas? Pues dichoso ese criado si el amo, al llegar, lo encuentra portándose así. Os aseguro que le confiará la administración de todos sus bienes. Pero si el criado es un canalla y, pensando que su amo tardará, empieza a pegar a sus compañeros y a comer y a beber con los borrachos, el día y la hora que menos se lo espera llegará el amo y lo hará pedazos, mandándolo a donde se manda a los hipócritas. Allí será el llanto y el rechinar de dientes».

Según el esquema en cinco partes del evangelio de Mateo, estamos dentro de lo que se conoce como Discurso escatológico (Mt 24,21-25,46), en el que Jesús se refiere a un futuro en Dios. Son los tiempos definitivos que todos, antes o después, debemos afrontar. Leemos una exhortación de Jesús a la «vigilancia»: «Estad preparados». Mateo se sirve de dos comparaciones: el dueño de una casa desconoce la hora en que quiere entrar el ladrón; si lo sabe, está preparado. Otra comparación: el amo pone al frente de lo suyo a un criado y se marcha, regresando sin avisar: ve cómo ha gestionado sus cosas. La virtud de la vigilancia no es de las más favorecidas en nuestra vida cristiana, siendo, sin embargo, fundamental. Las personas descuidadas con ellas mismos suelen ser descuidadas con los demás. Jesús se sirve de ejemplos de la vida diaria para hablar de otra «vigilancia» y prevenir sobre los descuidos. El discípulo de Jesús sabe que está llamado al «encuentro» definitivo con él, y debe estar en todo momento «bien dispuesto», «preparado».

AGOSTO

28 | Viernes
San Agustín

Primera lectura: 1 Corintios 1,17-25

Salmo 32: La misericordia del Señor llena la tierra

Evangelio: Mateo 25,1-13

En aquel tiempo dijo Jesús a sus discípulos esta parábola: «Se parecerá el reino de los cielos a diez doncellas que tomaron sus lámparas y salieron a esperar al esposo. Cinco de ellas eran necias y cinco eran sensatas. Las necias, al tomar las lámparas, se dejaron el aceite; en cambio, las sensatas se llevaron alcuzas de aceite con las lámparas. El esposo tardaba, les entró sueño a todas y se durmieron. A medianoche se oyó una voz: "¡Que llega el esposo, salid a recibirlo!" Entonces se despertaron todas aquellas doncellas y se pusieron a preparar sus lámparas. Y las necias dijeron a las sensatas: "Dadnos un poco de vuestro aceite, que se nos apagan las lámparas". Pero las sensatas contestaron: "Por si acaso no hay bastante para vosotras y nosotras, mejor es que vayáis a la tienda y os lo compréis". Mientras iban a comprarlo llegó el esposo, y las que estaban preparadas entraron con él al banquete de bodas, y se cerró la puerta. Más tarde llegaron también las otras doncellas, diciendo: "Señor, señor, ábrenos". Pero él respondió: "Os lo aseguro: no os conozco". Por tanto, velad, porque no sabéis el día ni la hora».

Leemos una parábola, dentro del Discurso escatológico de Mateo, que juega con dos elementos fundamentales: un hecho importante en la vida de las personas, que, por otra parte, es imprevisible. Bajo la imagen del banquete de bodas se expresa cómo no basta con estar invitados, sino que hay que estar preparados. Que el novio llegue a medianoche supone romper los esquemas de lo previsible, controlable o calculable. Se sale de los parámetros habituales. Los atentos están preparados, los que se dejan llevar por el descuido se encuentran con la sorpresa que les descoloca. La trascendencia del hecho queda puesta de relieve al cerrar tras de sí la puerta de la sala del banquete. Todas las doncellas duermen por el cansancio del día y lo avanzado de la noche, pero no todas están preparadas. Dentro de una tradición bíblica sapiencial, Jesús pide prudencia y previsión. No es solo cuestión de buena disposición o voluntad si esta está carente de toda perspicacia; la urgencia del Reino pide personas atentas a las llamadas y a la vez preparadas ante lo imprevisible. En el contexto escatológico que tiene el quinto discurso del evangelio de Mateo, la llamada se centra en la suerte de la vida de cada cual: no seáis como los necios, que viven de espaldas a su suerte y a la suerte del mundo, vosotros «estad preparados».

AGOSTO

29

Sábado
Martirio de San Juan Bautista

Primera lectura: Jeremías 1,17-19
....
Salmo 70: Mi boca contará tu auxilio
....

Evangelio: Marcos 6,17-29

En aquel tiempo, Herodes había mandado prender a Juan y lo había metido en la cárcel, encadenado. El motivo era que Herodes se había casado con Herodías, mujer de su hermano Filipo, y Juan le decía que no le era lícito tener la mujer de su hermano. Herodías aborrecía a Juan y quería quitarlo de en medio; no acababa de conseguirlo, porque Herodes respetaba a Juan, sabiendo que era un hombre honrado y santo, y lo defendía.

Cuando lo escuchaba, quedaba desconcertado, y lo escuchaba con gusto.

La ocasión llegó cuando Herodes, por su cumpleaños, dio un banquete a sus magnates, a sus oficiales y a la gente principal de Galilea. La hija de Herodías entró y danzó, gustando mucho a Herodes y a los convidados. El rey le dijo a la joven: «Pídeme lo que quieras, que te lo doy». Y le juró: «Te daré lo que me pidas, aunque sea la mitad de mi reino». Ella salió a preguntarle a su madre: «¿Qué le pido?». La madre le contestó: «La cabeza de Juan, el Bautista».

Entró ella enseguida, a toda prisa, se acercó al rey y le pidió: «Quiero que ahora mismo me des en una bandeja la cabeza de Juan, el Bautista». El rey se puso muy triste; pero, por el juramento y los convidados, no quiso desairarla. Enseguida le mandó a un verdugo que trajese la cabeza de Juan. Fue, lo decapitó en la cárcel, trajo la cabeza en una bandeja y se la entregó a la joven; la joven se la entregó a su madre. Al enterarse sus discípulos fueron a recoger el cadáver y lo enterraron.

Hemos leído el relato de una cruel injusticia, de la violencia irracional de un hombre débil y sin escrúpulos, Herodes, aunque fuese rey. La narración de la muerte violenta de Juan tiene todos los visos de ajustarse a la realidad: sabemos de la existencia de Juan, hombre austero que creía en la salvación de Yahvé, que nunca se anduvo con componendas ni medias tintas. Al pan, pan, y al vino, vino. Juan, judío de probable origen sacerdotal por familia, forma parte de los profetas de Israel, que siempre se pusieron de parte de los débiles y se enfrentaron a los poderosos. Juan, nos dicen los textos, se marchó de la ciudad santa y se refugió en el desierto de Judá, cerca del río Jordán. Allí convocaba a una gran conversión, llamando a una nueva vida conforme al plan de Dios. Más aún, por medio del rito del bautismo en el agua corriente del río, Juan había iniciado un movimiento de discípulos que se hacían bautizar como signo de esta nueva vida que querían abrazar. Los evangelios nos hablan de los «discípulos de Juan». La fe bíblica es una fe de libertad y de vida que nace de su experiencia creyente en un Dios que libera y salva; ahora y siempre. La fe bíblica se nutre de la Ley como ley de libertad que la distingue de otros pueblos; se deja interpelar permanentemente por la palabra de los profetas y se deja aconsejar por los sabios. Juan Bautista forma parte de la experiencia profética de Israel, que nunca se arrodilló ante la violencia de los poderosos ni ante sus tejemanejes con la verdad. Herodes se había casado con Herodías, esposa de su hermano Filipo, que estaba vivo. Juan lo denuncia en público y, aunque Herodes tenía simpatía por el tosco profeta de Judá, no se atrevió a impedir su muerte cuando le pidieron en una fiesta su «cabeza en una bandeja». Esta imagen, sin duda histórica, ha pasado a la literatura universal: con qué frecuencia en la historia humana se sirven en bandejas las cabezas de los profetas que se atreven a enfrentarse con los poderosos.

AGOSTO

 30

Domingo
XXII del Tiempo Ordinario

Primera lectura: Jeremías 20,7-9

Salmo 62: Mi alma está sedienta de ti, Señor, Dios mío

Segunda lectura: Romanos 12,1-2

Evangelio: Mateo 16,21-27

En aquel tiempo empezó Jesús a explicar a sus discípulos que tenía que ir a Jerusalén y padecer allí mucho por parte de los ancianos, sumos sacerdotes y escribas, y que tenía que ser ejecutado y resucitar al tercer día. Pedro se lo llevó aparte y se puso a increparlo: «¡No lo permita Dios, Señor! Eso no puede pasarte». Jesús se volvió y dijo a Pedro: «Quítate de mi vista, Satanás, que me haces tropezar; tú piensas como los hombres, no como Dios». Entonces dijo Jesús a sus discípulos: «El que quiera venirse conmigo, que se niegue a sí mismo, que cargue con su cruz y me siga. Si uno quiere salvar su vida, la perderá; pero el que la pierda por mí, la encontrará. ¿De qué le sirve a un hombre ganar el mundo entero si arruina su vida? ¿O qué podrá dar para recobrarla? Porque el Hijo del hombre vendrá entre sus ángeles, con la gloria de su Padre, y entonces pagará a cada uno según su conducta».

El texto que leemos hoy es la continuación de la llamada «confesión de Cesarea», en la que Pedro proclama en voz alta que Jesús es el Mesías. Por eso mismo sorprende la represión tan dura que le hace ahora Jesús a Pedro. Pedro se sigue moviendo en los esquemas del restauracionismo del reino de Israel, de la autoridad como poder y del rechazo del fracaso y la debilidad humana. El texto traducido tradicionalmente como «Apártate de mi vista» es, en realidad, «Ponte detrás de mí». El error de Pedro consiste en rechazar el seguimiento tal como lo propone Jesús y querer ser él, un discípulo, quien marque el camino que conduce a Jerusalén. «Eso no puede pasarte», dice. Un poco antes, Jesús había llamado a Pedro «bienaventurado»; ahora le llama «Satanás», esto es, «tentador». Pedro es impulsivo, bienintencionado, pero no mide sus palabras ni termina de comprender. En su torpeza trata de persuadir a Jesús para que abandone su camino, un camino de entrega y servicio que es el de su Padre Dios. Con la contraposición «perder o salvar la vida», Mateo nos pone en la disyuntiva de seguir los caminos de Jesús o ponernos en línea con otros proyectos de vida distintos a los del Evangelio.

AGOSTO

31 | **Lunes**
Feria

Primera lectura: 1 Corintios 2,1-5

Salmo 118: ¡Cuánto amo tu voluntad, Señor!

Evangelio: Lucas 4,16-30

En aquel tiempo fue Jesús a Nazaret, donde se había criado, entró en la sinagoga, como era su costumbre los sábados, y se puso en pie para hacer la lectura. Le entregaron el libro del profeta Isaías y, desenrollándolo, encontró el pasaje donde estaba escrito: «El Espíritu del Señor está sobre mí, porque él me ha ungido. Me ha enviado para anunciar el evangelio a los pobres, para anunciar a los cautivos la libertad y a los ciegos la vista; para dar libertad a los oprimidos, para anunciar el año de gracia del Señor». Y, enrollando el libro, lo devolvió al que le ayudaba y se sentó. Toda la sinagoga tenía los ojos fijos en él. Y él se puso a decirles: «Hoy se cumple esta Escritura que acabáis de oír». Y todos le expresaban su aprobación y se admiraban de las palabras de gracia que salían de sus labios. Y decían: «¿No es este el hijo de José?». Y Jesús les dijo: «Sin duda me recitaréis aquel refrán: "Médico, cúrate a ti mismo"; haz también aquí, en tu tierra, lo que hemos oído que has hecho en Cafarnaún». Y añadió: «Os aseguro que ningún profeta es bien mirado en su tierra. Os garantizo que en Israel había muchas viudas en tiempos de Elías, cuando estuvo cerrado el cielo tres años y seis meses, y hubo una gran hambre en todo el país; sin embargo, a ninguna de ellas fue enviado Elías más que a una viuda de Sarepta, en el territorio de Sidón. Y muchos leprosos había en Israel en tiempo del profeta Eliseo; sin embargo, ninguno de ellos fue curado más que Naamán, el sirio». Al oír esto, todos en la sinagoga se pusieron furiosos y, levantándose, lo empujaron fuera del pueblo hasta un barranco del monte en donde se alzaba su pueblo, con intención de despeñarlo. Pero Jesús se abrió paso entre ellos y se alejaba.

Jesús ha vivido toda su infancia, su juventud y los primeros años de madurez en Nazaret. Luego, después de haber ido al sur, para hacerse bautizar por Juan Bautista, vuelve a Galilea, en el norte; pero no regresa a Nazaret, como era de esperar, sino que se va al lago, no lejos de allí. Cierto tiempo después regresa a Nazaret, va el sábado a la sinagoga, lee el texto de Is 61 y lo comenta. ¿Por qué es tan importante este momento? Porque Jesús dice que esas palabras de Isaías se cumplen en él; dicho de otra forma, se presenta ante sus paisanos como el Ungido (Mesías) anunciado. El texto describe lo que allí tuvo lugar: le rechazan con violencia con el pretexto de que le conocen, porque es de los suyos. Ningún profeta es bien recibido en su tierra. Es una frase condenatoria de la dureza de corazón de sus paisanos para abrirse al anuncio de Jesús, y es una frase profética. Es más fácil escuchar a uno que viene de lejos, de fuera, que se presenta con rasgos distintos, que prestar atención a uno de los nuestros. Jesús vivió en primera persona este rechazo de los de su propia casa. La dureza de corazón no es exclusiva de un pueblo o grupo humano determinado; es la negativa a dejarnos transformar por Dios.

1

Martes
Feria

Primera lectura: 1 Corintios 2,10-16

Salmo 144: El Señor es justo en todos sus caminos

Evangelio: Lucas 4,31-37

En aquel tiempo, Jesús bajó a Cafarnaún, ciudad de Galilea, y los sábados enseñaba a la gente. Se quedaban asombrados de su doctrina, porque hablaba con autoridad. Había en la sinagoga un hombre que tenía un demonio inmundo, y se puso a gritar a voces: «¿Qué quieres de nosotros, Jesús Nazareno? ¿Has venido a acabar con nosotros? Sé quién eres: el Santo de Dios». Jesús le intimó: «¡Cierra la boca y sal!». El demonio tiró al hombre por tierra en medio de la gente, pero salió sin hacerle daño. Todos comentaban estupefactos: «¿Qué tiene su palabra? Da órdenes con autoridad y poder a los espíritus inmundos, y salen». Noticias de él iban llegando a todos los lugares de la comarca.

Jesús deja Nazaret y regresa a Cafarnaún, ciudad de pescadores junto al lago, adonde va a pasar largas temporadas, aunque nunca se estableció en ella. En Cafarnaún, dice el texto, había una sinagoga. Hoy quedan todavía los fundamentos de aquella construcción. Que hubiera una sinagoga judía indica la relevancia de la ciudad, pues no había en las aldeas pequeñas. Por allí pasaba la *Via Maris,* que unía Cesarea Marítima con Damasco, y probablemente había también un pequeño destacamento romano. El sábado va a la sinagoga, como había hecho en Nazaret. Esta vez no lee y comenta un texto, sino que realiza una curación. La escena se mueve entre la autoridad de Jesús, en la que se insiste al comienzo y al final del texto, y el hombre endemoniado, que le dice a gritos: «Sé quién eres». El endemoniado lo identifica como «el Santo de Dios», pero Jesús libera al hombre de esta cadena que le hacía la vida imposible. En el combate de las «tentaciones», al comienzo del evangelio, Jesús vence y el diablo se aleja hasta el momento oportuno (Lc 4,13). En este nuevo combate, Jesús sale triunfador sobre las fuerzas del mal. La evangelización supone enseñar y liberar; anunciar y dar vida. Prolongar hoy la misión de Jesús es hacer patente tanto la humanización como la lucha contra toda forma de esclavitud.

SEPTIEMBRE

2 | **Miércoles**
Feria

Primera lectura: 1 Corintios 3,1-9
....
Salmo 32: Dichoso el pueblo que el Señor se escogió como heredad
....

Evangelio: Lucas 4,38-44

En aquel tiempo, al salir Jesús de la sinagoga, entró en casa de Simón. La suegra de Simón estaba con fiebre muy alta y le pidieron que hiciera algo por ella. Él, de pie a su lado, increpó a la fiebre, y se le pasó; ella, levantándose enseguida, se puso a servirles. Al ponerse el sol, los que tenían enfermos con el mal que fuera se los llevaban; y él, poniendo las manos sobre cada uno, los iba curando. De muchos de ellos salían también demonios, que gritaban: «Tú eres el Hijo de Dios». Los increpaba y no les dejaba hablar, porque sabían que él era el Mesías. Al hacerse de día salió a un lugar solitario. La gente lo andaba buscando; dieron con él e intentaban retenerlo para que no se les fuese. Pero él les dijo: «También a los otros pueblos tengo que anunciarles el reino de Dios, para eso me han enviado». Y predicaba en las sinagogas de Judea.

Lucas narra una jornada intensa de Jesús. Comienza en la sinagoga, donde cura al endemoniado; luego va a casa de Simón y cura a su suegra. Por la tarde, al ponerse el sol, le llevan enfermos de todas partes y Jesús, imponiéndoles las manos, los cura. Lucas insiste en que la actividad de Jesús curando está unida a la expulsión de los demonios, que le reconocen. Donde está Jesús no puede haber demonios ni triunfa el mal. Al hacerse de día, Jesús se retira a un lugar desierto; en este evangelio no se dice que se retire a orar, si bien la oración de Jesús es una de las constantes en el texto de Lucas. Nos podemos imaginar una escena agobiante: todos le buscan y él tiene que escabullirse como puede. Jesús explicita su misión: anunciar el Reino por aldeas y ciudades. Jesús no tiene todavía discípulos, a los que elegirá en el texto que sigue. Podríamos hablar de un «éxito inicial»; será conveniente recordarlo, pues, más adelante, también en Galilea, muchos le abandonarán. El seguimiento de Jesús puede estar marcado por el interés; no es del todo «gratuito». Ese es uno de nuestros principales puntos débiles. ¿Qué interés persigo en mi seguimiento de Jesús?

SEPTIEMBRE

3 | **Jueves**
San Gregorio Magno

Primera lectura: 1 Corintios 3,18-23

Salmo 23: Del Señor es la tierra y cuanto la llena

Evangelio: Lucas 5,1-11

En aquel tiempo, la gente se agolpaba alrededor de Jesús para oír la palabra de Dios, estando él a orillas del lago de Genesaret. Vio dos barcas que estaban junto a la orilla; los pescadores habían desembarcado y estaban lavando las redes. Subió a una de las barcas, la de Simón, y le pidió que la apartara un poco de tierra. Desde la barca, sentado, enseñaba a la gente. Cuando acabó de hablar dijo a Simón: «Rema mar adentro, y echad las redes para pescar». Simón contestó: «Maestro, nos hemos pasado la noche bregando y no hemos cogido nada; pero, por tu palabra, echaré las redes».

Y, puestos a la obra, hicieron una redada de peces tan grande que reventaba la red. Hicieron señas a los socios de la otra barca para que vinieran a echarles una mano. Se acercaron ellos y llenaron las dos barcas, que casi se hundían. Al ver esto, Simón Pedro se arrojó a los pies de Jesús diciendo: «Apártate de mí, Señor, que soy un pecador». Y es que el asombro se había apoderado de él y de los que estaban con él al ver la redada de peces que habían cogido; y lo mismo les pasaba a Santiago y Juan, hijos de Zebedeo, que eran compañeros de Simón. Jesús dijo a Simón: «No temas; desde ahora serás pescador de hombres». Ellos sacaron las barcas a tierra y, dejándolo todo, lo siguieron.

La gente busca a Jesús «para oír la palabra de Dios»; Jesús se sube a una barca, que identifica como la de Simón, y se pone a «enseñar»; pide al dueño de la barca que se adentre en el lago. El relato de la llamada de los primeros apóstoles difiere en los sinópticos. Mateo y Marcos presentan un texto más breve; el de Lucas es mucho más elaborado. En el centro de la escena, un diálogo cuidado y lleno de referencias: una orden de Jesús («Rema mar adentro») con un fin claro («para pescar»). El dueño de la barca, Simón, responde con sorpresa y sentido común: han estado toda la noche faenando sin éxito. A continuación, expresa con sus labios una actitud inesperada y modélica: «Por tu palabra». Simón supera las evidencias de pescador experimentado y se atreve a obedecer a un desconocido, que además no es pescador, pues es de tierra adentro, de Nazaret. Simón, al que por primera vez Lucas le da el sobrenombre de Pedro, se echa a los pies de Jesús y solo se atreve a decir que se aparte de él, porque es un pecador (reconoce su indignidad al mismo tiempo que la sorpresa religiosa). Este estupor se extiende a Santiago y Juan. La escena, con referencias vocacionales, remite de nuevo al miedo de la persona que se sabe «alcanzada», y le dice, como en el AT, «No temas». Jesús le responde confiándole la misión: «Desde ahora serás pescador de hombres». La vocación no sigue los esquemas humanos, sino que Dios se sirve de personas que dudan, que se saben débiles, pero que a la vez se dejan tocar por el misterio de Jesús. La escena culmina con referencias a la radicalidad del discipulado («dejándolo todo») y al camino que emprenden como discípulos («le siguieron»).

SEPTIEMBRE

4 | **Viernes**
| Feria

Primera lectura: 1 Corintios 4,1-5

Salmo 36: El Señor es quien salva a los justos

Evangelio: Lucas 5,33-39

En aquel tiempo dijeron a Jesús los fariseos y los escribas: «Los discípulos de Juan ayunan a menudo y oran, y los de los fariseos también; en cambio, los tuyos, a comer y a beber». Jesús les contestó: «¿Queréis que ayunen los amigos del novio mientras el novio está con ellos? Llegará el día en que se lo lleven, y entonces ayunarán». Y añadió esta parábola: «Nadie recorta una pieza de un manto nuevo para ponérsela a un manto viejo; porque se estropea el nuevo, y la pieza no le pega al viejo. Nadie echa vino nuevo en odres viejos; porque el vino nuevo revienta los odres, se derrama, y los odres se estropean. A vino nuevo, odres nuevos. Nadie que cate vino añejo quiere del nuevo, pues dirá: "Está bueno el añejo"».

Jesús es la novedad absoluta. Nada de lo antiguo, de lo caduco, de lo sobado y ajado, sirve. El comienzo del texto es una pregunta: si los discípulos de Juan Bautista y los discípulos de los fariseos ayunan, ¿por qué tus discípulos no ayunan? Jesús no ataca las formas tradicionales de piedad –oración, limosna y ayuno–, sino que las lleva más adelante. Jesús se revela en el evangelio no como alguien que repite lo que ya se hace, pues entonces su ministerio sería mimetizar el discurso y las prácticas anteriores. Jesús abre caminos, llega hasta el final, descubre vida allí donde aparentemente solo hay herrumbre y moho. Jesús es «el esposo» de una boda; una boda rancia no es una boda, porque falta el bullicio y la alegría. Jesús tiene fuerza y arrastra; lo viejo a su lado se descompone y se desgarra. El vino nuevo, joven, fresco, no cabe en odres cuarteados, que han llevado en su interior vinos de otras cosechas. ¡A vino nuevo, odres nuevos! Jesús nos pide abrir ventanas, airear las casas, dejar que la frescura y fuerza de Jesús se apodere de la casa. Él es el novio.

SEPTIEMBRE

5 | **Sábado**
Feria

Primera lectura: 1 Corintios 4,9-15

Salmo 144: Cerca está el Señor de los que lo invocan

Evangelio: Lucas 6,1-5

Un sábado, Jesús atravesaba un sembrado; sus discípulos arrancaban espigas y, frotándolas con las manos, se comían el grano. Unos fariseos les preguntaron: «¿Por qué hacéis en sábado lo que no está permitido?». Jesús les replicó: «¿No habéis leído lo que hizo David cuando él y sus hombres sintieron hambre? Entró en la casa de Dios, tomó los panes presentados, que solo pueden comer los sacerdotes, comió él y les dio a sus compañeros». Y añadió: «El Hijo del hombre es señor del sábado».

Norma y necesidad frente a frente. El texto no lo dice, pero podemos presuponer que lo que hacen los discípulos es matar el hambre, no saciarlo. De camino hacia la siguiente aldea atraviesan unos sembrados y hacen un gesto impulsivo, natural: frotan unas espigas y se llevan los granos a la boca. Los fariseos no le pasan una a Jesús. La pegunta es directa: ¿por qué hacéis lo que no está permitido? Para una concepción estrecha de la Ley, la norma es indiscutible. En sábado, para los judíos, no se puede hacer ningún trabajo ni esfuerzo, ni siquiera en necesidad, porque es día de descanso absoluto, sin excusas. Argumentan pensando que, como Dios lo ha establecido en la Escritura, no se discute. Ahora bien, ¿se puede molestar Dios o sentirse ofendido por un gesto natural? Dios está siempre a favor del ser humano.

SEPTIEMBRE

 6 | **Domingo**
XXIII del Tiempo Ordinario

Primera lectura: Ezequiel 33,7-9
Salmo 94: Ojalá escuchéis hoy su voz: «No endurezcáis vuestro corazón»
Segunda lectura: Romanos 13,8-10

Evangelio: Mateo 18,15-20

En aquel tiempo dijo Jesús a sus discípulos: «Si tu hermano peca contra ti, repréndelo estando los dos a solas. Si te hace caso, has salvado a tu hermano. Si no te hace caso, llama a otro o a otros dos, para que todo el asunto quede confirmado por boca de dos o tres testigos. Si no les hace caso, díselo a la comunidad, y si no hace caso ni siquiera a la comunidad, considéralo como un pagano o un publicano. En verdad os digo que todo lo que atéis en la tierra quedará atado en los cielos, y todo lo que desatéis en la tierra quedará desatado en los cielos. Os digo, además, que si dos de vosotros se ponen de acuerdo en la tierra para pedir algo, se lo dará mi Padre que está en los cielos. Porque donde dos o tres están reunidos en mi nombre, allí estoy yo en medio de ellos».

Siguiendo el esquema del evangelio de Mateo, que divide su obra en cinco discursos, este cuarto bloque (capítulo 18) se centra en la vida de la comunidad. El evangelio de hoy afronta la realidad de las tensiones entre sus miembros. Ante el problema cotidiano de las ofensas y conflictos entre sus miembros, ¿cómo comportarse con el hermano? Para entender la nueva forma de relacionarse con los pecadores encontramos luz en el texto inmediatamente anterior, donde Jesús explica a sus discípulos la parábola de la oveja perdida; esta parábola concluye diciendo que el Padre no quiere que se pierda ni uno solo de estos «pequeños». ¿Cómo afrontar entonces el pecado del hermano? El texto invita a un proceso continuo y progresivo para que no abandone la comunidad. Primero se le reprende a solas; si es necesario, se llama a otros que puedan hacer de testigos; si se sigue empecinando, entonces se advierte de su posición a la comunidad; solo al final, ante su obstinación, se considerará un pagano. Se trata de la «corrección fraterna», que no es un proceso judicial en el que el hermano se sienta culpabilizado, sino una oferta de que vuelva al seno de la comunidad. La corrección fraterna es fácil de comentar y difícil de aplicar. ¿Quién se atreve a corregir a un igual? ¿No nos puede decir que nos metamos en nuestros asuntos? Mateo da mucha importancia a la comunidad naciente; hoy nuestra Iglesia carece de este sentido comunitario. No somos «socios» de un club, somos discípulos y hermanos en la comunidad de Jesús.

7

Lunes
Feria

Primera lectura: 1 Corintios 5,1-8

Salmo 5: Señor, guíame con tu justicia

Evangelio: Lucas 6,6-11

Un sábado entró Jesús en la sinagoga a enseñar. Había allí un hombre que tenía parálisis en el brazo derecho. Los escribas y los fariseos estaban al acecho para ver si curaba en sábado y encontrar de qué acusarlo. Pero él, sabiendo lo que pensaban, dijo al hombre del brazo paralítico: «Levántate y ponte ahí en medio». Él se levantó y se quedó en pie. Jesús le dijo: «Os voy a hacer una pregunta: ¿qué está permitido en sábado, hacer el bien o el mal, salvar a uno o dejarlo morir?». Y, echando en torno una mirada a todos, le dijo al hombre: «Extiende el brazo». Él lo hizo y su brazo quedó restablecido. Ellos se pusieron furiosos y discutían qué había que hacer con Jesús.

Segunda escena sobre el sábado. La primera tiene lugar en un campo de espigas (6,1-5). Ahora la escena tiene lugar en una sinagoga. Sus adversarios «le espían». Jesús actúa sabiendo lo que piensan y lo que buscan. Les lanza una pregunta sobre lo que está bien y lo que está mal en sábado. Jesús les mira y cura a aquel hombre. Sus adversarios, llenos de rabia, piensan qué hacer. El trasfondo permanece –el sentido de la ley del sábado–, pero el escenario cambia: del campo a una sinagoga. La oposición a Jesús es la misma: fariseos y letrados. En esta ocasión, como novedad, las preguntas: ¿se puede hacer en sábado el bien o el mal; salvar o destruir la vida? ¿quiere Dios el bien de las personas o que cumplamos las normas con rigidez, a cualquier precio?

8

Martes
NATIVIDAD DE LA SANTÍSIMA VIRGEN MARÍA

Primera lectura: Miqueas 5,1-4a (o Romanos 8,28-30)

Salmo 12: Desbordo de gozo con el Señor

Evangelio: Mateo 1,1-16.18-23

Genealogía de Jesucristo, hijo de David, hijo de Abrahán. Abrahán engendró a Isaac; Isaac a Jacob; Jacob a Judá y a sus hermanos. Judá engendró, de Tamar, a Farés y a Zará; Farés a Esrón; Esrón a Aram; Aram a Aminadab; Aminadab a Naasón; Naasón a Salmón; Salmón engendró, de Rahab, a Booz; Booz engendró, de Rut, a Obed; Obed a Jesé; Jesé engendró a David, el rey. David, de la mujer de Urías, engendró a Salomón; Salomón a Roboán; Roboán a Abías; Abías a Asaf; Asaf a Josafat; Josafat a Jorán; Jorán a Ozías; Ozías a Joatán; Joatán a Acaz; Acaz a Ezequías; Ezequías engendró a Manasés; Manasés a Amós; Amós a Josías; Josías engendró a Jeconías y a sus hermanos cuando el destierro de Babilonia. Después del destierro de Babilonia, Jeconías engendró a Salatiel; Salatiel a Zorobabel; Zorobabel a Abiud; Abiud a Eliaquín; Eliaquín a Azor; Azor a Sadoc; Sadoc a Aquim; Aquim a Eliud; Eliud a Eleazar; Eleazar a Matán; Matán a Jacob; y Jacob engendró a José, el esposo de María, de la cual nació Jesús, llamado Cristo.

El nacimiento de Jesucristo fue de esta manera: María, su madre, estaba desposada con José y, antes de vivir juntos, resultó que ella esperaba un hijo por obra del Espíritu Santo. José, su esposo, que era justo y no quería denunciarla, decidió repudiarla en secreto. Pero, apenas había tomado esta resolución, se le apareció en sueños un ángel del Señor, que le dijo: «José, hijo de David, no tengas reparo en llevarte a María, tu mujer, porque la criatura que hay en ella viene del Espíritu Santo. Dará a luz un hijo y tú le pondrás por nombre Jesús, porque él salvará a su pueblo de los pecados». Todo esto sucedió para que se cumpliese lo que había dicho el Señor por el profeta: «Mirad: la virgen concebirá y dará a luz un hijo y le pondrá por nombre Emmanuel, que significa "Dios con nosotros"».

Mateo comienza su evangelio con la genealogía de Jesús, desde Abrahán hasta José, esposo de María. De ella nace Jesús, el Mesías. Jesús tiene un origen humano: está entroncado en una rama del pueblo de Israel, en la tribu de Judá, que se puede remontar hasta el padre de todos, Abrahán. Jesús nace de una mujer; sus padres le ponen un nombre que anuncia su misión: Jesús/Salvador. No disponemos en los evangelios del relato del nacimiento de María. Contemplamos a María, mujer como nosotros, de nuestra estirpe y raza, que se abrirá sin reservas a la propuesta de Dios para que sea la madre de su Hijo. La Escritura no es un texto de mitos ni de personajes imposibles. María es de carne y hueso; por ella nace Jesús, hombre y Señor.

SEPTIEMBRE

9 | **Miércoles**
Feria o *San Pedro Claver*

Primera lectura: 1 Corintios 7,25-31

Salmo 44: Escucha, hija, mira: inclina el oído

Evangelio: Lucas 6,20-26

En aquel tiempo, Jesús, levantando los ojos hacia sus discípulos, les dijo:

«Dichosos los pobres, porque vuestro es el reino de Dios.

Dichosos los que ahora tenéis hambre, porque quedaréis saciados.

Dichosos los que ahora lloráis, porque reiréis.

Dichosos vosotros cuando os odien los hombres, y os excluyan, y os insulten, y proscriban vuestro nombre como infame por causa del Hijo del hombre. Alegraos ese día y saltad de gozo, porque vuestra recompensa será grande en el cielo. Eso es lo que hacían vuestros padres con los profetas.

Pero ¡ay de vosotros, los ricos!, porque ya tenéis vuestro consuelo.

¡Ay de vosotros, los que ahora estáis saciados!, porque tendréis hambre.

¡Ay de los que ahora reís!, porque haréis duelo y lloraréis.

¡Ay si todo el mundo habla bien de vosotros! Eso es lo que hacían vuestros padres con los falsos profetas».

Las bienaventuranzas las podemos leer en Mateo (nueve) y en Lucas (cuatro). Mateo sitúa su proclamación «en un monte», mientras que Lucas las sitúa «en un llano» (6,17), porque reserva el monte para la oración de Jesús. Las palabras de Jesús, en Lucas, son de bienaventuranza y lamento («ayes») a partes iguales. Las bienaventuranzas, en Lucas, se pueden leer a la luz de su discurso de Nazaret (4,16-21). Jesús anuncia la Buena Noticia de la salvación a los pobres y afligidos. Jesús advierte igualmente a los que viven de forma irresponsable, indolente, injusta y falsa. El evangelio de Lucas no deja lugar a dudas. La pobreza no es solo una «actitud espiritual», sino una realidad sangrante y cruel. Jesús no ha venido a poner bálsamo en nuestras contradicciones y lagunas, sino a poner el dedo en la llaga para que reaccionemos. Ser discípulo es vivir en verdad, no de cara a la galería; vivir en justicia, no maquillando el dolor

SEPTIEMBRE

10

Jueves
Feria

Primera lectura: 1 Corintios 8,1-7.11-13

Salmo 138: Guíame, Señor, por el camino eterno

Evangelio: Lucas 6,27-38

En aquel tiempo dijo Jesús a sus discípulos: «A los que me escucháis os digo: amad a vuestros enemigos, haced el bien a los que os odian, bendecid a los que os maldicen, orad por los que os injurian. Al que te pegue en una mejilla preséntale la otra; al que te quite la capa déjale también la túnica. A quien te pide dale; al que se lleve lo tuyo no se lo reclames. Tratad a los demás como queréis que ellos os traten. Pues, si amáis solo a los que os aman, ¿qué mérito tenéis? También los pecadores aman a los que los aman. Y si hacéis bien solo a los que os hacen bien, ¿qué mérito tenéis? También los pecadores lo hacen. Y si prestáis solo cuando esperáis cobrar, ¿qué mérito tenéis? También los pecadores prestan a otros pecadores, con intención de cobrárselo. ¡No! Amad a vuestros enemigos, haced el bien y prestad sin esperar nada; tendréis un gran premio y seréis hijos del Altísimo, que es bueno con los malvados y desagradecidos. Sed compasivos como vuestro Padre es compasivo; no juzguéis, y no seréis juzgados; no condenéis, y no seréis condenados; perdonad, y seréis perdonados; dad, y se os dará: os verterán una medida generosa, colmada, remecida, rebosante. La medida que uséis la usarán con vosotros».

Lucas se dirige en su evangelio a comunidades helenizadas donde es patente la división entre los miembros: amos/esclavos, autoridades/súbditos, ricos/desposeídos. Desde esta clave podemos entender las «bienaventuranzas» de Lucas, que tienen elementos en común con las de Mateo, pero que tienen otros elementos diferenciadores. Lucas insiste en el amor que evita la venganza; en la generosidad con los menesterosos; en la misericordia en todo momento. La exhortación para no caer en la tentación de la ira está especialmente desarrollada: la máxima que hay que seguir es el amor a los enemigos, ciertamente difícil de llevar a la práctica. Este amor a los que no nos quieren se hace explícito en la «bendición» en lugar de la «maldición»; en no devolver mal por mal. Podríamos decir, en términos modernos, que hay que romper la «espiral de la violencia». El centro lo ocupa la «regla de oro», presente en todas las culturas, que Luca formula así: «Tratad a los demás como queréis que ellos os traten». Puede ser suficiente, pues es un quedarse en medio, ni más ni menos. Jesús va más allá y pide: «Sed misericordiosos como vuestro Padre es misericordioso».

SEPTIEMBRE

11 | **Viernes**
Feria

Primera lectura: 1 Corintios 9,16-19.22-27
Salmo 83: ¡Qué deseables son tus moradas, Señor de los ejércitos!

Evangelio: Lucas 6,39-42

En aquel tiempo dijo Jesús a los discípulos una parábola: «¿Acaso puede un ciego guiar a otro ciego? ¿No caerán los dos en el hoyo? Un discípulo no es más que su maestro, si bien, cuando termine su aprendizaje, será como su maestro. ¿Por qué te fijas en la mota que tiene tu hermano en el ojo y no reparas en la viga que llevas en el tuyo? ¿Cómo puedes decirle a tu hermano: "Hermano, déjame que te saque la mota del ojo", sin fijarte en la viga que llevas en el tuyo? ¡Hipócrita! Sácate primero la viga de tu ojo y entonces verás claro para sacar la mota del ojo de tu hermano».

Jesús, buen pedagogo, va poniendo ejemplos claros para que todos entiendan el mensaje del reino de los cielos. Les propone dos ejemplos distintos que tienen que ver con las relaciones interpersonales. Todos conocemos a personas vanidosas que «lo saben todo» en lo social, económico, filosófico, incluso religioso. Son personas pagadas de sí mismas que no admiten ni consejos ni, mucho menos, correcciones. Jesús es duro con los que así se comportan: ¿puede un ciego guiar a otro ciego?, ¿puede una persona engreída dar consejos a todos pretendiendo que le escuchen? Lo propio del discípulo es escuchar, reflexionar, aprender y, si es necesario, dejarse corregir y cambiar; no ponerse a dar lecciones desde el pedestal de su ignorancia. Los verdaderos sabios son siempre humildes y discretos. El segundo ejemplo tiene que ver con la hipocresía, es decir, atrevernos a corregir en los demás el defecto que tenemos nosotros. La humildad es buena consejera; la honestidad nunca está de más. La vanagloria y soberbia ofuscan la mente y alejan de la verdad.

SEPTIEMBRE

12 | **Sábado**
| *Dulce Nombre de María*

Primera lectura: 1 Corintios 10,14-22

Salmo 115: Te ofreceré, Señor, un sacrificio de alabanza

Evangelio: Lucas 6,43-49

En aquel tiempo decía Jesús a sus discípulos: «No hay árbol sano que dé fruto dañado ni árbol dañado que dé fruto sano. Cada árbol se conoce por su fruto; porque no se cosechan higos de las zarzas ni se vendimian racimos de los espinos. El que es bueno, de la bondad que atesora en su corazón saca el bien, y el que es malo, de la maldad saca el mal; porque lo que rebosa del corazón lo habla la boca. ¿Por qué me llamáis "Señor, Señor", y no hacéis lo que digo? El que se acerca a mí, escucha mis palabras y las pone por obra, os voy a decir a quién se parece: se parece a uno que edificaba una casa: cavó, ahondó y puso los cimientos sobre roca; vino una crecida, arremetió el río contra aquella casa y no pudo tambalearla, porque estaba sólidamente construida. El que escucha y no pone por obra se parece a uno que edificó una casa sobre tierra, sin cimiento; arremetió contra ella el río y enseguida se derrumbó, y quedó hecha una gran ruina».

Jesús sigue enseñando a sus discípulos (6,34). Comienza exponiendo una comparación centrada en los frutos. La imagen, una vez más tomada del mundo agrícola, es muy nítida: un árbol seco por falta de agua o atacado por una enfermedad o plaga no puede dar frutos bien formados, abundantes y jugosos. Sencillamente, es imposible. Por el contrario, cuando vemos un racimo de uva grande, madura y dulce, o unos higos que se abren en su esplendor, nos imaginamos una cepa espesa y una higuera frondosa. Lo podemos aplicar a las personas con criterio moral: el que es bueno sobreabunda en el bien; el retorcido, malpensado e iracundo produce frutos estériles y amargos. Una frase sapiencial para meditar: «De lo que rebosa el corazón habla la boca». Jesús cambia de tema y se centra en la escucha atenta de su palabra. Jesús habla; bien le oímos de pasada, bien le prestamos atención y le escuchamos; luego nos atrevemos a decirle «¡Señor, Señor!». Para Jesús, la persona sensata, prudente, juiciosa, escucha la palabra de Dios y la pone en práctica; su obra es firme, bien asentada. El que parece que escucha la palabra de Dios, pero su actitud es «como quien oye llover», no construye sobre fundamento. El cimiento es Jesús, sobre él construimos nuestra vida de creyentes.

Domingo
XXIV del Tiempo Ordinario
(San Juan Crisóstomo)

Primera lectura: Eclesiástico 27,30-28,7

Salmo 102: El Señor es compasivo y misericordioso,
lento a la ira y rico en clemencia

Segunda lectura: Romanos 14,7-9

Evangelio: Mateo 18,21-35

En aquel tiempo se adelantó Pedro y preguntó a Jesús: «Señor, si mi hermano me ofende, ¿cuántas veces le tengo que perdonar? ¿Hasta siete veces?». Jesús le contesta: «No te digo hasta siete veces, sino hasta setenta veces siete. Y a propósito de esto, el reino de los cielos se parece a un rey que quiso ajustar las cuentas con sus empleados. Al empezar a ajustarlas le presentaron a uno que debía diez mil talentos. Como no tenía con qué pagar, el señor mandó que lo vendieran a él con su mujer y sus hijos y todas sus posesiones, y que pagara así. El empleado, arrojándose a sus pies, le suplicaba diciendo: "Ten paciencia conmigo y te lo pagaré todo". El señor tuvo lástima de aquel empleado y lo dejó marchar, perdonándole la deuda. Pero, al salir, el empleado aquel encontró a uno de sus compañeros que le debía cien denarios y, agarrándolo, lo estrangulaba, diciendo: "Págame lo que me debes". El compañero, arrojándose a sus pies, le rogaba diciendo: "Ten paciencia conmigo y te lo pagaré". Pero él se negó, y fue y lo metió en la cárcel hasta que pagara lo que debía. Sus compañeros, al ver lo ocurrido, quedaron consternados y fueron a contarle a su señor todo lo sucedido. Entonces el señor lo llamó y le dijo: "¡Siervo malvado! Toda aquella deuda te la perdoné porque me lo pediste. ¿No debías tú también tener compasión de tu compañero como yo tuve compasión de ti?" Y el señor, indignado, lo entregó a los verdugos hasta que pagara toda la deuda. Lo mismo hará con vosotros mi Padre del cielo si cada cual no perdona de corazón a su hermano».

Pedro de nuevo hace de portavoz del grupo; esta vez pregunta sobre el perdón debido y las veces que se puede llegar a perdonar de forma razonable. Pasamos de la pregunta de los discípulos a la vida de la comunidad. El discípulo de Jesús debe saber gestionar los conflictos que van surgiendo y que convulsionan la vida comunitaria. Una vía de reconciliación es la corrección fraterna (domingo pasado), otra es la de tomar decisiones directas sobre el pecador. La ley del talión, incluso tomada en su parte positiva, es un camino de retribución que usa de la venganza. La otra posibilidad es el perdón. La parábola, para ser convenientemente entendida, quiere subrayar la enorme desproporción entre la ofensa y el perdón en dos casos paradigmáticos. El rey perdona una cantidad ingente, millones, podríamos decir; el siervo no quiere perdonar una minucia, unos miles. ¿Cómo poner fronteras al perdón a la ofensa de un hermano cuando has sido perdonado de culpas que solo tú y Dios conocéis? El perdón cristiano tiene su última referencia en el misterio pascual de Cristo, en la que el hombre es perdonado y redimido. Las apelaciones y vueltas continuas a la venganza nos devuelven a los criterios del hombre que no ha tenido experiencia de la Pascua. Para poder perdonar de corazón hay que partir del saberse y sentirse amados, perdonados, reconciliados. La violencia, la venganza, en un pago al rencor amasado o a la ira desbordada. Es un camino muy poco transitado, pero el perdón es el camino de los discípulos de Jesús.

SEPTIEMBRE

14 | Lunes
Exaltación de la Santa Cruz

Primera lectura: Números 21,4b-9
....
Salmo 77: No olvidéis las acciones del Señor
....
Segunda lectura: Filipenses 2,6-11
....

Evangelio: Juan 3,13-17

En aquel tiempo dijo Jesús a Nicodemo: «Nadie ha subido al cielo sino el que bajó del cielo, el Hijo del hombre. Lo mismo que Moisés elevó la serpiente en el desierto, así tiene que ser elevado el Hijo del hombre, para que todo el que cree en él tenga vida eterna. Tanto amó Dios al mundo que entregó a su Hijo único para que no perezca ninguno de los que creen en él, sino que tengan vida eterna. Porque Dios no mandó su Hijo al mundo para condenar al mundo, sino para que el mundo se salve por él».

Jesús dialoga con Nicodemo, «maestro de Israel». La intervención de Jesús remite al libro de los Números (21,9), la travesía del desierto. Juan contrapone dos escenas afines, pero con diferencias insalvables, lejanas en el tiempo y en su alcance: Moisés eleva la serpiente en el desierto para que el pueblo picado por las serpientes no muera; Jesús también será elevado, pero su entrega será salvadora para quienes la abracen en la fe. El texto no habla explícitamente de la «cruz» de Cristo; habla de su imagen simbólica más impactante (aún hoy provoca a los no cristianos que no están acostumbrados a mirarla de frente). La serpiente de Moisés en el desierto solo es un anticipo que apunta a la verdadera salvación. Leyendo, de forma anticipada, que el texto de Juan habla de la cruz de Cristo, podemos entender que es fundamental la posición de fe o de rechazo que ella provoca. Muchos, ya en tiempos de Juan, rechazaron la cruz, la quisieron adulterar o la minusvaloraron. Para los gnósticos, es un error pensar que el Hijo de Dios pueda morir como todos los humanos; para los judíos, el «Dios santo» no puede manifestarse en un condenado; para los paganos, no es posible un Dios que sea débil y que muera. Sin embargo, para Juan, la cruz es revelación del exceso de amor del Padre: «Tanto amó Dios al mundo...». ¿Qué es lo sorprendente en este exceso de amor? La entrega del Hijo para que el mundo se salve por él. La fe, según Juan, no es un acto sentimental; tampoco una afirmación ideológica; ni siquiera una posición religiosa. Es una aceptación en libertad de la entrega amorosa de Jesús; su fruto es la salvación. El Evangelio es palabra de vida y plenitud, no de condena y fracaso.

SEPTIEMBRE

15

Martes
Nuestra Señora, la Virgen de los Dolores

Primera lectura: Hebreos 5,7-9
....
Salmo 30: Sálvame, Señor, por tu misericordia
....

Evangelio: Juan 19,25-27

En aquel tiempo, junto a la cruz de Jesús estaban su madre, la hermana de su madre, María, la de Cleofás, y María, la Magdalena. Jesús, al ver a su madre y cerca al discípulo que tanto quería, dijo a su madre: «Mujer, ahí tienes a tu hijo». Luego dijo al discípulo: «Ahí tienes a tu madre». Y desde aquella hora el discípulo la recibió en su casa.

María, como todas las madres, no abandona nunca al hijo de sus entrañas. En las camas de los hospitales, allí está la madre con su hijo. En situaciones de dificultad grave –cada cual puede pensar lo que crea oportuno– siempre está la madre con el hijo.

La escena de Juan tiene pleno sentido. Jesús está en la cruz. Condenado injustamente, abandonado y agonizando. Un grupo pequeño de mujeres y el «discípulo amado»; ¿dónde están los discípulos y apóstoles que le habían seguido desde Galilea hasta Jerusalén? María aparece en el evangelio de san Juan en dos momentos; primero, en la boda de Caná; ahora, a los pies de la cruz. En la primera escena no había llegado aún la hora de Jesús; ahora, en la cruz, ha llegado la hora de su revelación plena. Podemos leer esta escena desde la ternura, desde el canto de agradecimiento a todas las madres del mundo. Podemos hacer también una lectura teológica. Nosotros somos también la Iglesia, el «discípulo amado»; María es la madre que nos da Jesús en la cruz. El discípulo recibe a María en su casa, «en lo más propio», como hace la Iglesia con María.

SEPTIEMBRE

16 | Miércoles
San Cornelio y San Cipriano

Primera lectura: 1 Corintios 12,31-13,13
....
Salmo 32: Dichoso el pueblo que el Señor se escogió como heredad
....

Evangelio: Lucas 7,31-35

En aquel tiempo dijo el Señor: «¿A quién se parecen los hombres de esta generación? ¿A quién los compararemos? Se parecen a unos niños sentados en la plaza, que gritan a otros: "Tocamos la flauta y no bailáis, cantamos lamentaciones y no lloráis". Vino Juan el Bautista, que ni comía ni bebía, y dijisteis que tenía un demonio; viene el Hijo del hombre, que come y bebe, y decís: "Mirad qué comilón y qué borracho, amigo de publicanos y pecadores". Sin embargo, los discípulos de la sabiduría le han dado la razón».

Jesús acaba de hablar de Juan Bautista. La gente sencilla le tiene en gran estima porque ve en él a un profeta o al menos a un «hombre de Dios». El prestigio moral no se compra, se gana con la vida, la coherencia y el testimonio. Juan es un hombre austero que cree lo que predica. Cuando se van los mensajeros de Juan, que habían preguntado a Jesús si él era el Mesías (7,24), Jesús habla de él a los presentes y lo elogia: Juan es «más que un profeta», y añade que entre los nacidos de mujer no hay nadie mayor que Juan el Bautista. Jesús se dirige a los oyentes y les echa en cara la dureza de corazón de los que pudieron conocer al Bautista y ahora le conocen a él. De Juan decían, malintencionadamente, que estaba fuera de sí porque ni comía ni bebía; a Jesús le acusan, por el contrario, de comilón y borracho. Todo menos aceptar el mensaje de Dios presente en la predicación de Juan y en el anuncio del Reino de Jesús. El mayor desprecio es no hacer aprecio. Aviso a navegantes: la dureza de corazón sigue siendo un mal hoy.

SEPTIEMBRE

17 | Jueves
Feria o *San Roberto Belarmino,*
Santa Hildegarda de Bingen

Primera lectura: 1 Corintios 15,1-11

Salmo 117: Dad gracias al Señor, porque es bueno

Evangelio: Lucas 7,36-50

En aquel tiempo, un fariseo rogaba a Jesús que fuera a comer con él. Jesús, entrando en casa del fariseo, se recostó a la mesa. Y una mujer de la ciudad, una pecadora, al enterarse de que estaba comiendo en casa del fariseo, vino con un frasco de perfume y, colocándose detrás, junto a sus pies, llorando, se puso a regarle los pies con sus lágrimas, se los enjugaba con sus cabellos, los cubría de besos y se los ungía con el perfume. Al ver esto, el fariseo que lo había invitado se dijo: «Si este fuera profeta, sabría quién es esta mujer que lo está tocando y lo que es: una pecadora».

Jesús tomó la palabra y le dijo: «Simón, tengo algo que decirte». Él respondió: «Dímelo, maestro». Jesús le dijo: «Un prestamista tenía dos deudores; uno le debía quinientos denarios y el otro, cincuenta. Como no tenían con qué pagar, los perdonó a los dos. ¿Cuál de los dos lo amará más?». Simón contestó: «Supongo que aquel a quien le perdonó más». Jesús le dijo: «Has juzgado rectamente». Y, volviéndose a la mujer, dijo a Simón: «¿Ves a esta mujer? Cuando yo entré en tu casa, no me pusiste agua para los pies; ella, en cambio, me ha lavado los pies con sus lágrimas y me los ha enjugado con su pelo. Tú no me besaste; ella, en cambio, desde que entró no ha dejado de besarme los pies. Tú no me ungiste la cabeza con ungüento; ella, en cambio, me ha ungido los pies con perfume. Por eso te digo: sus muchos pecados están perdonados, porque tiene mucho amor; pero al que poco se le perdona, poco ama». Y a ella le dijo: «Tus pecados están perdonados». Los demás convidados empezaron a decir entre sí: «¿Quién es este que hasta perdona pecados?». Pero Jesús dijo a la mujer: «Tu fe te ha salvado, vete en paz».

Jesús iba a comer a casa de quien le invitaba; también de los fariseos. Es lo que se conoce como gesto de «comensalidad». A una comida no se invitaba a cualquiera; menos aún a un pecador o a una persona de mala fama. La escena tiene dos focos: Jesús y el fariseo, por una parte; por otra, la mujer –anónima– que llega de improviso, lava los pies de Jesús con sus lágrimas y los unge con perfume. Era un gesto habitual de hospitalidad que no hace el fariseo, sino la mujer. El fariseo emite un juicio muy duro sobre Jesús: «No puede ser un profeta, pues no sabe que es una pecadora». Maravilla el buen hacer de

Jesús, que no se irrita, sino que le hace reflexionar. El fariseo responde bien a la pregunta, pues, en efecto, está más agradecido quien ve saldada una deuda grande que el que tiene poco que perder. La frase de Jesús ha pasado a la tradición espiritual cristiana: se le perdonan sus muchos pecados porque tiene mucho amor. Jesús une perdón y amor. Nosotros podríamos decir que el que poco ama no puede entenderlo, incluso puede ofenderse o sentirse agraviado. Lo que está en juego es cómo situarnos ante Dios y su misericordia. ¿Somos preferidos de Dios porque no tenemos nada que deberle? ¿Nos favorece Dios porque somos impecables? Jesús alaba a la mujer porque ha sido capaz de parar, mirarse y llorar su pecado; la fe y el amor le abren a una vida nueva. El fariseo, sin embargo, no se siente deudor de nadie ni tiene que agradecer nada a nadie. ¿En cuál de los dos personajes nos vemos reflejados nosotros como personas y como creyentes?

SEPTIEMBRE

18 | **Viernes**
Feria

Primera lectura: 1 Corintios 15,12-20

Salmo 16: Al despertar me saciaré de tu semblante, Señor

Evangelio: Lucas 8,1-3

Después de esto iba caminando de ciudad en ciudad y de pueblo en pueblo, predicando el Evangelio del reino de Dios; lo acompañaban los Doce y algunas mujeres que él había curado de malos espíritus y enfermedades: María la Magdalena, de la que habían salido siete demonios; Juana, mujer de Cusa, intendente de Herodes; Susana y otras muchas que le ayudaban con sus bienes.

Después del perdón de la pecadora que lava los pies de Jesús y unge su cabeza con perfume en casa de Simón el leproso (7,36-49), Lucas presenta de nuevo un texto donde aparecen con nitidez las mujeres. Es también un texto propio de este evangelista que no recogen ni Mateo ni Marcos. La escena es de un grupo itinerante que lleva un mensaje religioso; van por pueblos y aldeas, sin precisar más. Jesús no va solo, sino que se hace acompañar de un grupo mixto en el que se nombra específicamente a los Doce –se sobreentiende que son los apóstoles– y un grupo amplio de mujeres. Es un texto con distintos niveles de información: de María Magdalena se dice su nombre y se añade como información que puede interesar que de ella Jesús «había expulsado siete demonios». De otra, Juana, se dice el nombre y se ofrece una información que nos lleva a la corte real de Galilea; esta mujer es «esposa de Cusa, administrador de Herodes». De Susana solo sabemos el nombre, sin más información. Por fin habla de «otras muchas», anónimas, que le asistían con sus bienes. Es un gesto provocador e insólito de Jesús, pues los rabinos judíos nunca se hacían acompañar de mujeres. Lucas hace visible a la mujer en su evangelio en numerosos textos y les pone nombre.

SEPTIEMBRE

19 | Sábado
Feria o *San Jenaro*

Primera lectura: 1 Corintios 15,35-37.42-49

Salmo 55: Caminaré en presencia de Dios a la luz de la vida

Evangelio: Lucas 8,4-15
En aquel tiempo se le juntaba a Jesús mucha gente y, al pasar por los pueblos, otros se iban añadiendo. Entonces les dijo esta

parábola: «Salió el sembrador a sembrar su semilla. Al sembrarla, algo cayó al borde del camino, lo pisaron y los pájaros se lo comieron. Otro poco cayó en terreno pedregoso y, al crecer, se secó por falta de humedad. Otro poco cayó entre zarzas, y las zarzas, creciendo al mismo tiempo, lo ahogaron. El resto cayó en tierra buena y, al crecer, dio fruto al ciento por uno». Dicho esto, exclamó: «El que tenga oídos para oír que oiga».

Entonces le preguntaron los discípulos: «¿Qué significa esa parábola?». Él les respondió: «A vosotros se os ha concedido conocer los secretos del reino de Dios; a los demás, solo en parábolas, para que viendo no vean y oyendo no entiendan. El sentido de la parábola es este: la semilla es la palabra de Dios. Los del borde del camino son los que escuchan, pero luego viene el diablo y se lleva la palabra de sus corazones, para que no crean y se salven. Los del terreno pedregoso son los que, al escucharla, reciben la palabra con alegría, pero no tienen raíz; son los que por algún tiempo creen, pero en el momento de la prueba fallan. Lo que cayó entre zarzas son los que escuchan, pero, con los afanes y riquezas y placeres de la vida, se van ahogando y no maduran. Los de la tierra buena son los que con un corazón noble y generoso escuchan la palabra, la guardan y dan fruto perseverando».

Jesús anuncia el reino de Dios y se sirve de gestos y palabras. Esta parábola nos ayuda a pensar y a ponernos en nuestro sitio. ¿Quiénes somos nosotros en esta parábola? ¿Somos los «sembradores» de un mensaje ilusionante, sorprendente, incluso novedoso, más allá del de Jesús? ¿Somos la «semilla» que durante años se ha ido cuidando con esmero por parte del labrador? Jesús nos dice que somos el «campo» donde él siembra la palabra. Las reacciones ante esta siembra de su Buena Noticia son muy distintas. Algunos dicen: «Más de lo mismo», y no siguen escuchando. Otros se ilusionan, como los niños pequeños, pero les falta constancia, discernimiento, y terminan por dejarlo, aunque reconocen que es atractiva. También están los que tienen que decidir: o con mis intereses y criterios personales, económicos, sociales, o con los intereses y criterios de Jesús. Con frecuencia pueden más los primeros. Pero no hay que desanimarse; también están los que escuchan la palabra, con la alegría de los discípulos, y dejan que esa palabra nazca, crezca y fructifique. De nosotros depende que nuestra tierra esté reseca, endurecida, descuidada o bien regada, trabajada, abonada y mullida.

SEPTIEMBRE

 20

Domingo
XXV del Tiempo Ordinario
(San Andrés Kim Taegón y San Pablo Chong)

Primera lectura: Isaías 55,6-9

Salmo 144: Cerca está el Señor de los que lo invocan

Segunda lectura: Filipenses 1,20-24.27

Evangelio: Mateo 20,1-16

En aquel tiempo dijo Jesús a sus discípulos esta parábola: «El reino de los cielos se parece a un propietario que al amanecer salió a contratar jornaleros para su viña. Después de ajustarse con ellos en un denario por jornada los mandó a la viña. Salió otra vez a media mañana, vio a otros que estaban en la plaza sin trabajo y les dijo: "Id también vosotros a mi viña y os pagaré lo debido". Ellos fueron. Salió de nuevo hacia mediodía y a media tarde e hizo lo mismo. Salió al caer la tarde y encontró a otros, parados, y les dijo: "¿Cómo es que estáis aquí el día entero sin trabajar?" Le respondieron: "Nadie nos ha contratado". Él les dijo: "Id también vosotros a mi viña". Cuando oscureció, el dueño de la viña dijo al capataz: "Llama a los jornaleros y págales el

jornal, empezando por los últimos y acabando por los primeros".
Vinieron los del atardecer y recibieron un denario cada uno.
Cuando llegaron los primeros pensaban que recibirían más, pero
ellos también recibieron un denario cada uno. Entonces se
pusieron a protestar contra el amo: "Estos últimos han trabajado
solo una hora y los has tratado igual que a nosotros, que hemos
aguantado el peso del día y el bochorno". Él replicó a uno de
ellos: "Amigo, no te hago ninguna injusticia. ¿No nos ajustamos
en un denario? Toma lo tuyo y vete. Quiero darle a este último
igual que a ti. ¿Es que no tengo libertad para hacer lo que quiera
en mis asuntos? ¿O vas a tener tú envidia porque yo soy bueno?"
Así los últimos serán los primeros, y los primeros, los últimos».

Estamos ante un «evangelio molesto». Si hemos sido cumplidores… ¿cómo vamos a recibir el mismo salario que los que
han vivido al margen o incluso en contra de la voluntad de
Dios? Es la protesta de los que viven la fe como una cuestión
de retribución proporcional a los méritos. ¿Podemos plantear
así la salvación de Dios en Cristo? En un contexto judeocristiano, donde la correspondencia mérito-recompensa es directa,
esta parábola quiere iluminar los problemas cotidianos con
que debía enfrentarse la primitiva comunidad. Este evangelio
es inaceptable para muchos de nuestros cristianos de hoy, que
siguen sin alegrarse por el don gratuito –inmerecido– de la
salvación y exigen que se logre por méritos. Dios quiere pagar
a cada persona su salario, la vida plena. Dios es bueno y no
tiene en cuenta las horas trabajadas en la viña, porque la viña
es suya y no tiene que darle cuentas a nadie de cómo la ges-
tiona. El don de la fe, el discipulado, la intimidad con Dios y
otros frutos que brotan del encuentro creyente no se pueden
medir con esquemas de «contrato - deuda obligada» o con las
balanzas de «esfuerzo - mérito contraído». Vista la fe con la
clave de «esfuerzo-pago», los obreros que más horas han

trabajado pueden sentirse molestos. Visto desde la clave «don-suerte», los que más han trabajado, más han participado y gozado del don. Si la fe se ve como un contrato que se soporta, se exigirá más premio en proporción al esfuerzo; si la fe se ve como una suerte inmerecida, el creyente se alegrará de que otros la hayan descubierto. En el Reino, primeros y últimos cambian su suerte.

SEPTIEMBRE

21 | Lunes
San Mateo, apóstol y evangelista

Primera lectura: Efesios 4,1-7.11-13
Salmo 18: A toda la tierra alcanza su pregón

Evangelio: Mateo 9,9-13

En aquel tiempo vio Jesús al pasar a un hombre llamado Mateo, sentado al mostrador de los impuestos, y le dijo: «Sígueme». Él se levantó y lo siguió. Y, estando en la mesa en casa de Mateo, muchos publicanos y pecadores, que habían acudido, se sentaron con Jesús y sus discípulos. Los fariseos, al verlo, preguntaron a los discípulos: «¿Cómo es que vuestro maestro come con publicanos y pecadores?». Jesús lo oyó y dijo: «No tienen necesidad de médico los sanos, sino los enfermos. Andad, aprended lo que significa "misericordia quiero y no sacrificios": que no he venido a llamar a los justos, sino a los pecadores».

Jesús se mueve por Cafarnaún, si bien no reside de forma habitual allí. Con todo, cuando hoy se visita el lugar, hay un letrero en inglés que dice así: «Cafarnaún, la ciudad de Jesús». Por esta ciudad pasaba una calzada romana, la *Via Maris*, que unía el puerto mediterráneo de Cesarea Marítima con la ciudad siria de Damasco. Por ella transitaban soldados, comerciantes y viajeros. No sería descabellado pensar que Jesús eligió esta ciudad no tanto porque estuviera al lado del lago, ya que había otras ciudades de pescadores, sino por su lugar estratégico. Desde allí se podía mover con mayor facilidad en sus recorridos como anunciador itinerante del reino de Dios. Por otra parte, este anuncio se extendería con mayor facilidad. En esta ciudad había un «cobrador de impuestos»; algo parecido a un fielato, donde los viajeros y comerciantes debían arreglar sus asuntos económicos. Los recaudadores no gozaban de buena fama, sino todo lo contrario, pues se les consideraba como abusadores de los pobres y colaboradores de los romanos, que ocupaban el país. Jesús se acerca a Mateo y le dice: «Sígueme». Los fariseos, siempre atentos a lo que hace y dice Jesús, se escandalizan. Jesús primero les recuerda al profeta Oseas: «Misericordia quiero, y no sacrificios [de animales en el Templo]». Jesús añade una sentencia lapidaria y brillante a un tiempo: «No necesitan médico los sanos, sino los enfermos». La misión de Jesús es llamar a todos los descartados, ridiculizados, aplastados, estigmatizados y ninguneados de este mundo.

SEPTIEMBRE

22 | **Martes**
Feria

Primera lectura: Proverbios 21,1-6.10-13

Salmo 118: Guíame, Señor, por la senda de tus mandatos

Evangelio: Lucas 8,19-21
En aquel tiempo vinieron a ver a Jesús su madre y sus hermanos, pero con el gentío no lograban llegar hasta él. Entonces le avisaron: «Tu madre y tus hermanos están fuera y quieren verte».

Él les contestó: «Mi madre y mis hermanos son estos: los que escuchan la palabra de Dios y la ponen por obra».

Después de haber pronunciado la parábola del sembrador y después del ejemplo de la lámpara colocada para iluminar, la escena nos lleva al parentesco de Jesús. Su madre y sus hermanos le buscan y le avisan. Jesús responde de forma tajante: sus verdaderos familiares son los que escuchan la palabra de Dios y la ponen en práctica. La singularidad del texto de Lucas se entiende mejor si se compara con Mateo y Marcos, donde habla de que su verdadera familia es la que cumple «la voluntad de Dios». En este evangelio habla de «escuchar» y «cumplir la palabra de Dios». Recordamos cómo en el texto de Marta y María, también propio de Lucas, Jesús ensalza a María porque «escucha» su palabra. El discípulo es aquel que ha dejado que la buena semilla de la palabra entre en su vida, la acoge porque no solo la ha oído, sino que la ha «escuchado» y vive de forma pública y luminosa, alumbrando también las situaciones complejas o sin esperanza con que se encuentra en el camino de la vida.

SEPTIEMBRE

23 | **Miércoles**
San Pío de Pietralcina

Primera lectura: Proverbios 30,5-9

Salmo 118: Lámpara, Señor, es tu palabra para mis pasos

Evangelio: Lucas 9,1-6

En aquel tiempo, Jesús reunió a los Doce y les dio poder y autoridad sobre toda clase de demonios y para curar enfermedades. Luego los envió a proclamar el reino de Dios y a curar a los enfermos, diciéndoles: «No llevéis nada para el camino: ni bastón ni alforja, ni pan ni dinero; tampoco llevéis túnica de repuesto. Quedaos en la casa donde entréis hasta que os vayáis de aquel sitio. Y si alguien no os recibe, al salir de aquel pueblo sacudíos el polvo de los pies, para probar su culpa». Ellos se pusieron en camino y fueron de aldea en aldea, anunciando el evangelio y curando en todas partes.

Nos detenemos en tres acciones de Jesús: primero, «convoca» a los Doce; luego, les confiere «poder y autoridad» para expulsar demonios y curar enfermedades; la tercera acción es que los «envía»; un envío con doble tarea: anuncio y curación. La palabra va unida a los gestos eficaces; las señales sanadoras de Jesús van acompañadas de palabras que las explicitan. Esta «misión», pues el verbo «enviar» apunta en esta dirección, se lleva a cabo con unos rasgos definitorios que identifican al discípulo mensajero: en pobreza absoluta; sin abusos ni imposiciones, sino dependiendo de la acogida ajena; con claridad en su mensaje, sin medias tintas. El anuncio del Evangelio es gratuito y liberador; el evangelizador se sirve de «medios pobres». La gratuidad supone que la evangelización no es ni modo de ganarse la vida, ni negocio, ni está sometido a intereses oscuros. Su carácter liberador supone que está a favor del ser humano, de su vida plena. No admite componendas. El texto concluye indicando que los discípulos «se ponen en camino». La Iglesia es misionera. La Iglesia ha recibido de Jesús el envío por pueblos y aldeas; no es una Iglesia paralizada, inmóvil, a la defensiva. La Iglesia sale, se mueve, dando «razones» y realizando «gestos de vida».

24

Jueves
Feria o *Bienaventurada Virgen de la Merced*

Primera lectura: Eclesiastés 1,2-11

Salmo 89: Señor, tú has sido nuestro refugio de generación en generación

Evangelio: Lucas 9,7-9

En aquel tiempo, el virrey Herodes se enteró de lo que pasaba y no sabía a qué atenerse, porque unos decían que Juan había resucitado, otros que había aparecido Elías y otros que había vuelto a la vida uno de los antiguos profetas. Herodes se decía: «A Juan lo mandé decapitar yo. ¿Quién es este de quien oigo semejantes cosas?». Y tenía ganas de ver a Jesús.

La fama de Jesús se extiende por toda Galilea y ha llegado a Jerusalén. La pregunta no puede ser otra en un mundo de expectativas mesiánicas. ¿Será el Mesías anunciado? La opinión de la gente sigue una línea profética: para unos es Juan Bautista –radical y extremo, de gran prestigio– redivivo. Para otros es el profeta Elías, al que se le espera como anunciador de la inminencia del Mesías y de los tiempos últimos. Para otros es uno de los profetas, de fama contrastada, por parte del pueblo. La noticia ha llegado al rey Herodes Antipas, gobernante de Galilea, hijo de Herodes el Grande, el cruel. Jesús pertenece al territorio que Roma le ha concedido gobernar. A Herodes no le gustan los profetas, porque desestabilizan al pueblo y se enfrentan al poder; pero no es un rechazo total, tiene una «extraña curiosidad» por conocer a Jesús. Una cosa es tener curiosidad por Jesús, por su persona y su mensaje, y otra es ponerse a sus pies como discípulos.

25 | **Viernes**
Feria

Primera lectura: Eclesiastés 3,1-11

Salmo 143: Bendito el Señor, mi Roca

Evangelio: Lucas 9,18-22

Una vez que Jesús estaba orando solo, en presencia de sus discípulos, les preguntó: «¿Quién dice la gente que soy yo?». Ellos contestaron: «Unos que Juan el Bautista, otros que Elías, otros dicen que ha vuelto a la vida uno de los antiguos profetas». Él les preguntó: «Y vosotros, ¿quién decís que soy yo?». Pedro tomó la palabra y dijo: «El Mesías de Dios». Él les prohibió terminantemente decírselo a nadie. Y añadió: «El Hijo del hombre tiene que padecer mucho, ser desechado por los ancianos, sumos sacerdotes y escribas, ser ejecutado y resucitar al tercer día».

En el evangelio de ayer, Herodes se preguntaba por la identidad de Jesús. En el de hoy, Jesús pregunta a sus discípulos. Notemos que Lucas dice que «Jesús estaba orando solo». La oración es una constante en la vida de Jesús. Antes de los grandes momentos de su vida, cuando tiene que tomar decisiones o cuando la vida va pasando por momentos críticos, Jesús está orando. La pregunta que les hace, por tanto, no es secundaria ni nace de una curiosidad ingenua. Quiere saber si la gente con la que se encuentra, y también ellos, van atisbando quién es él (su identidad), cuál es su relación con Dios (su Padre) y cuál es su misión (entrega amorosa). Una pregunta en dos partes; primero qué dice la gente y luego qué dicen ellos. La respuesta de la gente sigue la misma secuencia que la del evangelio de ayer: Juan Bautista - Elías - uno de los profetas. La respuesta de los discípulos, por boca de Pedro, es la confesión de Jesús como Mesías. Así es: Jesús es el Hijo amado, el Enviado del Padre, el Mesías que tenía que venir al mundo. Pero Jesús no les crea falsas expectativas: su mesianismo pasa por la pasión, el rechazo de las autoridades, la entrega radical y la resurrección.

SEPTIEMBRE

26 | Sábado
Feria o *San Cosme y San Damián*

Primera lectura: Eclesiastés 11,9-12,8

Salmo 89: Señor, tú has sido nuestro refugio de generación en generación

Evangelio: Lucas 9,43b-45

En aquel tiempo, entre la admiración general por lo que hacía, Jesús dijo a sus discípulos: «Meteos bien esto en la cabeza: al Hijo del hombre lo van a entregar en manos de los hombres». Pero ellos no entendían este lenguaje; les resultaba tan oscuro que no cogían el sentido. Y les daba miedo preguntarle sobre el asunto.

Las palabras de Jesús que leemos hoy necesitan de una contextualización dentro del tercer evangelio. Por una parte, Lucas acaba de anunciar a sus discípulos el final trágico de su viaje a Jerusalén; lo que se conoce como primer «anuncio de su muerte y resurrección» (9,22); el texto de hoy, por tanto, se lee como un «segundo anuncio». Por otra parte, acabamos de ser testigos de la transfiguración, que manifiesta de forma anticipada la gloria de Jesús en su camino a la ciudad santa (9,28-36). Es decir, Jesús insiste a sus apóstoles en que su camino hacia Jerusalén no acabará en triunfo, en honores, en agasajos; todo lo contrario: él, el Hijo del hombre, va a ser entregado a los que le buscan para acabar con él. La pregunta es clara: ¿era consciente Jesús de su próximo final? ¿Sabía Jesús que esa entrega a traición a sus enemigos era en realidad la consecuencia de su propia entrega radical y absoluta por los demás? La muerte de Jesús no es una equivocación ni un error. Murió como consecuencia de toda una vida. Jesús fue «el hombre para los demás».

SEPTIEMBRE

Domingo
XXVI DEL TIEMPO ORDINARIO
(San Vicente de Paúl)

Primera lectura: Ezequiel 18,25-28

Salmo 24: Recuerda, Señor, que tu misericordia es eterna

Segunda lectura: Filipenses 2,1-11 (o 2,1-5)

Evangelio: Mateo 21,28-32

En aquel tiempo dijo Jesús a los sumos sacerdotes y a los ancianos del pueblo: «¿Qué os parece? Un hombre tenía dos hijos. Se acercó al primero y le dijo: "Hijo, ve hoy a trabajar en la viña". Él le contestó: "No quiero". Pero después recapacitó y fue. Se acercó al segundo y le dijo lo mismo. Él le contestó: "Voy, señor". Pero no fue. ¿Quién de los dos hizo lo que quería el padre?». Contestaron: «El primero». Jesús les dijo: «Os aseguro que los publicanos y las prostitutas os llevan la delantera en el camino del reino de Dios. Porque vino Juan a vosotros enseñándoos el camino de la justicia y no le creísteis; en cambio, los publicanos y prostitutas le creyeron. Y, aun después de ver esto, vosotros no recapacitasteis ni le creísteis».

Jesús se dirige a los «sumos sacerdotes y ancianos del pueblo». Es otra forma de hablar del Sanedrín, la institución judía que era la última instancia religiosa en época de Jesús. Recordemos que el pueblo judío estaba sometido política y económicamente a Roma, si bien conservaba cierta autonomía en lo religioso. Esta parábola se puede leer desde un punto de vista exclusivamente moral: lo importante es actuar correctamente en la vida, aunque la decisión personal tarde en llegar. Puede ser, pero probablemente no sea esta la intención de Jesús. En el conjunto de Mateo tiene una lectura cristológica y eclesiológica. Para los dirigentes del pueblo, Dios ha prometido su «enviado», un «Mesías», y lo viven con autosuficiencia y seguridad. Se saben los herederos de la promesa. Son los hijos que dicen a Dios que «van a trabajar en la viña», pero luego su vida humana, moral y religiosa se queda muy lejos de lo que Dios espera de ellos. Por el contrario, muchos que no se sienten poseedores en exclusiva de este privilegio –pecadores, gente sencilla, paganos– entienden que el mensaje de Dios proclamado en Jesús es una novedad preciosa. No solo lo entienden, sino que, aunque en más de una ocasión han vivido al margen de la Ley de Moisés, deciden ahora ser discípulos de Jesús en la naciente comunidad cristiana: quieren conformar su vida con Cristo. Son los hijos que primero dijeron que «no», pero son los que en verdad entienden el Reino y deciden trabajar en él. Podemos hacer también una lectura eclesiológica. Mateo nos dice: ¿no nos puede pasar a nuestras comunidades cristianas lo mismo? ¿No podemos ser como los hijos a quienes se les confía este don precioso, pero que somos incapaces de vivirlo hoy? ¿Con cuál de los dos hijos nos identificamos?

28

Lunes
Feria o *San Wenceslao* o *San Lorenzo Ruiz*

Primera lectura: Job 1,6-22

Salmo 16: Inclina el oído y escucha mis palabras

Evangelio: Lucas 9,46-50

En aquel tiempo, los discípulos se pusieron a discutir quién era el más importante. Jesús, adivinando lo que pensaban, cogió de la mano a un niño, lo puso a su lado y les dijo: «El que acoge a este niño en mi nombre me acoge a mí; y el que me acoge a mí acoge al que me ha enviado. El más pequeño de vosotros es el más importante». Juan tomó la palabra y dijo: «Maestro, hemos visto a uno que echaba demonios en tu nombre y, como no es de los nuestros, se lo hemos querido impedir». Jesús le respondió: «No se lo impidáis; el que no está contra vosotros está a favor vuestro».

Dos escenas distintas narran el final de la actividad de Jesús en Galilea; a continuación, Jesús toma la decisión de subir a Jerusalén e inicia su largo camino (9,51). La primera escena nos lleva a otras semejantes en las que los discípulos, que no terminan de entender, discuten quién será el que ocupe cargos mayores en el próximo reino que –según piensan– Jesús instaurará. Esta vez Jesús los corrige con un gesto: pone a un niño en el centro, les invita a acogerlo como si fuera él mismo; ¡más aún, como si acogieran al mismo Dios! En la lógica del Reino, el menor es el más importante. La segunda escena, que debemos leer aparte, plantea una cuestión aguda: ¿tenemos los cristianos la exclusiva de hacer el bien? ¿Acaso no hay muchas personas con las que no compartimos ideas, credo religioso u opciones personales que están en la misma línea que el reino de Dios? ¿Tenemos derecho a excluir a estas personas solo porque «no son de los nuestros»? Jesús es claro: quien no está contra nosotros está a favor nuestro.

SEPTIEMBRE

29 | Martes
Santos Arcángeles Miguel, Gabriel y Rafael

Primera lectura: Daniel 7,9-10.13-14 (o Ap 12,7-12a)

Salmo 137: Delante de los ángeles tañeré para ti, Señor

Evangelio: Juan 1,47-51

En aquel tiempo vio Jesús que se acercaba Natanael y dijo de él: «Ahí tenéis a un israelita de verdad, en quien no hay engaño». Natanael le contesta: «¿De qué me conoces?». Jesús le responde: «Antes de que Felipe te llamara, cuando estabas debajo de la higuera, te vi». Natanael respondió: «Rabí, tú eres el Hijo de Dios, tú eres el Rey de Israel». Jesús le contestó: «¿Por haberte dicho que te vi debajo de la higuera crees? Has de ver cosas mayores». Y le añadió: «Yo os aseguro: veréis el cielo abierto y a los ángeles de Dios subir y bajar sobre el Hijo del hombre».

El evangelio de Juan presenta a un Jesús que viene de «arriba», de lo alto. Se conoce como «alta cristología». Las comunidades joánicas se distinguen de las apostólicas –las de Pedro y Pablo, principalmente– en esta presentación de Jesús. Natanael es un israelita «en quien no hay engaño». La tradición lo ha identificado con Bartolomé, de Caná de Galilea. Natanael se dirige a Jesús con tres títulos: primero le llama *rabbí*, esto es, «maestro» de enseñanza fiable; una persona sabia conforme a la Ley de Moisés. Luego dice de él que es el «Hijo de Dios», toda una confesión de fe en la divinidad de Jesús; por último, le denomina «rey de Israel», un título a medio camino entre lo político y lo religioso (recordemos que, en aquellos momentos, los reyes de Israel –la dinastía de Herodes– son ilegítimos, y los judíos no los aceptaban). Hay un diálogo extraño sobre dónde y cómo conoce Jesús a Natanael: «Antes de que Felipe te llamara...»; luego dice: «Cuando estabas debajo de la higuera». Natanael se sorprende del alcance del conocimiento de Jesús, que le dice: «Aún tienes que ver cosas mayores». La primera confesión de Natanael, siendo correcta, es insuficiente. Jesús apunta a una confesión cristológica de alcance en la que «los ángeles subirán y bajarán sobre el Hijo del hombre». Los ángeles sirven a Dios, son sus mensajeros, y en este caso sirven y revelan a Jesús, uno con el Padre.

SEPTIEMBRE

30 | **Miércoles**
San Jerónimo

Primera lectura: Job 9,1-12.14-16
Salmo 87: Llegue, Señor, hasta ti mi súplica

Evangelio: Lucas 9,57-62

En aquel tiempo, mientras iban de camino Jesús y sus discípulos, le dijo uno: «Te seguiré adonde vayas». Jesús le respondió: «Las zorras tienen madriguera y los pájaros nido, pero el Hijo del hombre no tiene donde reclinar la cabeza».

A otro le dijo: «Sígueme». Él respondió: «Déjame primero ir a enterrar a mi padre». Le contestó: «Deja que los muertos entierren a sus muertos; tú vete a anunciar el reino de Dios».

Otro le dijo: «Te seguiré, Señor. Pero déjame primero despedirme de mi familia». Jesús le contestó: «El que echa mano al arado y sigue mirando atrás no vale para el reino de Dios».

Jesús acaba de anunciar a sus discípulos su decisión de ir a Jerusalén. No es un viaje cualquiera (recordemos que probablemente Jesús iba en Pascua a la ciudad santa). Es una «decisión» personal muy rezada; sabe que allí le están esperando y sabe que su vida entregada tiene que alcanzar su meta. En el camino aparecen candidatos a discípulos. Jesús les escucha y les advierte. Tres situaciones personales diversas: uno tiene voluntad sin límite; otro pone una excusa comprensible; el tercero pide despedirse de los suyos. Al primero, Jesús le matiza su generosidad; al segundo le recuerda la primacía del Reino; al tercero le advierte que no se puede iniciar un camino con el corazón puesto en lo que se ha dejado. La sentencia final es paradigmática: «El que pone la mano en el arado...». El seguimiento de Jesús al servicio del Reino nos pone frente a nuestra disponibilidad, nuestros criterios y nuestros apegos. Nunca ha sido fácil ser cristiano. Es más fácil negociar unos mínimos o establecer unas componendas en las que nos quedemos razonablemente satisfechos. No es una tarea imposible, pero sí exigente.

OCTUBRE

1 | **Jueves**
Santa Teresa del Niño Jesús

Primera lectura: Job 19,21-27

Salmo 26: Espero gozar de la dicha del Señor en el país de la vida

Evangelio: Lucas 10,1-12

En aquel tiempo designó el Señor otros setenta y dos y los mandó por delante, de dos en dos, a todos los pueblos y lugares adonde pensaba ir él. Y les decía: «La mies es abundante y los obreros, pocos; rogad, pues, al dueño de la mies que mande obreros a su mies. ¡Poneos en camino! Mirad que os mando como corderos en medio de lobos. No llevéis talega, ni alforja, ni sandalias; y no os detengáis a saludar a nadie por el camino. Cuando entréis en una casa decid primero: "Paz a esta casa". Y si allí hay gente de paz descansará sobre ellos vuestra paz; si no, volverá a vosotros. Quedaos en la misma casa, comed y bebed de lo que tengan, porque el obrero merece su salario. No andéis cambiando de casa. Si entráis en un pueblo y os reciben bien, comed lo que os pongan, curad a los enfermos que haya y decid: "Está cerca de vosotros el reino de Dios". Cuando entréis en un pueblo y no os reciban, salid a la plaza y decid: "Hasta el polvo de vuestro pueblo, que se nos ha pegado a los pies, nos lo sacudimos sobre vosotros. De todos modos, sabed que está cerca del reino de Dios". Os digo que aquel día será más llevadero para Sodoma que para ese pueblo».

La misión de los «setenta y dos» es propia de Lucas, si bien algunas advertencias a los misioneros aparecen también en Mateo (9,37-10,16). Jesús les instruye: les pide prudencia; vivir como «corderos en medio de lobos» indica hostilidad, incluso la persecución abierta, que la comunidad conocía. La advertencia de no saludar a nadie por el camino apunta a la urgencia de la misión, sin perder tiempo. El saludo debe ser «paz/*shalom*»; que no es solo ausencia de violencia, sino anuncio de salvación. Los misioneros no son mendigos; por eso «el obrero merece su sustento». La misión se lleva a cabo mediante obras, signos y palabras; el anuncio es imprescindible, y la curación de los enfermos es signo de la presencia salvadora de Dios. Lucas añade: en las casas, «comed lo que os pongan»; se puede referir a las dificultades por las que pasó la primera comunidad con los gentiles, presionados por los judeocristianos, que exigían observar las leyes alimentarias de la Torá. La misión no es sinónimo de éxito rotundo; pueden ser recibidos, pero también rechazados. Todo vivido con «alegría», santo y seña del discípulo misionero. La misión comienza en la vida de Jesús; no hay que esperar a la Pascua. La urgencia del Reino no puede esperar; por eso hay que pedir al «dueño de la mies» que envíe trabajadores a su mies. El misionero no va acompañado de gestos poderosos ni de recursos apabullantes; su testimonio en pobreza es su única fuerza. La misión pertenece a la Iglesia, de tal forma que sin ella la Iglesia no tiene razón de ser. Una observación: leemos este texto el día de Santa Teresita, patrona de las misiones.

OCTUBRE

2

Viernes
Santos Ángeles custodios

Primera lectura: Éxodo 23,20-23a

Salmo 90: A sus ángeles ha dado órdenes para que te guarden en tus caminos

Evangelio: Mateo 18,1-5.10

En aquel tiempo se acercaron los discípulos a Jesús y le preguntaron: «¿Quién es el más importante en el reino de los cielos?». Él llamó a un niño, lo puso en medio y dijo: «Os aseguro que, si no volvéis a ser como niños, no entraréis en el reino de los cielos. Por tanto, el que se haga pequeño como este niño, ese es el más grande en el reino de los cielos. El que acoge a un niño como este en mi nombre me acoge a mí. Cuidado con despreciar a uno de estos pequeños, porque os digo que sus ángeles están viendo siempre en el cielo el rostro de mi Padre celestial.

Grande y pequeño; primero y último; preponderante e insignificante; mayor y menor; el que más y el que menos. Las personas, con frecuencia nos servimos de estos antónimos:

«Fulano es el mejor; mientras que Zutano es el peor de su trabajo». Otras veces comparamos el nivel que alcanzamos en un colectivo: «Este ha llegado a alcanzar el puesto superior, mientras que aquel no ha pasado de ser un simple aprendiz». Los discípulos de Jesús no son distintos a nosotros; también ellos quieren establecer una escala de rangos sociales, un *ranking*, diríamos en términos anglófonos. Los que alcanzan altos puestos se pueden considerar personas de éxito, mientras que otros que lo intentan y no pueden se sienten fracasados; por eso le preguntan a Jesús: ¿quién es el más importante en el Reino? Jesús no contesta con un discurso, sino con una imagen que se graba en su memoria y en su corazón: cogió a un niño –se supone que de poca edad–, lo puso en medio y les hizo a sus discípulos una reflexión: si no volvéis a ser como niños... ¿Qué pretende Jesús? Los adultos, con frecuencia nos movemos por intereses explícitos o implícitos, no confesables; no decimos del todo lo que pensamos, pues es signo de ingenuidad; tampoco enseñamos nuestras cartas, pues es darle bazas al contrario. Los adultos nos movemos con unos patrones de comportamiento que un niño pequeño desconoce. Jesús nos enseña: Dios no está con los que buscan los primeros puestos a cualquier costa; Dios custodia a los «pequeños», a los limpios de corazón, que no buscan engañar con sus palabras ni con sus obras. Dios cuida y protege a los pobres de espíritu, que saben mirar la realidad con ojos limpios. Las personas seguimos unos criterios, Dios sigue otros, cuidando siempre de los que más lo necesitan.

3

Sábado
Feria o *San Francisco de Borja*

Primera lectura: Job 42,1-3.5-6.12-16

Salmo 118: Haz brillar, Señor, tu rostro sobre tu siervo

Evangelio: Lucas 10,17-24

En aquel tiempo, los setenta y dos volvieron muy contentos y dijeron a Jesús: «Señor, hasta los demonios se nos someten en tu nombre». Él les contestó: «Veía a Satanás caer del cielo como un rayo. Mirad: os he dado potestad para pisotear serpientes y escorpiones y todo el ejército del enemigo. Y no os hará daño alguno. Sin embargo, no estéis alegres porque se os someten los espíritus; estad alegres porque vuestros nombres están inscritos en el cielo».

En aquel momento, lleno de la alegría del Espíritu Santo, exclamó: «Te doy gracias, Padre, Señor del cielo y de la tierra, porque has escondido estas cosas a los sabios y a los entendidos, y las has revelado a la gente sencilla. Sí, Padre, porque así te ha parecido bien. Todo me lo ha entregado mi Padre, y nadie conoce quién es el Hijo, sino el Padre; ni quién es el Padre, sino el Hijo y aquel a quien el Hijo se lo quiere revelar».

Y, volviéndose a sus discípulos, les dijo aparte: «¡Dichosos los ojos que ven lo que vosotros veis! Porque os digo que muchos profetas y reyes desearon ver lo que veis vosotros, y no lo vieron; y oír lo que oís, y no lo oyeron».

El movimiento itinerante de anuncio del Reino, que inaugura Jesús, se va abriendo paso. Los textos nos hablan de cierto éxito inicial. Los setenta y dos regresan «con alegría», podríamos decir que «satisfechos», y lo explicitan con una frase sorprendente para los lectores del siglo XXI: «Los demonios se someten en tu nombre». El Reino es, en sí mismo, buena noticia y gestos eficaces que luchan contra todo mal, sea el que sea. Lo demoníaco es lo que afrenta, divide, separa, provoca, excita... El Reino, por el contrario, disculpa, une, vincula, excusa, calma. Sin duda, es una buena noticia, siempre necesaria, celebrar que el mal, en todas sus facetas –los demonios que arrastran hacia lo retorcido y dañino–, no tiene la última palabra. Jesús, siguiendo su costumbre, parte de un hecho de vida, de lo que le acaban de contar los setenta y dos misioneros, y aprovecha para enseñar y para orar. Su enseñanza les invita a alegrarse, porque sus nombres están escritos en el cielo; la oración es un precioso himno a Dios. La alegría desbordada de Jesús radica, precisamente, en que los más sencillos entienden qué es el Reino. Las personas complicadas, retorcidas, malpensadas, son incapaces de descubrirlo. Jesús y el Padre son uno; Jesús revela al Padre; nosotros conocemos al Padre por Jesús. Más aún, este conocimiento íntimo y cierto es motivo de nuestra bienaventuranza.

OCTUBRE

Domingo
XXVII DEL TIEMPO ORDINARIO
(San Francisco de Asís)

Primera lectura: Isaías 5,1-7

Salmo 79: La viña del Señor es la casa de Israel

Segunda lectura: Filipenses 4,6-9

Evangelio: Mateo 21,33-43

En aquel tiempo dijo Jesús a los sumos sacerdotes y a los ancianos del pueblo: «Escuchad otra parábola: había un propietario que plantó una viña, la rodeó con una cerca, cavó en ella un lagar, construyó la casa del guarda, la arrendó a unos labradores y se marchó de viaje. Llegado el tiempo de la vendimia envió sus criados a los labradores para percibir los frutos que le correspondían. Pero los labradores, agarrando a los criados, apalearon a uno, mataron a otro y a otro lo apedrearon. Envió de nuevo otros criados, más que la primera vez, e hicieron con ellos lo mismo. Por último les mandó a su hijo, diciéndose: "Tendrán respeto a mi hijo". Pero los labradores, al ver al hijo, se dijeron: "Este es el heredero: venid, lo matamos y nos quedamos con su herencia". Y, agarrándolo, lo empujaron fuera de la viña y lo mataron. Y ahora, cuando vuelva el dueño de la viña, ¿qué hará con aquellos labradores?». Le contestaron: «Hará morir de mala muerte a esos malvados y arrendará la viña a otros labradores que le entreguen los frutos a sus tiempos». Y Jesús les dice: «¿No habéis leído nunca en la Escritura: "La piedra que desecharon los arquitectos es ahora la piedra angular. Es el Señor quien lo ha hecho, ha sido un milagro patente"? Por eso os digo que se os quitará a vosotros el reino de Dios y se dará a un pueblo que produzca sus frutos».

Podemos empezar por el final: «Se os quitará a vosotros el reino de los cielos». Nos hacemos dos preguntas. La primera: ¿a quién se dirige Jesús con ese «vosotros»? Mateo se encara con los dirigentes judíos –sumos sacerdotes y ancianos del pueblo– que no han querido escuchar a los enviados de Dios, los profetas, que han ido anunciando y preparando paulatinamente la llegada del Mesías. Israel no ha sido capaz de acoger al enviado de Dios; ha preferido rechazar o callar a los profetas, e incluso ha llegado a matarlos. La cita bíblica es luminosa: «La piedra que rechazaron los arquitectos es ahora la piedra angular». Cita que atraviesa como un cuchillo todos los tiempos. La figura profética es fundamento de la historia de la salvación, pero es una figura controvertida, discutida, molesta.

Segunda pregunta: ¿quién es ese pueblo que producirá frutos? El texto no lo dice de forma expresa, pero es sabido que Mateo es el evangelio más «eclesial» de los cuatro. La nueva comunidad convocada a hacer realidad el Reino está llamada a ser el «nuevo pueblo» que da los frutos que Dios espera. Pero Mateo, a la vez que prepara el anuncio de la novedad de la Iglesia, dirige un aviso para caminantes. Que nadie se sienta con los derechos adquiridos en propiedad. Israel pensó que el don de Dios era para él en exclusiva y que podía actuar como quisiera. Mateo les dice: no os engañéis, Dios os lo puede quitar. El evangelio de Mateo abre caminos, pero a la vez nos pone en tensión. No podemos ni dormirnos ni creer que tenemos una exclusividad que nos permite despreciar o rechazar los signos vivos de Dios.

OCTUBRE

5

Lunes
Témporas de acción de gracias y de petición

Primera lectura: Deuteronomio 8,7-18
....
Salmo: 1 Crónicas 29,10-12: Tú eres Señor del universo
....
Segunda lectura: 2 Corintios 5,17-21
....

Evangelio: Mateo 7,7-11

En aquel tiempo dijo Jesús a sus discípulos: «Pedid y se os dará, buscad y encontraréis, llamad y se os abrirá; porque quien pide recibe, quien busca encuentra y al que llama se le abre. Si a alguno de vosotros le pide su hijo pan, ¿le va a dar una piedra?; y si le pide pescado, ¿le dará una serpiente? Pues si vosotros, que sois malos, sabéis dar cosas buenas a vuestros hijos, ¡cuánto más vuestro Padre del cielo dará cosas buenas a los que le piden!

La oración de petición es la más frecuente en la experiencia religiosa universal. Muchas personas solo se acercan a los templos, ermitas y capillas para «pedir». Podríamos pensar que es una forma muy primitiva de religión: solo nos acordamos de Dios cuando tenemos un problema que nos supera o cuando necesitamos una «fuerza especial» para afrontar una situación inesperada. Somos débiles, limitados, torpes, y lo sabemos. A veces somos muy duros con esta forma de presentarse ante Dios: «Solo viene a rezar cuando lo está pasando mal». Es más difícil encontrar a personas que planteen su oración como un reconocimiento de los dones que provienen de Dios; parecería que lo que nosotros alcanzamos es fruto de nuestro esfuerzo y trabajo, pero no hay que dar gracias a Dios por nada. La oración cristiana puede ser de alabanza, porque Dios es Dios, porque es bueno, porque nos sostiene, ilumina y consuela. La oración cristiana puede ser de petición de perdón, cuando reconocemos que a veces actuamos contra nuestra conciencia o contra nuestros criterios morales; Dios es misericordia entrañable y nos quiere con él, no contra él ni lejos de él. La oración cristiana también es de petición; como un niño pequeño que necesita decirle a su padre lo que necesita, lo que espera, lo que le preocupa. Cuando un niño pide a su padre o a su madre algo importante para él, no le rechazan. Jesús se sirve de esta comparación familiar para hablarnos de Dios: Dios no puede dejar de escucharnos ni puede dejar de darnos lo mejor para nosotros. Otra cosa será que, a veces, nuestras peticiones no carecen de intereses poco claros o de expectativas que no nos hacen el bien. También puede ser que nuestra petición esté mal planteada. Dios nunca nos rechaza, y espera que entremos en diálogo con él, también expresándole lo que ansía nuestro corazón.

6 | **Martes**
Feria o *San Bruno*

Primera lectura: Gálatas 1,13-24

Salmo 138: Guíame, Señor, por el camino eterno

Evangelio: Lucas 10,38-42

En aquel tiempo entró Jesús en una aldea, y una mujer llamada Marta lo recibió en su casa. Esta tenía una hermana llamada María, que, sentada a los pies del Señor, escuchaba su palabra. Y Marta se multiplicaba para dar abasto con el servicio; hasta que se paró y dijo: «Señor, ¿no te importa que mi hermana me haya dejado sola con el servicio? Dile que me eche una mano». Pero el Señor le contestó: «Marta, Marta, andas inquieta y nerviosa con tantas cosas; solo una es necesaria. María ha escogido la parte mejor, y no se la quitarán».

Leemos un texto propio de Lucas. Una escena de dos mujeres con Jesús. Los discípulos están ausentes. Este texto hace de pórtico a la instrucción de Jesús sobre la oración, que sigue inmediatamente (11,1-13). La escena tiene tres personajes definidos: dos hermanas con distinta actitud ante la presencia de Jesús en su casa y el caminante hospedado. El centro teológico del relato es María, que «escucha la palabra», mientras que Marta está dispersa en otras cosas. Hay una queja, lógica a los ojos humanos. Marta es la persona que se afana y se desvive, la que quiere llegar a todo, la exigente, pero que al mismo tiempo descuida el fundamento. ¿Por falta de tiempo, por exceso de trabajo, por desidia de los demás, por mala organización? Lucas lo dice de forma elegante: «Andas preocupada por muchas cosas». Por lo general, nos ponemos todos del lado de Marta. La otra hermana, por el contrario, se sienta a los pies de Jesús y «escucha la palabra». Ante la queja de Marta por el descuido de su hermana, Jesús contrapone la «única cosa necesaria». ¿En qué consiste? Si, como hemos dicho, este texto hace de pórtico a la inmediata instrucción sobre la oración, lo único necesario es «escuchar la palabra de Jesús». No estamos, por tanto, ante la contraposición entre dos formas de vida en la Iglesia (la activa y la contemplativa). Esta interpretación es a todas luces anacrónica. No podemos entender que una sea superior o mejor que la otra. Tampoco pretende solucionar la tensión entre la acción y la oración en la vida del creyente. La escucha y acogida de la palabra forma parte irrenunciable de la experiencia cristiana. Sin anuncio ni acogida no hay transformación interior; sin escucha personal no hay posible interiorización.

OCTUBRE

7 | Miércoles
Nuestra Señora, la Virgen del Rosario

Primera lectura: Gálatas 2,1-2.7-14

Salmo 116: Id al mundo entero y proclamad el Evangelio

Evangelio: Lucas 11,1-4

Una vez que estaba Jesús orando en cierto lugar, cuando terminó, uno de sus discípulos le dijo: «Señor, enséñanos a orar, como Juan enseñó a sus discípulos». Él les dijo: «Cuando oréis decid: "Padre, santificado sea tu nombre, venga tu reino, danos cada día nuestro pan del mañana, perdónanos nuestros pecados, porque también nosotros perdonamos a todo el que nos debe algo, y no nos dejes caer en la tentación"».

Para san Lucas, la oración es fundamental en la vida del discípulo; este pide a Jesús, maestro de oración, que «le enseñe a orar» (11,1). Hay que «orar siempre sin desfallecer jamás» (18,1ss); hay que «orar en todo momento» (21,36); hay que «rogar al dueño de la mies que envíe obreros a su mies» (10,2); hay que orar «para no caer en la tentación» (22,40). La oración del Padrenuestro la encontramos en Mateo y en Lucas; la versión de Lucas es ligeramente distinta. Falta «que estás en el cielo», referido a Dios Padre; falta también «hágase tu voluntad» y «líbranos del mal». La oración del Padrenuestro, en un primer momento, se mueve en la esfera de Dios (un «tú» distinto de «nosotros» en el que creemos y confiamos, al que dirigirnos: «Que *tu nombre* sea santificado», expresando una confesión adorante); incluye una súplica: «Que venga *tu reino»*, no el que emerge de las políticas humanas. En un segundo momento, se mueve en la esfera del ser humano, del «nosotros»; son cuatro peticiones: la primera es «danos –a nosotros– el pan cotidiano», esto es, una vida digna, un sustento necesario. La segunda es «perdónanos a nosotros como nosotros perdonamos»; es la vida reconciliada, que necesita saberse en paz y saber perdonar. La tercera petición es «no nos dejes caer a nosotros en tentación»; todo lo que es antihumano es antidivino, y todo lo que ofende a Dios hace daño al ser humano. La tentación es contra Dios, porque no construye lo humano. Rezar cada día, con sencillez, de forma limpia y consciente, nos hace más humanos y más cristianos.

8 | Jueves
Feria

Primera lectura: Gálatas 3,1-5

Salmo: Lucas 1,69-75: Bendito sea el Señor, Dios de Israel,
porque ha visitado a su pueblo

Evangelio: Lucas 11,5-13

En aquel tiempo dijo Jesús a los discípulos: «Si alguno de vosotros tiene un amigo y viene durante la medianoche para decirle: "Amigo, préstame tres panes, pues uno de mis amigos ha venido de viaje y no tengo nada que ofrecerle". Y, desde dentro, el otro le responde: "No me molestes; la puerta está cerrada; mis niños y yo estamos acostados; no puedo levantarme para dártelos". Si el otro insiste llamando, yo os digo que, si no se levanta y se los da por ser amigo suyo, al menos por la importunidad se levantará y le dará cuanto necesite. Pues así os digo a vosotros: pedid y se os dará, buscad y hallaréis, llamad y se os abrirá; porque quien pide recibe, quien busca halla, y al que llama se le abre. ¿Qué padre entre vosotros, cuando el hijo le pide pan, le dará una piedra? ¿O si le pide un pez le dará una serpiente? ¿O si le pide un huevo le dará un escorpión? Si vosotros, pues, que sois malos, sabéis dar cosas buenas a vuestros hijos, ¿cuánto más vuestro Padre celestial dará el Espíritu Santo a los que se lo pidan?».

Lucas presenta un ejemplo de la vida rural después de explicar a los discípulos cómo tienen que orar sin desfallecer y con confianza. Un padre de familia tiene una visita inesperada y no tiene en casa con qué atender a la hospitalidad; recurre a la ayuda de un amigo, pero los hijos pequeños ya están acostados. En Nazaret, en las cuevas del poblado de la época de Jesús, se ve cómo eran las estructuras de aquellas casas-cueva; entonces se entiende lo que dice esta parábola: los niños dormían en la parte más cercana a la entrada, pues el interior de la cueva se reservaba para almacén y para los animales. El amigo es inoportuno, pero acaba consiguiendo su propósito. El ejemplo de vida le sirve a Lucas para hablar de nuestra relación con Dios. Si nosotros, aun siendo poco generosos y torpes, nos disponemos en favor de los demás, ¿cómo no creer en la generosidad sin límite de Dios? La oración llega al corazón de Dios. Lucas, fiel a su teología, añade: ¿cómo no dará el Espíritu Santo a quien se lo pida? La fe no es cuestión de voluntarismo, sino de escucha y acogida del Espíritu de Dios.

OCTUBRE

9 | Viernes
Feria o *San Dionisio y comps. márts.,*
San Juan Leonardi

Primera lectura: Gálatas 3,7-14
....
Salmo 110: El Señor recuerda siempre su alianza
....

Evangelio: Lucas 11,15-26

En aquel tiempo, habiendo echado Jesús un demonio, algunos de entre la multitud dijeron: «Si echa los demonios es por arte de Belcebú, el príncipe de los demonios». Otros, para ponerlo a prueba, le pedían un signo en el cielo. Él, leyendo sus pensamientos, les dijo: «Todo reino en guerra civil va a la ruina y se derrumba casa tras casa. Si también Satanás está en guerra civil, ¿cómo mantendrá su reino? Vosotros decís que yo echo los demonios con el poder de Belcebú; y, si yo echo los demonios con el poder de Belcebú, vuestros hijos, ¿por arte de quién los echan? Por eso ellos mismos serán vuestros jueces. Pero si yo echo los demonios con el dedo de Dios, entonces es que el reino de Dios ha llegado a vosotros. Cuando un hombre fuerte y bien armado guarda su palacio, sus bienes están seguros. Pero si otro más fuerte lo asalta y lo vence, le quita las armas de que se fiaba y reparte el botín. El que no está conmigo está contra mí; el que no recoge conmigo desparrama. Cuando un espíritu inmundo sale de un hombre, da vueltas por el desierto, buscando un sitio para descansar; pero, como no lo encuentra, dice: "Volveré a la casa de donde salí". Al volver se la encuentra barrida y arreglada. Entonces va a coger otros siete espíritus peores que él y se mete a vivir allí. Y el final de aquel hombre resulta peor que el principio».

La lucha contra el mal en todas sus formas forma parte de la misión de Jesús y de la presencia efectiva del Reino. Sus adversarios le acusan: para unos es «el jefe de los demonios»; otros le piden una «señal» del cielo. Jesús les responde que el mal no lucha contra sí mismo; es fuerte, astuto, no cesa, sino que es una batalla permanente que hay que afrontar. La presencia del mal en el mundo es un hecho. Adquiere mil formas que se reinventan y se multiplican. Unas son más evidentes y las rechazamos todos, seamos del grupo que seamos: guerras, hambrunas, crueldades. Otras veces el mal se presenta de forma más sutil: abuso de autoridad con la consiguiente victimización; descarte de las personas que son «costosas» para la sociedad, económicamente hablando; estigmatización de los distintos con sus consiguientes culpabilidades; marginación de las personas que no pertenecen a las élites. Jesús incluye en su anuncio del Reino la lucha contra todo tipo de mal que humilla a las personas y que oscurecen el rostro de Dios. La perversión mayor es decir que él mismo actúa en nombre del mal, personificado en Belcebú. Dios es amor y misericordia; Jesús es amor y misericordia. Sin medias tintas.

Primera lectura: Gálatas 3,22-29

Salmo 104: El Señor se acuerda de su alianza eternamente

Evangelio: Lucas 11,27-28

En aquel tiempo, mientras Jesús hablaba a las gentes, una mujer de entre el gentío levantó la voz, diciendo: «Dichoso el vientre que te llevó y los pechos que te criaron». Pero él repuso: «Mejor, dichosos los que escuchan la palabra de Dios y la cumplen».

¿Acaso Jesús no se alegra por el piropo que dirigen a su madre? La gente se queda admirada por Jesús, por su autoridad moral, por su exquisita sensibilidad, por su saber llegar a todos, especialmente los que no cuentan o los que estás «en los márgenes» de aquella sociedad. La mujer tiene buena intención, y lo único que se le ocurre es alabar a Jesús piropeando a su madre. Jesús, evidentemente, no rechaza las palabras dirigidas a María, sino que las aprovecha. De una «bienaventuranza» saca otra. Siguiendo la línea teológica de san Lucas, Jesús insiste en la «escucha» de la Palabra de Dios y en hacerla vida. Nosotros tenemos muchas oportunidades para conocer y leer la Biblia: multitud de ediciones con recursos de todo tipo; multitud de propuestas de lectura creyente con distintos métodos. Con todo, lo fundamental, lo que nunca puede faltar, es la «escucha» que se hace realidad. La fe entra por el oído y por el testimonio. La Palabra de Dios se escucha con atención interesada, no despreocupada, y se torna en gestos efectivos de caridad. Ese «dichoso» quien escucha y cumple la palabra de Dios no ha perdido actualidad.

Domingo
XXVIII DEL TIEMPO ORDINARIO
(Santa Soledad Torres Acosta, San Juan XXIII)

Primera lectura: Isaías 25,6-10
....
Salmo 22: Habitaré en la casa del Señor por años sin término
....
Segunda lectura: Filipenses 4,12-14.19-20
....

Evangelio: Mateo 22,1-14 (o 22,1-10)

En aquel tiempo, de nuevo tomó Jesús la palabra y habló en parábolas a los sumos sacerdotes y a los ancianos del pueblo: «El reino de los cielos se parece a un rey que celebraba la boda de su hijo. Mandó criados para que avisaran a los convidados a la boda, pero no quisieron ir. Volvió a mandar criados, encargándoles que les dijeran: "Tengo preparado el banquete, he matado terneros y reses cebadas, y todo está a punto. Venid a la boda". Los convidados no hicieron caso; uno se marchó a sus tierras, otro a sus negocios; los demás les echaron mano a los criados y los maltrataron hasta matarlos. El rey montó en cólera, envió sus tropas, que acabaron con aquellos asesinos y prendieron fuego a la ciudad. Luego dijo a sus criados: "La boda está preparada, pero los convidados no se la merecían. Id ahora a los cruces de los caminos y a todos los que encontréis convidadlos a la boda". Los criados salieron a los caminos y reunieron a todos los que encontraron, malos y buenos. La sala del banquete se llenó de comensales.

Mateo reúne en los capítulos 21 y 22 de su evangelio tres parábolas que tienen en común el rechazo de los dirigentes religiosos de Israel a Jesús. Esta tercera parábola se centra en la imagen de un banquete de bodas. Las figuras se pueden identificar con criterios alegóricos: el rey es Dios; el heredero es Jesús; los enviados son los profetas; los que rechazan son el pueblo de Israel, y los nuevos invitados son los paganos, descartados del plan de Dios según la mentalidad judía de la época. Los destinatarios rechazan repetidamente la invitación, no solo poniendo excusas, sino llegando a la violencia. Mateo echa en cara a los sumos sacerdotes y ancianos del pueblo que ellos son los invitados desagradecidos. Son extraños los versículos de violencia que incluyen la destrucción de una ciudad; pueden hacer referencia a la caída de Jerusalén, acontecida el año 70, que estaría muy próxima a la redacción final del evangelio; la dureza de los dirigentes judíos provocó su ruina. La continuación de la parábola explica que el rey no anula la boda, sino que cambia de destinatarios: una multitud de «malos y buenos» llena la sala del banquete. Novedad radical: los que no cuentan pasan a ser los invitados. La parábola no acaba, sino que abre una nueva escena: aceptar la invitación supone una preparación adecuada. El «vestido de bodas» indica la importancia del acontecimiento y la debida preparación. Lo contrario indica indolencia, desprecio o provocación. Aunque Israel haya cerrado sus oídos a la invitación, Dios no ha cancelado su banquete. Dios nos convoca a su banquete; eso sí, hay que vestir el traje de fiesta.

OCTUBRE

12

Lunes
Nuestra Señora del Pilar

Primera lectura: 1 Crónicas 15,3-4.15-16; 16,1-2

Salmo 26: El Señor me ha coronado, sobre la columna me ha exaltado

Evangelio: Lucas 11,27-28

En aquel tiempo, mientras Jesús hablaba a las gentes, una mujer de entre el gentío levantó la voz, diciendo: «Dichoso el vientre que te llevó y los pechos que te criaron». Pero él repuso: «Mejor, dichosos los que escuchan la palabra de Dios y la cumplen».

Lucas es el evangelista de las mujeres, y más en concreto de María. Al comienzo del evangelio leemos el «sí» de María en la anunciación del nacimiento de Jesús; más tarde, Isabel la llama «bienaventurada» porque ha creído; luego el evangelista repite que María guardaba todo lo que hacía y decía Jesús en su corazón de madre. En este texto, que podríamos considerar «mariano», pues el piropo es para la madre de Jesús, sorprende el desplazamiento del foco. Jesús no dice que no haya que bendecir a su madre; también podemos interpretarlo como un gesto de humildad, pues bendicen a María por Jesús, por sus palabras y sus obras. Jesús dirige la bienaventuranza debida a todos aquellos que se ponen en actitud de «escucha». Tampoco dice que sean bienaventurados los que le escuchan a él, sino los que «escuchan la palabra de Dios». Nunca ha sido fácil ponerse a la escucha de Dios; puede ser que otros tiempos hayan sido más favorables, o al menos no tan escurridizos. Uno de los retos de hoy no solo es creer que Dios existe, sino que Dios sea significativo para nuestros días; podemos añadir que el reto es «escuchar la palabra de Dios y cumplirla». Ahí está, nos dice Jesús, la verdadera bienaventuranza. María fue la primera bienaventurada, y nos acompaña en nuestro camino.

OCTUBRE

13 | **Martes**
Feria

Primera lectura: Gálatas 5,1-6

Salmo 118: Señor, que me alcance tu favor

Evangelio: Lucas 11,37-41

En aquel tiempo, cuando Jesús terminó de hablar, un fariseo lo invitó a comer a su casa. Él entró y se puso a la mesa. Como el fariseo se sorprendió al ver que no se lavaba las manos antes de comer, el Señor le dijo: «Vosotros, los fariseos, limpiáis por fuera la copa y el plato, mientras por dentro rebosáis de robos y maldades. ¡Necios! El que hizo lo de fuera, ¿no hizo también lo de dentro? Dad limosna de lo de dentro y lo tendréis limpio todo».

Jesús es invitado a comer a casa de un fariseo; Jesús acude y se sienta a la mesa. La escena se torna tensa, pues el fariseo observa que Jesús no «cumple» con los ritos de ablución establecidos antes de las comidas. La situación nos puede parecer sin importancia, pero no era así en aquella sociedad. La relación pureza-impureza, en su sentido religioso, marcaba el día a día de todos los actos personales y sociales, creando agobios y culpabilidades. La escena es desagradable, pues parece que Jesús echa en cara su comportamiento a quien le ha invitado a comer. Jesús hace un duro alegato contra la doble moral que distingue escrupulosamente exterior de interior. Puede tratarse de una situación real o ejemplar; Jesús denuncia a los fariseos de todos los tiempos que guardan las formas exteriores pero su vida interior va aparte. La coherencia entre lo que se manifiesta y lo que se vive es fundamental en el Evangelio de Jesús.

OCTUBRE

14 | Miércoles
Feria o *San Calixto*

Primera lectura: Gálatas 5,18-25

Salmo 1: El que te sigue, Señor, tendrá la luz de la vida

Evangelio: Lucas 11,42-46

En aquel tiempo dijo el Señor: «¡Ay de vosotros, fariseos, que pagáis el diezmo de la hierbabuena, de la ruda y de toda clase de legumbres, mientras pasáis por alto el derecho y el amor de Dios! Esto habría que practicar sin descuidar aquello. ¡Ay de vosotros, fariseos, que os encantan los asientos de honor en las sinagogas y las reverencias por la calle! ¡Ay de vosotros, que sois como tumbas sin señal, que la gente pisa sin saberlo!».

Un maestro de la Ley intervino y le dijo: «Maestro, diciendo eso nos ofendes también a nosotros». Jesús replicó: «¡Ay de vosotros también, maestros de la Ley, que abrumáis a la gente con cargas insoportables mientras vosotros no las tocáis ni con un dedo!».

El evangelio de ayer nos transportaba a la casa de un fariseo que había invitado a comer a Jesús y observaba que no se había lavado las manos –de forma ritual– antes de sentarse a la mesa. El evangelio de Lucas sigue con una serie de denuncias en boca de Jesús, con resonancia profética formulada en cuatro «ayes», que también leemos en Mt 23. En Mateo, todas las denuncias de Jesús se refieren a los fariseos, observantes rigurosos de la Ley que exigen que los demás también la cumplan en sus más mínimos detalles. Lucas extiende las severas palabras de Jesús a los «maestros de la Ley», aquellos que la estudiaban, la explicaban y la comentaban, aplicándola a distintos casos de la vida. La denuncia de Jesús tiene hoy otros nombres, pero en el fondo es la misma. Se dirige a los que dicen llevar una vida religiosa porque cumplen detalles mínimos de segundo orden; sin embargo, son incapaces de perdonar de corazón una ofensa o de alegrarse porque un emigrante ha conseguido un trabajo digno. Se dirige a los que buscan los lugares principales en actos y reuniones públicas notorias, pero se avergüenzan de juntarse con pobres, con discapacitados, con marginados. Se dirige, en fin, a los que piden a los demás que lleven una vida de perfil riguroso y exigente, pero ellos son los primeros que frivolizan sobre las personas recias y honestas o las ridiculizan. Fe y coherencia; fidelidad y libertad no son contrarias, sino convergentes.

OCTUBRE

15 | Jueves
SANTA TERESA DE JESÚS

Primera lectura: Eclesiástico 15,1-6

Salmo 88: Contaré tu fama a mis hermanos,
en medio de la asamblea te alabaré

Evangelio: Mateo 11,25-30

En aquel tiempo exclamó Jesús: «Te doy gracias, Padre, Señor de cielo y tierra, porque has escondido estas cosas a los sabios y entendidos y se las has revelado a la gente sencilla. Sí, Padre, así te ha parecido mejor. Todo me lo ha entregado mi Padre, y nadie conoce al Hijo más que el Padre, y nadie conoce al Padre sino el Hijo, y aquel a quien el Hijo se lo quiera revelar. Venid a mí todos los que estáis cansados y agobiados, y yo os aliviaré. Cargad con mi yugo y aprended de mí, que soy manso y humilde de corazón, y encontraréis vuestro descanso. Porque mi yugo es llevadero y mi carga, ligera».

La experiencia religiosa no puede ser de ninguna forma agobiante, humillante o incapacitante. La experiencia religiosa verdadera, la que busca a Dios con sinceridad, debe abrirse con la inocencia de un niño que espera todo de su madre; por supuesto, que no espera que le mienta o que le castigue. La experiencia religiosa debe ser humanizante, nunca puede lastrar los deseos de crecer en amor y libertad que tiene el corazón humano. Jesús sufrió en su carne las enseñanzas de algunos que, en nombre de la divinidad, cargaban con fardos insoportables. La palabra «yugo» no es una imagen simbólica, sino real, de la vida campesina. Con el yugo se uncían las mulas y los bueyes que servían para labrar los campos. El yugo te obliga a tener vencida la cabeza, mirando al suelo, con la única intención de empujar un peso que no es tuyo y que no controlas. Los animales que llevan yugo son animales de carga. Jesús se atreve a contraponer dos yugos: el de otros, que no dice quiénes son, y el suyo. Por el contexto general de todos los evangelios, y por lo que sabemos de las distintas agrupaciones religiosas de aquel momento, podemos pensar en los fariseos. Para ellos, todas las personas estaban obligadas a cumplir escrupulosamente 613 mandamientos, que atribuían a la voluntad de Dios. Jesús es profundamente religioso; Jesús pasa horas enteras de oración con el Padre. Jesús no quiere que nadie se vea obligado a vivir de forma infeliz por creer en Dios. El texto que leemos tiene dos partes diferenciadas: primero es un canto de alabanza al Padre, porque la experiencia religiosa de amor sincero la entienden los más sencillos, no los complicados, que retuercen todos los argumentos. Luego, porque él, que es el Hijo y que ha recibido todo del Padre, no nos somete a yugos insoportables, sino a la experiencia del Dios amor.

OCTUBRE

16

Viernes
Feria o *Santa Eduvigis,*
Santa Margarita María de Alacoque

Primera lectura: Efesios 1,11-14

Salmo 32: Dichoso el pueblo que el Señor se escogió como heredad

Evangelio: Lucas 12,1-7

En aquel tiempo, miles y miles de personas se agolpaban hasta pisarse unos a otros. Jesús empezó a hablar, dirigiéndose primero a sus discípulos: «Cuidado con la levadura de los fariseos, o sea, con su hipocresía. Nada hay cubierto que no llegue a descubrirse, nada hay escondido que no llegue a saberse. Por eso, lo que digáis de noche se repetirá a pleno día, y lo que digáis al oído en el sótano se pregonará desde la azotea.

A vosotros os digo, amigos míos: no tengáis miedo a los que matan el cuerpo, pero no pueden hacer más. Os voy a decir a quién tenéis que temer: temed al que tiene poder para matar y después echar al infierno. A este tenéis que temer, os lo digo yo. ¿No se venden cinco gorriones por dos cuartos? Pues ni de uno solo se olvida Dios. Hasta los pelos de vuestra cabeza están contados. Por lo tanto, no tengáis miedo: no hay comparación entre vosotros y los gorriones».

Jesús se dirige a sus discípulos en medio de una enorme muchedumbre. Les advierte contra la «levadura de los fariseos, que es la «hipocresía», explicita Lucas en su evangelio. En efecto, pocas cosas reflejan mejor una falsa y perversa experiencia de Dios que la hipocresía religiosa; los que viven formas aprendidas sin creer de verdad aparentan ser piadosos y honestos ante los demás, cuando en realidad son superficiales, interesados y calculadores. La experiencia de Dios solo se puede vivir desde la confianza y la transparencia: «Nada hay escondido que no llegue a saberse». Si Dios es luz, no caben los claroscuros ni las zonas de sombra; si Dios es amor, no caben los matices legalistas retorcidos. A Dios no se le puede tener miedo, porque solo se tiene miedo a los inmisericordes, volubles y tiranos. El discípulo de Jesús no es alguien oscuro, temeroso y tenebroso. La claridad, limpieza y frescura del mensaje cristiano se manifiestan tanto en el anuncio libre y a plena luz del Reino como en la ausencia del miedo a Dios. No estamos abandonados a nuestra suerte ni llevamos adelante una tarea solo con nuestras fuerzas. Somos muy importantes para Dios, porque él es nuestro creador y nuestro salvador. La fe se vive en la presencia confiada.

OCTUBRE

17 | Sábado
San Ignacio de Antioquía

Primera lectura: Efesios 1,15-23

Salmo 8: Diste a tu Hijo el mando sobre las obras de tus manos

Evangelio: Lucas 12,8-12

En aquel tiempo dijo Jesús a sus discípulos: «Si uno se pone de mi parte ante los hombres, también el Hijo del hombre se pondrá de su parte ante los ángeles de Dios. Y si uno me niega ante los hombres, le negarán a él ante los ángeles de Dios. Al que hable contra el Hijo del hombre se le podrá perdonar, pero al que blasfeme contra el Espíritu Santo no se le perdonará. Cuando os conduzcan a la sinagoga, ante los magistrados y las autoridades, no os preocupéis de lo que vais a decir o de cómo os vais a defender. Porque el Espíritu Santo os enseñará en aquel momento lo que tenéis que decir».

Jesús advierte a los discípulos de que les conducirán ante magistrados y autoridades por anunciarle a él y hacer presente las semillas del Reino. La misión no es sinónimo de facilidades, logros o éxitos. La misión es sinónimo de obediencia y fidelidad a Jesús, escuchando al Espíritu Santo, afrontando los rechazos o incluso las persecuciones abiertas. En la obra de san Lucas –en su evangelio y en el libro de los Hechos de los Apóstoles–, el Espíritu Santo es el que anima, sostiene, da coraje y valentía a los discípulos. Por eso es tan grave, en palabras de Jesús, oponerse al Espíritu Santo. Las comunidades cristianas, que viven en el mundo, a pie de calle, afrontan problemas reales, cotidianos, de la gente corriente. Es la vida en toda su extensión: social, económica, moral, religiosa, familiar, laboral. Muchas de estas situaciones pueden ser conflictivas para los discípulos de Jesús que quieren vivir conforme al Evangelio. ¿Qué decir? ¿Cómo proceder? Jesús nos da el criterio: el Espíritu Santo hablará por nosotros. La fe es apertura, escucha, docilidad a la voz de aquel que nos sostiene y da valentía.

OCTUBRE

18

Domingo
XXIX del Tiempo Ordinario
(San Lucas, evangelista)

Primera lectura: Isaías 45,1.4-6
....
Salmo 95: Aclamad la gloria y el poder del Señor
....
Segunda lectura: 1 Tesalonicenses 1,1-5
....

Evangelio: Mateo 22,15-21

En aquel tiempo se retiraron los fariseos y llegaron a un acuerdo para comprometer a Jesús con una pregunta. Le enviaron unos discípulos con unos partidarios de Herodes y le dijeron: «Maestro, sabemos que eres sincero y que enseñas el camino de Dios conforme a la verdad, sin que te importe nadie, porque no miras lo que la gente sea. Dinos, pues, qué opinas: ¿es lícito pagar impuesto al César o no?». Comprendiendo su mala voluntad les dijo Jesús: «Hipócritas, ¿por qué me tentáis? Enseñadme la moneda del impuesto». Le presentaron un denario. Él les preguntó: «¿De quién son esta cara y esta inscripción?». Le respondieron: «Del César». Entonces les replicó: «Pues pagadle al César lo que es del César y a Dios lo que es de Dios».

El texto nos presenta la primera de las tres preguntas insidiosas que hacen los distintos grupos judíos a Jesús (22,15-40). Los jefes del pueblo se han dado cuenta de que las parábolas acerca del rechazo obstinado del Reino se refieren a ellos (21,45) y han determinado acabar con él. Estamos ante una trampa preparada por los discípulos de los fariseos y los herodianos. Plantean a Jesús un problema vivo de difícil solución: ¿hay que pagar el impuesto del César? La cuestión del pago al emperador era muy discutida, pues era la señal inequívoca de aceptar o no la dominación romana. Los partidarios de Herodes y parte del clero del Templo, muchos de ellos saduceos, eran partidarios de pagar los impuestos, pues se beneficiaban de ellos. Los grupos judíos de oposición a los ocupantes se negaban; los fariseos veían una ofensa a Dios, único Señor al que solo se puede adorar, con el agravante de que la moneda lleva la imagen del César (recordemos la prohibición de las imágenes en el judaísmo). Jesús está en un momento difícil. Si responde afirmativamente, pueden acusarlo de colaboracionista con los romanos e impío; si se pone en contra, pueden acusarlo de revolucionario y enemigo del emperador de Roma. Jesús evita entrar en una discusión-trampa y pone cada cosa en su sitio. Si sus adversarios reconocen el curso legal de la moneda, puesto que la tienen y la exhiben, indica que forman parte del sistema económico vigente y deben aceptar sus consecuencias. Para Jesús, ahí no está el problema real. Jesús lleva la respuesta a un campo más profundo: el César no es divino. Solo Dios es Dios; el hombre solo puede aceptar a Dios como su único Señor, y solo a él puede adorar. Tampoco hoy podemos perdernos en discusiones estériles, sino ponernos en presencia de Dios y pedir que se cumpla su voluntad.

OCTUBRE

19 | Lunes
Feria o *San Pedro de Alcántara, San Juan de Brébeuf y San Isaac Jogues, San Pablo de la Cruz*

Primera lectura: **Efesios 2,1-10**

Salmo 99: El Señor nos hizo y somos suyos

Evangelio: Lucas 12,13-21

En aquel tiempo dijo uno del público a Jesús: «Maestro, dile a mi hermano que reparta conmigo la herencia». Él le contestó: «Hombre, ¿quién me ha nombrado juez o árbitro entre vosotros?». Y dijo a la gente: «Mirad: guardaos de toda clase de codicia. Pues, aunque uno ande sobrado, su vida no depende de sus bienes».

Y les propuso una parábola: «Un hombre rico tuvo una gran cosecha. Y empezó a echar cálculos: "¿Qué haré? No tengo donde almacenar la cosecha". Y se dijo: "Haré lo siguiente: derribaré los graneros y construiré otros más grandes, y almacenaré allí todo el grano y el resto de mi cosecha. Y entonces me diré a mí mismo: 'Hombre, tienes bienes acumulados para muchos años; túmbate, come, bebe y date buena vida'". Pero Dios le dijo: "Necio, esta noche te van a exigir la vida. Lo que has acumulado, ¿de quién será?" Así será el que amasa riquezas para sí y no es rico ante Dios».

Texto propio de Lucas. Seguimos en el camino a Jerusalén y Jesús responde a las preguntas y necesidades de la gente. Uno de entre la gente, sin identificar, le presenta una situación particular que le preocupa. La petición no viene a cuento, pues la misión de Jesús no tiene que ver con arreglar litigios particulares de la vida ordinaria. La primera respuesta lo deja claro: no soy ni juez ni árbitro entre vosotros. Jesús va a lo esencial y pone el dedo en la llaga. Propone a todos una parábola: un rico tiene una gran cosecha y disfruta de una gran fortuna que le pertenece; echa cuentas, hace sus cálculos, cree tener todo controlado. Pero todo se tuerce cuando de repente muere; con eso no contaba. Es avariento e insensato. La pregunta de fondo es: ¿qué lugar ocupan los bienes materiales en nuestra vida ordinaria?, ¿dónde están nuestras seguridades, nuestros puntos de apoyo firmes?, la abundancia en lo material ¿puede «salvar», «responder», «saciar» las necesidades del ser humano? Lucas recoge aquí la tradición sapiencial del Eclesiastés (o Qohélet) y llama la atención sobre el alcance último de nuestra existencia. Juega con la posibilidad real, recogida asimismo en el texto veterotestamentario, de que no puedes controlar el destino último de los bienes ganados con tu esfuerzo. La pregunta encierra cierta socarronería: «Necio, lo acumulado ¿de quién será?». El texto acaba con una sentencia que sintetiza el pensamiento evangélico: la riqueza o necesidad del espíritu humano no se circunscriben a los bienes materiales, sino que alcanzan su verdadera razón en ser rico ante Dios.

OCTUBRE

20 | **Martes**
  | Feria

Primera lectura: Efesios 2,12-22
Salmo 84: Dios anuncia la paz a su pueblo

Evangelio: Lucas 12,35-38

En aquel tiempo dijo Jesús a sus discípulos: «Tened ceñida la cintura y encendidas las lámparas. Vosotros estad como los que aguardan a que su señor vuelva de la boda, para abrirle apenas venga y llame. Dichosos los criados a quienes el señor, al llegar, los encuentre en vela; os aseguro que se ceñirá, los hará sentar a la mesa y los irá sirviendo. Y, si llega entrada la noche o de madrugada y los encuentra así, dichosos ellos».

Jesús exhorta a la vigilancia activa y atenta. Lo compara con una imagen conocida en la época: unos criados que están preparados para recibir al amo cuando regrese de su boda: la cintura ceñida, indicando que están vestidos y preparados para ponerse a la tarea; las lámparas encendidas, porque toda la casa ya está a punto. Jesús llama «dichosos» a aquellos siervos que lo tengan todo a punto, indicando que han sido diligentes y precavidos. En una expresión extrema afirma que incluso él mismo, siendo el amor, les «servirá a la mesa». De nuevo, al final del texto, les dice que, si obran así, serán «felices», porque han sido fieles en lo encomendado. Nosotros solemos pensar en otros tipos de «bienaventuranzas», principalmente las que se encuentran en los discursos de Mateo y Lucas. Sin embargo, las bienaventuranzas están presentes en varias partes del evangelio. En esta ocasión, Lucas se sirve de ellas para invitar a ser personas y discípulos listos, atentos, despiertos, bien dispuestos. O lo que es lo mismo: el descuido y la desgana, la negligencia, la desatención y la despreocupación, no son propios de las personas sabias. El Evangelio es un camino de vida en la fe y un camino de sabiduría profundamente humana. El Evangelio es camino de felicidad.

OCTUBRE

21 | Miércoles
Feria

Primera lectura: Efesios 3,2-12

Salmo: Isaías 12,2-6: Sacaréis aguas con gozo de las fuentes de la salvación

Evangelio: Lucas 12,39-48
En aquel tiempo dijo Jesús a sus discípulos: «Comprended que, si supiera el dueño de casa a qué hora viene el ladrón, no le dejaría abrir un boquete. Lo mismo vosotros, estad preparados,

porque a la hora que menos penséis viene el Hijo del hombre». Pedro le preguntó: «Señor, ¿has dicho esa parábola por nosotros o por todos?». El Señor le respondió: «¿Quién es el administrador fiel y solícito a quien el amo ha puesto al frente de su servidumbre para que les reparta la ración a sus horas? Dichoso el criado a quien su amo, al llegar, lo encuentre portándose así. Os aseguro que lo pondrá al frente de todos sus bienes. Pero si el empleado piensa: "Mi amo tarda en llegar", y empieza a pegarles a los mozos y a las muchachas, a comer y beber y emborracharse, llegará el amo de ese criado el día y a la hora que menos lo espera y lo despedirá, condenándolo a la pena de los que no son fieles. El criado que sabe lo que su amo quiere y no está dispuesto a ponerlo por obra recibirá muchos azotes; el que no lo sabe, pero hace algo digno de castigo, recibirá pocos. Al que mucho se le dio, mucho se le exigirá; al que mucho se le confió, más se le exigirá».

Continúan las exhortaciones de Jesús a la vigilancia. La primera es una comparación con la imagen del ladrón; el dueño, preparado, lo impide. La segunda tiene que ver con la administración de una casa ajena. La persona encargada debe cumplir su tarea con diligencia y justicia –la llama de nuevo «dichoso»–, nunca con despotismo o abuso de autoridad. La sentencia final es exigente: a quienes más han recibido, más se les exigirá. Esta frase final puede ser motivo de preocupación o de desacuerdo, como si Dios hiciera una injusticia. ¿Merece la pena esforzarse? Podemos verlo desde otra perspectiva: si tenemos la suerte de conocer a Dios y escuchar su palabra, de ser discípulo de Jesús, ¿no es una enorme dicha, aunque se nos pida más? La fe no es nunca una carga pesada; o no lo debe ser. La fe es un don que desarrolla todas las capacidades de la persona: apertura al misterio, fidelidad a la humanidad, amor por los más necesitados. Quien recibe este regalo inmerecido no puede desentenderse de él y cruzarse de brazos. En efecto, el que más recibe, más puede y tiene que dar.

22 | Jueves
Feria o *San Juan Pablo II*

Primera lectura: Efesios 3,14-21

Salmo 32: La misericordia del Señor llena la tierra

Evangelio: Lucas 12,49-53

En aquel tiempo dijo Jesús a sus discípulos: «He venido a prender fuego en el mundo, ¡y ojalá estuviera ya ardiendo! Tengo que pasar por un bautismo, ¡y qué angustia hasta que se cumpla! ¿Pensáis que he venido a traer al mundo paz? No, sino división. En adelante, una familia de cinco estará dividida: tres contra dos y dos contra tres; estarán divididos el padre contra el hijo y el hijo contra el padre, la madre contra la hija y la hija contra la madre, la suegra contra la nuera y la nuera contra la suegra».

Leemos un texto que Lucas comparte con Mateo (10,34-36), pero con importantes diferencias. El texto de Lucas es más largo y elaborado que el de Mateo; por otra parte, Mateo añade una cita de Miqueas: «Los enemigos de cada uno serán los de su casa» (Miq 7,6). Lucas comienza haciendo referencia a Jesús, que dice de sí mismo estar destinado a «prender fuego» y a ser bautizado con un bautismo que aún no se ha cumplido. La misión de Jesús no es «poner paz» en la tierra, sino «espada» y «discordia» (Mateo). La afirmación de Jesús es provocadora. ¿No trae Jesús la paz? El texto de Mateo anuncia una «división» de forma general, sin precisar, mientras que Lucas matiza que la división será «en una misma casa», unos «contra» otros. ¿A qué se refiere Lucas con la «casa»? ¿A la comunidad cristiana? ¿Era Jesús un violento o justificaba la violencia? Nada más lejos de él. Jesús, en línea con los profetas del Antiguo

Testamento, como Jeremías, no vende su misión solo por quedar bien o para que nadie se sienta ofendido. Jesús advierte sobre una «falsa paz» que maquilla la realidad, oculta la verdad y esconde las injusticias. Algo así como «sobre todo que no haya conflictos» o «evitar las confrontaciones a toda costa», incluso sabiendo que esta falsedad y cobardía la pagan las víctimas y solo cierran los problemas en falso. Es el «irenismo», la «falsa paz» que pone en serio riesgo el anuncio del Evangelio. La imagen sobre la familia, fundamental en las relaciones sociales de la época y de hoy en día, llaman poderosamente la atención. Podemos entender que la verdad y justicia del Evangelio se sobreponen incluso a las relaciones entre los miembros familiares. Jesús no cuestiona la familia. Se atreve a poner la fidelidad al Reino incluso por encima de ella.

OCTUBRE

23

Viernes
Feria o *San Juan de Capistrano*

Primera lectura: Efesios 4,1-6

Salmo 23: Este, Señor, es el grupo que busca tu presencia

Evangelio: Lucas 12,54-59

En aquel tiempo decía Jesús a la gente: «Cuando veis subir una nube por el poniente decís enseguida: "Chaparrón tenemos", y así sucede. Cuando sopla el sur decís: "Va a hacer bochorno", y lo hace. Hipócritas: si sabéis interpretar el aspecto de la tierra y del cielo, ¿cómo no sabéis interpretar el tiempo presente? ¿Cómo no sabéis juzgar vosotros mismos lo que se debe hacer? Cuando te diriges al tribunal con el que te pone pleito, haz lo posible por llegar a un acuerdo con él mientras vais de camino; no sea que te arrastre ante el juez, y el juez te entregue al guardia, y el guardia te meta en la cárcel. Te digo que no saldrás de allí hasta que no pagues el último céntimo».

Dos últimas exhortaciones y reflexiones de Jesús a los discípulos y a la gente que le acompaña. La primera les recrimina su agudeza para leer el tiempo que va a hacer y su torpeza para leer los signos de la historia. El discípulo de Jesús tiene que educar la mirada para ver más allá de lo evidente: situaciones aparentemente pacificadas que esconden tragedias; personas que necesitan ayuda y solo envían señales ambiguas; abusos escondidos que hay que visibilizar. La vida hay que «leerla» e interpretarla. La segunda es una exhortación a la reconciliación, no por virtud, sino por habilidad. El discípulo tiene que ser despierto, agudo, espabilado, para saber desenvolverse en los trajines y negocios de este mundo. Este evangelio recoge unos consejos que son propios de una persona sabia, que ha vivido mucho, con una inteligencia natural, más que enseñanzas de un maestro religioso. Podemos decir que también en la fe se necesita la «inteligencia» de la gente sencilla y buena para hacer presente el Reino.

OCTUBRE

24 | Sábado
Feria o *San Antonio María Claret*

Primera lectura: Efesios 4,7-16

Salmo 121: Llenos de alegría vamos a la casa del Señor

Evangelio: Lucas 13,1-9
En una ocasión se presentaron algunos a contar a Jesús lo de los galileos cuya sangre vertió Pilato con la de los sacrificios que ofrecían. Jesús les contestó: «¿Pensáis que esos galileos eran

más pecadores que los demás galileos porque acabaron así? Os digo que no; y, si no os convertís, todos pereceréis lo mismo. Y aquellos dieciocho que murieron aplastados por la torre de Siloé, ¿pensáis que eran más culpables que los demás habitantes de Jerusalén? Os digo que no; y, si no os convertís, todos pereceréis de la misma manera». Y les dijo esta parábola: «Uno tenía una higuera plantada en su viña y fue a buscar fruto en ella, y no lo encontró. Dijo entonces el viñador: "Ya ves: tres años llevo viniendo a buscar fruto en esta higuera, y no lo encuentro. Córtala. ¿Para qué va a ocupar terreno en balde?" Pero el viñador contestó: "Señor, déjala todavía este año; yo cavaré alrededor y le echaré estiércol, a ver si da fruto. Si no, la cortas"».

El evangelio de hoy recoge dos textos dispares que podemos leer en clave de urgencia y necesidad de conversión. Las desgracias y calamidades personales no tienen por qué ser consecuencia de actuaciones moralmente reprobables. Las tragedias muchas veces son consecuencia de la casualidad o de situaciones desgraciadas, sin una causa fatalista que las desencadene. Jesús pone dos ejemplos llamativos con el estilo propio de la época, no exentos de tremendismo. Tanto los galileos que mueren degollados como los que mueren en el accidente de un derrumbe no sufren un castigo por una mala acción. Ni destino cruel del que no podemos zafarnos ni fatalismo religioso. Jesús no entra en ese juego, del gusto de muchos. Somos conscientes de nuestra libertad y responsabilidad. La conversión necesaria no es para evitar estas tragedias, sino la actitud de una persona madura que reorienta su vida; también desde la perspectiva religiosa. La parábola nos habla de mediadores que nunca faltan: el viñador pide dar otra oportunidad a la higuera. Dios tiene paciencia; no quiere nuestra destrucción, sino nuestra salvación. Nosotros no podemos desaprovechar los tiempos de gracia que siempre nos concede el Señor.

OCTUBRE

25

Domingo
XXX DEL TIEMPO ORDINARIO
(Santa Catalina de Alejandría)

Primera lectura: Éxodo 22,20-26
....
Salmo 17: Yo te amo, Señor, tú eres mi fortaleza
....
Segunda lectura: 1 Tesalonicenses 1,5-10
....

Evangelio: Mateo 22,34-40

En aquel tiempo, los fariseos, al oír que Jesús había hecho callar a los saduceos, formaron grupo, y uno de ellos, que era experto en la Ley, le preguntó para ponerlo a prueba: «Maestro, ¿cuál es el mandamiento principal de la Ley?». Él le dijo: «"Amarás al Señor, tu Dios, con todo tu corazón, con toda tu alma, con todo tu ser". Este mandamiento es el principal y primero. El segundo es semejante a él: "Amarás a tu prójimo como a ti mismo". Estos dos mandamientos sostienen la Ley entera y los Profetas».

Los principales grupos judíos siguen con su acoso a Jesús. Comienzan los fariseos con la cuestión de los impuestos (22,15-22); una segunda pregunta acerca de la resurrección de los muertos se la plantean los saduceos (22,23-33), y ante la respuesta contundente de Jesús los fariseos vuelven de nuevo a ponerle a prueba con una tercera e insidiosa pregunta (22,34-40). Los fariseos andaban confundidos en una maraña de preceptos –613–, que, según su concepción religiosa, debía cumplir el judío observante. La Ley de Dios se tornaba así no solo una carga de difícil cumplimiento, sino que era expresión máxima de opresión, no de la salvación de Dios. En la observancia o no de la Ley, de sus minucias, de sus mínimas expresiones, se juega aquel que quiere ser un buen judío su ser o su no ser, o sea, su salvación. La cuestión tiene, por tanto, carácter fundamental y no anecdótico. Jesús centra la observancia de la Ley en el amor, único mandamiento capaz de entrar en la verdadera dimensión de la religión. Un amor a Dios y al prójimo que no es excluyente ni confuso, sino que marca perfectamente las dos dimensiones a la vez que las presenta como necesarias. Los dos son culmen y a la vez resumen del único comportamiento religioso. Las dos son, por tanto, expresión definitiva de la Ley y los Profetas.

OCTUBRE

26 | **Lunes**
Feria

Primera lectura: Efesios 4,32-5,8
....
Salmo 1: Seamos imitadores de Dios, como hijos queridos
....

Evangelio: Lucas 13,10-17

Un sábado enseñaba Jesús en una sinagoga. Había una mujer que desde hacía dieciocho años estaba enferma por causa de un espíritu, y andaba encorvada, sin poderse enderezar. Al verla, Jesús la llamó y le dijo: «Mujer, quedas libre de tu enfermedad». Le impuso las manos y enseguida se puso derecha. Y glorificaba a Dios. Pero el jefe de la sinagoga, indignado porque Jesús había curado en sábado, dijo a la gente: «Seis días tenéis para trabajar; venid esos días a que os curen, y no los sábados». Pero el Señor, dirigiéndose a él, dijo: «Hipócritas: cualquiera de vosotros, ¿no desata del pesebre al buey o al burro y lo lleva a abrevar, aunque sea sábado? Y a esta, que es hija de Abrahán, y que Satanás ha tenido atada dieciocho años, ¿no había que soltarla en sábado?». A estas palabras, sus enemigos quedaron abochornados, y toda la gente se alegraba de los milagros que hacía.

Asistimos a una nueva curación de Jesús en una sinagoga; en este caso, de una «mujer encorvada» desde hacía dieciocho años.

Lucas se fija más que los otros evangelistas en las mujeres que sufren discriminación social y religiosa (enfermas, viudas, proscritas por razones sociales). Asistimos asimismo a reacciones contrapuestas: la mujer alaba y glorifica a Dios por su curación; el jefe de la sinagoga se indigna porque la curación ha sido realizada en sábado; la gente se alegra por las maravillas que hace Jesús. En medio de la disputa aparece una situación que no es anecdótica, sino ejemplificadora de una forma de pensar; por interés se puede burlar la rigidez de una ley, como es el caso de un buey o borrico al que el dueño le da de beber, aunque sea sábado. ¿No se puede saltar esa norma cuando se trata de la curación de una persona necesitada? Jesús tenía la virtud de desenmascarar las falsas religiosidades; de exponer las contradicciones de la gente, especialmente de los que decían ser los profesionales de la Ley. Jesús se pone al lado de la mujer sencilla, del pueblo llano, de una «hija de Abrahán», y le concede la salud en sábado, enfrentándose a los rigoristas, que se escandalizan.

OCTUBRE

27 | **Martes**
Feria

Primera lectura: Efesios 5,21-33

Salmo 127: Dichosos los que temen al Señor

Evangelio: Lucas 13,18-21

En aquel tiempo decía Jesús: «¿A qué se parece el reino de Dios? ¿A qué lo compararé? Se parece a un grano de mostaza que un hombre toma y siembra en su huerto; crece, se hace un arbusto y los pájaros anidan en sus ramas». Y añadió: «¿A qué compararé el reino de Dios? Se parece a la levadura que una mujer toma y mete en tres medidas de harina, hasta que todo fermenta».

Jesús propone dos comparaciones muy breves sobre el reino de Dios. La primera resalta la diferencia entre la pequeñez inicial, insignificante, y el resultado final, grandioso. La segunda, el poder sorprendente de un poco de levadura que transforma la realidad de las cosas desde dentro. Imágenes del campo, de la vida rural, que Jesús había visto desde pequeño en la observación de la naturaleza y en el día a día del poblado de Nazaret. Ambas explican a la perfección la dinámica del reino de Dios. Todos buscamos lo llamativo, lo espectacular, lo que impresiona, y despreciamos lo pequeño, lo insignificante, lo débil. El grano de mostaza, dice Jesús, pareciendo muy poca cosa, casi sin fuerza, lleva en sí mismo una vitalidad que le convierte en un arbusto y en un árbol. Otras veces nos empeñamos en repetir fórmulas viejas o trasnochadas; nos apegamos a lo antiguo, que carece de frescura y de vida. La levadura expresa el poder del cambio, de la novedad y sorpresa, presente en el reino de Dios. Hay que esperar a que fermente la masa, hay que dejar que siga su curso, hay que dejarse sorprender. El Evangelio no envejece, sino que es levadura en medio de nuestro mundo.

OCTUBRE

28 | Miércoles
San Simón y San Judas, apóstoles

Primera lectura: Efesios 2,19-22

Salmo 18: A toda la tierra alcanza su pregón

Evangelio: Lucas 6,12-19

En aquel tiempo subió Jesús a la montaña a orar y pasó la noche orando a Dios. Cuando se hizo de día llamó a sus discípulos, escogió a doce de ellos y los nombró apóstoles: Simón, al que puso de nombre Pedro, y Andrés, su hermano, Santiago, Juan,

Felipe, Bartolomé, Mateo, Tomás, Santiago Alfeo, Simón, apodado el Celotes, Judas el de Santiago y Judas Iscariote, que fue el traidor.

Bajó del monte con ellos y se paró en un llano, con un grupo grande de discípulos y de pueblo procedente de toda Judea, de Jerusalén y de la costa de Tiro y de Sidón. Venían a oírlo y a que los curara de sus enfermedades; los atormentados por espíritus inmundos quedaban curados, y la gente trataba de tocarlo, porque salía de él una fuerza que los curaba a todos.

San Lucas es el evangelista que más insiste en la oración de Jesús. No hace nada sin haber estado largo tiempo, incluso «toda la noche», orando. Cada uno de los momentos más importantes de su vida están enmarcados por la oración de intimidad y de escucha al Padre. En este caso, Lucas hace que la oración de Jesús preceda a la elección de los doce discípulos. Primero dice que «escogió» a doce de ellos, indicando por una parte que eran muchos más. La elección no supone desprecio de nadie, sino que Jesús tiene sus criterios. ¿Cuáles son los criterios de Jesús? ¿La sencillez, la audacia, el coraje, el empuje, la constancia, la claridad? No lo sabemos. El número doce tiene en el conjunto de las Escrituras un valor simbólico conocido: los doce hijos de Jacob, las doce tribus de Israel. Podemos ver en este número la pretensión de Jesús de iniciar un movimiento de continuidad con el pueblo de Israel, y al mismo tiempo de novedad por su radicalidad en el anuncio y vivencia del Reino. Entre los doce aparecen los nombres de los dos apóstoles que celebramos hoy: Simón, apodado «el celote», y Judas el de Santiago, que no hay que confundir con Judas Iscariote. Los evangelistas nos dan el «nombre» de los apóstoles, como en todos los grandes textos bíblicos. No es una llamada «general», «indefinida», sino que es personal, histórica, con rostros, proyectos y memoria. A continuación, Jesús deja el monte –lugar de oración para Lucas– y se retira a un llano, donde comienza el anuncio de su Buena Noticia. La nota geográfica de Lucas es curiosa: cita de forma genérica los extremos de Israel: el sur (Judá y Jerusalén) y el norte (Tiro y Sidón, fuera de Israel), pero no hace referencia al centro, a la tierra de Samaría. Citando las tierras extremas abarca a todos. La gente le busca para escucharle y para que les cure. La misión de los apóstoles, entonces y hoy, es la misión de Jesús.

OCTUBRE

29 | **Jueves**
Feria

Primera lectura: Efesios 6,10-20

Salmo 143: Bendito el Señor, mi Roca

Evangelio: Lucas 13,31-35

En aquella ocasión se acercaron unos fariseos a decirle: «Márchate de aquí, porque Herodes quiere matarte». Él contestó: «Id a decirle a ese zorro: "Hoy y mañana seguiré curando y echando demonios; pasado mañana llego a mi término". Pero hoy y mañana y pasado tengo que caminar, porque no cabe que un profeta muera fuera de Jerusalén.

¡Jerusalén, Jerusalén, que matas a los profetas y apedreas a los que se te envían! ¡Cuántas veces he querido reunir a tus hijos, como la clueca reúne a sus pollitos bajo las alas! Pero no habéis querido. Vuestra casa se os quedará vacía. Os digo que no me volveréis a ver hasta el día que exclaméis: "¡Bendito el que viene en nombre del Señor!"».

Jesús ha tomado la decisión de subir a Jerusalén (9,51). En su camino aparecen unos fariseos que le advierten de que el rey

Herodes quiere matarle. Herodes Antipas no tenía poder en todo el país, pues el territorio había sido dividido a la muerte de su padre, Herodes el Grande. Con todo, tenía autoridad sobre Galilea y Perea, al otro lado del Jordán, que Jesús transitaba con sus discípulos cuando iban a la ciudad santa. Jesús no tiene miedo de las amenazas y le envía un mensaje: voy a Jerusalén a cumplir mi misión. Jesús se alinea con los profetas bíblicos, que sufrieron rechazo y persecución. No ha llegado a la ciudad –llega en 19,28–, pero expresa un lamento al modo profético: «Jerusalén, Jerusalén...». Es la ciudad santa, la elegida por Dios para habitar en ella, pero es dura, se resiste a aceptar a los enviados de Dios. El lamento de Jesús atraviesa geografía y tiempo; Jesús lloró por la ciudad que hoy sigue siendo cautivadora, santa, cerril y obstinada a la vez.

OCTUBRE

30 | **Viernes**
Feria

Primera lectura: Filipenses 1,1-11
....
Salmo 110: Grandes son las obras del Señor
....

Evangelio: Lucas 14,1-6

Un sábado entró Jesús en casa de uno de los principales fariseos para comer, y ellos le estaban espiando. Se encontró delante un hombre enfermo de hidropesía y, dirigiéndose a los maestros de la Ley y fariseos, preguntó: «¿Es lícito curar los sábados o no?». Ellos se quedaron callados. Jesús, tocando al enfermo, lo curó y lo despidió. Y a ellos les dijo: «Si a uno de vosotros se le cae al pozo el hijo o el buey, ¿no lo saca enseguida, aunque sea sábado?». Y se quedaron sin respuesta.

Una vez más, la escena tiene lugar en sábado; a nosotros nos puede parecer excesivamente repetitiva la insistencia de los evangelistas en el sábado. No es un día de la semana más; tampoco es porque sea un día de descanso. En el sábado se juega la identidad judía frente a los romanos invasores, los griegos de la Decápolis, los cananeos de Fenicia, los árabes de Idumea, los filisteos de Gaza. Los judíos son únicos y se diferencian de los demás; la norma a la que obliga el sábado adquiere un rasgo religioso: Dios descansó; no se discute. De nuevo una escena de comensalidad, y la mesa la ha preparado uno de los principales fariseos. La presencia allí de un enfermo provoca la pregunta de Jesús por propia iniciativa sobre la observancia del sábado. Una vez curado el enfermo, hace una segunda pregunta sobre el comportamiento habitual de todos ellos en una situación de riesgo que afecta a sus intereses: ante un animal de trabajo que cae a un pozo, ¿se actúa o no, si esto sucede en sábado? Su pregunta queda sin respuesta, porque no saben qué decir. Puede parecer que Jesús sea un provocador; podemos pensar, mejor, que conoce el corazón de las personas y les hace enfrentarse a sus contradicciones. Jesús educa y corrige sin ofender ni humillar.

OCTUBRE

31 | Sábado
Feria

Primera lectura: Filipenses 1,18b-26
....
Salmo 41: Mi alma tiene sed del Dios vivo
....

Evangelio: Lucas 14,1.7-11

Un sábado entró Jesús en casa de uno de los principales fariseos para comer, y ellos le estaban espiando. Notando que los convidados escogían los primeros puestos, les propuso esta parábola: «Cuando te conviden a una boda, no te sientes en el puesto principal, no sea que hayan convidado a otro de más categoría que tú; y vendrá el que os convidó a ti y al otro y te dirá: "Cédele el puesto a este". Entonces, avergonzado, irás a ocupar el último puesto. Al revés, cuando te conviden, vete a sentarte en el último puesto, para que, cuando venga el que te convidó, te diga: "Amigo, sube más arriba". Entonces quedarás muy bien ante todos los comensales. Porque todo el que se enaltece será humillado, y el que se humilla será enaltecido».

Una comida-trampa, podríamos pensar, a tenor del comentario de san Lucas: los fariseos «le estaban espiando». Jesús aprovecha la situación para hacer dos pequeñas catequesis acertadas; la primera, sobre la vanidad y la humildad; la segunda, sobre la gratuidad. El ejemplo de Jesús es agudo: si el dueño de la casa tiene que corregirte porque te has colocado por encima de tu puesto, quedas en evidencia ante todos; no así si el dueño de la casa te acompaña y te coloca junto a él. La segunda parte del evangelio se dirige al anfitrión y, por tanto, a cada uno de nosotros. ¿Por qué invitamos a unos sí y a otros no? Los pobres, lisiados, cojos... no pueden ser nunca parte de nuestro «interés», pues no nos pueden dar nada. El evangelio pone el dedo en la llaga: ¿cómo nos situamos ante las personas? ¿Qué nos mueve a actuar en la vida para favorecer a unos y dejar de lado a otros?

1

Domingo
TODOS LOS SANTOS
(XXXI DEL TIEMPO ORDINARIO)

Primera lectura: Apocalipsis 7,2-4.9-14

Salmo 23: Este es el grupo que viene a tu presencia, Señor

Segunda lectura: 1 Juan 3,1-3

Evangelio: Mateo 5,1-12a

En aquel tiempo, al ver Jesús el gentío, subió a la montaña, se sentó y se acercaron sus discípulos; y él se puso a hablar, enseñándoles: «Dichosos los pobres en el espíritu, porque de ellos es el reino de los cielos. Dichosos los que lloran, porque ellos serán consolados. Dichosos los sufridos, porque ellos heredarán la tierra. Dichosos los que tienen hambre y sed de justicia, porque ellos quedarán saciados. Dichosos los misericordiosos, porque ellos alcanzarán la misericordia. Dichosos los limpios de corazón, porque ellos verán a Dios. Dichosos los que trabajan por la paz, porque ellos se llamarán hijos de Dios. Dichosos los perseguidos por causa de la justicia, porque de ellos es el reino de los cielos. Dichosos vosotros cuando os insulten y os persigan y os calumnien de cualquier modo por mi causa. Estad alegres y contentos, porque vuestra recompensa será grande en el cielo».

La actividad pública de Jesús comienza solemnemente en Mateo con el anuncio de las bienaventuranzas. Como «nuevo Moisés» que propone la «nueva Ley», Jesús sube al monte, se sienta y se pone a enseñar. La estructura literaria es conocida («Dichoso aquel que... porque...»), pero su contenido es radicalmente nuevo. Jesús inicia el primero de sus cinco discursos, según el esquema literario de san Mateo, con la proclamación de las bienaventuranzas. Tiene sabor programático: el Reino no se plantea como una condena, sino como una propuesta de felicidad. Lo más importante es el cambio de perspectiva: no son dichosos los poderosos, los famosos, los millonarios..., sino los que necesitan todo, los humildes y los limpios de corazón. Leída en este contexto de la fiesta de Todos los Santos, las bienaventuranzas saben a *carta magna*. No es un texto escrito para engañar a corazones débiles, sino para ensalzar la debilidad aparente del amor y de la mansedumbre que se apodera de la violencia. No pretende sancionar una religión de esclavos, sino ensalzar la humildad que puede vencer con su verdad al que atropella con sus mentiras e injusticias. Jesús no promete una «felicidad» barata («será feliz aquel que...»), para salir del paso, sino la dicha que colma el corazón sin límites del hombre. Es dicha para saciar, llenar, colmar el hondón del alma, no para aparentar una falsa alegría sosa y pasajera que no conduce a nada y te deja más insatisfecho. Las bienaventuranzas han sido y siguen siendo motor de espiritualidad del seguimiento de Jesús cuando se leen con el corazón y no solo con la mente. Es forma de vivir aquí y ahora, forma de relacionarse con los otros, forma de estar en el mundo, ante Dios y con Dios. Es *carta magna* para un proyecto de vida que, además, no se queda aquí, bajo los tejados. Como acaba el texto de Mateo: «Vuestra recompensa será grande en el cielo».

NOVIEMBRE

2

Lunes
Conmemoración de todos los fieles difuntos

Primera lectura: 2 Macabeos 12,43-46

Salmo 22: El Señor es mi pastor, nada me falta

Segunda lectura: Romanos 5,5-11

Evangelio: Mateo 5,1-12a

En aquel tiempo, al ver Jesús el gentío, subió a la montaña, se sentó y se acercaron sus discípulos; y él se puso a hablar, enseñándoles: «Dichosos los pobres en el espíritu, porque de ellos es el reino de los cielos. Dichosos los que lloran, porque ellos serán consolados. Dichosos los sufridos, porque ellos heredarán la tierra. Dichosos los que tienen hambre y sed de justicia, porque ellos quedarán saciados. Dichosos los misericordiosos, porque ellos alcanzarán la misericordia. Dichosos los limpios de corazón, porque ellos verán a Dios. Dichosos los que trabajan por la paz, porque ellos se llamarán hijos de Dios. Dichosos los perseguidos por causa de la justicia, porque de ellos es el reino de los cielos. Dichosos vosotros cuando os insulten y os persigan y os calumnien de cualquier modo por mi causa. Estad alegres y contentos, porque vuestra recompensa será grande en el cielo».

El evangelio de Mateo tiene como primeros destinatarios los judíos que no están cerrados a confesar a Jesús como Mesías. Por ser judíos conocen bien las Escrituras; saben quién es Moisés; saben qué supone la revelación de Dios en el Sinaí; saben que los mandamientos de Dios obligan. Por ser judíos abiertos a dar el paso a confesar a Jesús quieren marcar con precisión las novedades de la nueva fe. Hay un antes y un después. Qué permanece y qué cambia. Jesús es el «nuevo Moisés»; el texto no lo dice explícitamente, pero la redacción final del evangelio de Mateo apunta en esa dirección: de la misma forma que Moisés es el «autor» de los cinco libros de la Ley, Jesús pronunciará también cinco discursos en los que presenta su mensaje. Jesús sube a la montaña, sin decir su nombre; pero podemos referirnos al Sinaí. Se sentó, porque los maestros hablan sentados cuando quieren exponer sus palabras con firmeza y rotundidad. Jesús no quiere exponer algo discutible, sino que son «enseñanzas» que dan un paso adelante. La nueva relación con Dios no es la de una obediencia ciega, la del imperativo categórico, sino la de la propuesta de felicidad. Jesús dice: «Seréis bienaventurados cuando...». Hay, por otra parte, una inversión de criterios para definir quién es y quién no es feliz. Jesús no pone la dicha en el dinero, la fama, el triunfo, el poder...; tampoco en la seguridad, en la ausencia de conflictos, en la vida cómoda. Jesús no habla por él, sino que nos revela el corazón de Dios. Para Jesús, son felices los que trabajan por la paz, los que son perseguidos por ser justos, los limpios de corazón. Las bienaventuranzas de Mateo siguen siendo una provocación para todas las generaciones que, de una forma u otra, se tienen que plantear en qué consiste la verdadera dicha. ¿Cuál será la recompensa? Jesús no lo dice, sino que nos remite al cielo.

NOVIEMBRE

3 | Martes
Feria o *San Martín de Porres*

Primera lectura: Filipenses 2,5-11
....
Salmo 21: El Señor es mi alabanza en la gran asamblea
....

Evangelio: Lucas 14,15-24

En aquel tiempo, uno de los comensales dijo a Jesús: «¡Dichoso el que coma en el banquete del reino de Dios!». Jesús le contestó:

«Un hombre daba un gran banquete y convidó a mucha gente; a la hora del banquete mandó un criado a avisar a los convidados: "Venid, que ya está preparado". Pero ellos se excusaron uno tras otro. El primero le dijo: "He comprado un campo y tengo que ir a verlo. Dispénsame, por favor". Otro dijo: "He comprado cinco yuntas de bueyes y voy a probarlas. Dispénsame, por favor". Otro dijo: "Me acabo de casar y, naturalmente, no puedo ir". El criado volvió a contárselo al amo. Entonces el dueño de casa, indignado, le dijo al criado: "Sal corriendo a las plazas y calles de la ciudad y tráete a los pobres, a los lisiados, a los ciegos y a los cojos". El criado dijo: "Señor, se ha hecho lo que mandaste, y todavía queda sitio". Entonces el amo le dijo: "Sal por los caminos y senderos e insísteles hasta que entren y se me llene la casa. Y os digo que ninguno de aquellos convidados probará mi banquete"».

Leemos esta parábola en Mateo y en Lucas, con diferencias notables. El evangelio de Mateo es mucho más duro con los que rechazan la invitación a la boda, y además exige llevar traje de fiesta para participar (22,2-10). En el texto que leemos hoy, de Lucas, se trata de la invitación a un banquete; al igual que en el evangelio de Mateo, aparecen las excusas para no asistir. El anfitrión se enfada y decide que la cena se celebre, pero con otros invitados, con los «descartados» de la sociedad: pobres, ciegos, cojos. Como aún hay sitio, todavía hace una segunda invitación en la que incluye a todos con los que se encuentren los criados; añadiendo que los que han rechazado la invitación no probarán el banquete. El desprecio a una invitación forma parte de la condición humana. Quizá por soberbia o altivez; quizá por falta de interés; quizá por timidez. En esta parábola, Dios es el anfitrión, y la sorpresa es que los destinatarios la desprecian. La invitación que Dios nos hace sigue siendo actual, está vigente; no nos sorprendamos de que muchos descartados según lo humano sean los que mejor entiendan el Evangelio.

NOVIEMBRE

4 | Miércoles
San Carlos Borromeo

Primera lectura: Jeremías 2,12-18

Salmo 26: El Señor es mi luz y mi salvación

Evangelio: Lucas 14,25-33

En aquel tiempo, mucha gente acompañaba a Jesús; él se volvió y les dijo: «Si alguno se viene conmigo y no pospone a su padre y a su madre, y a su mujer y a sus hijos, y a sus hermanos y a sus hermanas, e incluso a sí mismo, no puede ser discípulo mío. Quien no lleve su cruz detrás de mí no puede ser discípulo mío. Así, ¿quién de vosotros, si quiere construir una torre, no se sienta primero a calcular los gastos, a ver si tiene para terminarla? No sea que, si echa los cimientos y no puede acabarla, se pongan a burlarse de él los que miran, diciendo: "Este hombre empezó a construir y no ha sido capaz de acabar". ¿O qué rey, si va a dar la batalla a otro rey, no se sienta primero a deliberar si con diez mil hombres podrá salir al paso del que le ataca con veinte mil? Y si no, cuando el otro está todavía lejos, envía legados para pedir condiciones de paz. Lo mismo vosotros: el que no renuncia a todos sus bienes no puede ser discípulo mío».

El seguimiento de Jesús comporta la renuncia y el despojo. No es algo optativo, sino que brota del seguimiento. No se trata, por tanto, de ensalzar la cruz como si el sufrimiento en sí mismo debiera ser buscado por el cristiano –lo cual es una aberración–, sino de integrar la cruz en el camino que se nos presenta día a día. El texto de Lucas comienza indicando que «mucha gente seguía a Jesús». Curiosamente, Jesús no «baja» el listón, sino que les recuerda que el seguimiento conlleva tomar opciones fundamentales. La propuesta es, por tanto, una elección que sea consciente, meditada y contrastada. En esto, como en otros aspectos, Jesús se distingue de los rabinos de su época. Jesús no busca el reconocimiento generalizado ni un seguimiento sin contraste. Tampoco podemos ver en el seguimiento de Jesús una «élite», pues entonces hablaríamos de «secta» y no de «iglesia». El discípulo de Cristo está llamado a la renuncia de lo secundario, de lo efímero, de lo que distrae del corazón del Evangelio –de los «bienes», con minúscula–, pero no de forma irracional o fundamentalista, sino con la lucidez y la libertad que da el Espíritu Santo.

NOVIEMBRE

5 | Jueves
Feria o *Santa Ángela de la Cruz*

Primera lectura: Filipenses 3,3-8

Salmo 104: Que se alegren los que buscan al Señor

Evangelio: Lucas 15,1-10

En aquel tiempo solían acercarse a Jesús todos los publicanos y los pecadores a escucharle. Y los fariseos y los escribas murmuraban entre ellos: «Ese acoge a los pecadores y come con ellos». Jesús les dijo esta parábola: «Si uno de vosotros tiene cien ovejas y se le pierde una, ¿no deja las noventa y nueve en el campo y va tras la descarriada hasta que la encuentra? Y, cuando la encuentra, se la carga sobre los hombros, muy contento; y, al llegar a casa, reúne a los amigos y a los vecinos para decirles: "¡Felicitadme!, he encontrado la oveja que se me había perdido". Os digo que así también habrá más alegría en el cielo por un solo pecador que se convierta que por noventa y nueve justos que no necesitan convertirse. Y si una mujer tiene diez monedas y se le pierde una, ¿no enciende una lámpara y barre la casa y busca con cuidado hasta que la encuentra? Y, cuando la encuentra, reúne a las amigas y a las vecinas para decirles: "¡Felicitadme!, he encontrado la moneda que se me había perdido". Os digo que la misma alegría habrá entre los ángeles de Dios por un solo pecador que se convierta».

De nuevo una escena cotidiana en la vida de Jesús: los pecadores le buscan; los fariseos y los maestros de la Ley «murmuran» contra Jesús porque «come» con ellos. Jesús propone dos parábolas: la de la oveja y la moneda perdidas. La acusación de que «come con pecadores» equivalía a una excomunión de la ortodoxia judía de la época, marcada por la pureza ritual exigida. Es más, se pone en tela de juicio qué Dios revela Jesús: el que ratifica y consagra las separaciones y la exclusión o el Padre que espera, se alegra y abraza a los que se saben pecadores. Una lectura actual nos lleva a no proyectar la actitud excluyente en aquellos fariseos y publicanos, como si fuera un problema de la historia ajeno a nosotros y nuestra concepción del mundo, sino a situarnos personalmente ante la actitud de Jesús con los pecadores y cuestionarnos en qué Dios creemos. Lucas insiste por dos veces en la «alegría» del cielo por la conversión de un solo pecador, descolocando y dando un giro radical a la concepción de Dios que exige el castigo para poder satisfacer su ofensa. La razón es que «lo perdido», bien una oveja, bien una moneda, «ha sido encontrado/recuperado». Así es el Dios Padre de misericordia en el que creemos. Sufre cuando las personas se alejan, se extravían o se van de casa; se alegra cuando las recupera.

NOVIEMBRE

6 | Viernes
Santos Pedro Poveda e Inocencio de la Inmaculada y comps. márts.

Primera lectura: Filipenses 3,17-4,1

Salmo 121: Llenos de alegría vamos a la casa del Señor

Evangelio: Lucas 16,1-8

En aquel tiempo dijo Jesús a sus discípulos: «Un hombre rico tenía un administrador y le llegó la denuncia de que derrochaba sus bienes. Entonces lo llamó y le dijo: "¿Qué es eso que me cuentan de ti? Entrégame el balance de tu gestión, porque quedas despedido". El administrador se puso a echar sus cálculos: "¿Qué voy a hacer ahora que mi amo me quita el empleo? Para cavar no tengo fuerzas; mendigar me da vergüenza. Ya sé lo que voy a hacer para que, cuando me echen de la administración, encuentre quien me reciba en su casa".

Fue llamando uno a uno a los deudores de su amo y dijo al primero: "¿Cuánto debes a mi amo?" Este respondió: "Cien barriles de aceite". Él le dijo: "Aquí está tu recibo; aprisa, siéntate y escribe cincuenta". Luego dijo a otro: "Y tú, ¿cuánto debes?" Él contestó: "Cien fanegas de trigo". Le dijo: "Aquí está tu recibo, escribe ochenta". Y el amo felicitó al administrador injusto por la astucia con que había procedido. Ciertamente, los hijos de este mundo son más astutos con su gente que los hijos de la luz».

Camino de Jerusalén, Jesús enseña a sus discípulos como un maestro y no evita uno de los asuntos más populares y universales: el correcto uso de los bienes materiales y las riquezas. En este caso, plantea una parábola que, como siempre, hace pensar. El ejemplo que propone es desconcertante, pues Jesús alaba la astucia del administrador que ha obrado, a todas luces, con sagacidad, pero de forma deshonesta. Este caso no plantea el uso de los bienes propios, sino la administración de los ajenos que han sido confiados. Ante una acusación de malversación, que el administrador no niega, y ante el consiguiente despido, decide sobre su futuro: rechaza las posibilidades honestas, pero no satisfactorias, y opta por la picardía, poniendo a su favor a los deudores de su amo. La actitud del astuto capataz enseña a saber buscar amigos perdonando deudas y favoreciendo a otros más necesitados, no por bondad, sino por interés propio. Jesús alaba la astucia de este administrador, aunque no aprueba su comportamiento desleal. La sentencia final es esclarecedora: con frecuencia, los «hijos de las tinieblas» son más astutos que los «hijos de la luz». El discípulo debe ser honesto, coherente, bueno, pero no necio, indolente o despreocupado.

NOVIEMBRE

7 | Sábado
Feria

Primera lectura: Filipenses 4,10-19

Salmo 111: Dichoso quien teme al Señor

Evangelio: Lucas 16,9-15

En aquel tiempo decía Jesús a sus discípulos: «Ganaos amigos con el dinero injusto, para que, cuando os falte, os reciban en las moradas eternas. El que es de fiar en lo menudo también en lo importante es de fiar; el que no es honrado en lo menudo tampoco en lo importante es honrado. Si no fuisteis de fiar en el injusto dinero, ¿quién os confiará lo que vale de veras? Si no fuisteis de fiar en lo ajeno, lo vuestro, ¿quién os lo dará? Ningún siervo puede servir a dos amos, porque, o bien aborrecerá a uno y amará al otro, o bien se dedicará al primero y no hará caso del segundo. No podéis servir a Dios y al dinero». Oyeron esto los fariseos, amigos del dinero, y se burlaban de él. Jesús les dijo: «Vosotros presumís de observantes delante de la gente, pero Dios os conoce por dentro. La arrogancia con los hombres, Dios la detesta».

Jesús continúa reflexionando sobre los bienes materiales y el dinero. Es muy fácil hacer demagogias con este tema. Nunca faltan argumentos: los bienes son necesarios, no hacen daño a nadie; los bienes no son ni buenos ni malos, lo que debemos plantearnos es qué uso les damos; no se puede vivir con dignidad sin bienes materiales, etc. Todo esto es verdad. En la Escritura queda claro que solo se puede adorar a Dios; la Escritura nos advierte también sobre la seducción de los «becerros de oro» que quieren ocupar el puesto de Dios y exigen adoración. La sentencia es muy conocida y tiene valor universal: ningún siervo puede servir a dos señores, ¿está claro? El que sirve al dios dinero dedica sus energías, se somete a sus criterios, se mueve por sus impulsos, no puede servir a Dios. Los bienes materiales son un don de Dios para vivir con la dignidad que todos merecemos; los bienes son de la gran humanidad, no de unos pocos. La adoración del dinero, expulsando de nuestra vida la relación filial con Dios, es antidivina.

NOVIEMBRE

8

Domingo
XXXII DEL TIEMPO ORDINARIO

Primera lectura: Sabiduría 6,12-16
Salmo 62: Mi alma está sedienta de ti, Señor, Dios mío
Segunda lectura: 1 Tesalonicenses 4,13-18 (o 4,13-14)

Evangelio: Mateo 25,1-13

En aquel tiempo dijo Jesús a sus discípulos esta parábola: «Se parecerá el reino de los cielos a diez doncellas que tomaron sus lámparas y salieron a esperar al esposo. Cinco de ellas eran necias y cinco eran sensatas. Las necias, al tomar las lámparas, se dejaron el aceite; en cambio, las sensatas se llevaron alcuzas de aceite con las lámparas. El esposo tardaba, les entró sueño a todas y se durmieron. A medianoche se oyó una voz: "¡Que llega el esposo, salid a recibirlo!" Entonces se despertaron todas aquellas doncellas y se pusieron a preparar sus lámparas. Y las necias dijeron a las sensatas: "Dadnos un poco de vuestro aceite, que se nos apagan las lámparas". Pero las sensatas contestaron: "Por si acaso no hay bastante para vosotras y nosotras, mejor es que vayáis a la tienda y os lo compréis". Mientras iban a comprarlo llegó el esposo, y las que estaban preparadas entraron con él al banquete de bodas, y se cerró la puerta. Más tarde llegaron también las otras doncellas, diciendo: "Señor, señor, ábrenos". Pero él respondió: "Os lo aseguro: no os conozco". Por tanto, velad, porque no sabéis el día ni la hora».

Jesús continúa con sus enseñanzas sobre el Reino mediante una parábola que completa la anterior. Se sirve de una imagen de bodas en la que está implicado un novio y las doncellas que le esperan. Cuando llega, unas están preparadas para el recibimiento, otras se precipitan y fracasan. Es una parábola que juega con dos elementos fundamentales: un hecho importante en la vida de las personas que, por otra parte, es imprevisible. Bajo la imagen del banquete de bodas se expresa cómo no basta con estar invitados, sino que hay que estar preparados. Que el novio llegue a medianoche supone romper los esquemas de lo previsible, controlable o calculable. Se sale de los parámetros habituales. Los atentos están preparados, los que se dejan llevar por el descuido se encuentran con la sorpresa, que les descoloca. La trascendencia del hecho queda puesta de relieve al cerrar tras de sí la puerta de la sala del banquete. Todas duermen por el cansancio del día y lo avanzado de la noche, pero no todas están preparadas. Dentro de una tradición bíblica sapiencial, Jesús pide prudencia y previsión. No es solo cuestión de buena disposición o voluntad si esta está carente de toda perspicacia; la urgencia del Reino pide personas atentas a las llamadas y a la vez preparadas ante lo imprevisible. En el contexto escatológico que tiene el quinto discurso del evangelio de Mateo, la llamada se centra en la suerte de la vida de cada cual: no seáis como los necios, que viven de espaldas a su suerte y a la del mundo; vosotros, *estad preparados*. La vida es, en realidad, una caja de sorpresas No controlamos ni las situaciones ni menos aún los tiempos. Hay cosas que no pueden improvisarse a última hora. Jesús, como un maestro sabio, invita a ser prudentes, sensatos, previsores y vigilantes.

NOVIEMBRE

9 **Lunes**
Dedicación de la basílica de Letrán

Primera lectura: Ezequiel 47,1-2.8-9.12 (o 1 Corintios 3,9c-11.16-17)

Salmo 45: El correr de las acequias alegra la ciudad de Dios, el Altísimo consagra su morada

Evangelio: Juan 2,13-22

Se acercaba la Pascua de los judíos y Jesús subió a Jerusalén. Y encontró en el templo a los vendedores de bueyes, ovejas y palomas, y a los cambistas sentados; y, haciendo un azote de cordeles, los echó a todos del templo, ovejas y bueyes; y a los cambistas les esparció las monedas y les volcó las mesas; y a los que vendían palomas les dijo: «Quitad esto de aquí; no convirtáis en un mercado la casa de mi Padre». Sus discípulos se acordaron de lo que está escrito: «El celo de tu casa me devora». Entonces intervinieron los judíos y le preguntaron: «¿Qué signos

nos muestras para obrar así?». Jesús contestó: «Destruid este templo y en tres días lo levantaré». Los judíos replicaron: «Cuarenta y seis años ha costado construir este templo, ¿y tú lo vas a levantar en tres días?». Pero él hablaba del templo de su cuerpo. Y, cuando resucitó de entre los muertos, los discípulos se acordaron de que lo había dicho, y dieron fe a la Escritura y a la palabra que había dicho Jesús.

San Juan pone la purificación del Templo por parte de Jesús en el capítulo segundo, esto es, al comienzo de su evangelio. Los sinópticos lo ponen al final, en la última Pascua de Jesús, después de su entrada en Jerusalén. Jesús realiza una «acción profética» que afecta al Templo, corazón del judaísmo del siglo I, embellecido por Herodes el Grande durante cuarenta y seis años. El Templo de Jerusalén no es como otros templos. Tiene una estructura concéntrica, separada en espacios que se van reduciendo en tamaño y que apuntan a un centro. Los espacios están separados: un enorme patio exterior, en el que entran todos; el siguiente patio es solo para Israel; el siguiente, solo para los varones; el siguiente, solo para los sacerdotes; por último, el centro está ocupado por el Santo de los Santos, donde solo puede entrar el sumo sacerdote. No es solo una estructura física, sino mental. La santidad tiene «espacios», de menos a más. Lo más santo, donde habita el Santo, es un lugar reservado solo para el sumo sacerdote. Para los demás judíos es un lugar al que no pueden acceder. Jesús no pretende entrar en el Santo de los Santos; ni siquiera entraría en los espacios reservados a Israel. Su actuación se limitaría a los espacios exteriores, donde se comerciaba: bueyes y corderos para los sacrificios; cambio de moneda para los extranjeros; alboroto y griterío por todas partes. Jesús no niega la santidad de Dios; Jesús denuncia el uso perverso que han hecho de un lugar para el encuentro con Dios. Este gesto supuso la condena a muerte, sin remedio, por parte de los sacerdotes y los ancianos que decidieron acabar con él. Jesús había sido muy duro con la interpretación de la Ley por parte de los fariseos y escribas; también había denunciado la dureza de corazón de todos ellos con los enfermos, pobres y pecadores. Pero hasta entonces no había tocado el Templo, lugar de mediación con el Dios santo. Jesús ha ido ahora muy lejos. Los judíos –esto es, los adversarios de Jesús– se atreven a preguntarle qué «signo» puede presentar para obrar así. Jesús les responde hablando de sí mismo: «Destruid este Templo y en tres días lo levantaré». Una vez más no hay comprensión por parte de sus adversarios: ellos hablan del edificio de piedras, mientras que Jesús habla de él mismo, muerto y resucitado. Resucitado de entre los muertos, sus discípulos comprendieron estas palabras.

NOVIEMBRE

10 | Martes
San León Magno

Primera lectura: Tito 2,1-8.11-14

Salmo 36: El Señor es quien salva a los justos

Evangelio: Lucas 17,7-10

En aquel tiempo dijo el Señor: «Suponed que un criado vuestro trabaja como labrador o como pastor; cuando vuelve del campo, ¿quién de vosotros le dice: "Enseguida, ven y ponte a la mesa"? ¿No le diréis: "Prepárame la cena, cíñete y sírveme mientras como y bebo, y después comerás y beberás tú"? ¿Tenéis que estar agradecidos al criado porque ha hecho lo mandado? Lo mismo vosotros: cuando hayáis hecho todo lo mandado decid: "Somos unos pobres siervos, hemos hecho lo que teníamos que hacer"».

El ejemplo puede parecer sorprendente a primera vista, pero Jesús no quiere dar por sentada una estratificación de los distintos estamentos de la sociedad. Jesús nos invita a entrar en la espiritualidad de la verdadera humildad, lejos de los protagonismos y los narcisismos que nos hacen creernos indispensables o únicos. Solemos decir que «don Preciso ya murió», para expresar que nadie puede despreciar a los demás o mirarlos por encima del hombro. En esta misión que nos ha sido encomendada, el anuncio y la presencia anticipadora del Reino, ni somos los únicos, ni somos los salvadores, ni somos los que tenemos la llave de acceso al Reino: somos humildes siervos. Esta actitud, fundamental en toda experiencia comunitaria, va de la mano con la fe vivida como confianza. El deseo humano se trasluce en actitudes de poder, de sometimiento, de control sobre las personas, las situaciones y las cosas. La experiencia cristiana invita a vivir de la confianza en la acción salvadora, sanadora y liberadora de Dios. No soy yo quien «controla», se «impone» y «decide», sino que soy un humilde siervo en la viña del Señor.

NOVIEMBRE

11 | **Miércoles**
San Martín

Primera lectura: Tito 3,1-7

Salmo 22: El Señor es mi pastor, nada me falta

Evangelio: Lucas 17,11-19

En aquel tiempo, yendo Jesús camino de Jerusalén, pasaba entre Samaría y Galilea. Cuando iba a entrar en un pueblo vinieron a su encuentro diez leprosos, que se pararon a lo lejos y a gritos le decían: «Jesús, maestro, ten compasión de nosotros». Al verlos les dijo: «Id a presentaros a los sacerdotes». Y, mientras iban de camino, quedaron limpios. Uno de ellos, viendo que estaba curado, se volvió alabando a Dios a grandes gritos y se echó por tierra a los pies de Jesús, dándole gracias. Este era un samaritano. Jesús tomó la palabra y dijo: «¿No han quedado limpios los diez?; los otros nueve, ¿dónde están? ¿No ha vuelto más que este extranjero para dar gloria a Dios?». Y le dijo: «Levántate, vete; tu fe te ha salvado».

Lucas presenta la perspectiva de la salvación para los «no judíos». La salvación traspasa la condición étnica, ser de un pueblo, de un grupo social, para abrirse a la humanidad. Lucas recoge en varias escenas de su evangelio a los samaritanos. Es bien conocida no solo la animadversión, sino incluso el odio que se tenían las dos comunidades. La caída del lejano reino del Norte, hacía ocho siglos, les había dejado a los samaritanos el deshonroso título de haber perdido su condición de israelitas puros al hacer los asirios que la población se mezclase. Más tarde, cuando los judíos vuelven del exilio, los samaritanos luchan con todas sus fuerzas para que no se instalen en Jerusalén. Posteriormente se atreven a levantar un templo que haga competencia al de Jerusalén y leen una Ley distinta a la oficial de los judíos. Jesús, en estricta lógica, no tenía que haber sido compasivo con el samaritano. Sin embargo, cura a todos, porque forma parte del núcleo de su misión (curar-salvar). Lucas destaca que el único que se siente agradecido, y que así lo manifiesta, es el único que no puede presentar derechos. ¿Qué derechos podemos presentar ante Dios? ¿No debe ser acaso nuestra vida una respuesta a un don recibido?

NOVIEMBRE

12 | Jueves
San Josafat

Primera lectura: Filemón 7-20

Salmo 145: Dichoso a quien auxilia el Dios de Jacob

Evangelio: Lucas 17,20-25

En aquel tiempo, a unos fariseos que le preguntaban cuándo iba a llegar el reino de Dios, Jesús les contestó: El reino de Dios no vendrá espectacularmente ni anunciarán que está aquí o está allí; porque, mirad, el reino de Dios está dentro de vosotros». Dijo a sus discípulos: «Llegará un tiempo en que desearéis vivir un día con el Hijo del hombre, y no podréis. Si os dicen que está aquí o está allí, no os vayáis detrás. Como el fulgor del relámpago brilla de un horizonte a otro, así será el Hijo del hombre en su día. Pero antes tiene que padecer mucho y ser reprobado por esta generación».

Los fariseos contemporáneos de Jesús pueden ser perfectamente aquellas personas que hacen chanza y burla de nuestra fe pensando que no tiene fundamento. Jesús anuncia el reino de Dios y ellos le preguntan, con sorna, que cuándo va a suceder. No porque les interese, sino porque quieren desacreditar a Jesús. Sin embargo, Jesús no «entra al trapo». Redirige la pregunta a lo importante: el Reino está en medio de nosotros. Hay que tener ojos sensibles para descubrir pequeñas presencias de sencillez alegre; de esperanza humilde; de fe contrastada; de vida centrada. El reino de Dios que anuncia Jesús, y que se hace presente en él, lo podemos vivir ya de forma anticipada. No es ruidoso ni aparatoso; por eso mismo hay que cultivar la profundidad y la sencillez. La pregunta de los fariseos apunta a un futuro indeterminado; la primera comunidad cristiana vivió la tensión de querer saber cuándo será la «segunda venida». De nuevo la pregunta no está bien planteada. No es cuestión de cuándo, dónde y cómo; es cuestión de prepararse para acogerlo y no escandalizarse, pues el Hijo del hombre padecerá y será rechazado. La fe en Jesús es un camino de fe.

NOVIEMBRE

13 | Viernes
Feria o *San Leandro*

Primera lectura: 2 Juan 4-9

Salmo 118: Dichoso el que camina en la voluntad del Señor

Evangelio: Lucas 17,26-37

En aquel tiempo dijo Jesús a sus discípulos: «Como sucedió en los días de Noé, así será también en los días del Hijo del hombre: comían, bebían y se casaban, hasta el día que Noé entró en el arca; entonces llegó el diluvio y acabó con todos. Lo mismo sucedió en tiempos de Lot: comían, bebían, compraban, vendían, sembraban, construían; pero el día que Lot salió de Sodoma llovió fuego y azufre del cielo y acabó con todos. Así sucederá el día que se manifieste el Hijo del hombre. Aquel día, si uno está en la azotea y tiene sus cosas en casa, que no baje por ellas; si uno está en el campo, que no vuelva. Acordaos de la mujer de Lot. El que pretenda guardarse su vida la perderá; y el que la pierda la recobrará. Os digo esto: aquella noche estarán dos en una cama: a uno se lo llevarán y al otro lo dejarán; estarán dos moliendo juntas: a una se la llevarán y a la otra la dejarán». Ellos le preguntaron: «¿Dónde, Señor?». Él contestó: «Donde se reúnen los buitres, allí está el cuerpo».

La comunidad cristiana está inquieta por el retraso de la segunda venida de Jesús. Para Lucas, esta vuelta será repentina, de ahí que haya que estar expectante y preparado, sin despistes ni descuidos intencionados. Jesús habla del día de la «manifestación del Hijo del hombre». Un día definitivo en que la historia se partirá en un antes y un después, como sucedió con Noé y el diluvio; o como aconteció con Lot y Sodoma. Jesús se sirve de estas narraciones propias del judaísmo para alertar sobre el dramatismo y radicalidad de ese momento. Es un día decisivo para cada persona del que no sabemos cuándo será. La figura del «Hijo del hombre» aparece en el evangelista como una forma de referirse a Jesús como el Mesías esperado. Conforme a la tradición apocalíptica, previa al cristianismo, el «Hijo del hombre» vendrá en una nube con poder y gloria, tal como lo anuncia el libro de Daniel (7,13ss.). Su aparición será previa a la intervención definitiva de Dios en la historia. Jesús es el Señor, el Mesías, el que lleva la historia a su culminación. La actitud no es tener miedo, sino confianza.

NOVIEMBRE

14 | **Sábado**
Feria

Primera lectura: 3 Juan 5-8

Salmo 111: Dichoso quien teme al Señor

Evangelio: Lucas 18,1-8

En aquel tiempo, Jesús, para explicar a sus discípulos cómo tenían que orar siempre sin desanimarse, les propuso esta parábola: «Había un juez en una ciudad que ni temía a Dios ni le importaban los hombres. En la misma ciudad había una viuda que solía ir a decirle: "Hazme justicia frente a mi adversario". Por algún tiempo se negó, pero después se dijo: "Aunque ni temo a Dios ni me importan los hombres, como esta viuda me está fastidiando, le haré justicia, no vaya a acabar pegándome en la cara"». Y el Señor añadió: «Fijaos en lo que dice el juez injusto; pues Dios, ¿no hará justicia a sus elegidos, que le gritan día y noche?; ¿o les dará largas? Os digo que les hará justicia sin tardar. Pero, cuando venga el Hijo del hombre, ¿encontrará esta fe en la tierra?».

El evangelio es luminoso: un juez pervertidor y perverso que se ríe del pobre. En este caso, de una viuda, arquetipo de debilidad económica y social. El poderoso, que puede tomar decisiones inapelables, y la persona que, por su condición, no tiene nada que ofrecer ni poder pagar nada. Solo se puede fiar de que el juez sea justo. Vive de una esperanza que nadie le asegura. La respuesta del juez es insolente, pues no indica el menor asomo de arrepentimiento; sin embargo, toma una decisión para que no le importunen más. En un orden distinto, si Dios, que es justo y compasivo, escucha el grito del pobre, ¿no le atenderá? La súplica es constitutiva de la oración cristiana. Parece que este texto haya sido escrito para nosotros y nuestros contemporáneos. ¿Acaso no se está resquebrajando la fe/confianza en Dios? ¿No se está debilitando de forma alarmante la fe de nuestro pueblo y de nuestras gentes? ¿Debemos seguir, ingenua o humildemente, creyendo en que el futuro es de Dios? ¿Hará justicia Dios o es solo una ilusión que nos ayuda a vivir?

Domingo
XXXIII DEL TIEMPO ORDINARIO
(San Alberto Magno)

Primera lectura: Proverbios 31,10-13.19-20

Salmo 127: Dichoso el que teme al Señor

Segunda lectura: 1 Tesalonicenses 5,1-6

Evangelio: Mateo 25,14-30 (o 25,14-15.19-20)

En aquel tiempo dijo Jesús a sus discípulos esta parábola: «Un hombre, al irse de viaje, llamó a sus empleados y los dejó encargados de sus bienes: a uno le dejó cinco talentos de plata, a otro dos, a otro uno, a cada cual según su capacidad; luego se marchó. El que recibió cinco talentos fue enseguida a negociar con ellos y ganó otros cinco. El que recibió dos hizo lo mismo y ganó otros dos. En cambio, el que recibió uno hizo un hoyo en la tierra y escondió el dinero de su señor.

Al cabo de mucho tiempo volvió el señor de aquellos empleados y se puso a ajustar las cuentas con ellos. Se acercó el que había recibido cinco talentos y le presentó otros cinco, diciendo: "Señor, cinco talentos me dejaste; mira, he ganado otros cinco". Su señor le dijo: "Muy bien. Eres un empleado fiel y cumplidor; como has sido fiel en lo poco te daré un cargo importante; pasa al banquete de tu señor". Se acercó luego el que había recibido dos talentos y dijo: "Señor, dos talentos me dejaste; mira, he ganado otros dos". Su señor le dijo: "Muy bien. Eres un empleado fiel y cumplidor; como has sido fiel en lo poco te daré un cargo importante; pasa al banquete de tu señor". Finalmente se acercó el que había recibido un talento y dijo: "Señor, sabía que eres exigente, que siegas donde no siembras y recoges donde no esparces, tuve miedo y fui a esconder tu talento bajo tierra. Aquí tienes lo tuyo". El señor respondió: "Eres un empleado negligente y holgazán. ¿Con que sabías que siego donde no siembro y recojo donde no esparzo? Pues debías haber puesto mi dinero en el banco, para que, al volver yo, pudiera recoger lo mío con los intereses. Quitadle el talento y dádselo al que tiene diez. Porque al que tiene se le dará y le sobrará, pero al que no tiene se le quitará hasta lo que tiene. Y a ese empleado inútil echadle fuera, a las tinieblas; allí será el llanto y rechinar de dientes"».

La enseñanza de Jesús en su «discurso escatológico» sobre los últimos días, incluye una comparación (la del criado fiel, Mt 24,45-51), y dos parábolas: la de las «jóvenes previsoras o descuidadas» (25,1-13) y la de los «talentos» (25,14-30), antes de evocar el juicio de las naciones (25,31-46). La parábola de los talentos añade a la necesaria espera vigilante la actitud productiva que debe caracterizar a todo cristiano. No se trata de esperar la vuelta del esposo (Cristo) con los brazos cruzados. La tentación de la inactividad y de la renuncia a integrarse en la transformación del mundo está presente desde los inicios de la comunidad cristiana. El creyente indolente, con la excusa de que ha sido agraciado con poco, se considera exento de su compromiso por hacer realidad el Reino. Esta parábola complementa la anterior, porque una espera que sea verdaderamente cristiana debe ser atenta, estar vigilante, bien pertrechada, como en las parábolas de las jóvenes previsoras, y a la vez en actitud productiva, creativa, transformadora, edificante del Reino. Mateo es especialmente severo con el criado temeroso que no se atreve a enfrentarse con su señor, pero tampoco pone nada de su parte; la parábola se transforma en una exhortación que no deja indiferente a ninguno de los que la escuchen, pues en la distribución de los dones –cinco, dos y uno– todos se sienten reflejados. Dios nos ha dado a todos unos «talentos» que, si bien no los merecemos, no podemos enterrarlos. El reino de Dios se construye con espíritu de acogida a Dios, y con esfuerzo para luchar contra todo lo que es «anti-Dios», «anti-Reino», «anti-Evangelio». Para Mateo no caben los que se excusan en que hay otros mejores o más capaces, y que sean ellos los que trabajen. Cada hijo de Dios es corresponsable de la Buena Noticia.

NOVIEMBRE

16

Lunes
Feria o *Santa Margarita de Escocia, Santa Gertrudis*

Primera lectura: Apocalipsis 1,1-4; 2,1-5

Salmo 1: Al que venciere le daré a comer del árbol de la vida

Evangelio: Lucas 18,35-43

En aquel tiempo, cuando se acercaba Jesús a Jericó, había un ciego sentado al borde del camino, pidiendo limosna. Al oír que pasaba gente preguntaba qué era aquello; y le explicaron: «Pasa Jesús Nazareno». Entonces gritó: «¡Jesús, hijo de David, ten compasión de mí!». Los que iban delante le regañaban para que se callara, pero él gritaba más fuerte: «¡Hijo de David, ten compasión de mí!».

Jesús se paró y mandó que se lo trajeran. Cuando estuvo cerca le preguntó: «¿Qué quieres que haga por ti?». Él dijo: «Señor, que vea otra vez». Jesús le contestó: «Recobra la vista, tu fe te ha curado». Enseguida recobró la vista y lo siguió glorificando a Dios. Y todo el pueblo, al ver esto, alababa a Dios.

Jesús se dirige a Jerusalén; está a punto de culminar su camino a la ciudad santa, tal como se había anunciado previamente, cuando se dijo que «tomó la decisión de ir a Jerusalén» (9,51). En las cercanías de Jericó, última ciudad antes de empezar la subida a la ciudad de David, en uno de los caminos transitados por la gente, un ciego oye griterío y pregunta qué pasa. El ciego ha oído hablar de Jesús, le llama e insiste en que se fije en él. El papel de la «gente» es importante (le regañan para que se calle); de nuevo veremos en la escena siguiente, también en Jericó, que la gente impide que Zaqueo se encuentre con Jesús. Jesús parece que no entiende y le pregunta qué quiere que haga por él, forzando su petición. El hombre quiere «ver»; y recupera la vista porque tiene fe. Lucas añade que el ciego se hace discípulo, pues le «sigue» glorificando a Dios. En los evangelios, el verbo «seguir» tiene valor teológico, señalando a la persona que se pone tras las huellas de Jesús. La lectura del evangelio siempre nos afecta e implica si lo hacemos con un espíritu abierto: también nosotros, para ser discípulos, tenemos que ser conscientes de nuestra ceguera y pedir que Jesús nos devuelva la vista.

NOVIEMBRE

17 | Martes
Santa Isabel de Hungría

Primera lectura: Apocalipsis 3,1-6.14-22

Salmo 14: A los vencedores los sentaré en mi trono, junto a mí

Evangelio: Lucas 19,1-10

En aquel tiempo entró Jesús en Jericó y atravesaba la ciudad. Un hombre llamado Zaqueo, jefe de publicanos y rico, trataba de distinguir quién era Jesús, pero la gente se lo impedía, porque era bajo de estatura. Corrió más adelante y se subió a una higuera, para verlo, porque tenía que pasar por allí. Jesús, al llegar a aquel sitio, levantó los ojos y dijo: «Zaqueo, baja enseguida, porque hoy tengo que alojarme en tu casa». Él bajó enseguida y lo recibió muy contento. Al ver esto, todos murmuraban diciendo: «Ha entrado a hospedarse en casa de un pecador». Pero Zaqueo se puso en pie y dijo al Señor: «Mira, la mitad de mis bienes, Señor, se la doy a los pobres; y si de alguno me he aprovechado le restituiré cuatro veces más». Jesús le contestó: «Hoy ha sido la salvación de esta casa; también este es hijo de Abrahán. Porque el Hijo del hombre ha venido a buscar y a salvar lo que estaba perdido».

Lucas instruye a sus discípulos en el camino a Jerusalén. Cerca ya de la ciudad santa, Jesús llega a Jericó, donde la fama le precede. Un hombre, Zaqueo, colaboracionista de los romanos y explotador de sus paisanos al exigirles importantes tributos, es considerado un indeseable. Zaqueo «quiere ver» a Jesús y llega incluso a encaramarse a un árbol. Jesús atraviesa la ciudad y, levantando los ojos, busca a Zaqueo; la iniciativa nace de Jesús. El tercer protagonista, este colectivo, es la gente, que murmura. Jesús no acusa a Zaqueo de ser un explotador ni le exige nada a cambio. Solo le dice que «hoy quiere hospedarse en su casa»; su iniciativa es provocativa, tanto para Zaqueo (pues no le ha invitado) como para la gente (que se escandaliza). El encuentro con Jesús provoca el cambio radical: el avaricioso recaudador insaciable comprende que la vida nueva le lleva a un cambio radical que exige hacer justicia y compartir. No es un texto moralizante, sino cristológico: Jesús cambia a la persona que lo «acoge en su casa». Dos veces aparece el adverbio «hoy», que no tiene un valor cronológico –día y hora–, sino salvífico: cada persona tiene su «hoy», su momento oportuno para encontrarse con Jesús. Jesús anuncia la «salvación», porque su misión es «buscar y salvar lo que está perdido». La escena de Jericó es modélica como encuentro que transforma. El fruto de este encuentro es que el «pecador/enfermo» es «reconciliado/sanado». La misión de Jesús es hacer del «hospital» del mundo una «casa acogedora» de la gran humanidad.

18

Miércoles
Feria o *Dedicación de las basílicas
de los apóstoles San Pedro y San Pablo*

Primera lectura: Hechos de los Apóstoles 28,11-16.30-31

Salmo 97: El Señor revela a las naciones su justicia

Evangelio: Mateo 14,22-33

En aquel tiempo, Jesús apremió a sus discípulos a que subieran a la barca y se le adelantaran a la otra orilla, mientras él despedía a la gente. Y, después de despedir a la gente, subió al monte a solas para orar. Llegada la noche estaba allí solo.

Mientras tanto, la barca iba ya muy lejos de tierra, sacudida por las olas, porque el viento era contrario. A la cuarta vela de la noche se les acercó Jesús andando sobre el mar. Los discípulos, viéndole andar sobre el agua, se asustaron y gritaron de miedo, diciendo que era un fantasma. Jesús les dijo enseguida: «¡Ánimo, soy yo, no tengáis miedo!». Pedro le contestó: «Señor, si eres tú, mándame ir a ti sobre el agua». Él le dijo: «Ven». Pedro bajó de la barca y echó a andar sobre el agua acercándose a Jesús; pero, al sentir la fuerza del viento, le entró miedo, empezó a hundirse y gritó: «Señor, sálvame». Enseguida Jesús extendió la mano, lo agarró y le dijo: «¡Hombre de poca fe! ¿Por qué has dudado?».

En cuanto subieron a la barca amainó el viento. Los de la barca se postraron ante él diciendo: «Realmente eres Hijo de Dios».

La barca ha sido, en la imaginería y la tradición cristiana, símbolo de la comunidad, de la Iglesia. En este breve texto de Mateo podemos identificarla hasta en cinco ocasiones: los discípulos «suben» a la barca apremiados por Jesús; la «barca» se separa de tierra y se adentra en el mar; una vez que Jesús se hace el encontradizo en medio de la tormenta, «baja de la barca». Jesús evita que Pedro se hunda, le recrimina su falta de fe, y «sube a la barca» haciendo que amaine el viento. Por fin, los que están «en la barca» se postran ante Jesús y lo confiesan como Hijo de Dios. Más allá de una escena viva narrada en pocas líneas, adivinamos que hay un grupo humano que vive en tensión. El mar en la Biblia es lo contrario de la tierra firme; en la tierra hay garantías de estabilidad, mientras que en el mar no la hay (el pueblo judío nunca ha sido un pueblo marinero). La barca es un espacio pequeño, frágil, con fuerte sentido de cooperación y comunitario: hay un patrón, hay también personas que desempeñan otras funciones, remando y faenando todos a una. La barca no es sinónimo de seguridad absoluta, sino que está zarandeada por las olas (dificultades, obstáculos, adversidades de todo tipo). Jesús no está en la barca; el miedo por la tormenta hace su presencia, a lo que se añaden los miedos atávicos de fuerzas extrañas, de fantasmas. Cuando Jesús sube a la barca, después de salvar a Pedro, que, superado el miedo inicial, confiesa su fe, viene la calma. El texto dice que los que estaban en la barca acaban reconociendo y adorando. La Iglesia es como la barca de Jesús; al frente está Pedro, con sus miedos y sus limitaciones, que sabe confesar y abrazar al Señor. Los vientos que provocan la tempestad son agresivos, pero Jesús puede más. Con Jesús lo podemos todo; sin Jesús, la barca va a la deriva de los vientos, que la empujan.

NOVIEMBRE

19 | Jueves
Feria

Primera lectura: Apocalipsis 5,1-10

Salmo 149: Nos hiciste para nuestro Dios reyes y sacerdotes

Evangelio: Lucas 19,41-44

En aquel tiempo, al acercarse Jesús a Jerusalén y ver la ciudad, le dijo llorando: «¡Si al menos tú comprendieras en este día lo que conduce a la paz! Pero no: está escondido a tus ojos. Llegará un día en que tus enemigos te rodearán de trincheras, te sitiarán, apretarán el cerco, te arrasarán con tus hijos dentro y no dejarán piedra sobre piedra. Porque no reconociste el momento de mi venida».

Ya habíamos escuchado con anterioridad una lamentación de Jesús por Jerusalén, cuando iba camino de la ciudad. En este primer texto (13,31-35), Jesús se lamentaba por la dureza de su corazón y por su actitud sanguinaria, que llegaba incluso a matar a los profetas que Dios enviaba: «Jerusalén, Jerusalén, que matas a los profetas...». Ahora, ya en las inmediaciones de la ciudad, la contempla desde el monte de los Olivos, situado enfrente y un poco más elevado, y «llora por ella». Jesús pronuncia palabras duras y proféticas sobre el futuro inmediato de la ciudad, su próxima destrucción. La historia nos dirá que Jerusalén fue sitiada y arrasada por los romanos, por el general Tito, el futuro emperador, el año 70. Según la datación que demos a la redacción final del evangelio de Lucas, podemos pensar que su autor conocía los detalles del asedio y posterior saqueo de las legiones romanas. Para Jesús, que habla y actúa en clave profética, el pecado de Jerusalén es no haber reconocido los avisos de Dios. La fe debe ser contemplativa, aguda, escuchante, atenta; porque Dios no calla, nos interpela, pero su voz no siempre se escucha.

20 | **Viernes**
Feria

Primera lectura: Apocalipsis 10,8-11

Salmo 118: Qué dulce al paladar tu promesa

Evangelio: Lucas 19,45-48

En aquel tiempo entró Jesús en el templo y se puso a echar a los vendedores, diciéndoles: «Escrito está: "Mi casa es casa de oración"; pero vosotros la habéis convertido en una "cueva de bandidos"». Todos los días enseñaba en el templo. Los sumos sacerdotes, los escribas y los notables del pueblo intentaban quitarlo de en medio; pero se dieron cuenta de que no podían hacer nada, porque el pueblo entero estaba pendiente de sus labios.

El Templo de Jerusalén no es como otros templos. Tiene una estructura concéntrica, separada en espacios que se van reduciendo en tamaño y que apuntan a un centro. Los espacios están separados: un enorme patio exterior, en el que entran todos; el siguiente patio es solo para Israel; el siguiente, solo para los varones; el siguiente, solo para los sacerdotes; por último, el centro está ocupado por el «santo de los santos», donde solo puede entrar el sumo sacerdote. Esta separación progresiva de los espacios sagrados del Templo refleja la mentalidad del judaísmo, para el que la creación tiene esta misma estructura de círculos concéntricos: en el círculo más grande, exterior, está la tierra, el mundo creado; en el siguiente, hacia el interior, Israel; en el siguiente, más reducido, el centro está en Jerusalén; en este círculo se encuentra el monte Sion; en él, el Templo; por último, en el centro de todo, está el «santo de los santos», la morada del Señor. Evidentemente, no es una estructura física, sino mental. Pasamos a la acción de Jesús. Jesús no ataca el «santo de los santos»; ni siquiera entraría en los espacios reservados a Israel. Su actuación se limitaría a los espacios exteriores, donde se comerciaba: bueyes y corderos para los sacrificios; cambio de monedas para los extranjeros; alboroto y griterío por todas partes. Jesús realiza una «acción profética»; no ataca el «santo de los santos», sino el uso espurio que han hecho de un lugar para el encuentro con Dios. Este gesto supuso la condena a muerte, sin remedio, por parte de los sacerdotes y los ancianos, que decidieron acabar con él.

NOVIEMBRE

21

Sábado
Presentación de la Santísima Virgen María

Primera lectura: Apocalipsis 11,4-12

Salmo 143: Bendito el Señor, mi Roca

Evangelio: Lucas 20,27-40

En aquel tiempo se acercaron a Jesús unos saduceos, que niegan la resurrección, y le preguntaron: «Maestro, Moisés nos dejó escrito: si a uno se le muere su hermano, dejando mujer, pero sin hijos, cásese con la viuda y dé descendencia a su hermano. Pues bien, había siete hermanos: el primero se casó y murió sin hijos. Y el segundo y el tercero se casaron con ella, y así los siete murieron sin dejar hijos. Por último, murió la mujer. Cuando llegue la resurrección, ¿de cuál de ellos será la mujer? Porque los siete han estado casados con ella». Jesús les contestó: «En esta vida, hombres y mujeres se casan; pero los que sean juzgados dignos de la vida futura y de la resurrección de entre los muertos no se casarán. Pues ya no pueden morir, son como ángeles; son hijos de Dios, porque participan en la resurrección.

Y que resucitan los muertos, el mismo Moisés lo indica en el episodio de la zarza, cuando llama al Señor "Dios de Abrahán, Dios de Isaac, Dios de Jacob". No es Dios de muertos, sino de vivos; porque para él todos están vivos». Intervinieron unos escribas: «Bien dicho, Maestro». Y no se atrevían a hacerle más preguntas.

El judaísmo en tiempos de Jesús es mucho más plural de lo que tradicionalmente hemos considerado. Dentro de la misma confesión religiosa no todos los grupos compartían el mismo credo. Así encontramos cómo importantes diferencias separan a los fariseos de los saduceos. Entre ellas encontramos la polémica que nos presenta el evangelio de hoy. Mientras que los primeros aceptan la resurrección de los muertos, basándose en textos de la Escritura –Daniel y Macabeos–, los saduceos no solo se niegan a reconocerla, sino que hacen bromas. La pregunta a Jesús nace, consiguientemente, en un ambiente de polémica y de clara ironía. La respuesta de Jesús, lejos de caer en la trampa, lleva a la Escritura, pero no a los textos que utilizaban los fariseos, sino al mismo Moisés, referencia indiscutible, a la vez que propone algo novedoso: nuestra fe es en un Dios de vivos y para la vida. De esta forma, creer en la resurrección supone creer en la plenitud de la vida humana, superando la corta visión biologicista, pero también en trabajar por la vida, la presente, que es anticipo –aunque siempre mermado y opaco– de la vida plena a la que estamos llamados. El texto comienza con la burla de los saduceos y concluye con la intervención de unos escribas que aprueban la respuesta de Jesús.

NOVIEMBRE

22

Domingo
Jesucristo, Rey del universo
(Santa Cecilia)

Primera lectura: Ezequiel 34,11-12.15-17

Salmo 22: El Señor es mi pastor, nada me falta

Segunda lectura: 1 Corintios 15,20-26.28

Evangelio: Mateo 25,31-46

En aquel tiempo dijo Jesús a sus discípulos: «Cuando venga en su gloria el Hijo del hombre, y todos los ángeles con él, se sentará en el trono de su gloria, y serán reunidas ante él todas las naciones. Él separará a unos de otros, como un pastor separa las ovejas de las cabras. Y pondrá las ovejas a su derecha y las cabras a su izquierda. Entonces dirá el rey a los de su derecha: "Venid vosotros, benditos de mi Padre; heredad el reino preparado para vosotros desde la creación del mundo. Porque tuve hambre y me disteis de comer, tuve sed y me disteis de beber, fui forastero y me hospedasteis, estuve desnudo y me vestisteis, enfermo y me visitasteis, en la cárcel y vinisteis a verme". Entonces los justos le contestarán: "Señor, ¿cuándo te vimos con hambre y te alimentamos o con sed y te dimos de beber?; ¿cuándo te vimos forastero y te hospedamos o desnudo y te vestimos?; ¿cuándo te vimos enfermo o en la cárcel y fuimos a verte?"

Y el rey les dirá: "Os aseguro que cada vez que lo hicisteis con uno de estos, mis humildes hermanos, conmigo lo hicisteis". Y entonces dirá a los de su izquierda: "Apartaos de mí, malditos, id al fuego eterno preparado para el diablo y sus ángeles. Porque tuve hambre y no me disteis de comer, tuve sed y no me disteis de beber, fui forastero y no me hospedasteis, estuve desnudo y no me vestisteis, enfermo y en la cárcel y no me visitasteis".

Entonces también estos contestarán: "Señor, ¿cuándo te vimos con hambre o con sed, o forastero o desnudo, o enfermo o en la cárcel, y no te asistimos?" Y él replicará: "Os aseguro que cada vez que no lo hicisteis con uno de estos, los humildes, tampoco lo hicisteis conmigo". Y estos irán al castigo eterno, y los justos, a la vida eterna».

El comienzo del texto no se corresponde con su desarrollo posterior. Primero habla de la venida del Hijo del hombre, al que acompañan «ángeles» y está sentado en un «trono de gloria». Estas imágenes pertenecen al vocabulario de la apocalíptica; por tanto, nos remite de forma indirecta al juicio de Dios y a los acontecimientos finales. El texto sigue diciendo que «él» –se sobreentiende: el «Hijo del hombre» como juez– hará una gran separación, como un pastor separa ovejas y cabritos; a partir de este momento, el texto habla de un «rey» y de un «reino». Lo importante para el lector es el motivo de la separación y la identificación de los dos grupos. Unos, los «benditos», son los compasivos con los débiles; los «malditos» son los duros de corazón. No es una separación religiosa, sino humanitaria. En ambos casos, los bendecidos y los reprobados preguntan cuándo han sido misericordiosos o inmisericordes, porque no eran conscientes de ello. Nuestra decisión por los pobres sin esperar nada a cambio o nuestra dureza de corazón, aprovechando el anonimato, son decisivas. Jesús está en cada persona necesitada, aunque no lo sepamos reconocer con los ojos de la carne. El discípulo no hace el bien porque el otro sea bueno, sino porque es una persona que necesita ser recuperada, recogida, amada.

NOVIEMBRE

23 | Lunes
Feria o *San Clemente I y San Columbano*

Primera lectura: Apocalipsis 14,1-3.4b-5

Salmo 23: Estos son los que buscan al Señor

Evangelio: Lucas 21,1-4

En aquel tiempo, alzando Jesús los ojos, vio unos ricos que echaban donativos en el arca de las ofrendas; vio también una viuda pobre que echaba dos reales, y dijo: «Sabed que esa pobre viuda ha echado más que nadie, porque todos los demás han echado de lo que les sobra, pero ella, que pasa necesidad, ha echado todo lo que tenía para vivir».

La escena se desarrolla en el Templo de Jerusalén. Jesús mira atentamente a todos los presentes y se para a ver cómo actúan unos y otros en el «cepillo» del Templo, donde echan sus donativos y ofrendas. Los más ricos pueden echar más, mientras que una viuda echa poco. La desproporción es evidente. Las viudas, junto con los huérfanos y los extranjeros, son los tres grupos de pobres según la Escritura. Lucas insiste en su evangelio en los pobres, en las viudas y en la mirada. Jesús nos enseña a mirar: «Vio a unos ricos... vio a una viuda pobre». A veces pasamos por la vida de forma despreocupada o desatenta. Estamos vivos, pero no somos protagonistas de la historia cotidiana, de nuestra propia mirada. Jesús nos enseña a «ver» la realidad y emitir nuestro propio «juicio de valor» con criterio lúcido, aunque nos separemos de la mayoría. El donativo mayor no es el de quien echa de lo que le «sobra», sino el que nace de la generosidad, aun en medio de la pobreza.

24

Martes
San Andrés Dung Lac y comps. márts.

Primera lectura: Apocalipsis 13,14-19
....

Salmo 95: El Señor llega a regir la tierra
....

Evangelio: Lucas 21,5-11

En aquel tiempo, algunos ponderaban la belleza del templo, por la calidad de la piedra y los exvotos. Jesús les dijo: «Esto que contempláis llegará un día en que no quedará piedra sobre piedra: todo será destruido». Ellos le preguntaron: «Maestro, ¿cuándo va a ser eso?, ¿y cuál será la señal de que todo eso está para suceder?». Él contestó: «Cuidado con que nadie os engañe. Porque muchos vendrán usurpando mi nombre, diciendo: "Yo soy", o bien: "El momento está cerca"; no vayáis tras ellos. Cuando oigáis noticias de guerras y de revoluciones no tengáis pánico. Porque eso tiene que ocurrir primero, pero el final no vendrá enseguida». Luego les dijo: «Se alzará pueblo contra pueblo y reino contra reino, habrá grandes terremotos, y en diversos países epidemias y hambre. Habrá también espantos y grandes signos en el cielo».

Abrimos un nuevo capítulo, conocido como Discurso escatológico, presente en los evangelios sinópticos (Lc 21,5-37; Mt 24-25; Mc 13). Los tres concluyen la predicación de Jesús en Jerusalén con el llamado «discurso escatológico». Más allá de una descripción de lo que pudieran ser los acontecimientos últimos, Lucas propone una lectura del tiempo salvífico: primero, la destrucción del Templo, esto es, el fin del tiempo antiguo previo a Cristo; a continuación, el tiempo de la Iglesia, que concluirá con la venida del Hijo del hombre dando plenitud al reino de Dios. Herodes el Grande había ampliado y enriquecido el Templo de Jerusalén para ganarse el favor de los judíos piadosos, de ahí el comentario de la gente. Jesús aprovecha la ocasión para ir más allá: el Templo, símbolo máximo del judaísmo, va a sucumbir, porque está naciendo algo nuevo. Lucas alerta a su comunidad de varios riesgos: por una parte, el de los embaucadores, que aprovecharán para crear confusión entre la comunidad con falsas expectativas mesiánicas («que nadie os engañe»); por otra, la de los agoreros, que interpretan fantásticamente los signos de la historia aterrorizando a los crédulos. En tiempos difíciles es fácil rendirse a los discursos brillantes que saben seducir; Lucas, en cambio, invita a la perseverancia que sabe discernir y quedarse con lo bueno. No vamos a la catástrofe, pues el futuro es de Dios.

NOVIEMBRE

25 | Miércoles
Feria o *Santa Catalina de Alejandría*

Primera lectura: Apocalipsis 15,1-4

Salmo 97: Grandes y admirables son tus obras, Señor, Dios soberano de todo

Evangelio: Lucas 21,12-19

En aquel tiempo dijo Jesús a sus discípulos: «Os echarán mano, os perseguirán, entregándoos a las sinagogas y a la cárcel, y os harán comparecer ante reyes y gobernadores por causa mía. Así tendréis ocasión de dar testimonio. Haced propósito de no preparar vuestra defensa, porque yo os daré palabras y sabiduría a las que no podrá hacer frente ni contradecir ningún adversario vuestro. Y hasta vuestros padres, y parientes, y hermanos, y amigos os traicionarán, y matarán a algunos de vosotros, y todos os odiarán por causa mía. Pero ni un cabello de vuestra cabeza perecerá; con vuestra perseverancia salvaréis vuestras almas».

En el evangelio de ayer comenzábamos a leer el conocido como Discurso escatológico de Lucas. La escatología hace referencia a «tiempos últimos», así como la «protología» hace referencia a los «primeros tiempos». La Escritura enmarca la historia concebida como «historia de la salvación», en la que Dios pronuncia una palaba al principio y al final; una palabra que sostiene, da sentido y esperanza. Por eso las advertencias sobre las persecuciones que leemos hoy hay que enmarcarlas en este discurso, que no es una llamada a temer, sino a perseverar en tiempos de dificultad. La vida de la Iglesia, la vida de los cristianos, incluye persecuciones abiertas por causa del nombre de Jesús. Incluso los más cercanos, los familiares, serán en algunos casos los que denuncien. Será ocasión para dar testimonio público. No hay que temer, porque Dios no nos abandona. La primera comunidad que lee este evangelio sabe que las persecuciones no son «modos de hablar», sino hechos reales muy dolorosos y permanentes. La persecución contra Jesús y sus discípulos, por fidelidad al Evangelio, ha sido y es una constante en la vida de la Iglesia. No podemos ocultar la verdad de la persecución, sino pedir fidelidad y fortaleza.

NOVIEMBRE

26 | **Jueves**
Feria

Primera lectura: Apocalipsis 18,1-2.21-23; 19,1-3.9
....
Salmo 99: Dichosos los invitados al banquete de bodas del Cordero
....

Evangelio: Lucas 21,20-28

En aquel tiempo dijo Jesús a sus discípulos: «Cuando veáis a Jerusalén sitiada por ejércitos, sabed que está cerca su destrucción. Entonces, los que estén en Judea que huyan a la sierra; los que estén en la ciudad que se alejen; los que estén en el campo que no entren en la ciudad; porque serán días de venganza en que se cumplirá todo lo que está escrito. ¡Ay de las que estén encinta o criando en aquellos días! Porque habrá angustia tremenda en esta tierra y un castigo para este pueblo. Caerán a filo de espada, los llevarán cautivos a todas las naciones, Jerusalén será pisoteada por los gentiles, hasta que a los gentiles les llegue su hora. Habrá signos en el sol y la luna y las estrellas, y en la tierra, angustia de las gentes, enloquecidas por el estruendo del mar y el oleaje. Los hombres quedarán sin aliento por el miedo y la ansiedad ante lo que se le viene encima al mundo, pues los astros se tambalearán. Entonces verán al Hijo del hombre venir en una nube, con gran poder y majestad. Cuando empiece a suceder esto, levantaos, alzad la cabeza: se acerca vuestra liberación».

Este es uno de los textos en que debemos recordar la necesidad de leer la Escritura con la clave de los «géneros literarios». Por una parte, estaríamos ante una profecía *post eventum*, esto es: la descripción del asedio de Jerusalén se escribiría después de que la ciudad fuera destruida por los romanos el año 70; se suele situar la redacción final de este evangelio unos años más tarde. Por otra parte, si leemos el texto como una expresión literaria que se sirve del lenguaje apocalíptico –sol, luna, mares…–, podemos pensar en una intervención definitiva de Dios, pero una intervención salvífica. La figura importante es la del «Hijo del hombre», que viene en una nube con poder y gloria, tal como lo anuncia el libro de Daniel (7,13ss.). Dios viene a liberar, a salvar, no a destruir y condenar. La historia, porque está en manos de Dios creador y salvador, no está condenada al fracaso. De ahí las palabras últimas: «Cuando empiece a suceder esto, levantad la cabeza, se acerca vuestra liberación». La Escritura es Palabra de vida y de esperanza; el tiempo bíblico es tiempo de pecado, pero también de gracia. La voluntad de Dios siempre es salvar lo que él mismo ha creado.

27

Primera lectura: Apocalipsis 20,1-4.11-21,2
....
Salmo 83: Esta es la morada de Dios con los hombres
....

Evangelio: Lucas 21,29-33

En aquel tiempo expuso Jesús una parábola a sus discípulos: «Fijaos en la higuera o en cualquier árbol: cuando echan brotes os basta verlos para saber que el verano está cerca. Pues, cuando veáis que suceden estas cosas, sabed que está cerca el reino de Dios. Os aseguro que antes de que pase esta generación todo eso se cumplirá. El cielo y la tierra pasarán, mis palabras no pasarán».

Lucas pasa del lenguaje apocalíptico, el evangelio de ayer, a un ejemplo de sabor agrario: los brotes y los frutos de la higuera. Jesús se nueve con naturalidad de un lenguaje a otro, que están muy lejanos, aunque mantiene el mismo sentido escatológico. El mensaje de fondo invita a pensar en la finitud de la vida y en la proximidad de los tiempos finales, que siempre llegan. Si comparamos el texto que leemos hoy con las parábolas de Jesús, género literario preciso, con personajes, actitudes, verbos ajustados, etc., podemos pensar que en este caso se trata de una comparación o de un ejemplo. Los brotes de la primavera apuntan al fruto del verano. Las yemas no son aún el fruto sabroso que esperamos y disfrutamos, pero lo anuncian. Lo mismo debe hacer la persona sensata, que es capaz de leer los signos de los tiempos, con inteligencia y perspicacia, entendiendo que el futuro no es una meta siempre lejana, sino el final de un camino, que con certeza llega. Discípulos sensatos, juiciosos, esperanzados. El futuro es de Dios: todo, incluso el cielo y la tierra, están de paso; pero la palabra de Jesús, la palabra de Dios, es firme y permanece.

28

Sábado
Feria

Primera lectura: Apocalipsis 22,1-7

Salmo 94: *¡Marana tha!* Ven, Señor Jesús

Evangelio: Lucas 21,34-36

En aquel tiempo dijo Jesús a sus discípulos: «Tened cuidado: no se os embote la mente con el vicio, la bebida y los agobios de la vida, y se os eche encima de repente aquel día; porque caerá como un lazo sobre todos los habitantes de la tierra. Estad siempre despiertos, pidiendo fuerza para escapar de todo lo que está por venir y manteneros en pie ante el Hijo del hombre».

Concluye la lectura seguida del capítulo veintiuno, que Lucas dedica al final de la historia y del tiempo. Luca insiste en la vigilancia activa, que no se deja embaucar por falsos anunciadores de calamidades, pero tampoco por los que invitan a llevar una vida despreocupada y amoral. Comienza con una advertencia seria sobre la posibilidad de caer en la dictadura de la confusión creada por juergas sin control y propuestas de todo tipo. Ninguna generación se libra de esta tentación, siempre atractiva e insensata a partes iguales. También nos previene sobre las «inquietudes de la vida» que, siendo legítimas, pueden despistarnos de lo que importa. La historia tiene un fin. La vida de cada uno de nosotros es finita. Una persona madura se enfrenta a esta realidad, no la evita o la pospone continuamente para no afrontarla. Jesús, cercano ya en el tiempo a la última Pascua, donde sabe que le van a condenar a muerte, nos advierte a todos sobre la finitud de la vida. Cualquier persona, también el cristiano, está llamado a estar despierto, atento, vigilante. No somos hombres ni mujeres de paja en manos ajenas; no somos títeres que se mueven al son de los que los manipulan. ¡Manteneos en pie!, con dignidad, ante el Señor de la vida y de la historia, ante Jesús, el Hijo del hombre.

Termina el Tiempo Ordinario y comienza el nuevo Año litúrgico (Ciclo B, año impar) con el Tiempo de Adviento

NOVIEMBRE

 29

Domingo
I de Adviento

Primera lectura: Isaías 63,16-17.19; 64,2-7
....
Salmo 79: Señor, Dios nuestro, restáuranos, que brille tu rostro y nos salve
....
Segunda lectura: 1 Corintios 1,3-9
....

Evangelio: Marcos 13,33-37

En aquel tiempo dijo Jesús a sus discípulos: «Mirad, vigilad: pues no sabéis cuándo es el momento. Es igual que un hombre que se fue de viaje y dejó su casa, y dio a cada uno de sus criados su tarea, encargando al portero que velara. Velad entonces, pues no sabéis cuándo vendrá el dueño de la casa, si al atardecer, o a medianoche, o al canto del gallo, o al amanecer; no sea que venga inesperadamente y os encuentre dormidos. Lo que os digo a vosotros lo digo a todos: ¡velad!».

El año litúrgico comienza su ciclo de lecturas –del año B– retomando el carácter escatológico de los últimos domingos. La palabra «escatológico», extraña para el lenguaje común, tiene que ver con las «cosas últimas». Es lícito preguntarse por el futuro, el nuestro y el del mundo. ¿Qué podemos decir del fin de los tiempos y de nuestro propio fin? El texto tiene a su vez un carácter exhortativo que nos invita a no descuidarnos o despistarnos. ¡Velad, estad preparados, porque no sabéis el día ni la hora! Marcos dedica a este tema el capítulo 13 de su evangelio, conocido también como Discurso escatológico. Jesús ha profetizado sobre la suerte de Jerusalén, y algunos discípulos le preguntan que «cuándo» sucederá eso. Jesús corrige la inexactitud de la pregunta; no dice el cuándo, sino que inicia toda una catequesis acerca del Hijo del hombre y de los últimos días. La respuesta al cuándo la articula por medio de dos comparaciones, la de la higuera, que apunta el futuro con las nuevas yemas (13,28-29), y la del hombre, que se ausenta dejando la casa en manos de los criados (13,33-37), que es la que leemos hoy. Jesús insiste en la certeza del acontecimiento, pero no caben los cálculos o las previsiones al estilo humano. La actitud que exige es la de la vigilancia constante sin ceder a las tentaciones que buscan, bien perderse en cálculos estériles, bien relajar la guardia ante la prolongación de la espera o la disipación que nace de la duda.

NOVIEMBRE

30 | Lunes
San Andrés, apóstol

Primera lectura: Romanos 10,9-18

Salmo 18: A toda la tierra alcanza su pregón

Evangelio: Mateo 4,18-22

En aquel tiempo, pasando Jesús junto al lago de Galilea, vio a dos hermanos, a Simón, al que llaman Pedro, y a Andrés, su hermano, que estaban echando el copo en el lago, pues eran pescadores. Les dijo: «Venid y seguidme, y os haré pescadores de hombres». Inmediatamente dejaron las redes y lo siguieron. Y, pasando adelante, vio a otros dos hermanos, a Santiago, hijo de Zebedeo, y a Juan, que estaban en la barca repasando las redes con Zebedeo, su padre. Jesús los llamó también. Inmediatamente dejaron la barca y a su padre y lo siguieron.

Los relatos de vocación siguen un esquema simple: llamada personal, que incluye el nombre del llamado, y misión. La vocación de los primeros discípulos tiene rasgos curiosos. Un primer rasgo es que Jesús llama a dos hermanos a los que no conoce previamente. ¿Por qué se fijó en ellos? En la Escritura, Dios se fija en personas que no cumplen los «estándares» de la excelencia social: Moisés era un fugitivo del faraón; David era el hijo menor de un pastor de ovejas; Amós era un agricultor. Un segundo rasgo es que se fija en unos trabajadores; no busca profesionales de la Ley (como los escribas) o gente piadosa (como los fariseos). Los llamados son personas que llevan adelante un trabajo manual y mantienen a sus respectivas familias. La llamada de Jesús es clara: «Seguidme». El verbo «seguir» en la Escritura nos lleva al mundo del discipulado, de dejar los proyectos personales –totalmente legítimos– para iniciar un nuevo camino. Un camino que no lo marca uno mismo, sino otro; en este caso, Jesús. La misión encomendada tiene valor simbólico: ellos son pescadores, pero ya no van a tener que preocuparse por la abundancia de los peces que vender en los mercados de la zona, sino que su preocupación serán los «hombres». Mateo se sirve de un adverbio, «inmediatamente», indicando rapidez, decisión, determinación. En el texto de vocación de Mateo son dos parejas de hermanos los primeros destinatarios de la llamada de Jesús: Pedro y Simón, Santiago y Juan. De los primeros, el texto dice que «inmediatamente» dejaron las redes» (su trabajo, su empresa, sus proyectos y expectativas); de los segundos se dice que «inmediatamente dejaron la barca y a su padre» (referencias familiares) y le siguieron. San Andrés apóstol es referencia de los primeros discípulos llamados por Jesús, que dijeron un sí rotundo, sin reservas.

DICIEMBRE

1 | Martes
Feria

Primera lectura: Isaías 11,1-10

Salmo 71: Que en sus días florezca la justicia, y la paz abunde eternamente

Evangelio: Lucas 10,21-24

En aquel tiempo, lleno de la alegría del Espíritu Santo, exclamó Jesús: «Te doy gracias, Padre, Señor del cielo y de la tierra, porque has escondido estas cosas a los sabios y a los entendidos y las has revelado a la gente sencilla. Sí, Padre, porque así te ha parecido bien. Todo me lo ha entregado mi Padre, y nadie conoce quién es el Hijo, sino el Padre; ni quién es el Padre, sino el Hijo y aquel a quien el Hijo se lo quiere revelar».

Y, volviéndose a sus discípulos, les dijo aparte: «¡Dichosos los ojos que ven lo que vosotros veis! Porque os digo que muchos profetas y reyes desearon ver lo que veis vosotros, y no lo vieron; y oír lo que oís, y no lo oyeron».

Jesús, «lleno de alegría», se llenó «del Espíritu Santo». Ambos temas, la alegría y el Espíritu Santo, nos dan dos claves para entender el evangelio de Lucas; son «santo y seña» de su relato. Continúa el texto con unas palabras que el evangelista pone en labios de Jesús: «Te doy gracias». En un contexto judío, es normal que el creyente bendiga a Dios y le dé gracias. Jesús le llama «Padre», novedad radical. Dios no es el registrador de las obras buenas o malas que hace el hombre ni el controlador de nuestras entradas y salidas. ¿Qué dice de nuevo? Que el Padre ha revelado «estas cosas», el Reino, el poder sanador del perdón, la dignidad de los débiles, la felicidad de los limpios de corazón, etc., a los sencillos. No es una revelación de datos científicos, sino profundamente humanos y religiosos. Sigue con un aparente juego de palabras: Jesús, que es el Hijo, revela al Padre; Dios Padre, al que tanto buscamos y deseamos conocer, se nos revela en Jesús. Concluye con una bienaventuranza, que es también para nosotros. ¡Cuántas personas a lo largo de la historia han buceado en su interior y han salido de sí mismos para encontrarse con la divinidad, y no lo han logrado! Nosotros, sin embargo, en Jesús, tenemos acceso a Dios Padre. Jesús da gracias a Dios, y nosotros hacemos lo mismo.

DICIEMBRE

2 | Miércoles
Feria

Primera lectura: Isaías 25,6-10
....
Salmo 22: Habitaré en la casa del Señor por años sin término
....

Evangelio: Mateo 15,29-37

En aquel tiempo, Jesús, bordeando el lago de Galilea, subió al monte y se sentó en él. Acudió a él mucha gente llevando tullidos, ciegos, lisiados, sordomudos y muchos otros; los echaban a sus pies, y él los curaba. La gente se admiraba al ver hablar a los mudos, sanos a los lisiados, andar a los tullidos y con vista a los ciegos, y dieron gloria al Dios de Israel. Jesús llamó a sus discípulos y les dijo: «Me da lástima de la gente, porque llevan ya tres días conmigo y no tienen qué comer. Y no quiero despedirlos en ayunas, no sea que se desmayen en el camino». Los discípulos le preguntaron: «¿De dónde vamos a sacar en un despoblado panes suficientes para saciar a tanta gente?». Jesús les preguntó: «¿Cuántos panes tenéis?». Ellos contestaron: «Siete y unos pocos peces». Él mandó que la gente se sentara en el suelo. Tomó los siete panes y los peces, dijo la acción de gracias, los partió y los fue dando a los discípulos, y los discípulos a la gente. Comieron todos hasta saciarse y recogieron las sobras: siete cestas llenas.

La multiplicación de los panes es un evangelio que aparece en los sinópticos y en Juan. Mateo y Marcos, además, lo narran dos veces; son situaciones distintas con resultados distintos: en una ocasión recogen doce cestos de sobras (el número doce en la Escritura hace referencia al pueblo de Israel, con sus doce tribus); en otra ocasión, como es el caso del texto de hoy, son siete cestos. El texto repite en dos ocasiones el número siete: en la primera referencia indica que es algo «cumplido», «acabado», «final» (recordemos los siete días de la creación); en el segundo caso, el de los siete cestos, además de esta misma lectura –una comida suficiente, abundante, saciante–, se puede entender desde una clave de salvación (soteriológica). Según este criterio, el número «doce» hace referencia a Israel; el número «siete» hace referencia a todos los pueblos de la tierra, que están sometidos a la autoridad de Dios (Dt 7,1 cita a «siete» pueblos no hebreos, más fuertes que Israel, sobre los que Dios ejerce su dominio). Algunos comentaristas ven aquí que el banquete del Reino, anticipado en la multiplicación de los panes y los peces, no es solo para Israel, sino para toda la humanidad. Es un banquete de sobreabundancia en el que no hay carencia, ni miseria, ni racionamientos. Dios es sobreabundante en su salvación.

DICIEMBRE

3 | Jueves
San Francisco Javier

Primera lectura: Isaías 26,1-6
....
Salmo 117: Bendito el que viene en nombre del Señor
....

Evangelio: Mateo 7,21.24-27

En aquel tiempo dijo Jesús a sus discípulos: «No todo el que me dice "Señor, Señor" entrará en el reino de los cielos, sino el que cumple la voluntad de mi Padre, que está en el cielo. El que escucha estas palabras mías y las pone en práctica se parece a aquel hombre prudente que edificó su casa sobre roca. Cayó la lluvia, se salieron los ríos, soplaron los vientos y descargaron contra la casa; pero no se hundió, porque estaba cimentada sobre roca. El que escucha estas palabras mías y no las pone en práctica se parece a aquel hombre necio que edificó su casa sobre arena. Cayó la lluvia, se salieron los ríos, soplaron los vientos y rompieron contra la casa, y se hundió totalmente».

La fe cristiana conlleva una determinación y una decisión. Hay que optar por ponerse en las huellas de Jesús y seguirle o seguir otros pasos alternativos o divergentes. No vale con decir «Señor, Señor». Para Mateo es muy importante aceptar la «voluntad de Dios». Jesús cumple la «voluntad» de su Padre. En el Padrenuestro decimos «hágase tu voluntad», en la «tierra» –o sea, en nuestra vida ordinaria– como en el «cielo» –lugar que pertenece a Dios–; Lucas, sin embargo, no recoge esta petición de que se cumpla la voluntad de Dios en su oración del Padrenuestro. Un poco más adelante, y en relación con el texto anterior, Mateo recoge dos formas de ser discípulo: el que «escucha» y cumple las palabras de Jesús y el que busca otros fundamentos. Nunca ha sido fácil ser cristiano; nunca ha sido una tarea exenta de decisiones. Cuando hay que optar y decidir, sobre todo en circunstancias complejas y delicadas, es importante tener claro nuestro fundamento: construir sobre arena o sobre piedra. La piedra que no falla es Jesús.

DICIEMBRE

4

Viernes
Feria o *San Juan Damasceno*

Primera lectura: Isaías 29,17-24
Salmo 26: El Señor es mi luz y mi salvación

Evangelio: Mateo 9,27-31

En aquel tiempo, dos ciegos seguían a Jesús, gritando: «Ten compasión de nosotros, hijo de David». Al llegar a la casa se le acercaron los ciegos, y Jesús les dijo: «¿Creéis que puedo hacerlo?». Contestaron: «Sí, Señor». Entonces les tocó los ojos, diciendo: «Que os suceda conforme a vuestra fe». Y se les abrieron los ojos. Jesús les ordenó severamente: «¡Cuidado con que lo sepa alguien!». Pero ellos, al salir, hablaron de él por toda la comarca.

Mateo recoge la curación de dos ciegos por parte de Jesús, mientras que Marcos presenta dos curaciones distintas: la del ciego de Betsaida, en el norte del lago, antes de la confesión de Cesarea de Filipo (Mc 8,22-26), y la del ciego Bartimeo, en Jericó, cuando Jesús sube a Jerusalén (10,46-52). Para Marcos, las dos curaciones son distintas y ocupan un papel diferente en el plan del evangelio. Mateo, por su parte, no sitúa la escena en un lugar concreto, sino que habla de que llega a «casa», dando a entender que se encuentra en Cafarnaún. Ellos se dirigen a Jesús con el título de «hijo de David», haciendo referencia a la expectativa mesiánica; luego le piden que tenga compasión de ellos. Jesús no actúa de inmediato, sino que deja que ellos se acerquen; solo les dice: «Que os suceda conforme a vuestra fe». De nuevo la confianza, certeza, seguridad en que se va a cumplir lo esperado, porque Jesús es el que salva, aparece con fuerza. La fe es capaz de transformar y sanar una vida; entonces y hoy. Jesús es el Mesías, es el Hijo de David, pero no puede dar pie a falsas expectativas entre la gente; de ahí su prohibición de que se divulgue la noticia; pero los ciegos no se callan.

DICIEMBRE

5

Sábado
Feria

Primera lectura: Isaías 30,19-21.23-26

Salmo 146: Dichosos los que esperan en el Señor

Evangelio: Mateo 9,35-10,1.6-8

En aquel tiempo, Jesús recorría todas las ciudades y aldeas, enseñando en sus sinagogas, anunciando el Evangelio del reino y curando todas las enfermedades y todas las dolencias. Al ver a las gentes se compadecía de ellas, porque estaban extenuadas y abandonadas, como ovejas que no tienen pastor. Entonces dijo a sus discípulos: «La mies es abundante, pero los trabajadores son pocos; rogad, pues, al Señor de la mies que mande trabajadores a su mies».

Y llamando a sus doce discípulos les dio autoridad para expulsar espíritus inmundos y curar toda enfermedad y dolencia. A estos doce los envió con estas instrucciones: «Id a las ovejas descarriadas de Israel. Id y proclamad que el reino de los cielos está cerca. Curad enfermos, resucitad muertos, limpiad leprosos, echad demonios. Lo que habéis recibido gratis dadlo gratis».

Jesús envía a la misión en pobreza de medios, sin esperar recompensas, sin hacer cálculos sobre el interés o el provecho que se puede obtener. Llama la atención la urgencia: «Rogad al dueño que envíe obreros»; hay que orar y pedir con insistencia a Dios. Impacta la gratuidad radical exigida, sin medias tintas. ¿Cuál es el motivo?: la gente está cansada, desorientada, como ovejas sin pastor. Estas palabras son para todas las épocas. Cada generación tiene sus motivos para estar cansada y desorientada. Cada pueblo es consciente de la necesidad de personas que anuncien, vivan y extiendan sin prejuicios ni cálculos humanos el reino de Dios. Los modos pueden cambiar, pero siempre en pobreza y en generosidad radical. Las culturas pueden ser muy lejanas, pero siempre escuchando las razones y problemas de la gente, con la sencillez del Evangelio. La urgencia siempre es contemporánea, pues el anuncio de Dios no se puede retrasar intencionadamente en el tiempo.

DICIEMBRE

6

Domingo
II DE ADVIENTO
(San Nicolás)

Primera lectura: Isaías 40,1-5.9-11
....
Salmo 84: Muéstranos, Señor, tu misericordia y danos tu salvación
....
Segunda lectura: 2 Pedro 3,8-14
....

Evangelio: Marcos 1,1-8

Comienza el evangelio de Jesucristo, Hijo de Dios. Está escrito en el profeta Isaías: «Yo envío mi mensajero delante de ti para que te prepare el camino. Una voz grita en el desierto: "Preparad el camino del Señor, allanad sus senderos"». Juan bautizaba en el desierto; predicaba que se convirtieran y se bautizaran, para que se les perdonasen los pecados. Acudía la gente de Judea y de Jerusalén, confesaban sus pecados y él los bautizaba en el Jordán. Juan iba vestido de piel de camello, con una correa de cuero a la cintura, y se alimentaba de saltamontes y miel silvestre. Y proclamaba: «Detrás de mí viene el que puede más que yo, y yo no merezco agacharme para desatarle las sandalias. Yo os he bautizado con agua, pero él os bautizará con Espíritu Santo».

Comienza el evangelio de Marcos, que nos presenta a Jesús. Al igual que los grandes personajes del Antiguo Testamento, también la llegada de Jesús es esperada y anunciada. Podemos leer la Sagrada Escritura como una preparación y un anuncio de la salvación de Dios, con sus tiempos, sus momentos, sus pasos. La salvación hecha presente en Jesús había sido anunciada por el profeta Isaías; él anunció que el desierto iba a transformarse en sendas para que el pueblo desterrado regresase de Babilonia a Jerusalén. Ahora Juan, el profeta precursor del Mesías, recupera el antiguo texto: «¡Preparad los caminos, que está llegando el salvador!». Los oráculos de esperanza en el Antiguo Testamento parten de Isaías y llegan a Juan Bautista. Los profetas bíblicos tienen esa doble dimensión: ponen nombre a los pecados y los condenan porque van contra el hombre y contra Dios. Los profetas bíblicos, a su vez, anuncian que hay salvación porque la fe no es para hundir, humillar y penar, sino para levantar, crecer y vivir. Juan no se anuncia a él mismo, sino a «otro». Él convoca a un gran tiempo jubilar de penitencia, de encuentro con uno mismo y con Dios, de revisión personal con honestidad. Pide que los que estén dispuestos a soñar con algo nuevo confiesen sus pecados y abran su corazón a lo nuevo. ¿Qué es lo nuevo? Nosotros tenemos el problema de que creemos que ya lo sabemos todo; o, al menos, si no lo sabemos, ya tenemos previsto casi todo; pecamos de «listos» y «enterados». Juan, sin embargo, dice que «viene alguien del que no merezco ni, abajándome hasta el polvo, desatarle las sandalias». ¿Quién es este personaje del que Juan no se atreve ni a pronunciar el nombre? De nuevo nos pasa que lo sabemos de antemano, y nos cuesta dejar sorprendernos. Tenemos un tiempo de Adviento para que pasen cosas distintas y se anuncien noticias frescas. ¿Y si el Espíritu Santo nos bautiza y nos cambia la vida?

DICIEMBRE

7 | Lunes
San Ambrosio

Primera lectura: Isaías 35,1-10

Salmo 84: Nuestro Dios viene y nos salvará

Evangelio: Lucas 5,17-26

Un día estaba Jesús enseñando, y estaban sentados unos fariseos y maestros de la Ley, venidos de todas las aldeas de Galilea, Judea y Jerusalén. Y el poder del Señor lo impulsaba a curar. Llegaron unos hombres que traían en una camilla a un paralítico y trataban de introducirlo para colocarlo delante de él. No encontrando por dónde introducirlo, a causa del gentío, subieron a la azotea y, separando las losetas, lo descolgaron con la camilla hasta el centro, delante de Jesús. Él, viendo la fe que tenían, dijo: «Hombre, tus pecados están perdonados». Los escribas y los fariseos se pusieron a pensar: «¿Quién es este que dice blasfemias? ¿Quién puede perdonar pecados más que Dios?».

Pero Jesús, leyendo sus pensamientos, les replicó: «¿Qué pensáis en vuestro interior? ¿Qué es más fácil: decir "tus pecados quedan perdonados", o decir "levántate y anda"? Pues, para que veáis que el Hijo del hombre tiene poder en la tierra para per-donar pecados –dijo al paralítico–: a ti te lo digo, ponte en pie, toma tu camilla y vete a tu casa». Él, levantándose al punto, a la vista de ellos, tomó la camilla donde estaba tendido y se marchó a su casa dando gloria a Dios. Todos quedaron asombrados, y daban gloria a Dios, diciendo llenos de temor: «Hoy hemos visto cosas admirables».

El evangelio que leemos hoy nos lleva a una pregunta inquie-tante: ¿existe el pecado?, ¿tienen que ver los pecados con las enfermedades?, ¿quién puede perdonar los pecados? La gente que lleva al paralítico busca a Jesús y cree en él hasta el punto de levantar un tejado, de palmas entrecruzadas, para que pueda llegar donde él está. Jesús dice una frase extraña, que no se entiende: habla de «pecados» cuando quien está ante él es un paralítico. En las concepciones antiguas, y podríamos decir que también hoy en algunas personas, las enfermedades se relacionan con castigos divinos por algún motivo grave. Es tremendo. No solo tienen que cargar con una enfermedad, sino que además sienten el peso de la culpabilidad. Jesús viene a salvar, a curar, a sanar, a recuperar, a dar vida. Jesús revela el rostro de un Dios que es amor, misericordia y perdón. Las palabras de Jesús, «tus pecados son perdonados», por una parte, hacen justicia a Dios, que solo sabe salvar y no condena ni carga a las personas con pesos inhumanos. Por otra, hace justicia a aquel paralítico que se ve libre de sus culpabilidades y que recupera la salud. Nunca, por ningún motivo, podemos rela-cionar pecado con enfermedad, dolencia o discapacidad.

Martes
Inmaculada Concepción
de Santa María Virgen

Primera lectura: Génesis 3,9-15.20

Salmo 97: Cantad al Señor un cántico nuevo, porque ha hecho maravillas

Segunda lectura: Efesios 1,3-6.11-12

Evangelio: Lucas 1,26-38

A los seis meses, el ángel Gabriel fue enviado por Dios a una ciudad de Galilea llamada Nazaret, a una virgen desposada con un hombre llamado José, de la estirpe de David; la virgen se llamaba María. El ángel, entrando en su presencia, dijo: «Alégrate, llena de gracia, el Señor está contigo».

Ella se turbó ante estas palabras y se preguntaba qué saludo era aquel. El ángel le dijo: «No temas, María, porque has encontrado gracia ante Dios. Concebirás en tu vientre y darás a luz un hijo, y le pondrás por nombre Jesús. Será grande, se llamará Hijo del Altísimo, el Señor Dios le dará el trono de David, su padre, reinará sobre la casa de Jacob para siempre y su reino no tendrá fin».

Y María dijo al ángel: «¿Cómo será eso, pues no conozco varón?». El ángel le contestó: «El Espíritu Santo vendrá sobre ti, y la fuerza del Altísimo te cubrirá con su sombra; por eso el Santo que va a nacer se llamará Hijo de Dios. Ahí tienes a tu pariente Isabel, que, a pesar de su vejez, ha concebido un hijo y ya está de seis meses la que llamaban estéril, porque para Dios nada hay imposible».

María contestó: «Aquí está la esclava del Señor; hágase en mí según tu palabra». Y la dejó el ángel.

Siguiendo la estela del tiempo de Adviento, leemos el texto desde la perspectiva de la «historia de la salvación». Hacemos memoria de las mujeres que aparecen a lo largo del relato bíblico (AT y NT): desde Eva hasta María, «la nueva Eva». Desde el «principio» –textos del origen de la creación y del ser humano–, las figuras femeninas van marcando un ritmo y apuntan al futuro. Eva, la primera madre; Sara, estéril temporalmente, es, sin embargo, la «madre de pueblos» en su hijo Isaac; de las mujeres-madres de Jacob se multiplica la descendencia del pueblo de Israel. Ana, la madre de Samuel, confía en Dios, y no le falla. Rut es la viuda «no hebrea» que es antepasada del mismo David. Isabel, la anciana madre de Juan Bautista, ve que Dios ha bendecido a María. La joven de Nazaret se inscribe en la larga historia de las mujeres de su pueblo, pero supera a todas y trasciende su misión. No interpone la duda áspera, como Sara, ni llora su desgracia, como Ana, ni es anciana, como Isabel, ni es una viuda extranjera, como Rut. Lucas presenta a María como la mujer «virgen» que resume la historia de su pueblo. Dios se hace presente por medio de su ángel Gabriel, la «saluda/felicita» (Dios te salve); Dios la «llena/plena» de gracia. María, como mujer de la tierra sencilla de Nazaret, se turba; pero, al mismo tiempo, abre todo su potencial de respuesta a Dios, y lo supera en totalidad con su aceptación sin límites: «Aquí está la esclava del Señor... que se cumpla». La historia de la salvación estaba en tensión y precisaba de un cumplimiento en carne humana. El anuncio del ángel supone un corte en la historia de la humanidad con la desobediencia anterior y un cumplimiento de las promesas de Dios. La tentación prometeica de Adán de hacer su historia sin Dios se ha convertido ahora, por medio de María, en aceptación total para que Dios lleve a cabo su plan en la persona de su Hijo. La figura de María, «nueva Eva», adquiere, por tanto, por derecho propio, lugar de exaltación preferencial en el pueblo de Dios.

DICIEMBRE

9 | Miércoles
Feria o *San Juan Diego Cuauchtlatoatzin*

Primera lectura: Isaías 40,25-31

Salmo 102: Bendice, alma mía, al Señor

Evangelio: Mateo 11,28-30

En aquel tiempo exclamó Jesús: «Venid a mí todos los que estáis cansados y agobiados, y yo os aliviaré. Cargad con mi yugo y aprended de mí, que soy manso y humilde de corazón, y encontraréis vuestro descanso. Porque mi yugo es llevadero y mi carga, ligera».

En vida de Jesús había cuatro grupos principales en el judaísmo: los saduceos, en torno al Templo de Jerusalén; los movimientos apocalípticos, que, como Juan Bautista, instaban a convertirse porque el fin de la historia estaba próximo; los esenios, que vivían apartados en el desierto de Judá, junto al mar Muerto, y los fariseos. Los rabinos de entonces decían que un judío piadoso debía cumplir 613 mandamientos, todos necesarios, que desarrollaban el día a día de la Ley de Moisés. Los fariseos eran los que más insistían en este «yugo», pues consideraban que eran mandatos irrenunciables. Era casi imposible cumplirlos todos, y más aún quedarse con una conciencia tranquila de haberlos cumplido. Jesús, conocedor del problema, invita a todos los cansados y «agobiados», sin duda por una carga insoportable de carácter religioso. Habla de su «yugo», que no es como el que exige la Ley interpretada por los fariseos, sino que es «llevadero», y su «carga», ligera. La fe en Jesús, el encuentro vivo con él, es motivo de paz en libertad, de serenidad en los momentos difíciles, de discernimiento para tomar decisiones, aun las más arriesgadas. Jesús nunca pone cargas sobre nuestros hombros que no podamos soportar. Jesús nos invita a tener la experiencia de Dios, que sana y consuela.

DICIEMBRE

10

Jueves
Feria o *Santa Eulalia de Mérida*

Primera lectura: Isaías 41,13-20

Salmo 144: El Señor es clemente y misericordioso, lento a la cólera y rico en piedad

Evangelio: Mateo 11,11-15

En aquel tiempo dijo Jesús a la gente: «Os aseguro que no ha nacido de mujer uno más grande que Juan, el Bautista; aunque el más pequeño en el reino de los cielos es más grande que él. Desde los días de Juan, el Bautista, hasta ahora se hace violencia contra el reino de Dios, y gente violenta quiere arrebatárselo. Los profetas y la Ley han profetizado hasta que vino Juan; él es Elías, el que tenía que venir, con tal de que queráis admitirlo. El que tenga oídos que escuche».

Juan Bautista es el precursor del Mesías, pero no es el Mesías. La misión de Juan Bautista es triple. Por una parte, es profeta, en línea con la profecía bíblica que denuncia los pecados de Israel y anuncia la salvación de Dios. Por otra, es el enlace necesario entre la antigua alianza (la de Dios con su pueblo Israel) y la nueva (la que se cumple en Cristo); por fin, es el que indica que Jesús es el Mesías esperado: «Este es el Cordero de Dios que quita el pecado del mundo», leemos en el evangelio de Juan. La figura de Juan no es secundaria en la historia de la salvación, sino que es el enlace necesario entre los dos tiempos salvíficos –el de la promesa y el del cumplimiento– para hacer una única historia de la salvación. Jesús no podía aparecer de repente, sin ser anunciado. Juan es el mensajero necesario, la voz que grita en el desierto, recordando las palabras de Isaías. Por eso hoy leemos que «entre los nacidos de mujer no hay nadie mayor que Juan el Bautista».

DICIEMBRE

11 | **Viernes**
Feria o *San Dámaso*

Primera lectura: Isaías 48,17-19

Salmo 1: El que te sigue, Señor, tendrá la luz de la vida

Evangelio: Mateo 11,16-19

En aquel tiempo dijo Jesús a la gente: «¿A quién se parece esta generación? Se parece a los niños sentados en la plaza, que gritan a otros: "Hemos tocado la flauta, y no habéis bailado; hemos cantado lamentaciones, y no habéis llorado". Porque vino Juan, que ni comía ni bebía, y dicen: "Tiene un demonio". Vino el Hijo del hombre, que come y bebe, y dicen: "Ahí tenéis a un comilón y borracho, amigo de publicanos y pecadores". Pero los hechos dan razón a la sabiduría de Dios».

Jesús acaba de elogiar a Juan Bautista Ha dicho de él que «entre los nacidos de mujer no hay nadie mayor que Juan el Bautista» (11,11). No lo alaba solo por su coherencia de vida, por su valentía para denunciar los atropellos y los abusos de poder, por su vida ascética que renuncia a los placeres de los palacios y de la gente poderosa de entonces. Esta podría ser una causa de «elogios humanos». Jesús lo reconoce como «Elías» (11,14). En el tiempo de expectación y tensión mesiánica que viven Juan

Bautista y Jesús, la figura de Elías aparece con frecuencia. Elías había sido arrebatado a los cielos (2 Re 2) y se esperaba que, cuando regresara, fuera para anunciar la inminencia de la llegada del Mesías. Aun así, la población se resiste a creer: es dura, obstinada, reacia a no creer lo que no se conforma con sus deseos o sus expectativas. Jesús se lamenta: ¿con quién compararé esta generación? No aceptan a Juan, acusándole de que está «endemoniado»; no le aceptan a él, diciendo que es un vividor. La frase final, «la sabiduría se ha acreditado por sus obras», se puede trasponer a otra frase evangélica: «Por sus obras los conoceréis». La verdad de una persona no está en la calidad y calidez de sus palabras, que pueden ser atrayentes, profundas, cautivadoras. Hay personas que son «encantadoras de serpientes». La verdad de una persona está en la integridad de su vida. Juan es un profeta; Jesús, mucho más que un profeta, porque es el Hijo. En ambos casos, su verdad se prueba con su testimonio.

DICIEMBRE

12

Sábado
Feria o *Virgen de Guadalupe*

Primera lectura: Eclesiástico 48,1-4.9-11

Salmo 79: Oh Dios, restáuranos, que brille tu rostro y nos salve

Evangelio: Mateo 17,10-13

Cuando bajaban de la montaña, los discípulos preguntaron a Jesús: «¿Por qué dicen los escribas que primero tiene que venir Elías?». Él les contestó: «Elías vendrá y lo renovará todo. Pero os digo que Elías ya ha venido, y no lo reconocieron, sino que lo trataron a su antojo. Así también el Hijo del hombre va a padecer a manos de ellos». Entonces entendieron los discípulos que se refería a Juan, el Bautista.

Después de la escena de la transfiguración, en la que Jesús se presenta como «Hijo amado, en el que el Padre se complace» (17,5), Mateo pone en labios de Jesús la prohibición a los discípulos de contar lo que «han visto» (es una «visión», uno de los elementos fundamentales de las teofanías). ¿Hasta cuándo deben callar? Hasta que él resucite de entre los muertos. La teofanía de Mateo, la transfiguración, tiene una dimensión mesiánica, pues Jesús se dirige a Jerusalén, y allí sabe que le están esperando sus enemigos. Él es el Mesías que va a pasar por la muerte, y que resucitará. Los discípulos, en este contexto de expectación, le preguntan por Elías. Este es el profeta que marchó a los cielos sin morir y cuyo regreso marca el comienzo de la era mesiánica. Siguen unas palabras enigmáticas de Jesús: «Elías ya ha venido, pero no lo han reconocido». Jesús se refiere a Juan Bautista, el último de los profetas, que indica con el dedo a Jesús y lo señala como el próximo Mesías. El tiempo de Adviento es tiempo propicio para descubrir nuestras expectativas y abrirnos a las verdaderas esperanzas; las de los cristianos corajudos, correosos y maduros. Unas esperanzas que se ponen en la intervención definitiva de Dios: las esperanzas que apuntan a Jesús.

DICIEMBRE

13

Domingo
III DE ADVIENTO (*GAUDETE*)
(Santa Lucía)

Primera lectura: Isaías 61,1-2.10-11

Salmo: Lucas 1,46-50.53-54: Se alegra mi espíritu en Dios mi Salvador

Segunda lectura: 1 Tesalonicenses 5,16-24

Evangelio: Juan 1,6-8.19-28

Surgió un hombre enviado por Dios que se llamaba Juan: este venía como testigo, para dar testimonio de la luz, para que por él todos vinieran a la fe. No era él la luz, sino testigo de la luz.

Y este fue el testimonio de Juan, cuando los judíos enviaron desde Jerusalén sacerdotes y levitas a Juan a que le preguntaran: «Tú, ¿quién eres?». Él confesó sin reservas: «Yo no soy el Mesías». Le preguntaron: «Entonces, ¿qué? ¿Eres tú Elías?». Él dijo: «No lo soy». «¿Eres tú el Profeta?». Respondió: «No». Y le dijeron: «¿Quién eres? Para que podamos dar una respuesta a los que nos han enviado, ¿qué dices de ti mismo?». Él contestó: «Yo soy la voz que grita en el desierto: "Allanad el camino del Señor", como dijo el profeta Isaías». Entre los enviados había fariseos y le preguntaron: «Entonces, ¿por qué bautizas si tú no eres el Mesías, ni Elías, ni el Profeta?». Juan les respondió: «Yo bautizo con agua; en medio de vosotros hay uno que no conocéis, el que viene detrás de mí, y al que no soy digno de desatar la correa de la sandalia». Esto pasaba en Betania, en la otra orilla del Jordán, donde estaba Juan bautizando.

El siglo I de nuestra era convulso entre los judíos. Numerosos grupos vivían de forma peculiar la crisis que suponía un judaísmo muy fragmentado –esenios, fariseos, saduceos, qumranitas, bautistas– que compartían lo esencial de las promesas bíblicas, una de ellas, la próxima venida del Ungido, del Mesías. El evangelista se hace eco de esta multiforme vida religiosa contemporánea, de forma que, cuando Juan Bautista irrumpe con fuerza, le tienen que preguntar los responsables religiosos del pueblo: «¿Tú quién eres?». La secuencia recoge las tres respuestas que se podían dar, y a las tres dice que «no»: «No soy el Mesías, ni Elías, ni el Profeta». Ante la insistencia de los que le buscan, el Bautista dice: «Yo soy la voz del que grita en el desierto...», trayendo a la memoria el anuncio del profeta Isaías (40,3). La figura del Bautista hace de nexo entre la antigua y la nueva alianza; en términos bíblicos, entre el Antiguo y el Nuevo Testamento. El Bautista no es el «ungido/mesías» con bálsamo/aceite, pero recoge todas las ansias de renovación del pueblo: su bautismo es de agua, en el Jordán, en el desierto, fuera de la ciudad de Jerusalén. La mención del río

Jordán nos lleva a la entrada del pueblo en la tierra prometida después de la travesía del desierto: es la inauguración de un tiempo nuevo. El desierto nos lleva a la humildad y a la verdad de la austeridad necesaria, poniendo la riqueza en Dios. El Bautista apunta a Jesús y nos dice: el Mesías es él, no soy yo.

DICIEMBRE

14

Lunes
San Juan de la Cruz

Primera lectura: Números 24,2-7.15-17

Salmo 24: Señor, instrúyeme en tus sendas

Evangelio: Mateo 21,23-27

En aquel tiempo, Jesús llegó al templo y, mientras enseñaba, se le acercaron los sumos sacerdotes y los ancianos del pueblo para preguntarle: «¿Con qué autoridad haces esto? ¿Quién te ha dado semejante autoridad?».

Jesús les replicó: «Os voy a hacer yo también una pregunta; si me la contestáis, os diré yo también con qué autoridad hago esto. El bautismo de Juan, ¿de dónde venía, del cielo o de los hombres?». Ellos se pusieron a deliberar: «Si decimos "del cielo" nos dirá: "¿Por qué no le habéis creído?" Si le decimos: "De los hombres", tememos a la gente; porque todos tienen a Juan por profeta». Y respondieron a Jesús: «No sabemos».

Él, por su parte, les dijo: «Pues tampoco yo os digo con qué autoridad hago esto».

Jesús ya está en Jerusalén. Es su última Pascua. Ha entrado solemnemente en la ciudad, rodeado de cantos de hosanna (21,1-11); luego ha entrado en el Templo y ha hecho un signo profético de denuncia, expulsando a los mercaderes (21,12-17).

Después de un breve episodio fuera de la ciudad con respecto a una higuera que no tiene frutos porque está seca (21,18-22), Jesús vuelve al Templo. Llama la atención de las autoridades porque se atreve a «enseñar», como los maestros de Israel, y porque el gesto profético lo ha realizado recientemente. La pregunta ya no es «¿quién eres tú?, de carácter mesiánico. La pregunta ahora es «¿con qué autoridad haces todo esto?». Moisés goza entre los judíos de una autoridad incuestionable, pues es el Legislador; Elías es el profeta que se espera y nadie duda de él. Ahora aparece Jesús, que no saben de dónde viene, expone enseñanzas inauditas y realiza signos provocadores a la vez que misericordiosos. ¿Hace todo esto con el poder/autoridad de Dios? Jesús no responde directamente, sino que remite a un personaje de gran prestigio en el pueblo: Juan Bautista: ¿quién es?, ¿qué misión tiene de Dios? Ellos no quieren comprometerse y se callan ladinamente; Jesús, entonces, les dice lo mismo: tampoco yo os digo de dónde viene mi autoridad. Jesús no evita la confrontación con las autoridades de entonces, pero no cae en sus trampas. Esta es su sabiduría: prudencia y serenidad; valentía y libertad. Un modo de hacer el de Jesús que nos indica el camino y las formas que hay que seguir.

DICIEMBRE

15

Martes
Feria

Primera lectura: Sofonías 3,1-2.9-13

Salmo 33: Si el afligido invoca al Señor, él lo escucha

Evangelio: Mateo 21,28-32

En aquel tiempo dijo Jesús a los sumos sacerdotes y a los ancianos del pueblo: «¿Qué os parece? Un hombre tenía dos hijos. Se acercó al primero y le dijo: "Hijo, ve hoy a trabajar en la viña". Él le contestó: "No quiero". Pero después recapacitó y fue. Se acercó al segundo y le dijo lo mismo. Él le contestó: "Voy, señor". Pero no fue. ¿Quién de los dos hizo lo que quería el padre?». Contestaron: «El primero». Jesús les dijo: «Os aseguro que los publicanos y las prostitutas os llevan la delantera en el camino del reino de Dios. Porque vino Juan a vosotros enseñándoos el camino de la justicia y no le creísteis; en cambio, los publicanos y prostitutas le creyeron. Y, aun después de ver esto, vosotros no recapacitasteis ni le creísteis».

Dice el refrán que «una cosa es predicar y otra dar trigo». No es lo mismo prometer que hacer. Jesús no presenta aquí una máxima sapiencial exhortando a la coherencia entre lo que decimos y hablamos, algo imprescindible, sino que hace una denuncia profética. Leemos a Mateo en su pretensión original que se dirige al pueblo elegido, Israel, y las consecuencias que esta elección acarrea. El «hijo primero» de la parábola recibe el encargo del padre de ir a trabajar a la viña; su negativa es rotunda, «no quiero», pero «se arrepiente» y va. El «hijo segundo» tiene buenas palabras, pero no va. Jesús echa en cara a sus adversarios lo que llevan haciendo durante siglos: aparentar obediencia a la voluntad de Dios, para hacer luego que quieren. Pero a Jesús no le engañan: lo que Dios quiere es personas que estén abiertas al mensaje, crean y se arrepientan. En este caso, la llamada a la conversión viene de labios de Juan Bautista. Lo que Dios no admite, dice Jesús, es vivir de las falsas seguridades religiosas, de las rentas de ser el pueblo elegido y vivir de espaldas a él. La conversión a la que llaman los profetas es para todos, también para los que se sienten cómodos y seguros.

16

Miércoles
Feria

Primera lectura: Isaías 45,6-8.18.21-25
....
Salmo 84: Cielos, destilad el rocío; nubes, derramad al Justo
....

Evangelio: Lucas 7,18-23

En aquel tiempo, Juan envió a dos de sus discípulos a preguntar al Señor, diciendo: «¿Eres tú el que ha de venir, o tenemos que esperar a otro?».

Los hombres se presentaron ante él y le dijeron: «Juan el Bautista nos ha mandado a ti para decirte: "¿Eres tú el que ha de venir, o tenemos que esperar a otro?"».

En aquella hora curó a muchos de enfermedades, achaques y malos espíritus, y a muchos ciegos les otorgó la vista. Y respondiendo, les dijo: «Id y anunciad a Juan lo que habéis visto y oído: los ciegos ven, los cojos andan, los leprosos quedan limpios y los sordos oyen, los muertos resucitan, los pobres son evangelizados. Y ¡bienaventurado el que no se escandalice de mí!».

Jesús acaba de curar al criado del centurión (7,1-10) y dar de nuevo vida al hijo de la viuda de Naín (7,11-17). El texto inmediatamente anterior acaba diciendo que la noticia de lo que había hecho se divulgó por toda la comarca y por Judea. Ahora el texto comienza diciendo que Juan Bautista, que está en la cárcel (3,20), llama a dos de sus discípulos para que le pregunten a Jesús si él es «el que ha de venir»; esto es, si él es el Mesías. Corren tiempos de expectación mesiánica y los judíos piadosos necesitan señales claras para aceptarlo como el enviado de Dios o no. Jesús responde a la pregunta de Juan con hechos de curación, liberación y sanación. Estas palabras nos remiten a Is 35,5-6 (ciegos, sordos, mudos recuperan la vista, el oído y la comunicación) y 61,1 (los pobres reciben la buena noticia), donde este profeta anuncia los gestos que acompañan la llegada del Mesías. Nos quedamos con la frase final del evangelio: «Bienaventurado quien no se escandalice de mí». Así es, Jesús Mesías no viene como un poderoso y potentado distribuidor de prebendas, sino como un siervo humilde que está con los desposeídos, los empobrecidos, los descartados, y desde ellos y con ellos hace presente el Reino.

DICIEMBRE

17

Jueves
Feria mayor

Primera lectura: Génesis 49,2.8-10

Salmo 71: Que en sus días florezca la justicia, y la paz abunde eternamente

Evangelio: Mateo 1,1-17

Genealogía de Jesucristo, hijo de David, hijo de Abrahán. Abrahán engendró a Isaac, Isaac a Jacob, Jacob a Judá y a sus hermanos. Judá engendró, de Tamar, a Farés y a Zará, Farés a Esrón, Esrón a Aram, Aram a Aminadab, Aminadab a Naasón, Naasón a Salmón, Salmón engendró, de Rahab, a Booz; Booz engendró, de Rut, a Obed; Obed a Jesé, Jesé engendró a David, el rey.

David, de la mujer de Urías, engendró a Salomón, Salomón a Roboán, Roboán a Abías, Abías a Asaf, Asaf a Josafat, Josafat a Jorán, Jorán a Ozías, Ozías a Joatán, Joatán a Acaz, Acaz a Ezequías, Ezequías engendró a Manasés, Manasés a Amós, Amós a Josías; Josías engendró a Jeconías y a sus hermanos, cuando el destierro de Babilonia.

Después del destierro de Babilonia, Jeconías engendró a Salatiel, Salatiel a Zorobabel, Zorobabel a Abiud, Abiud a Eliaquín, Eliaquín a Azor, Azor a Sadoc, Sadoc a Aquim, Aquim a Eliud,

Eliud a Eleazar, Eleazar a Matán, Matán a Jacob; y Jacob engendró a José, el esposo de María, de la cual nació Jesús, llamado Cristo.

Así, las generaciones desde Abrahán a David fueron en total catorce; desde David hasta la deportación a Babilonia, catorce; y desde la deportación a Babilonia hasta el Mesías, catorce.

Mateo comienza su evangelio con la genealogía de Jesús, pues quiere dejar claro desde el principio que forma parte, según la carne, del pueblo de Israel. Lucas, por el contrario, en su genealogía, se remonta a Adán, dándole un carácter universal. El evangelio comienza con la costumbre hebrea de nombrar a un varón: fulano, hijo de..., hijo de... Así Jesús es «hijo de David», con lo cual lo sitúa en la promesa mesiánica, e «hijo de Abrahán», con lo cual lo incluye en el pueblo de Dios. Sorprende la presencia de cuatro mujeres (Tamar, Rajab, Rut y la mujer de Urías, todas extranjeras). Al final de la genealogía brilla con luz propia «María, de la cual nació Jesús, el llamado Cristo». Mateo prepara así a los lectores para que descubran que la misión de Jesús va más allá de los límites nacionales, abarcando a todos los pueblos. La distribución en tres series de catorce generaciones es artificial, pero sirve para marcar tres grandes etapas en la historia de la salvación: Abrahán, padre de pueblo; David, precursor del Mesías, y Babilonia como punto de renacimiento del pueblo de Dios. Jesús es hombre como nosotros, tiene unos orígenes y una genealogía a la que remitir. La historia de la salvación está hecha de personas, grandes y sencillas, santas y pecadoras. Con estos mimbres Dios traza caminos de vida para toda la humanidad.

18

Viernes
Feria mayor

Primera lectura: Jeremías 23,5-8

Salmo 71: Que en sus días florezca la justicia, y la paz abunde eternamente

Evangelio: Mateo 1,18-24

El nacimiento de Jesucristo fue de esta manera: María, su madre, estaba desposada con José y, antes de vivir juntos, resultó que ella esperaba un hijo por obra del Espíritu Santo. José, su esposo, que era justo y no quería denunciarla, decidió repudiarla en secreto. Pero, apenas había tomado esta resolución, se le apareció en sueños un ángel del Señor, que le dijo: «José, hijo de David, no tengas reparo en llevarte a María, tu mujer, porque la criatura que hay en ella viene del Espíritu Santo. Dará a luz un hijo y tú le pondrás por nombre Jesús, porque él salvará a su pueblo de los pecados».

Todo esto sucedió para que se cumpliese lo que había dicho el Señor por el profeta: «Mirad: la virgen concebirá y dará a luz un hijo y le pondrá por nombre Emmanuel, que significa "Dios con nosotros"». Cuando José se despertó, hizo lo que le había mandado el ángel del Señor y se llevó a casa a su mujer.

Según la genealogía, Jesús es de la estirpe de David y de la estirpe de Abrahán (1,1). Por medio de José, Jesús pertenece a la gran promesa que Dios ha hecho a su pueblo; de ahí la importancia que le da el primer evangelista a esta figura. Pero, por otra parte, Jesús supera las expectativas humanas, ya que es «Hijo de Dios». Así lo indica su nombre –Jesús significa «Dios salva»– y el cumplimiento del oráculo de Isaías. El relato quiere desarrollar que la maternidad de María no es obra de José, sino del Espíritu Santo. Para ello lee en clave de cumplimiento la promesa mesiánica que aparece en Is 7,14 (la «señal» de la presencia de Dios es que la virgen está encinta). Según las costumbres judías, se han celebrado los esponsales, pero no la boda y, consiguientemente, se presume la no cohabitación de la pareja. Mateo emplea la conocida figura del sueño y el ángel para introducir el misterio que supera a la inteligencia humana. José es colocado en la línea de los hombres creyentes que, como Abrahán, va más lejos de las leyes naturales o humanas y acepta entrar en la dinámica de los planes de Dios. Jesús es hombre como los demás, pero, al mismo tiempo, es fruto del Espíritu Santo. José acepta esta paradoja por ser creyente, no solo por ser bueno. El texto acaba con la obediencia de José; obediencia que no es sumisión ciega, sino aceptación del misterio que sobrepasa y que se acoge con reverencia.

DICIEMBRE

19 | Sábado
Feria mayor

Primera lectura: Jueces 13,2-7.24-25

Salmo 70: Que mi boca esté llena de tu alabanza y cante tu gloria

Evangelio: Lucas 1,5-25

En tiempos de Herodes, rey de Judea, había un sacerdote llamado Zacarías, del turno de Abías, casado con una descendiente de Aarón llamada Isabel. Los dos eran justos ante Dios, y caminaban sin falta según los mandamientos y leyes del Señor. No tenían hijos, porque Isabel era estéril, y los dos eran de edad avanzada.

Una vez que oficiaba delante de Dios con el grupo de su turno, según el ritual de los sacerdotes, le tocó a él entrar en el santuario del Señor a ofrecer el incienso; la muchedumbre del pueblo estaba fuera, rezando, durante la ofrenda del incienso. Y se le apareció el ángel del Señor, de pie a la derecha del altar del incienso. Al verlo, Zacarías se sobresaltó y quedó sobrecogido de temor.

Pero el ángel le dijo: «No temas, Zacarías, porque tu ruego ha sido escuchado: tu mujer Isabel te dará un hijo, y le pondrás por nombre Juan. Te llenarás de alegría, y muchos se alegrarán de su nacimiento. Pues será grande a los ojos del Señor: no beberá vino ni licor; se llenará de Espíritu Santo ya en el vientre materno, y convertirá a muchos israelitas al Señor, su Dios. Irá delante del Señor, con el espíritu y poder de Elías, para convertir los corazones de los padres hacia los hijos, y a los desobedientes, a la sensatez de los justos, preparando para el Señor un pueblo bien dispuesto».

Zacarías replicó al ángel: «¿Cómo estaré seguro de eso? Porque yo soy viejo y mi mujer es de edad avanzada». El ángel le contestó: «Yo soy Gabriel, que sirvo en presencia de Dios; he sido enviado a hablarte para darte esta buena noticia. Pero, mira: te quedarás mudo, sin poder hablar, hasta el día en que esto suceda, porque no has dado fe a mis palabras, que se cumplirán en su momento».

El pueblo estaba aguardando a Zacarías, sorprendido de que tardase tanto en el santuario. Al salir no podía hablarles, y ellos comprendieron que había tenido una visión en el santuario. Él les hablaba por señas, porque seguía mudo. Al cumplirse los días de su servicio en el templo volvió a casa. Días después concibió Isabel, su mujer, y estuvo sin salir cinco meses, diciendo: «Así me ha tratado el Señor cuando se ha dignado quitar mi afrenta ante los hombres».

La presentación de Jesús como Salvador está preparada por el anuncio del nacimiento del último de los profetas, del «precursor»: Juan Bautista. Lucas nos habla de quién es Juan

remitiéndonos a su padre, Zacarías, protagonista de la escena. Es sacerdote del Templo de Jerusalén –por tanto, Juan Bautista pertenece a una familia sacerdotal– y está casado con Isabel, que pertenece a la descendencia de Aarón. Zacarías, conforme a las normas, está ofreciendo el incienso. En este contexto sacro y litúrgico tiene lugar una teofanía –una revelación de Dios–: un ángel, Gabriel; una fórmula ritual («no temas»); un mensaje («tendrás un hijo»); una resistencia («soy viejo»); el anticipo del nombre: «Se llamará Juan», y un signo visible y notorio: la mudez. También el profeta Isaías fue protagonista de una teofanía en el Templo de Jerusalén (6,1-8). Ante el estupor y el temor aparece la aceptación en humildad, porque la acción de Dios siempre es salvadora. Isabel, por su parte, es anciana y está incapacitada, según la carne, para engendrar un hijo. En Israel, como en otros pueblos, la esterilidad de la mujer se interpreta como un signo negativo; por eso, cuando Isabel ve que en su seno hay vida, entiende que el Señor se ha fijado en ella, y desaparecen las burlas de la gente. Dios es Dios y tiene sus planes. Dejemos «hacer» a Dios en nuestras vidas.

DICIEMBRE

20 | **Domingo**
IV de Adviento

Primera lectura: 2 Samuel 7,1-5.8-11.16

Salmo 88: Cantaré eternamente las misericordias del Señor

Segunda lectura: Romanos 16,25-27

Evangelio: Lucas 1,26-38

A los seis meses, el ángel Gabriel fue enviado por Dios a una ciudad de Galilea llamada Nazaret, a una virgen desposada con un hombre llamado José, de la estirpe de David; la virgen se llamaba María. El ángel, entrando en su presencia, dijo: «Alégrate, llena de gracia, el Señor está contigo».

Ella se turbó ante estas palabras y se preguntaba qué saludo era aquel. El ángel le dijo: «No temas, María, porque has encontrado gracia ante Dios. Concebirás en tu vientre y darás a luz un hijo, y le pondrás por nombre Jesús. Será grande, se llamará Hijo del Altísimo, el Señor Dios le dará el trono de David, su padre, reinará sobre la casa de Jacob para siempre y su reino no tendrá fin».

Y María dijo al ángel: «¿Cómo será eso, pues no conozco varón?». El ángel le contestó: «El Espíritu Santo vendrá sobre ti, y la fuerza del Altísimo te cubrirá con su sombra; por eso el Santo que va a nacer se llamará Hijo de Dios. Ahí tienes a tu pariente Isabel, que, a pesar de su vejez, ha concebido un hijo y ya está de seis meses la que llamaban estéril, porque para Dios nada hay imposible».

María contestó: «Aquí está la esclava del Señor; hágase en mí según tu palabra». Y la dejó el ángel.

Los designios salvíficos de Dios en la persona de Jesucristo pasan por la «obediencia en la fe», que diría san Pablo, por la «humildad de la esclava», que diría san Lucas, de María. Llegamos a la «plenitud de los tiempos» cuando las promesas alcanzan su cumplimiento. En las figuras señeras del tiempo de Adviento, los profetas y Juan Bautista ponen en tensión la esperanza. Hacen levantar la mirada y creer en que el futuro es de Dios, y que es él –que es fiel– quien cumple las promesas. Pero ese futuro no se realiza imponiéndose desde fuera, como una apisonadora que no deja resquicios a la palabra humana. María es la que pronuncia su palabra y la de toda la humanidad: «Aquí está la sierva del Señor»; «sí, hágase, que se cumpla». Ella es la puerta por la que Jesús entra en la carne de la historia;

ella es la que culmina el tiempo de la espera y de la esperanza, del Adviento como tiempo gozoso que mira al futuro. Las promesas salvíficas hechas a Abrahán, presentes en la liberación de Egipto, marcadas con el signo de la alianza del Sinaí, renovadas en el don de la tierra, confirmadas en la persona del rey David, aparentemente olvidadas en el destierro, recuperadas con fuerza en la vuelta a Jerusalén, son culminadas en la persona de Cristo, meta final del camino; María es el último pórtico, el definitivo zaguán, el patio previo donde toma realidad y carne humana el designio salvífico e histórico de Dios. La historia de la salvación mira al futuro, y a la vez desgrana el presente. En María se unen presente de su sí absoluto y radical y certeza del futuro que es de Dios.

DICIEMBRE

21

Lunes
Feria mayor *(San Pedro Canisio)*

Primera lectura: Cantar de los Cantares 2,8-14 (o Sofonías 3,14-18)

Salmo 32: Aclamad, justos, al Señor, cantadle un cántico nuevo

Evangelio: Lucas 1,39-45

Unos días después, María se puso en camino y fue aprisa a la montaña, a un pueblo de Judá; entró en casa de Zacarías y saludó a Isabel. En cuanto Isabel oyó el saludo de María saltó la criatura en su vientre. Se llenó Isabel del Espíritu Santo y dijo a voz en grito: «¡Bendita tú entre las mujeres y bendito el fruto de tu vientre! ¿Quién soy yo para que me visite la madre de mi Señor? En cuanto tu saludo llegó a mis oídos, la criatura saltó de alegría en mi vientre. Dichosa tú, que has creído, porque lo que te ha dicho el Señor se cumplirá».

Contemplamos el encuentro de dos mujeres que son al mismo tiempo símbolo y teología; es el abrazo de dos tiempos salvíficos en uno solo: bendición, bienaventuranza y cumplimiento. María porta en su seno virginal la promesa misma de Dios, que se encarna en Jesús. Isabel lleva en su seno a Juan: el precursor del Mesías y el enlace con la profecía del Antiguo Testamento. Isabel y María son, respectivamente, las portadoras del precursor y del realizador de la nueva alianza. Se abrazan las dos mujeres y se abrazan los dos tiempos salvíficos: el de Israel en Isabel y el de Jesús en María. Isabel no expresa sus deseos o sentimientos, sino que habla porque el Espíritu Santo le hace hablar. El texto presenta una bendición ascendente en la que Isabel proclama que María es «bendita» entre las mujeres. La bendición bíblica tiene dos movimientos: el descendente, siempre previo, en el que Dios bendice al ser humano –lo vemos ya en Gn 1–, y el ascendente, en el que el ser humano bendice a Dios. Isabel añade «entre las mujeres». No solo las vecinas de su pueblo de Nazaret o las contemporáneas, sino entre todas las mujeres que han llevado adelante el plan de salvación. María es «bendita»; ha sido bendecida por Dios, bendice a Dios y su Hijo es bendición. El texto recoge, asimismo, una bienaventuranza –«macarismo»–; como subgénero literario tiene dos elementos que lo conforman: primero, la referencia a la persona considerada «bienaventurada» o dichosa; luego se da la razón de esta felicidad. En este caso, la bienaventurada es María en cuanto mujer de fe. María es «la que ha creído / se ha fiado» totalmente y sin reservas de Dios. La bienaventuranza añade la razón de esta felicidad: la promesa de Dios se cumplirá. La aceptación de María hace posible el cumplimiento de las esperas y de los tiempos salvíficos.

DICIEMBRE

22 | **Martes**
Feria mayor

Primera lectura: 1 Samuel 1,24-28

Salmo: 1 Samuel 2,1.4-8: Mi corazón se regocija por el Señor, mi Salvador

Evangelio: Lucas 1,46-56

En aquel tiempo, María dijo: «Proclama mi alma la grandeza del Señor, se alegra mi espíritu en Dios, mi salvador; porque ha mirado la humillación de su esclava. Desde ahora me felicitarán todas las generaciones, porque el Poderoso ha hecho obras grandes por mí: su nombre es santo y su misericordia llega a sus fieles de generación en generación. Él hace proezas con su brazo: dispersa a los soberbios de corazón, derriba del trono a los poderosos y enaltece a los humildes, a los hambrientos los colma de bienes y a los ricos los despide vacíos. Auxilia a Israel, su siervo, acordándose de la misericordia –como lo había prometido a nuestros padres–, en favor de Abrahán y su descendencia por siempre». María se quedó con Isabel unos tres meses y después volvió a su casa.

En continuidad con las grandes mujeres de Israel –Ana, la madre de Samuel; Débora, la liberadora del pueblo; Miriam, en el éxodo– que cantan las maravillas de Dios, María de Nazaret entona su cántico de alabanza. María es la mujer que, a su vez, supera con creces a sus predecesoras. Ellas bendecían a Dios porque ha mostrado su fuerza en la victoria frente a los enemigos (Débora, Miriam) o porque ha escuchado su oración en su esterilidad (Ana). María es la mujer que proclama el comienzo de una nueva época en la que la lógica del mundo se trastoca: los hambrientos se sacian, los ricos padecen, los humildes son reconocidos mientras que los soberbios ven cómo no se les tiene en cuenta. Es la forma de actuar de Dios: se ha fijado en la figura de una mujer humilde que pasa inadvertida y deja a un lado los corazones pagados de sí mismos. El *Magnificat* nos habla de la calidad y calidez de María, que acoge la palabra y la deja fructificar, y del Dios que nos saca de nuestras casillas. Entre todas las mujeres de Israel, María destaca por su obediencia filial y humilde. La obediencia bíblica no debe ser entendida en sentido patrón-asalariado, jefe-empleado o amo-jornalero. En la dinámica de filiación que atraviesa la Escritura y que se hace realidad en el Nuevo Testamento, María es la «mujer que escucha» con fidelidad a la vez que con libertad. La victoria de María no es triunfalismo, sino exaltación de su humildad y de su obediencia filial.

DICIEMBRE

23 | **Miércoles**
Feria mayor *(San Juan de Kety)*

Primera lectura: Malaquías 3,1-4.23-24

Salmo 24: Levantaos, alzad la cabeza: se acerca vuestra liberación

Evangelio: Lucas 1,57-66

A Isabel se le cumplió el tiempo del parto y dio a luz un hijo. Se enteraron sus vecinos y parientes de que el Señor le había hecho una gran misericordia, y la felicitaban. A los ocho días fueron a circuncidar al niño, y lo llamaban Zacarías, como a su padre. La madre intervino diciendo: «¡No! Se va a llamar Juan». Le replicaron: «Ninguno de tus parientes se llama así». Entonces preguntaban por señas al padre cómo quería que se llamase. Él pidió una tablilla y escribió: «Juan es su nombre». Todos se quedaron extrañados. Inmediatamente se le soltó la boca y la lengua, y empezó a hablar bendiciendo a Dios. Los vecinos quedaron sobrecogidos, y corrió la noticia por toda la montaña de Judea. Y todos los que lo oían reflexionaban, diciendo: «¿Qué va a ser este niño?». Porque la mano del Señor estaba con él.

La Escritura es la historia de la salvación de Dios. Las promesas de Dios se van cumpliendo poco a poco. Hay que entrar en los ritmos de Dios. La historia necesita sus profetas, y Juan es el último de los profetas que señalan al Mesías. El evangelista Lucas presenta el anuncio del nacimiento de Juan Bautista y el anuncio del nacimiento de Jesús. Tras el abrazo de las dos madres, Isabel y María, Lucas relata los dos nacimientos. En el mundo judío, a los ocho días del nacimiento se pone el nombre en el rito de la circuncisión. Todos esperan que el niño mantenga el nombre de su padre; pero Zacarías recupera el habla –había estado mudo después de su particular teofanía en el Templo– y anuncia: «Juan es su nombre». El nacimiento largamente esperado de Juan y la mudez de Zacarías, que se trastoca en alabanza a Dios, hacen que todos se pregunten por el futuro de este niño. Juan «vivió en el desierto», lugar radical de encuentro consigo y con Dios, marcando así la línea que seguirá. Lucas, al comienzo de su evangelio, enlaza con toda la historia de la salvación de Dios por medio de Juan Bautista, el último profeta, y presenta a Jesús, el Mesías.

DICIEMBRE

24 | Jueves
Feria mayor

Primera lectura: 2 Samuel 7,1-5.8-11.16

Salmo 88: Cantaré eternamente tus misericordias, Señor

Evangelio: Lucas 1,67-79

En aquel tiempo, Zacarías, padre de Juan, lleno del Espíritu Santo, profetizó diciendo: «Bendito sea el Señor, Dios de Israel, porque ha visitado y redimido a su pueblo, suscitándonos una fuerza de salvación en la casa de David, su siervo, según lo había predicho desde antiguo por boca de sus santos profetas. Es la salvación que nos libra de nuestros enemigos y de la mano de todos los que nos odian; realizando la misericordia que tuvo con nuestros padres, recordando su santa alianza y el juramento que juró a nuestro padre Abrahán. Para concedernos que, libres de temor, arrancados de la mano de los enemigos, le sirvamos con santidad y justicia, en su presencia, todos nuestros días. Y a ti, niño, te llamarán profeta del Altísimo, porque irás delante del Señor a preparar sus caminos, anunciando a su pueblo la salvación, el perdón de sus pecados. Por la entrañable misericordia de nuestro Dios nos visitará el Sol que nace de lo alto, para iluminar a los que viven en tinieblas y en sombra de muerte, para guiar nuestros pasos por el camino de la paz».

Zacarías, el padre de Juan Bautista, al tener en sus brazos al niño, entona un cántico de alabanza. Este himno se conoce como *Benedictus,* porque es la palabra latina con que comienza. Zacarías, como buen judío, comienza bendiciendo a Dios: «¡Bendito sea Dios!». La razón es que Dios ha cumplido sus promesas. Para Zacarías, el nacimiento de Juan es realización de la misericordia divina y memorial de su alianza. Dios cumple lo que promete, aunque los «tiempos oportunos» de Dios no sean los nuestros. Zacarías se remite a Abrahán, el padre en la fe; se remite a David, de cuya casa nacerá el Mesías. La historia de la salvación continúa y se enfoca en un niño, Juan, que será «profeta del Altísimo», o sea, que anunciará a Jesús, aunque no lo diga explícitamente. Lucas, en línea con su teología, insiste en que Zacarías habla porque está lleno del «Espíritu Santo», e insiste en que la «misericordia entrañable» y la luz que es Dios se derraman para que vivamos en «paz». Un himno denso, profundo, que recoge la teología del Antiguo Testamento y nos prepara para el inminente nacimiento de Jesús, el Salvador.

Comienza el Tiempo de Navidad

25

Viernes
Natividad del Señor

Primera lectura: Isaías 52,7-10
....
Salmo 97: Los confines de la tierra han contemplado
la victoria de nuestro Dios
....
Segunda lectura: Hebreos 1,1-6
....

Evangelio: Juan 1,1-18 (o 1,1-5.9-14)

En el principio ya existía la Palabra, y la Palabra estaba junto a Dios, y la Palabra era Dios. La Palabra en el principio estaba junto a Dios. Por medio de la Palabra se hizo todo, y sin ella no se hizo nada de lo que se ha hecho. En la Palabra había vida, y la vida era la luz de los hombres. La luz brilla en la tiniebla, y la tiniebla no la recibió. Surgió un hombre enviado por Dios que se llamaba Juan: este venía como testigo, para dar testimonio de la luz, para que por él todos vinieran a la fe. No era él la luz, sino testigo de la luz. La Palabra era la luz verdadera que alumbra a todo hombre. Al mundo vino y en el mundo estaba; el mundo se hizo por medio de ella, y el mundo no la conoció. Vino a su casa, y los suyos no la recibieron. Pero a cuantos la recibieron les da poder para ser hijos de Dios, si creen en su nombre. Estos no han nacido de sangre, ni de amor carnal, ni de amor humano, sino de Dios. Y la Palabra se hizo carne y acampó entre nosotros, y hemos contemplado su gloria: gloria propia del Hijo único del Padre, lleno de gracia y de verdad.

Juan da testimonio de él y grita diciendo: «Este es de quien te dije: "El que viene detrás de mí pasa delante de mí, porque existía antes que yo"». Pues de su plenitud todos hemos recibido, gracia tras gracia. Porque la Ley se dio por medio de Moisés, la gracia y la verdad vinieron por medio de Jesucristo. A Dios nadie lo ha visto jamás: Dios Hijo único, que está en el seno del Padre, es quien lo ha dado a conocer.

La Sagrada Escritura comienza en el Génesis con una referencia al origen primigenio *(beresit)*, que se puede traducir como «en el principio», o «al principio», o también «cuando en un principio». Dios pronuncia repetidamente su palabra, separa los contrarios y poco a poco va haciendo que surja la vida. Dios habla, y su palabra es fecunda y eficaz: «Dijo Dios… y así fue» (Gn 1). El himno-prólogo del evangelio de Juan establece un paralelismo con el himno-prólogo del Génesis. Juan también se remite «al principio» *(en arché)*; igualmente se refiere a las palabras creadoras de Dios (1,1). Pudiendo establecer un cuadro paralelo, sin embargo, las diferencias son importantes, hay una novedad radical: Génesis dice que Dios pronunciaba palabras («dijo Dios»). Ahora Juan escribe que la Palabra divina –con mayúscula: *Logos, Verbum*– no solo «estaba junto a» Dios, sino que «era Dios». Una Palabra por medio de la cual todo se ha hecho. Toda la historia de la humanidad primero y del pueblo de Israel después ha sido de maduración en crecimiento, de preparación en promesa, de escucha o desobediencia de estas palabras. Ha sido un tiempo de maduración de la promesa de la salvación; pero también una historia marcada por la tiniebla y la cerrazón: el prólogo recuerda cómo no recibieron esta Palabra. Poco a poco, el autor del prólogo nos prepara para el anuncio central. La «Palabra *[logos]* se hace carne *[sarx]*» (1,14); «habita entre nosotros» o, mejor, «puso su tienda de campaña» entre nosotros, y «hemos contemplado su «gloria». La encarnación es un misterio para contemplar, que al mismo tiempo impacta en nuestra fe y en nuestra vida.

26

Sábado
San Esteban, protomártir

Primera lectura: Hechos de los Apóstoles 6,8-10; 7,54-60

Salmo 30: A tus manos, Señor, encomiendo mi espíritu

Evangelio: Mateo 10,17-22

En aquel tiempo dijo Jesús a sus apóstoles: «No os fieis de la gente, porque os entregarán a los tribunales, os azotarán en las sinagogas y os harán comparecer ante gobernadores y reyes por mi causa; así daréis testimonio ante ellos y ante los gentiles. Cuando os arresten, no os preocupéis de lo que vais a decir o de cómo lo diréis: en su momento se os sugerirá lo que tenéis que decir; no seréis vosotros los que habléis, el Espíritu de vuestro Padre hablará por vosotros. Los hermanos entregarán a sus hermanos para que los maten, los padres a los hijos; se rebelarán los hijos contra sus padres, y los matarán. Todos os odiarán por mi nombre; el que persevere hasta el final se salvará».

Mateo dedica una de las partes exhortativas de su evangelio a la actividad misionera (cap. 10). La vida del discípulo en misión no es fácil ni recibe el aplauso unánime de la gente. Esto no quiere decir, evidentemente, que el discípulo misionero sea un «victimista» que anda siempre quejándose y piense que todos están contra él. La historia de la Iglesia primitiva nos dice que muy pronto se desataron persecuciones abiertas contra los primeros cristianos. Por un lado, su mensaje resultaba provocador, pues, para los griegos, eran unos desestabilizadores que se negaban a adorar al emperador como dios, mientras que, para los judíos, eran blasfemos, porque decían que Jesús era el Hijo de Dios. Por otro lado, supusieron una grave ruptura en el judaísmo, pues muchos de sus miembros abrazaron la nueva fe. El mensaje de Jesús es motivo de controversia y de toma de posturas. Esteban, a quien hoy celebramos, fue uno de los primeros que confesó con su vida la fe en Jesús como Hijo de Dios. Mateo, que sin duda fue testigo de estas serias dificultades, incluso violencias, hace una llamada clara a la perseverancia. Aunque pensemos que estamos solos, el Espíritu de Dios nos asiste, nos da fortaleza y consuelo.

DICIEMBRE

27

Domingo
SAGRADA FAMILIA: JESÚS, MARÍA Y JOSÉ
(SAN JUAN, APÓSTOL Y EVANGELISTA)

Primera lectura: Eclesiástico 3,2-6.12-14

Salmo 127: ¡Dichoso el que teme al Señor, y sigue sus caminos!

Segunda lectura: Colosenses 3,12-21

Evangelio: Lucas 2,22-40 (o 2,22.39-40)

Cuando llegó el tiempo de la purificación, según la ley de Moisés, los padres de Jesús lo llevaron a Jerusalén, para presentarlo al Señor, de acuerdo con lo escrito en la ley del Señor: «Todo primogénito varón será consagrado al Señor», y para entregar la oblación, como dice la ley del Señor: «Un par de tórtolas o dos pichones». Vivía entonces en Jerusalén un hombre llamado Simeón, hombre justo y piadoso, que aguardaba el consuelo de Israel; y el Espíritu Santo moraba en él. Había recibido un oráculo del Espíritu Santo: que no vería la muerte antes de ver al Mesías del Señor. Impulsado por el Espíritu fue al templo. Cuando entraban con el niño Jesús sus padres para cumplir con él lo previsto por la ley, Simeón lo tomó en brazos y bendijo a Dios diciendo: «Ahora, Señor, según tu promesa, puedes dejar a tu siervo irse en paz. Porque mis ojos han visto a tu Salvador, a quien has presentado ante todos los pueblos: luz para alumbrar a las naciones y gloria de tu pueblo Israel». Su padre y su madre estaban admirados por lo que se decía del niño. Simeón los bendijo, diciendo a María, su madre: «Mira, este está puesto para que muchos en Israel caigan y se levanten; será como una bandera discutida: así quedará clara la actitud de muchos corazones. Y a ti, una espada te traspasará el alma».

Había también una profetisa, Ana, hija de Fanuel, de la tribu de Aser. Era una mujer muy anciana; de jovencita había vivido siete años casada y luego viuda hasta los ochenta y cuatro; no se apartaba del templo día y noche, sirviendo a Dios con ayunos y oraciones. Acercándose en aquel momento daba gracias a Dios y hablaba del niño a todos los que aguardaban la liberación de Jerusalén.

Y, cuando cumplieron todo lo que prescribía la ley del Señor, se volvieron a Galilea, a su ciudad de Nazaret. El niño iba creciendo y robusteciéndose, y se llenaba de sabiduría; y la gracia de Dios lo acompañaba.

Jesús nace en una familia judía del norte, en la región de Galilea. Son judíos provenientes del sur, de la zona de Belén. Mateo nos informa de que José era de la casa de David. Lucas nos dice que, en tiempos del emperador Augusto, con motivo de un censo en todo el Imperio, José y su familia regresan a su tierra de origen: Belén, en el sur. Son judíos «observantes»: en su viaje a Jerusalén, tras dar a luz a Jesús, María cumple con los ritos de la purificación tras el parto, y presenta a Jesús como su primogénito; ambos ritos tienen lugar en el Templo. Son pobres y solo pueden presentar como ofrenda un par de pichones. Lucas apunta: «Cuando cumplieron todo lo que prescribe la Ley...». Lucas no presenta una escena cerrada, sino vinculada al pasado de las promesas y abierta al futuro. Entran en la escena dos nuevos personajes que no volverán a aparecer en el evangelio: Simeón y Ana. Ambos tienen en común que son *anawim*, que podemos traducir como «pobres de Yahvé». Son personas que pertenecen, en clave bíblica, al «resto» que promete Dios. La salvación de Dios no viene por los ejércitos faraónicos, asirios, babilónicos o romanos. La salvación de Dios no viene de los dioses griegos, caprichosos y volubles; ni de la «sabiduría» *(sofía)* intelectual y limitada a unos pocos; la salvación de Dios se hace presente en Jesús, niño, acompañado por sus padres; la ven con los ojos de los *anawim* dos personas en las que nadie se fija, que no cuentan en una estructura social de nobles y altos cargos: el justo Simeón y la profetisa Ana. Lucas sintetiza en pocas palabras que Jesús, aún niño, crece y madura en gracia y sabiduría. La gracia de Dios, Dios mismo, estaba con él.

DICIEMBRE

28 | Lunes
Los Santos Inocentes

Primera lectura: 1 Juan 1,5-2,2

Salmo 123: Hemos salvado la vida, como un pájaro de la trampa del cazador

Evangelio: Mateo 2,13-18

Cuando se marcharon los magos, el ángel del Señor se apareció en sueños a José y le dijo: «Levántate, coge al niño y a su madre y huye a Egipto; quédate allí hasta que yo te avise, porque Herodes va a buscar al niño para matarlo». José se levantó, cogió al niño y a su madre, de noche, se fue a Egipto y se quedó hasta la muerte de Herodes. Así se cumplió lo que dijo el Señor por el profeta: «Llamé a mi hijo para que saliera de Egipto». Al verse burlado por los magos, Herodes montó en cólera y mandó matar a todos los niños de dos años para abajo, en Belén y sus alrededores, calculando el tiempo por lo que había averiguado de los magos. Entonces se cumplió el oráculo del profeta Jeremías: «Un grito se oye en Ramá, llanto y lamentos grandes; es Raquel, que llora por sus hijos y rehúsa el consuelo, porque ya no viven».

La escena nos habla de los «magos» que se retiran; de José que, avisado en sueños, protege a su familia marchando como un refugiado al extranjero, a Egipto, y de Herodes, que se siente burlado. Mateo nos dice que Jesús nace en tiempos del rey Herodes; para nosotros, «el Grande» o «el Cruel». Iniciador de una dinastía, la herodiana, no tiene la legitimidad de la dinastía davídica; tampoco tiene nada que ver con los reyes asmoneos que le precedieron. Lo distinguimos de sus hijos, que llevan el mismo nombre; especialmente lo diferenciamos de Herodes Antipas, que estará presente en la condena de Jesús a muerte. Herodes, que no era judío, sino idumeo, fue un rey cliente de Roma, constructor de ciudades y fortalezas; engrandeció y embelleció el Templo de Jerusalén, pero era odiado por el pueblo. Herodes es la encarnación de la violencia y el sufrimiento que nace del deseo del poder omnímodo a cualquier precio. Jesús es el rey de la paz desde la pobreza del pesebre. Herodes sigue siendo el que sacrifica a personas sin compasión; Jesús es el que convoca a todos los que no tienen en quién confiar. Mateo declara que la salvación está en la paz que trae el niño, no en el odio de Herodes.

29

Martes
4º día de la octava de Navidad *(Santo Tomás Becket)*

Primera lectura: 1 Juan 2,3-11

Salmo 95: Alégrese el cielo, goce la tierra

Evangelio: Lucas 2,22-35

Cuando llegó el tiempo de la purificación, según la Ley de Moisés, los padres de Jesús lo llevaron a Jerusalén, para presentarlo al Señor, de acuerdo con lo escrito en la Ley del Señor: «Todo primogénito varón será consagrado al Señor», y para entregar la oblación, como dice la Ley del Señor: «Un par de tórtolas o dos pichones». Vivía entonces en Jerusalén un hombre llamado Simeón, hombre justo y piadoso, que aguardaba el consuelo de Israel; y el Espíritu Santo moraba en él. Había recibido un oráculo del Espíritu Santo: que no vería la muerte antes de ver al Mesías del Señor. Impulsado por el Espíritu fue al templo. Cuando entraban con el niño Jesús sus padres para cumplir con él lo previsto por la Ley, Simeón lo tomó en brazos y bendijo a Dios, diciendo: «Ahora, Señor, según tu promesa, puedes dejar a tu siervo irse en paz. Porque mis ojos han visto a tu Salvador, a quien has presentado ante todos los pueblos: luz para alumbrar a las naciones y gloria de tu pueblo, Israel». Su padre y su madre estaban admirados por lo que se decía del niño. Simeón los bendijo, diciendo a María, su madre: «Mira, este está puesto para que muchos en Israel caigan y se levanten; será como una bandera discutida: así quedará clara la actitud de muchos corazones. Y a ti, una espada te traspasará el alma».

En pocas líneas, san Lucas recoge la Ley de Israel, la teología de los «pobres de Yahvé», las esperanzas mesiánicas y una profecía sobre María. José y María cumplen la Ley: ella se purifica tras su parto; como el niño es primogénito lo presentan en el Templo de Jerusalén; como son pobres ofrecen lo estipulado: dos tórtolas. Simeón forma parte de los «pobres del Señor» que espera la intervención de Dios, va al Templo impulsado por el Espíritu, reconoce en Jesús al Mesías esperado, lo toma en brazos y proclama un himno: «Puedo descansar en paz, porque he visto al Salvador». Simeón profetiza sobre el niño anunciando que será un «signo de contradicción», y sobre María, que llevará en su carne el dolor no solo de las madres, sino de ser la madre de Jesús. Detrás de cada persona, en este texto, se ve la realidad humana y la profundidad de la teología de la historia de la salvación que se hace realidad en Jesús, el Señor, el Salvador.

DICIEMBRE

30

Miércoles
5º día de la octava de Navidad

Primera lectura: 1 Juan 2,12-17

Salmo 95: Alégrese el cielo, goce la tierra

Evangelio: Lucas 2,36-40

Había también una profetisa, Ana, hija de Fanuel, de la tribu de Aser. Era una mujer muy anciana; de jovencita había vivido siete años casada y luego viuda hasta los ochenta y cuatro; no se apartaba del templo día y noche, sirviendo a Dios con ayunos y oraciones. Acercándose en aquel momento daba gracias a Dios y hablaba del niño a todos los que aguardaban la liberación de Jerusalén.

Y, cuando cumplieron todo lo que prescribía la ley del Señor, se volvieron a Galilea, a su ciudad de Nazaret. El niño iba creciendo y robusteciéndose, y se llenaba de sabiduría; y la gracia de Dios lo acompañaba.

El evangelio que leemos hoy es la continuación de la escena del Templo, cuando Simeón reconoce en Jesús al Mesías esperado. Ahora es una mujer; una mujer anciana y viuda. Una pobre «real», de las que no cuentan a los ojos del mundo, pero sí cuentan para Dios. A lo largo del evangelio de Lucas veremos a otras muchas mujeres, algunas viudas, que son el centro de la mirada de Jesús. Esta mujer sencilla sirve con humildad a Dios, lo alaba y bendice, y habla de Jesús. Es la evangelización que nace de la boca de los pobres, de los sencillos. La experiencia profunda de Dios y la experiencia de Jesús no es patrimonio de los intelectuales, de los avezados en culturas antiguas, de los filósofos complicados. Dios se revela a los que tienen un corazón sencillo, limpio, dispuesto a acoger la salvación. Ana, la profetisa, es referencia de fe para los creyentes de todos los tiempos.

DICIEMBRE

31

Jueves
6º día de la octava de Navidad *(San Silvestre I)*

Primera lectura: 1 Juan 2,18-21

Salmo 95: Alégrese el cielo, goce la tierra

Evangelio: Juan 1,1-18

En el principio ya existía la Palabra, y la Palabra estaba junto a Dios, y la Palabra era Dios. La Palabra en el principio estaba junto a Dios. Por medio de la Palabra se hizo todo, y sin ella no se hizo nada de lo que se ha hecho. En la Palabra había vida, y la vida era la luz de los hombres. La luz brilla en la tiniebla, y la tiniebla no la recibió. Surgió un hombre enviado por Dios que se llamaba Juan: este venía como testigo, para dar testimonio de la luz, para que por él todos vinieran a la fe. No era él la luz, sino testigo de la luz. La Palabra era la luz verdadera que alumbra a todo hombre. Al mundo vino y en el mundo estaba; el mundo se hizo por medio de ella, y el mundo no la conoció. Vino a su casa, y los suyos no la recibieron. Pero a cuantos la recibieron les da poder para ser hijos de Dios, si creen en su nombre. Estos no han nacido de sangre, ni de amor carnal, ni de amor humano, sino de Dios. Y la Palabra se hizo carne y acampó entre nosotros, y hemos contemplado su gloria: gloria propia del Hijo único del Padre, lleno de gracia y de verdad.

Juan da testimonio de él y grita diciendo: «Este es de quien te dije: "El que viene detrás de mí pasa delante de mí, porque existía antes que yo"». Pues de su plenitud todos hemos recibido, gracia tras gracia. Porque la Ley se dio por medio de Moisés, la gracia y la verdad vinieron por medio de Jesucristo. A Dios nadie lo ha visto jamás: Dios Hijo único, que está en el seno del Padre, es quien lo ha dado a conocer.

El prólogo de san Juan remite a la creación de Dios y a su culminación. El tiempo salvífico, que se inicia en el acto creador, alcanza su cumplimiento en la encarnación de la Palabra. El evangelio de Juan, a diferencia de los sinópticos, comienza con un prólogo en verso cuyo centro teológico es el misterio de la encarnación. Un misterio que sigue sorprendiendo a unos –incluso a los cristianos creyentes– y escandalizando a otros: ¿cómo es posible creer que el Dios santo y creador se haga humano, débil, barro? Dios no «roza» la historia, sino que se embarra, se mete en ella, comparte nuestra suerte. Nosotros hemos contemplado esta «gloria»; en Jesús, Verbo de Dios, la historia de la humanidad da un giro radical, pues ya no es el tiempo de la Ley (Moisés), sino de la gracia y la verdad.

ÍNDICE